經義考新校

七

卷一六五～卷一九七

通禮 樂 春秋

[清] 朱彝尊 撰

林慶彰 蔣秋華 楊晋龍 馮曉庭 主編

上海古籍出版社

經義考卷一百六十五

通禮三

朱氏升**三禮旁注**

未見。

董氏彝**二戴禮解**

佚。

樂平縣志：「董彝，字宗文，至正間領鄉薦，授慶元學正。洪武初，爲國子學録。」

王氏廉**三禮纂要**

未見。

夏氏時正**三禮儀略舉要**

十卷。

未見。

浙江新志：「夏時正，字季爵，仁和人。正統乙丑進士，歷官南京大理寺卿。」

楊氏守陳**三禮私抄**

未見。

守陳自序曰：「古之經禮三百，曲禮三千，至秦皆缺亡矣。漢人僅求得儀禮十七篇，其餘亡篇斷簡，稍有存者，大戴氏掇拾爲八十五篇，小戴氏損益之爲四十三篇，而曲禮、檀弓、雜記各分上、下，馬氏又益以月令、明堂、樂記，共四十九篇，後世總謂之禮記，列在五經，而大戴氏僅存四十篇，不與列焉。宋朱子嘗欲析儀禮諸篇，而取戴記中可爲儀禮傳者，分附其間，餘仍別爲記。其後編儀禮經傳，則又雜取諸事，不專於二戴。卷帙繁重，人不能偏覽焉。元草廬吴氏以禮記之完篇無幾，其餘多掇拾殘篇斷簡，未始詮次，而雜亂無章者，皆爲之科分櫛剔，以類相從，而上下文理聯屬，亦頗精審。然人各異見，不盡從也。蒙近者不幸當大事，而平昔未能講禮，故倉卒不能合禮，徒抱恨於無窮。堊室哀慕之餘，塊然無事，日取三禮誦且味之，久而粗識其梗概。乃倣朱子而析經附傳，倣吴氏而類序亂篇，亦以二戴記之不附經者，別自爲記。然傳取二戴，有正附之異，不能盡同於朱子；類序諸篇，自以意次，又不能盡同於吳氏。蓋二儒皆務著述之精，蒙但取檢閱之便，是以不同。至於傳注，雖擇抄諸家，而識見庸愚，亦未知其當否也。夫顧米粟者欲以飽其腹，睇布帛者欲以暖其躬，蒙之所以抄此禮者，豈徒以檢閱而已哉？誠欲究其本末源委，以治其心而踐諸躬，窮則措之家，達則布之國與天下耳。孔子曰：『博學於文，約之以禮，亦可以弗畔矣。』服膺是訓，其敢失乎？」

程氏材**三禮考**

未見。

徽州府志：「程材，字良用，歙縣人。弘治丙辰進士，除汀州府推官，擢監察御史，疏劾劉瑾、馬永成、谷大用，不報。嘉靖初，召還，已卒。」

湛氏若水**二禮經傳測**

六十八卷。

存。

若水自序曰：「夫禮，二而已矣，曰曲禮、曰儀禮，小大舉矣。先其小，後其大，禮之序也；始乎敬，禮之本也。子思子曰：『優優大哉！禮儀三百，威儀三千。』夫威儀者，其曲禮乎？禮儀者，其儀禮乎？故曰禮二而已。孔子曰：『經禮三百，曲禮三千，其致一也。』是故禮一而已。夫禮也者，體也，體也者，道也，與道爲體者也。形而下者謂之文，形而上者謂之道，粗放乎度數之末，而精入乎性命之微，其體一也。故善求道者，求諸禮焉，思過半矣。夫曲禮所以備威儀之細，儀禮所以具禮儀之大，二禮無餘藴矣。余於讀禮之後，隱居西樵之烟霞洞，因究觀二禮，而竊有感焉。進少儀，參曲禮爲上經，而儀禮爲下經，定冠義等十六篇爲儀禮正傳，其王制等二十三篇，雜論不可以分繫，而有以相表裏發明者，爲二禮雜傳、通傳，蓋不傳之傳也。又別小戴郊特牲等五篇與夫大戴公符等四篇爲儀禮逸經傳，庶見存羊之意耳。起丁丑迄乙酉，凡九年。編次既成，章爲之測，藏之家塾，名曰二禮經傳測，以補禮經之殘缺焉。」

黄虞稷曰：「大指以曲禮、儀禮爲經，禮記爲傳，其王制等二十三篇，雜論不可以分繫，而有以相表裏發明，爲二禮雜傳、通傳，又別小戴郊特牲等五篇與大戴公符等四篇爲儀禮逸經傳。嘉靖十五年，若水爲南京吏部尚書，以其書進呈。」

陸元輔曰：「嘉靖十五年，南京吏部尚書湛若水進所纂二禮經傳測，大略以曲禮、儀禮爲經，禮記爲傳。禮部尚書夏言謂其立論以曲禮爲先，與孔子之言相戾，不可以傳示後學。惟其好學之心，老而不倦，宜加旌奬。上曰：『既戾孔子之言，何以傳示後學？』罷其書不省。」

三禮訂疑

未見。

劉氏續**三禮圖**

二卷。

〔校記〕

四庫本四卷。（通禮，頁四三）

存。

續自序曰：「三代制度本於義，故推之而無不合。自漢以來，失其傳而率妄作，間有微言訓詁者，又誤，遂使天下日用、飲食、衣服、作止皆不合，夫人而流於異端矣。續甚病之，既注易以究其原，又注禮以極其詳，顧力於他經不暇，故作此圖以總之。凡我同志留心焉，則可以一貫矣。」

貢氏汝成**三禮纂注**

四十九卷。

存。

汝成自序周禮注曰：「周禮者，周公所創一代治天下之典也。成王幼沖，周公相之，兼三王，監二代，綱之以六官，紀之以衆職，而禮樂制度備散於三百六十官之中，其制作之良，要非聖人莫之能者。惟是冬官散失，俞氏、吳氏考而正之，力非不勤也，顧博采他經，雜參記傳，而不知正之本經，不免矯枉過正。汝成之愚，竊有以惜聖制不昭於後世，王治終不見於天下也。即其所定，更考經文，以天官之卿，考六卿之屬，事以類從，官以職別，序次其官於首，詳列其職於後，博之以諸家之説，約之以一得之愚，小爲之注，以昭古者設官之本意。非敢以掩前作，將以俟夫後之君子，且庶幾成周之治，復見於今也。於乎！如有用我，執此以往，至是而可以自信矣乎？禮記本二禮之傳記，中如王制、月令諸篇，皆國家制度合於周官者，今仍附於周官之後。」

又自序儀禮注曰：「儀者，威儀也；禮者，冠、婚、喪、祭、燕、射、朝、聘等禮也。張淳以爲漢初未有『儀禮』之名，後學見其中不惟詳次禮經之大目，而又一禮始終，威儀節文無不具焉，有儀有禮，是故合而名之也。女①叔齊謂守其國、行其政令爲禮，自郊勞至贈賄無違爲儀，此禮與儀之分也。聖人本天理、酌人事，制爲禮儀，以爲人倫品式，俾天下爲是事則有是禮，行是禮則有是儀，舉貴賤賢不肖，莫能有過不及焉，此所謂修道之教也。夫子曰：『夫禮必本乎天，殽於地，列於鬼神，達於喪祭朝聘。聖人以禮示之，故天下可得而治也。』先儒遂以此禮爲周公相成王，制禮作樂，興致太平時作。自今觀之，『郁郁乎文』誠非周公莫之能也。當時以此藏之有司，布之邦國，太史執之以涖事，小史讀之以諭衆，卿大夫受之以教萬民，保氏掌之以教國子。無事則君臣相與講習，有事則以爲據依而行。此有周盛時，上自朝廷，下及里巷，雍容揖遜，相率而約於禮義準繩之中，而文度藹然，刑措而兵寢，治迹獨爲古今冠，此其道也。但先王時事制曲防，禮外無事，物外無禮。周衰，諸侯惡其害己而皆去之，此十七篇者，特以士大夫禮，而王朝不與，且於士詳，而大夫諸侯特略，是其數果不止此十七篇也。於乎！其亡逸

① 「女」，四庫薈要本作「汝」。

者亦不幸而不得見，其幸存而止此者，猶足以仰窺先生①盛德之一二。顧以無用於今世爲辭，遂絶不講，則人類幾何而不爲禽獸乎？是以朱子晚年於此特用心焉，不幸通解未脱稿而歿，然尚賴其書，使人知所尊信。而汝成之愚，得與有聞焉，是故自早歲即知所用力也。按漢藝文②云『經十七篇，記一百三十一篇』，是經與記别載也，而喪服傳又記後人作，朱子並混淆於經，是固未改削之，故至吴幼清氏叙録既知非之，及考注之作，乃復因之，且其爲注，簡略特甚。予竊病之，故此編一仍古經之舊，但記中如投壺、奔喪、文王世子、明堂位諸篇，亦經禮也。經中未備，合補其逸。又如曲禮、内則、少儀、玉藻、深衣、大傳、郊特牲、檀弓諸篇，亦威儀也，大小儀文，亦儀禮之餘也，合補十七篇之緒餘。至如冠、昏、燕、射、聘、祭等義，服問、間傳、三年問、雜記、祭法、祭統等記，本皆釋經之傳，更不宜淆在禮記之中，故今附著於各篇之末焉。篇次並如鄭本，不間他篇，但因朱子所分章次，上下其文，重加裁節。古今先儒之論有裨於經者，既所不遺，至於一得之愚，亦自附焉。於乎！編次之列，章節之分，諸説之詳，歸一之約，視前作頗似明備，學者苟以身體而循習之，豈不驗其信然乎？」

〔補正〕

自序内「猶足以仰窺先生盛德之一二」，「生」當作「王」。「按漢藝文云」，「文」下脱「志」字。（卷六，頁十五）

---

① 「先生」，依補正、四庫諸本作「先王」。

② 「藝文」，依補正、四庫諸本應作「藝文志」。

又自序禮記注曰：「禮記者，傳習先王所制禮儀與其義而記之也。漢高堂生傳禮經，五傳而戴德、戴聖，以禮爲儒林宗。德傳記八十五篇，今所謂大戴記是也；聖傳記四十六篇，今禮記是也。古言禮者曰經禮，曰曲禮，曰禮儀三百、威儀三千。世傳周禮六官、儀禮十七篇爲經，此記四十九篇爲傳，豈不以爲所記皆二經之餘緒也歟？陸氏曰『此記，二經之遺缺，故名禮記』，是也。然二經詞旨邃奧，賴記以明，謂之『傳』，非過也。但自漢以來，傳習箋解，又以三禮並稱，故予今亦不能變，仍稱三禮云。原記四十九篇，程子取大學、中庸以配論、孟，餘四十七篇內，王制、月令紀國家制度，有裨周禮，取附於周官之末，凡二篇；投壺、奔喪、文王世子、明堂位有類儀禮，取爲逸經，凡四篇；又曲禮上、下、內則、少儀、玉藻、深衣、大傳、郊特牲、檀弓上、下並載大小儀文，有裨儀禮，取附儀禮之末，凡十篇；其冠義、昏義、鄉飲酒義、射義、燕義、聘義、祭義本以義名，爲經之傳無疑也，而服問、三年問、喪服四制、喪服小記、問喪、間傳、喪大記、雜記上、下、曾子問、祭法、祭統或釋經之大意，或摭經之未備，並非記，然記述者不倫，應附在各經末簡，以廣其義，凡一十九篇。以上通移收三十五篇，餘存禮運而下一十二篇，仍爲禮記，以其通論禮意，於六官、十七篇無所當也。夫周官者，周公致太平之書，以官著禮，以禮定官；儀禮者，制吉、凶、軍、賓、嘉之通禮。惟此戴記，發揮二禮之旨趣與其節目也。記曰：其數可陳也，其義難知也。傳習者尚知所重輕焉。」

宋儀望總序曰：「萬曆甲戌冬，予行部宣州，會東平守貢君安國出厥考翰林汝成甫纂注三禮示之，細覽連日，然後知貢君於古人微言奧旨多所發明，而折衷更定，決自胸臆，如云『以天官之卿考五官之卿，以六官之卿考六官之屬，事以類從，官以職別』，斯其義雖周公復起，不能易也。至於考儀禮，補傳義，正禮記，而又更定王制諸篇，以修二禮遺逸，斯又其獨斷也。自向、歆父子以還，考三禮者衆矣，有能總挈衆論，更立體要，如太史公所述，豈可多哉？宣守南海陳俊雅志好古，願亟刊布之，東平君乃走數百里索予爲序。」

黄虞稷曰：「汝成，字玉甫，宣城人。正德癸酉舉人，翰林院待詔。所纂周禮六卷、周禮傳二卷、儀禮及附傳十七卷、儀禮逸經四卷、儀禮餘八卷、禮記十二卷。」

李氏黼**二禮集解**

十二卷。

存。

黼自序曰：「禮有三：周禮、儀禮、禮記是也。説者謂周禮、儀禮並周公之所作，而禮記漢儒之所輯也。朱子嘗曰：『周官一書，固爲禮之綱領，至其儀法度數，則儀禮乃其本經，而禮記郊特牲、冠義等篇是其義疏耳。』深恨當時廢經用傳，著儀禮經傳通解，惜乎未及筆削，以詔萬世。慨自三代之後，遭秦滅學，禮樂先壞，其幸存者，周官五篇、儀禮十七篇而已，可終廢哉？方今聖天子在上，大有作爲，於是二經獨致意焉，將以頒諸學校而用之科目，與禮記並行於世，誠一代斯文之幸。顧是二經自鄭、賈注疏之後，皆爲後儒所淆亂，於周禮乃取五官以補冬官之缺，而五官中又互有變更。儀禮凡記文其附在後者，取以足經不備之義，今悉錯之於前。及其所注，皆襲鄭、賈注疏之舊，雖略有增損，而無所發明。惟吴興陳君復周禮集説、秦溪楊信齋儀禮圖頗得其詳，亦非成書。黼自蚤歲，竊有志於是，而未有所得，研覃精思，竭平生之力，粗知一二，敢於是書重加訂正，凡周禮五官之全文、考工記之補亡，儀禮十七篇，與夫記者之先後次第，一復注、疏之舊，合二禮爲一，總名之曰二禮。而所集之解，更考注、疏，及求先儒議論，間有文義之未屬者，竊以己意通之。仍從周禮陳氏集説，以官名各置本章之首；儀禮楊氏圖，以逐節各分逐章之後，庶是經無淆亂之病，學者無難讀之患。將欲獻之於上，以副聖朝制作之意，第草茅賤士，不足以究其業。尚當取正於有道，使一字一句，一條一節，皆至當歸一，大闡聖經精微之蘊，無愧於諸儒五經之解而後可也。」

陸元輔曰：「李君所解，皆集諸家之説，而間有出己獨見者。今載一二條於左，以見梗概。於天官冢宰曰：『黼按：治官之屬，自太宰卿一人，至旅下士三十二人，凡六十三人，而府史胥徒不與焉，除太宰卿與府史胥徒，其餘六十二人。自宫正以下，凡中大夫，即此小宰中大夫也；凡下大夫，即此宰夫下大夫也；凡上中下士，即此上中下士也。非此六十二人之外，又有一項官也，後五官倣此。又按：六官之屬，大宰、大司徒、大宗伯、大司馬、大司寇、大司空，卿各一人，凡六人。小宰、小司徒、小宗伯、小司馬、小司寇、小司空，中大夫各二人。宰夫、卿師①、肆師、軍司馬、士師，下大夫各四人，合司空凡二②十六人，上士各八人，合司空凡四十八人。禮記謂天子二十七大夫，八十一元士，與此多寡不同，恐非周制，今未之考也。』」

① 「卿師」，依四庫諸本應作「鄉師」。
② 「二」，備要本作「三」。

黄虞稷曰：「合周禮、儀禮爲一，集諸家之説，間出己見以解之。黼，嘉靖間無錫人。」

袁氏仁三禮穴法

未見。

仁自序曰：「儀禮，經也；禮記，傳也；周禮，聖人見諸行事之書也。古聖人所以叙彝倫、範民物者，所存惟此耳。予謂乾坤既列，禮制斯行，聖人因民之蚩蚩而列爲章服物采以教之，其儀章可陳也，其制度可測也，其精神統會若藏之有穴者，則不盡於是也。懸崖峻嶺，千里獻奇，而其穴乃在一席之地，前不可，後不可，左不可，右不可，深不可，淺不可，一得其中正，而千里氣脈舉，羅括無遺矣。是禮也，經於五倫，散於萬物，極之三千三百之繁，豈無要會哉？竊謂三禮之穴，總在一中，中者何？喜怒哀樂未發者是也。聖人因喜而爲吉禮，因怒而爲軍禮，因哀而爲喪禮，因樂而爲賓、嘉之禮，然皆末也，非所謂未發也。識情未動，廓然太虛，斯爲未發之中。故不著喜、怒、哀、樂之情，然後可以行吉、凶、軍、賓、嘉之禮。予彙三禮爲一帙，隨文演義，頗涉支離，而總之以中爲本領。世之人忘禮之所自起，徒見先王所制之迹，遂執章服物采目之爲禮，既已大謬矣。沿習既久，典禮盡湮，舉章服物采之粗迹，亦顛倒泯滅，不可復識。則三經所存者，乃空谷足音，可喜不可厭也。雖隨文演義，亦烏可以支離少之。」

李氏經綸**三禮類編**

〔校記〕

四庫存目作禮經類編。（通禮，頁四三）

三十卷。

存。

經綸自述曰：「禮經類編，首大學，次曲禮，次儀禮，次周官，次通傳，後中庸，凡三十卷，正記二十九卷，一百二十四篇，外記一卷。」

陸元輔曰：「經綸，字大經，南豐諸生。其書以『禮儀三百，威儀三千』爲綱目，而引經傳之文以實之。書成，未刊行，侯學使峒曾購得抄本歸，予於嘉定兵後，從書肆得之。」

鄧氏元錫**三禮編繹**

二十六卷。

存。

元錫自序曰：「三禮，本曲禮、儀禮、周禮而名，余聞之李大經云：經先曲禮。曲禮，禮之本也，蓋德性之精微，中庸畢具，故致曲者知微者也，是教之本也。儀禮者，先王以訓齊天下，爲之冠以重成人，爲之昏以合二姓，爲之鄉飲、射以教德讓，爲之喪、既夕、虞、喪服以哀死亡，爲之郊社饗饋以儐鬼神。

其親邦國之交，秩上下之禮，又爲朝覲聘問焉以將之。此其行有時，其用有地，是儀法之大者。而治要在論官，故周禮建冢宰以儀天，建司徒以象地，建宗伯春官以廣仁，建司馬夏官以成聖，建司寇秋官以立義，建司空冬官以幹事。蓋三禮者，周公明天道，察民彝，以興王治者也。韓起適魯，嘆曰『吾乃今知周公之德，與周之所以王』，以聖人之道盡於禮也。戰國諸侯惡其害己，經用播絶，自孟子未之及見，斯亡久矣。漢興，河間獻王購得周禮五官，而亡冬官，得考工記附經後。高堂生實始傳儀禮，僅十有七篇，大、小戴次曲禮，僅上、下二篇，又雜諸記中，而儀禮冠、昏、喪、既夕、虞皆士禮，大夫而上，禮皆亡，惟饋食有少牢、有有司徹，則太牢亡也；特牲、少牢惟饋食，則饗禮亡也；饋、饗皆廟事，則郊、社禮亡也。禮，大問曰聘，聘使大夫，則問於事，相朝禮亡也；聘有公食大夫，則公再饗大夫禮亡也；至王覲止覲，則春朝、夏宗、冬遇、殷見，衆頫禮亡也。推斯而言，禮闕逸甚矣。嗚呼！周禮亡而朝無官守，儀禮亡而國有失俗，曲禮亡而人道或幾乎息矣。予讀禮，手録曲禮、少儀、内則、玉藻諸篇，爲曲禮經上篇。其非日用習行、古今異宜、難施行者爲下篇。其儀禮本古經爲經，經有義見戴記者，類附經爲傳，傳錯見他説中者，摭取之爲外記。凡經十七篇，傳十七篇，記各附其篇終，周禮經仍五篇，考工記類附於後，自爲篇，匪曰銓訂，庸便誦服云。」

吴氏繼仕**三禮定正集註**

六十卷。

未見。

未見。

柯氏尚遷三禮全經釋原

尚遷自序曰：「三代聖人其所施憲度，皆可制爲經常之典，今考其爲治之迹垂於後世者，其書曰周禮、曰儀禮、曰曲禮，皆周公之所筆削，兼三王之舊章而立教者也。周禮彌綸天地之道，裁制萬物之宜，以經理天下；儀禮制節人道之大，使得其序；曲禮於彝倫日用之常，立其當然之則，使人循行而不可須臾失焉。斯三者，皆於物我同體之中，辨其異以合於同，制其違以達於順，則文、武雖亡，而道存矣，此周公之心也。至宋邵子以易、詩、書、春秋各得四時之府，而禮樂則以配陰陽，而升降汚隆於四府之間，是三禮非四經比也。四經明其理，三禮行其事。然四經明理之書，解義或偏，未即害事；三禮致用之本，臆見穿鑿，施之政治，必致破壞天下，流毒生民，豈不尤難於四經也乎？愚生也後，不獲大儒面命，居僻海隅，考究乏籍，但以世所通傳者誦習。時有新得，掩卷而嘆，以正經不亡，但爲儒者紛亂，遂慨然有復全經之志。乃於周禮，則削去移官之論，以遂人爲冬官，經以證經，而六典復。悟鄉遂之職無府史胥徒，爲在民舉教之官，而鄉舉里選之法定，授民以十二職，取以三征，而賦斂明；井田只定一夫之經界，萊易藪牧有制，而土地均；表司徒、司空必以親民，而民物得，所以春官世婦掌女宮，加男爵爲六宮，傅母與內宰掌奄人，內外通令，而萬世無奄人女寵之禍；表在位之職與在職之位，賦禄有等而官制明；明簡稽之制有三番挑選之精，而軍政舉。五刑爲墨、劓、宮、刖、大辟，唐、虞、三代不可廢，而世道清明；發大司樂三宮之制，推明六代之樂，辨天地各有分合祀之禮，則禮樂興而神祇得所，斯皆周禮大綱可復三代之舊者也。儀禮則依朱子家、鄉、邦國、王朝四綱，以士之冠、昏、喪、祭爲家禮，相見、射鄉爲鄉禮，朝覲、聘享、燕食、大射爲邦國禮，而古經十七篇已備，獨缺王朝之禮，乃以宗伯五禮爲綱，取諸官聯職行五禮之事者，定其大綱，附以記傳，補吉、凶、軍、賓、嘉之禮，則太史大祭祀朝覲會同執書讀禮協事之經雖亡，可知其概矣。於戴記中表曲禮爲正經，而內則、少儀皆統於曲禮，玉藻、文王世子乃曲禮之文散逸者，聚而爲篇，漢儒取首句爲之名，此五篇乃遺經之幸存者。乃以曲禮爲綱，標以篇目，分其經傳而類次之，則三千之條可稽，要皆彝倫日用執行天則者也。又補學禮、宗禮於末，則曲禮爲經亦全矣。全經既備，其有古人傳述以翊經文之不及者，則謂之記；後賢發明其理者，則謂之傳。儀禮、曲禮傳、記，必隨經文之後，義相聯也；周禮則純備古經，法不雜也。取禮記中王制、月令、明堂位、內則中珍饌，記外取逸司馬法、考工記爲周禮內記，取仲尼燕居、哀公問、孔子閒居、禮運、禮器、樂記爲儀禮通傳，取表記、坊記、緇衣、儒行爲曲禮通傳。自此之外，戴記所存盡附儀禮，從朱子之意也。經傳既定，不揆愚陋，釋之原之。釋則博采先儒，以參鄙見。周禮幽微廣遠，聖人精意所在，則章爲之原焉；儀禮文辭高邃，執禮協事之書，則分章附記注釋之外，録甘泉湛子之測，不別作原；曲禮言近指遠，則考古注而詳釋之，其有一得要義所在，或按或原以別之。忘寢忘食殆三十載，而後先王制禮、聖人垂訓之意，復明於天下。晚歲留滯南都，文獻所萃，乃以舊業重新釐正，刑①繁剔繆，繕寫成書，藏之名山，以竢後之君子。」

① 「刑」，四庫諸本、備要本皆作「删」。

陳氏與郊**三禮廣義**

未見。

鄭氏失名**三禮名義疏**

宋志：「五卷。」

佚。

亡名氏三禮大義

隋志：「十三卷。」

佚。

三禮雜大義

隋志：「三卷。」

佚。

三禮圖

宋志：「十二卷。」

佚。

三禮圖駮議

宋志：「二十卷。」

佚。

二禮分門統要

宋志：「三十六卷。」

佚。

經義考卷一百六十六

通禮四

石渠禮論

隋志：「四卷。」

佚。

〔校記〕

王謨、馬國翰有輯本。（通禮，頁四三）

漢書：「戴聖以博士、聞人通漢以太子舍人論石渠。」

隋書：「戴聖撰。」

王應麟曰：「論石渠者，戴聖、韋玄成、聞人通漢。」

漢石渠議奏

三十八篇①。

〔補正〕

案：「三十八篇」上，當加「漢志」二字。（卷六，頁十五）

佚。

陳普曰：「石渠、虎觀皆一人臨決，豈一人之見獨高於天下乎？」

按：孔氏詩、禮正義及後漢書志注每引石渠禮議，然多係節文，惟杜氏通典差具本末，今載於後。一曰：「『鄉請射②告主人，樂不告者，何也？』戴聖曰：『請射告主人者，賓主俱當射也。夫樂，主所以樂賓也，故不告於主人也。』」一曰：「宣帝甘露三年三月，黄門侍郎臨失其姓奏：『經曰鄉射合樂，大射不③，何也？』戴聖曰：『鄉射至而合樂者，質也。大射，人君之禮，儀多，故不合樂也。』聞人通漢曰：『鄉射合樂者，人禮也，所以合和百姓也。大射不合樂者，諸侯之禮也。』韋玄成曰：『鄉射禮所以合樂者，鄉人本無樂，故合樂歲時，所以合和百姓，以同其意也。至諸侯，當有樂，傳曰「諸侯不釋懸」，

① 「三十八篇」，應依補正作「漢志三十篇」。
② 「鄉請射」，文淵閣四庫本作「鄉射請」。
③ 文津閣四庫本「不」下有「樂」字。

明用無時也。君臣朝廷固當有之矣，必①須合樂而後合，故不云合樂也。』時公卿以玄成議是。」一曰：「『宗子孤爲殤，言孤何也？』聞人通漢曰：『孤者，師傳曰「因殤而見孤也」，男二十冠而不爲殤，亦不爲孤，故因殤而見之。』戴聖曰：『凡爲宗子者，無父乃得爲宗子，然爲人後者，父雖在，得爲宗子，故稱孤。』聖又問通漢曰：『因殤而見孤，冠則不爲孤者，曲禮曰「孤子當室，冠衣不純采」，此孤而言冠，何也？』對曰：『孝子未曾忘親，有父母、無父母，衣服輒異。記曰：「父母在，冠衣不純素；父母殁，冠衣不純采。」故言孤。言孤者，别衣服②也。』聖又曰：『則子無父母，年且百歲，猶稱孤不斷，可乎？』通漢對曰：『二十冠而不爲孤，父母之喪，年雖老猶稱孤。』一曰：「『諸侯之大夫爲天子，大夫之臣爲國君服何？』戴聖對曰：『諸侯之大夫爲天子，當繐縗，既葬除之。大夫之臣無接見之義，不當爲國君也。』聞人通漢對曰：『大夫之臣，陪臣也，未聞其爲國君也。』又問：『庶人尚有服，大夫臣食禄，反無服，何也？』聞人通漢對曰：『記云「仕於家，出鄉不與士齒」，是庶人在官也，當從庶人之爲國君三月服。』制曰『從庶人服是也。』又問曰：『諸侯大夫以時接見天子，故服。今諸侯大夫臣，亦有時接見於諸侯不？』聖對曰：『諸侯大夫臣，無接見諸侯義。諸侯有時使臣奉賀，乃非常也，不得爲接見。至於大夫有年，獻於君，君不見，亦非接見也。』侍郎臣臨、待詔聞人通漢等皆以爲有接見義。」一曰：「聞人通漢問云：『記曰：「君赴於他國之君曰不禄，夫人

---

① 四庫薈要本、文津閣四庫本「必」上有「不」字。

② 「衣服」，文津閣四庫本作「衣冠」。

曰寡小君不禄，大夫士或言卒死。」皆不能明。』戴聖對曰：『君死未葬曰不禄，既葬曰薨。』又問：『尸服卒者之上服。士曰不禄，言卒何也？』聖又曰：『夫尸者，所以象神也，其言卒而不言不禄者，通貴①尸之義也。』通漢對曰：『尸，象神也，故服其服。士曰不禄者，諱辭也。孝子諱死曰卒。』」一曰：「經云：大夫之子爲姑姊妹女子子無主没者，爲大夫命婦者，惟子不報何？戴聖云②：『惟子不報者，言命婦不得降，故以大夫之子爲文。惟子不報者，言猶斷周，不得申其服也。』宣帝制曰：『爲父母周是也。』」一曰：「問：『父卒母嫁，爲之何服？』蕭太傅云：『當服周。爲父後則不服。』韋玄成以爲：『父殁則母無出義，王者不爲無義制禮，若服周，則是子貶母也，故不制服也。』宣帝詔曰：『婦人不養舅姑，不奉祭祀，下不慈子，是自絶也，故聖人不爲制服，明子無出母之義，玄成議是也。』」一曰：「問：『夫死，妻稚子幼，與之之人③，子後何服？』韋玄成對曰：『與出妻子同服周』，或議以爲子無絶母，應三年。」一曰：「『大夫④在外者，三諫不從而去，君不絶其禄位，使其嫡子奉其宗廟。言長子者，重長子也，承宗廟宜以長子爲文。』蕭太傅曰：『長子者，先祖之在⑤遺體也，大夫在外，不得親祭，故

① 文津閣四庫本「貴」下有「賤」字。
② 「云」，文津閣四庫本作「以爲」。
③ 「與之之人」，文淵閣、文津閣四庫本作「與之適人」。
④ 文津閣四庫本「大夫」上有「戴聖曰」三字。
⑤ 文津閣四庫本無「在」字。

以重者爲文。』宣帝制曰：『以①在故言長子。』」一曰：「大宗無後，族無庶子，己有一嫡子，當絶父祀以後大宗不？」戴聖云：『大宗不可絶，言嫡子不爲後者，不得先庶耳。族無庶子，則當絶父以後大宗。』聞人通漢云：『大宗有絶，子不絶其父。』宣帝制曰：『聖議是也。』」一曰：「君子子爲庶母慈己者。君子子者，貴人之子也，爲庶母小功，以慈己加也。戴聖對曰：『君子子爲庶母慈己者，大夫之嫡妻之子，養於貴妾，大夫不服賤妾，慈己則緦服也。其不言大夫之子，而稱君子子者，君子猶大夫也。』」一曰：「喪服小記曰②：『久而不葬者，唯主喪者不除，其餘以麻終月數者，除喪則已。』蕭太傅云：『以麻終月數③者，以其未葬，除無文節，故不變其服，爲稍輕也。已除喪服未葬者，皆至葬反服，庶人爲國君亦如之。』宣帝制曰：『會葬服喪衣是也。』或問蕭太傅：『久而不葬，唯主喪者不除。今則或十年不葬，主喪者除不？』答云④：『所謂主喪者，獨謂子耳。雖過期不葬，子義不可以除。』」一曰：「『爲乳母緦，以名服也。大夫之子有食母。問曰：『大夫降乳母耶？』聞人通漢對曰：『乳母所以不降者，報義之服，故不降也。則始封之君及大夫，皆降乳母。』」以上諸條，當日群臣議奏，帝臨親決，漢制具存。

---

① 「以」下，文淵閣四庫本有「父」字。

② 「日」，依四庫諸本應作「曰」。

③ 「月數」，文津閣四庫本誤作「數月」。

④ 「云」，四庫薈要本作「曰」。

景氏鸞**禮略**

隋志：「二卷。」不著姓名。

佚。

後漢書：「鸞撰禮内外記，號曰禮略。」

范氏甯**禮雜問**唐志作「禮論答問」。

隋志：「十卷。」唐志：「九卷。」

佚。

禮問

唐志：「九卷。」

佚。

吴氏商**禮難**

七録：「十二卷。」

佚。

禮雜義

七録：「十二卷。」

佚。

〔校記〕

馬國翰有輯本。（通禮，頁四三—四四）

禮議雜記故事

七録：「十三卷。」

佚。

隋志：「晉益壽令吳商撰。」

何氏承天**禮論**

隋志：「三百卷。」

佚。

〔校記〕

馬國翰有輯本，何氏禮論，王謨亦有輯本。（通禮，頁四三—四四）

王方慶曰：「晉末，禮樂掃地，無復舊章，軍國所資，臨事議定，宋何承天纂集其文爲禮論。」

禮釋疑

七録：「二卷。」

佚①。

徐氏廣**禮論答問**

隋志：「八卷。」又：十三卷。又：二卷，殘闕。七録：「十一卷。」

佚。

〔校記〕

馬國翰有輯本。（通禮，頁四三一—四四）

阮孝緒曰：「徐廣撰禮答問五十卷。」

任氏預**禮論條牒**

隋志：「十卷。」

---

① 文津閣四庫本無「佚」字。

佚。

〔校記〕

馬國翰有輯本。（通禮，頁四三—四四）

隋志：「宋太尉參軍任預撰。」

禮論帖

隋志：「三卷。」七録：「四卷。」

佚。

答問雜儀

隋志：「二卷。」

佚。

禮論鈔

唐志：「六十六卷。」

佚。

傅氏隆禮議

七録：「二卷。」唐志：「一卷。」

佚。

隋志：「宋光禄大夫傅隆議。」

周氏續之禮論

佚。

宋書：「續之，字道祖，鴈門廣武人，居豫章建昌縣。通五經并緯候，閑居讀老、易，入廬山時，與劉遺民、陶淵明謂之潯陽三隱，終身不娶妻，布衣蔬食。劉毅鎮姑熟，命爲撫軍，徵太學博士，並不就。高祖之北討，世子居守，迎續之，館於安樂寺，延入講禮，月餘，復還山。高祖北伐，還鎮彭城，遣使迎之，禮賜甚厚，稱之曰『心無偏吝，真高士也。』尋復南還。高祖踐阼，復召之。上爲開館東郭外，招集生徒，乘輿降幸，并見諸生，問續之禮記『傲不可長』、『與我九齡』、『射於矍圃』三義，辨析①精奥，稱爲該通。續之素患風痹，不復堪講，乃移病鍾山，卒。通毛詩六義及禮論、公羊傳，皆傳於世。」

① 「辨析」，文津閣四庫本誤作「辨柝」。

庾氏蔚之**禮論鈔**

隋志：「二十卷。」

佚。

〔校記〕

馬國翰有輯本。（通禮，頁四三—四四）

禮答問

隋志：「六卷。」

佚。

何氏佟之**禮答問**

隋志：「十卷。」

佚。

〔校記〕

馬國翰有輯本。（通禮，頁四三—四四）

禮雜問答

隋志：「一卷。」

佚。

王氏儉**禮論要鈔**

隋志：「十卷。」七録：「三卷。」

佚①。

禮答問唐志作「禮雜答問」。

隋志：「三卷。」唐志：「十卷。」

佚。

〔校記〕

馬國翰有輯本。（通禮，頁四三一—四四）

① 文津閣四庫本無「佚」字。

禮儀答問

隋志：「八志。」唐志：「十卷。」

佚。

荀氏萬秋**禮論鈔略**唐志作「禮雜鈔略」。

七録：「二卷。」

佚。

〔校記〕

馬國翰有輯本。（通禮，頁四三—四四）

隋志：「齊御史中丞。」

邱氏①季彬**禮論**

七録：「五十八卷。」

佚。

① 「邱氏」，四庫薈要本、文津閣四庫本作「丘氏」。

禮議

七録：「一百三①十卷。」

佚。

禮統

七録：「六卷。」

佚。

隋志：「齊尚書儀曹郎。」

樓氏幼瑜**禮捃遺**

三十卷。

佚。

南齊書：「東陽樓幼瑜著禮捃遺三十卷。官至給事中。」

① 「三」，四庫諸本、備要本作「二」。

周氏捨**禮疑義**

唐志：「五十卷。」

佚。

〔校記〕

馬國翰有輯本。（通禮，頁四三——四四）

賀氏瑒**禮論要鈔**

隋志：「一百卷。」

佚。

郭氏鴻**禮答問**

七録：「四卷。」

佚。

戚氏壽**雜禮義問答**

唐志：「四卷。」

佚。

褚氏暉**禮疏**

一百卷。

佚。

張杲曰：「褚①暉，字高明，吴郡人，隋煬帝時爲太學博士。」

董氏勛**問禮俗**

隋志：「十卷。」

佚。

〔校記〕

王謨有輯本。（通禮，頁四四）

董氏子弘**問禮俗**

隋志：「九卷。」

① 文津閣四庫本無「褚」字。

佚。

王氏通禮論

十卷。

佚。

杜淹曰：「文中子禮論二十五篇，列爲十卷。」

賀氏述禮統

唐志：「十二卷。」

佚。

〔校記〕

王謨有輯本，賀氏禮統，馬國翰亦有輯本。（通禮，頁四四）

王氏方慶禮雜問答

唐志：「十卷。」

佚。①

劉肅曰：「方慶博通群書，尤精三禮，好事者多訪之，每所酬答，咸有典據，時人編次之，名曰禮雜問答。」

李氏敬玄**禮論**

唐志：「六十卷。」

佚。

陸氏質**類禮**

唐志：「二十卷。」

佚。

丁氏公著**禮志**

唐志：「十卷。」

佚。

---

① 自「王氏方慶」至「佚」，文津閣四庫本俱闕。

杜氏肅**禮略**

唐志：「十卷」

佚。

崇文總目：「唐京兆府櫟陽尉杜肅撰。采古經義，下逮當世，概舉沿革，附禮見文，以其言約旨詳，故自題禮略云。」

張氏頻**禮粹**

唐志：「二十卷。」

佚。

崇文總目：「唐寧州參軍張頻纂，凡一百三十五條，直抄崔氏義宗之説，無他異聞。」

鄭樵曰：「張頻禮粹出於崔靈恩三禮義宗，有三禮義宗，則禮粹爲不亡矣。」

李氏公緒**禮質疑**

五卷。

佚。

何氏洵直**禮論**

宋志：「一卷。」

佚。

陳氏祥道**禮書**

宋志：「一百五十卷。」

存。

鄭氏鼎新**禮樂舉要**

佚。

禮樂從宜集

佚。

閩書：「鄭鼎新，字中實，仙遊人。嘉定十六年進士，知晉江縣，尋通判處州。鼎新少受業黃幹之門，而與楊復游，嘗考究禮書成編，名曰禮樂舉要，又撰禮樂從宜集。」

佚。

陳氏普禮編

普自序曰：「自五霸以來至今，天下豈無小康之時？至於人倫盡廢，喪紀掃地，若七國争王之日，秦人坑焚之餘，東西兩漢知力把持之末，魏、晉、齊、梁老、佛之餘，唐人室弟之妻、父之妾、子之婦，強藩孽豎恣睢憑陵之極，宋王安石廢罷儀禮、毀短春秋之後，生人之禍，皆蚩尤以來所未有者。蓋自軒轅迄於東遷，其間雖有有扈、有窮、桀、受之惡，甘野、鳴條、孟津之戰，而未嘗有千里流血，空谷無人，百年荒草。若夫七雄、劉項之兵，赤眉、黄巾、黄巢、武氏、禄山、五胡①、女真②之毒，則以億兆爲草菅，連數千里朱殷，數百年爲狐兔之墟。蓋民不見禮、樂，不明於君臣、父子、兄弟之義，無事則苟以相與，有亂則起而相食，而復加以農田不井，國土無制。有生之類，無安土之心，而衣冠搢紳之士，無椅桐梓漆爰伐琴瑟之謀，其末勢之所趨，固宜然也。桓桓晦翁，崛起南夏，首發明四書以開人心，次取周公殘經、諸儒傳記，脉尋彙别，畎澮川疏。志欲開來世之太平，決千載之積否，天不慭遺，未就而殁。勉齊黄氏、信齋楊氏久在師門，熟聞講貫，繼志喪、祭二篇，天叙天秩，「經」、「曲」略備。而王安石之烈未熄，科舉之士，至今百年，無有以其書爲意者。曲臺已隔古今，鹿洞復就蕪殁，可爲天地人倫之嘆。夫秉彝之文，歷劫

---

① 「五胡」，文淵閣四庫本改作「劉聰」，文津閣四庫本改作「思明」。

② 「女真」，文淵閣四庫本改作「石勒」，文津閣四庫本改作「五代」。

不滅，而品裁萬物、扶植綱常之具，無一日不在。我知書識字，朱方斷石，湘山薛文，不倦購訪，而周公遺典，尚存有緒。又賴先覺開端發明，忍復委之榛莽不問？普深山狂簡，不學寡聞，年十五、六讀曲禮、少儀，知愛之而淪於時俗科舉之習，三十、四十始脱時文，而患難屢貧，東西奔走。頗聞熊去非自少用心禮樂，而貧蹤賤武，合并良難。丁酉歲，受平山劉純父之招，始見去非於山中，書册填坐，屢空晏如，覽記浩博，會欲求輔於朋友，備書册，闢室堂，廣談論，取晦翁、黄、楊之書，修補以示方來而未就也。顧予雖志求古，而未嘗涉晦翁、黄、楊之藩。輒用去非成規，更爲求要質鬼神，告白知友，共取十七篇注疏，及晦翁所鳌三十五卷，勉齋、信齋喪、祭二禮及圖，循去非熟路，詳加考訂，重爲比類，仍合三君子。凡所經歷，採摘經傳、史籍、開元、開寶、政和通典、會要、令律諸書。上自天子，下至庶人，家、鄉、邦國、朝廷當行之禮、當用之器具列，大經小紀，溯源循流，斟今酌古，要之不咈於性命之理，不失於先王周公之意，不背夫子春秋之旨，不孤晦翁拳拳經世之心。使其行之足以位天地、育萬物、躋盛治、致四靈，愈千載之痿痞，定爲天地一常經，古今一通義。得爲者用之於身，行之於家，不得爲者藏之以待用，而復以其餘力，凡有名數備度分事物，若天文、地理、建國、設官、井田、兵刑等事，各加研覈，務盡見其本末，亦各草爲一書，以待賓①興。豈不愈於掇浮詞、吟空詩、作燕語，敝其賦予之厚於有損無益之薄物，絶學之繼，庶其在此。當仁則爲，無所辭避，致思以起之，不倦以終之，如其有成，當獲陰相，亦不虚生世間矣。」

---

① 「賓」，文津閣四庫本作「兵」。

許氏判**禮圖**

未見。

呂氏柟**禮問内外篇**

〔四庫總目〕

朱彝尊經義考載柟禮問内外篇二卷，云「未見」，今本卷數相符而不分内、外篇，或彝尊傳聞未確歟？（卷二五，頁三二，禮問二卷提要）

〔校記〕

四庫存目著録，但作禮問。（通禮，頁四四）

二卷。

未見。

吴氏嶽**禮考**

一卷。

存。

洪朝選序曰：「少宰望湖吴公示余以手編吉凶禮凡五，曰士相見禮，曰士冠、昏、喪、祭禮，引儀禮、禮記經文於前，附己意訓釋於後，合而名之曰禮考。蓋禮之文多至於三千三百，公特取其切於士庶人家日用之近者，以爲維世導俗之助耳。余謂禮者，緣人情而爲之者也，宜人之情所由在禮，則所好在禮。顧今之人情，不喜禮又姗笑行古禮者，何歟？此無他，古禮淡，俗禮華；古禮繁，俗禮簡。以其厭淡喜華之心，而便於苟簡自恣之習，又焉得不以古禮爲桎梏，以行古禮之人爲怪異也。雖然，使人反求於其心之所不安者，即而思之，吾知必將以其不喜古禮者，而不喜俗禮；以其姗笑行古禮之人者，而姗笑俗人也。天下之事，患無有倡而興之者耳。有人焉排流俗以倡明古道，而無人和者，余不信也。今少宰公既首倡之矣，諸君子有不同然和之者乎？爰命刻於藩司，用觀古禮之行，自齊、魯始。」

唐氏伯元**禮編**

二十八卷。

存。

伯元自序曰：「禮者何？儀禮與大、小戴記也。編者何？上編中、中編、下編也。禮一也，而上、中、下者何？君臣、父子、夫婦、昆弟、朋友古稱五典，五典者，禮之所自出也，故上編；冠①喪祭俗謂四禮，四禮者，人道之終始也，故中編；禮者，性之德也，道問學所以尊德性，傳不云乎，『待其人而後行』，夫禮論者，學禮之方而行禮之人也，故下編。編一也，多至十卷，少或八卷者何？言容、服食、稱謂、餽

① 「冠」下，依補正、四庫薈要本、文淵閣四庫本應有「昏」字。

遺、卜筮莫不有動作威儀之則，所以身範物先而綱維五典也，故以繫之上，是謂上編十卷。鄉飲酒、鄉射、投壺、覲禮、燕禮、聘禮猶乎四禮之非時莫行也，非力莫舉也，故以繫之中，是謂中編十卷。禮得則樂生，故次樂論；禮樂備而天下治，故次治論；治本學，學本道也，故次學論、次道論，其煩簡一因乎舊文，要之，學禮焉耳矣，故以繫之下，是謂下編八卷。夫三編者，三才之義也；二十八卷者，列宿之義也，其意則出於偶合，而非有意於其間也。然此三禮也，不有周禮乎？何遺之也？曰：周禮，周官也，非爲禮也，且全而無容編焉。其采及家語、荀子諸書，何也？大、小戴舊所采有醇有疵，有詳有略，而吾折衷之者也。其儀禮或采或否，何也？所備者士禮，所不備者，諸侯大夫之禮也。備小戴而漏大戴，何也？子曰『吾從周』，小戴，時王之制，而今之同文也，故不敢以不備也。夫儒者於三禮代有訂正，其最著者莫如紫陽夫子與近代湛元明氏，今所傳儀禮，二禮分經分傳，亦既詳乎其言矣，而子異之何也？小戴零星錯落，大戴掛一漏百，倘非比類而分，則次第不可得而考也，是故可以經則經，可以傳則傳，是編與二書同也。分節而比其類，就類而分其次，重復者有删，殘斷者無遺，錯亂者就緒，則是編也竊取焉，而不敢辭其僭妄之罪也。編始於壬辰，訖於丙申，凡五載，半屬司封司銓之暇時，或破冗爲之，急在成編，而不暇盡詳，其歸趣若曰：倘其體裁便於覽觀，不至開卷而茫然，使初學之士可讀，好古之君子可考也。雖有未盡之編，猶可以俟後賢於異時，庶幾禮教藉以不墜，則是編之大指也。」

〔補正〕

自序内「故上編冠喪」、「冠」下脱「昏」字。（卷六，頁十五）

亡名氏禮論鈔

隋志：「六十九卷。」佚。

禮論要鈔

隋志：「十卷。」佚。

禮雜問

隋志：「十卷。」佚。

禮雜答問

隋志：「八卷。」佚。

禮雜答問

隋志：「六卷。」

佚。

禮樂議

隋志：「十卷。」

佚。

禮秘義

隋志：「三卷。」

佚。

禮類聚

唐志：「十卷。」

佚。

禮論區分

唐志：「十卷。」

佚。

禮論鈔略

唐志：「十三卷。」

佚。

通禮義纂

佚。

按：通禮義纂不見於隋、唐志，未詳誰氏所作，太平御覽每引之。

經義考卷一百六十七

樂

樂經

隋志：「四卷。」

〔補正〕

聘珍案：漢興，收集諸經而樂獨亡，竇公所獻，乃周官之大司樂一章，亦非本樂經之全。今考工記疏引樂云、書大傳引樂曰、續漢志鮑鄴引樂經，其書皆無傳，而王充論衡云「陽成子長作樂經」，王莽傳「元始三年立樂經」，是皆出於漢儒所制。今隋志有樂經四卷，不系撰人姓名，其爲元始所立、陽成子長所作，未可知也。竹垞於隋志所載樂論、樂書、古今樂録等皆不載，而獨載此，豈以此樂經即古樂經歟？（卷六，頁十五—十六）

佚。

〔校記〕

王謨、馬國翰有輯本。（樂，頁四四）

漢書王莽傳：「元始三年立樂經。」

藝文志：「漢興，制氏以雅樂聲律，世在樂官，頗能紀其鏗鏘鼓舞，而不能言其義。六國之君，魏文侯最爲好古，孝文時，得其樂人竇公，獻其書，乃周官大宗伯之大司樂章也。」

應劭曰：「周室陵遲，禮崩樂壞，重遭暴秦，遂以闕亡。」

沈約曰：「秦代滅樂，樂經殘亡。」

劉勰曰：「秦燔樂經，漢初紹復，制氏紀其鏗鏘，叔孫定其容與，䕫師務調其器，君子宜正其文。」

王昭禹曰：「周禮雖出於武帝之世，大司樂一章已傳於孝文之時。」

胡寅曰：「禮、樂之書，其不知者指周官、戴記爲禮經，指樂記爲樂經；其知者，曰禮、樂無全書，此考之未深者。孔子曰：『吾自衛反魯，然後樂正，雅、頌各得其所。』是詩與樂相須，不可謂樂無書。樂記則子夏所述也。」

章如愚曰：「漢承秦火之餘，禮廢而樂尤甚。制氏世爲樂官，但能紀其鏗鏘鼓舞而不能言其義；所得於竇公者，惟周官大司樂一章；而河間雅樂之獻，又特采諸子之言以爲樂。漢學①之述古者，止於此而已。」

---

① 「漢學」，四庫薈要本作「漢樂」。

王應麟曰：「考工記磬氏疏：『按：樂云：磬前長三律二尺七寸，後長二律尺八寸。』朱文公問蔡季通，不知所謂『樂云』者是何書？今考三禮圖，以爲樂經，書大傳亦引樂曰：『舟張辟雍，鶬鶬相從，八風回回，鳳凰喈喈。』漢元始四年立樂經，續漢志鮑鄴引樂經，今其書無傳。」

葉時曰：「世儒嘗恨六經亡樂書，然樂不可以書傳也，何則？樂有詩而無書，詩存則樂與之俱存，詩亡則樂與之俱亡。詩也者，其作樂之本與？樂由詩作，故可因詩以觀樂，無詩則無樂矣。韶至齊而猶聞，必韶樂之詩尚存也；濩至魯而猶見，必濩樂之詩未泯也。觀乎周之太師掌六律、六同、五聲、八音以爲樂，而必教以六詩，瞽矇掌鼗、鼓、祝①、敔、簫、管，則必諷誦詩，此則詩之所以爲樂也。太師曰：大祭祀，帥瞽而登歌。此登歌之有詩也②。鐘師則以鐘鼓奏九夏，此鐘鼓之有詩也；籥章則掌龡豳詩、豳頌，此龡籥之有詩也；祭祀則王出入奏王夏，尸出入奏肆夏，牲出入奏昭夏，是祭樂有詩也；大射則王以騶虞爲節，諸侯貍首，大夫采蘋，士采蘩，是射樂有詩也；凡樂儀行以肆夏，趨以采薺③，車亦如之，是車行有詩也；學士歌徹，則徹樂亦有詩；軍獻凱歌，則凱樂亦有詩；四夷聲歌，則夷樂亦有詩。至如大司樂奏六律，則歌大呂、歌應鐘、歌南呂、歌函鐘，歌小呂、歌夾鐘，是十二律皆有詩歌也。古人以詩爲樂，詩存則古樂傳，詩亡則古樂廢，今不以樂詩不存爲憾，而徒以樂書不傳爲恨，豈知先王作樂之

① 「祝」，文津閣四庫本作「柷」。
② 「詩」下，文淵閣四庫本無「也」字。
③ 「采薺」，四庫諸本作「采齊」。

本哉？」

吴澂曰：「經出於漢，而樂獨亡。」

黄佐曰：「觀諸豫之象，則『雷出地奮』，即合樂之律自下而上可知矣。觀諸夔之言，則琴瑟下管，即雲和孤竹之屬可知矣。觀諸商頌，依我磬聲，則擊石、拊石合於鳴球可知矣。觀諸春秋，萬入去籥，則萬舞干戚本合英韶可知矣。凡此皆大司樂成均之法也，孰謂五經具在而樂獨無傳耶？矧夫歌奏相命，聲變成方，雖謂之樂記之經可也。」

楊繼盛曰：「世之談經學者必稱六經，然五經各有專業，而樂則滅絶無傳。論治法者，必對舉禮樂。然議禮者於天秩不易之外，猶深求立異可喜之説。至於樂，則廢棄不講。全德之微，風俗之敝，恆必由之，良可悲夫。」

徐師曾曰：「古有樂經，疑多聲音樂舞之節，而無辭句可讀誦記識，故秦火之後無傳焉。」

沈懋孝曰：「昔者仲尼正樂，其時六代完①音具在，樂官如摯、如干、如襄、如曠，皆能習其鏗鏘鼓舞，唱和抗墜之節，大聖審音知樂，第爲之釐次雅、頌之所爾，無更其舊也。至孟氏時，古之詩學幾無好而存之者，其後樂經失傳，士大夫縱能談説其義，然精知者事著絶少，所謂『聲氣之元通於神，明根之性初者邈』，然何莫求之。」

〔補正〕

① 「完」，補正、四庫諸本作「元」。

沈懋孝條内「完音具在」，「完」當作「元」。（卷六，頁十六）

朱載堉曰：「古樂絶傳，率歸罪於秦火，殆不然也。古樂使人收斂，俗樂使人放肆，放肆人自好之，收斂人自惡之，是以聽古樂惟恐卧，聽俗樂不知倦，俗樂興則古樂亡，與秦火不相干也。」

按：周官成均之法，所以教國子樂德、樂語、樂舞三者而已。樂德則舜典命夔教胄子數言已括其要，樂語則三百篇可被絃歌者是，樂舞則鏗鏘鼓舞之節，不可以爲經。樂之有經，大約存其綱領，然則大司樂一章，即樂經可知矣。樂記從而暢言之，無異冠禮之有義，喪服之有傳，即謂樂經於今具存可也。

樂記

漢志：「二十三篇。」

〔補正〕

聘珍案：漢志别有王禹記二十四篇，班氏云：「常山王禹，成帝時爲謁者，數言其義，獻二十四卷記，劉向校書，得樂記二十三篇，與禹不同。」據此，王禹之書亦應并載。（卷六，頁十六）

又案：漢志有雅歌詩四篇，晉杜夔傳舊雅樂四曲：一曰鹿鳴，二曰騶虞，三曰伐檀，四曰文王。據此，則漢志所載雅歌者，亦古樂經之流歟？似亦當備載也。（卷六，頁十六）

闕。

〔校記〕

馬國翰有輯本。（樂，頁四四）

漢書：「武帝時，河間獻王好儒，與毛生等共采周官及諸子言樂事者，以作樂記，獻八佾之舞，與制氏不相遠。其内史丞王定傳之，以授常山王禹。禹，成帝時爲謁者，數言其義，獻二十四卷記，劉向校書，得樂記二十三篇，與禹不同，其道寖以益微。」

葛洪曰：「竇公庯夫，年幾二百。」

孔穎達曰：「公孫尼子次撰樂記，通天地，貫人情，辨政治。」又曰：「劉向校書，得樂記二十三篇，著於别録，謂有樂本、有樂論、有樂施、有樂言、有樂禮、有樂情、有樂化、有樂象、有賓牟賈、有師乙、有魏文侯，蓋十一篇，今雖合此，略有分焉。餘十二篇，奏樂第十二、樂器第十三、樂作第十四、意始第十五、樂穆第十六、説律第十七、季札第十八、樂道第十九、樂義第二十、昭本第二十一、昭頌第二十二、竇公第二十三。」

王昭禹曰：「記有樂記，樂之傳也，非經也。樂記作於漢武帝時，河間獻王與諸儒共采周官及諸子言樂事者是也。」

熊朋來曰：「樂記中有與易大傳文相出入，其他論禮樂多有格言，能記子夏、子貢、賓牟賈問答，此必出於聖門七十子之徒所記也。」又曰：「樂記本十一篇，今禮家仍分十一章，觀其以『子貢問樂』一句附贅章末，即其篇名矣。依正義序次分爲十一章：一曰樂本，『凡音之起』至『王道備矣』；二曰樂論，自『樂者爲同』至『與民同也』；三曰樂禮，自『王者功成作樂』至『聖人曰禮樂云』；四曰樂施，自『昔者舜作五絃之琴』至『先王著其教焉』；五曰樂言，自『民有血氣』至『君子賤之也』；六曰樂象，自『凡姦聲感人』至『所以贈諸侯也』；七曰樂情，自『樂也者情之不可變也』至『有制於天下也』；八曰魏文侯，自『魏文侯問於子夏』至『彼亦有所合之也』；九曰賓牟賈，自『賓牟賈侍坐』至『武之遲久不亦宜乎』；十曰樂化，自『君子曰禮樂不可斯須去身』至『禮樂可謂盛矣』，此章五十八句重出祭義；十一曰子貢問師乙，自『子貢見師乙』至『子貢問樂』，此章『吾子自執焉』以下多脱辭，孔疏依史記改正。」

吴澂曰：「禮經之僅存者，猶有今儀禮十七篇，樂經則亡矣，其書疑多是聲音樂舞之節，少有辭句可誦讀記識，故秦火之後無傳，諸儒不過能言樂之義而已。而劉向所得樂記二十三篇，又與河間獻王所撰二十四卷不同，其二十三篇内之十一合爲一篇，蓋亦删取要略，非全文也。」

徐師曾曰：「漢興，制氏世爲樂官，頗能紀其鏗鏘鼓舞，而不能言其義理，其言義理，則此篇是也。當是古來流傳文字，而河間獻王實纂述之，非成於漢儒也。」

河間獻王劉德樂元語

佚。

〔校記〕

馬國翰有輯本，王謨亦有樂元語輯本。（樂，頁四四）

按：白虎通德論引樂元語文云：「受命而六樂樂。」又云：「東𡰥①之樂持矛舞，助時生也。南𡰥②之

①② 「𡰥」，文淵閣四庫本作「夷」，文津閣四庫本作「方」。

樂持羽舞，助時養也。西㞐①之樂持戟舞，助時殺也。北㞐②之樂持干舞，助時藏也。」漢書食貨志引樂元語文云：「天子取諸侯之士以立五均，則市不貳價，四民常均。」

〔補正〕

案：此條内應補録食貨志云「樂語有五均」，鄧展曰：「樂元語，河閒獻王所傳，道五均事。」（卷六，頁十六）

竹垞案：漢書食貨志引樂元語文云：「天子取諸侯之士以立五均，則市不貳價，四民常均。」傑按：漢書食貨志臣瓚注引樂元語「四民常均」下有「彊者不得困弱，富者不得要貧，則公家有餘恩及小民矣」二十二字，此似誤删。（卷六，頁十六——十七）

聘珍案：漢藝文志云：「武帝時，河閒獻王好儒，與毛生等共采周官及諸子言樂事者，以作樂記，獻八佾之舞。」本傳云：「武帝時，獻王來朝，獻雅樂。」禮樂志：「河閒獻王有雅材，亦以爲治道非禮樂不成，因獻所集雅樂。天子下大樂官，常存肄之，歲時以備數，然不常御，常御及郊廟皆非雅聲。至成帝時，謁者常山王禹世受河閒樂，能說其義，其弟子宋華等上書言之，下大夫博士平當等考試。當以爲河閒獻王聘求幽隱，修興雅樂以助教化。時大儒公孫宏、董仲舒等皆以爲音中正雅，主之大學。春秋鄉射，作於學官，希闊不講，今華等守習孤學，大指歸於興助教化。宜領屬雅樂，以繼絶表微，事下公卿，以爲久遠難分明，當議復寢。」據此，漢興以來樂經雖亡，而河閒修補之時，去古未遠，所集雅

①② 「㞐」，文淵閣四庫本作「夷」，文津閣四庫本作「方」。

樂，必有先代樂經之遺，非僅如房中、安世之倫也，尚恨班書志未詳實耳，想當建武、永平閒，其詳已不可得聞乎？（卷六，頁十七）

黄氏裳**樂記論**

一篇。

存。

邵氏囦**樂記解**

一卷。

存。

金氏履祥**考定樂記**

一卷。

未見。

柳貫曰：「小戴禮樂記第十九，鄭玄目録云：『漢武帝時，河間獻王與諸生等共采周官及諸子言樂事者，以作樂記。』又云：『樂記者，以其記樂之義，於别録屬樂記，蓋十一篇，篇雖合而略有分焉。』唐孔氏正義則謂劉向校書，得樂記二十三篇，今樂記斷取十一篇，餘有十二篇，名猶在而記無所録矣。正義直以樂本、樂論、樂施、樂言、樂禮、樂情、樂化、樂象、賓牟賈、師乙、魏文侯分十一篇，而每篇之中，又各自爲章，總之凡三十四章。先生獨有疑焉，因爲之反覆玩繹，優游涵泳，則見其所謂十一篇者，節目明整，瞭然可考，而正義所分，猶爲未盡。於是一加段畫，而旨義顯白，無復可疑。此學者所以貴乎平心觀理，及其理融見卓，則雖跨越宇宙，而與聖賢共講，亦不過是而已。」

劉氏濂**樂經元義**

八卷。

未見。

呂氏柟**大司樂考**

十卷。

未見。

黃氏佐**樂記解**

十一卷。

存。

右載樂典。

朱氏載堉**樂經新説**

三卷。

存。

載堉自述曰：「按：漢時竇公獻古樂經①，其文與周官大司樂同，然則樂經未嘗亡也。樂官之屬凡二十，分作三類，其大司樂、樂師、大胥、小胥，此四官爲一類，蓋大夫士之曉樂者而爲國子之師，若伶倫、后夔輩是也，禮記所謂大司成，疑即此官也，樂師疑即樂正也，大胥，大學長也，小胥，小學長也。大師、小師、瞽矇、眡瞭，此四官爲一類，蓋皆無目之人及有目而不甚明者，若師曠、師冕輩是也。典同以下，則又皆有目者。凡官皆受命於天子，自下而上，以受命次序多寡爲尊卑，周制一命謂之下士，二命中士，三命上士，四命下大夫，五命中大夫，此大司樂爲中大夫，自下而上第五等也。每官有正有副，其長若干員，其佐必倍之，若大司樂中大夫二人，則樂師下大夫四人，乃其佐也，樂師又有佐焉，上士八人，下士十有六人是也。籥師籥章當在韎師之上，疑錯簡云。」

李氏文察**樂記補説**

二卷。

---

① 「樂經」，備要本作「一經」。

〔校記〕

四庫存目著録李氏樂書十九卷，内樂記補説一卷。（樂，頁四四）

未見。

黄氏積慶**樂經管見**

二卷。

未見。

瞿氏九思**樂經以俟録**

六册。

存。

按：瞿氏論樂，史學遷序之，雖經鏤板，然卷帙未定，非完書也。

張氏鳳翔**樂經集注**

二卷。

未見。

鳳翔自序曰：「禮樂至周而大備，周禮大司樂文則周公所手著也。漢初，魏竇公獻古樂經，其文與大司樂合，而學士大夫率沿爲禮家言，無專學也。古學、庸存於戴記，至程子始尊信表章，而古者由學入道之大法始賴以存。古樂經亡，而周公所著經固存於世，觀大備於成周，而樂其可知也。愚竊取程子之意，乃表而出之，俾專於樂者考焉。」

陸元輔曰：「堂邑張鳳翔輯述周禮大司樂以下諸官，而爲之注，末以小戴禮樂記篇附焉。鳳翔中萬曆辛丑進士，官至兵部尚書，兼副都御史，巡撫蘇、松等處軍務，加太子太保。」

經義考卷一百六十八

春秋一

春秋古經

漢志："十二篇，經十一卷。"注："公羊、穀梁二家。"

〔補正〕

按：此條即班氏本文，但以小字綴系於下耳，不得云注也，豈竹垞先生誤以此爲顔師古所注邪？此注字當刪去。

又按：漢志："春秋古經十二篇。"此一句是總叙之詞；"經十一卷"，則專指公、穀二家所傳之經言之。蓋漢時已不見左氏所傳之原經專本矣，所以漢末皇象所寫左氏傳，亦是合經與傳者耳。班氏此句先傳叙經，故連上古經句。言篇者，其本書也；言卷者，其承師之家所編束次弟也。（卷七，頁一）存。

卜子曰：「有國家者，不學春秋，則無以見前後旁側之危，則不知國之大柄。」

莊周曰：「春秋經世，先王之志也①，聖人議而不辯。」又曰：「仲尼讀春秋，老聃踞竈觚而聽之，曰：『是何書也？』曰：『春秋也。』」

〔補正〕

莊周條内「先生②之志也」，「也」字刪。（卷七，頁一）

又按：莊周以下三條應移置孟子條後。（卷七，頁一）

女子女、汝同，不知其名。曰：「以春、秋爲春秋。」

公扈子曰：「有國者，不可以不學春秋。生而貴者，驕；生而富者，傲；生而富貴又無鑒，而自得者，鮮矣。春秋，國之鑑也。」

孟子曰：「王者之迹熄而詩亡，詩亡然後春秋作，晉之乘，楚之檮杌，魯之春秋，一也。其事則齊桓、晉文，其文則史，孔子曰：『其義則丘竊取之矣。』」又曰：「世衰道微③，邪説暴行有作。臣弒其君者有之，子弒其父者有之。孔子懼，作春秋。春秋，天子之事也，是故孔子曰：『知我者，其惟春秋乎；罪我者，其惟春秋乎』」又曰：「孔子成春秋，而亂臣賊子懼。」

---

①「也」，依補正當刪。
②「先生」，應據前文作「先王」。
③「世衰道微」，文津閣四庫本作「世道衰微」。

魏齊曰：「春秋，孔聖所以名經也。」

孔鮒曰：「魯之史記曰春秋，經因①以名焉。」

董仲舒曰：「孔子知言之不用，道之不行也，是非二百四十二年之中，以爲天下儀表。」又曰：「春秋上明先②王之道，下辨人事之紀，别嫌疑，明是非，定猶豫，存亡國，繼絶世，補敝起廢，王道之大者也。」又曰：「春秋文成數萬，其指數千，萬物之聚散，皆在春秋。故有國者，不可以不知春秋，前有讒而弗見，後有賊而弗知。爲人臣者，不可以不知春秋，守經事而不知其宜，遭變事而不知其權。」又曰：「春秋者，禮義之大宗也。」又曰：「春秋甚幽而明，無傳而著。」又曰：「春秋分十二世，有見，有聞，有傳聞。有見三世，有聞四世，有傳聞五世。故定、哀、昭③，君子之所見也；襄、成、文、宣④，君子之所聞也；僖、閔、莊、桓、隱，君子之所傳聞也。所見六十一年，所聞八十五年，所傳聞九十六年。」

〔補正〕

董仲舒條内「上明先生⑤之道」，「先」當作「三」。（卷七，頁一）

壺遂曰：「孔子之時，上無明君，下不得任用，故作春秋，垂空文以斷禮義。」

---

① 文津閣四庫本無「因」字。
② 「先」，應依補正，四庫諸本作「三」。
③ 「定、哀、昭」，四庫薈要本作「哀、定、昭」。
④ 「襄、成、文、宣」，四庫薈要本作「襄、成、宣、文」。
⑤ 「先生」，應依前文作「先王」。

司馬遷曰：「夫子作春秋，筆則筆，削則削，子夏之徒不能贊一辭。」又曰：「春秋采善貶惡，推三代之德，褒周室，非獨刺譏而已也。」

劉向曰：「夫子行説七十諸侯，無定處，意欲使天下之民各得其所，而道不行；退而修春秋，采毫毛之善，貶纖介之患，人事浹，王道備，精和聖制，上通於天而麟至。」又曰：「春秋紀國家存亡，以察來世。」

閔因曰：「孔子受端門之命，制春秋之義，使子夏等十四人求周史記，得百二十國寶書，九月經立。」

揚雄曰：「仲尼不遭用，春秋因斯發。」

春秋演孔圖曰：「獲麟而作春秋，九月書成。」

春和握誠圖曰：「孔子作春秋，陳天人之際，記異考符。」

春秋説題辭曰：「孔子作春秋，一萬八千字，九月而書成，以授游、夏，游、夏之徒不能改一字。」又曰：「春秋經文備三聖之度。」

春秋命曆序曰：「孔子治春秋，退修殷之故曆，使其數可傳於後，春秋宜以殷①曆正之。」又曰：「自開闢至獲麟，二百二十七萬六千歲。」

孝經援神契曰：「春秋三世，以九九八十一爲限。隱元年盡僖十八年爲一世，自僖十九年盡襄十

---

① 文津閣四庫本「殷」下有「之故」二字。

二年又爲一世，自襄十三年盡哀十四年又爲一世。」

孝經鉤命決曰：「孔子在庶，德無所施，功無所就，志在春秋，行在孝經。以春秋屬商，孝經屬參。」又曰：「春秋策二尺四寸書之。」

班彪曰：「殺史見極平易正直，春秋之義也。」

班固曰：「古者右史記事，事爲春秋。」

王充曰：「春秋之經紀，以善惡爲實，不以日月爲意。」又曰：「孔子作春秋，素王之業也，諸子之傳，素相之事也。」

賈逵曰：「春秋取法陰陽之中：春爲陽中，萬物以生；秋爲陰中，萬物以成，欲使人君動作不失中也。」

服虔曰：「春秋古文篆書，一簡八字。」

趙岐曰：「周衰，孔子懼正道遂滅，故作春秋，因魯史記，設素王之法。」

阮籍孔子贊曰：「養徒三千，升堂七十，潛神演思，因史作書。」

劉熙曰：「春秋者，春、秋、冬、夏，終而成歲。春秋書人事，卒歲而究備。春、秋温涼，中象政和也，故舉以爲名也。」

賀循曰：「春秋三傳俱出聖人，而義歸不同。自前代通儒，未有能通得失，兼而學之者也。」

郭象曰：「春秋順其成迹，而擬乎至當之極，不執其所是以非衆人。」

葛洪曰：「仲尼春秋成，紫微降光。」

孫盛曰：「仲尼修春秋，列三統爲後王法。」

姜岌曰：「仲尼作春秋，日以繼月，月以繼時，時以繼年，年以首事。」

盧欽曰：「孔子因魯史記而修春秋，制素王之道。」

賀道養曰：「春，貴陽之始；秋，取陰之初。」

顏延之曰：「褒貶之書，取其正言晦義，輔制衰王，春秋爲上。」

任昉曰：「曲阜縣南十里，有孔子春秋臺。」

隋書經籍志：「春秋者，魯史策書之名。」

顏師古曰：「春秋，孔子約史記而修之也。天有四時，春爲陽中，萬物以生；秋爲陰中，萬物以成，故錯互舉之，包十二月而爲名也。」

賈公彦曰：「古文春秋者，藝文志云：『春秋古經十二卷。』是此古文經所藏之書。文帝除挾書之律，此本然後行於世。」

徐彦曰：「古者謂史記爲春秋，孔子未修之前，已謂之春秋矣。據百二十國寶書以爲春秋，非獨魯也。」

李楠曰：「春秋之不可以凡例拘，猶易之不可泥於象數也。」

孫復曰：「春秋有貶而無褒。」

劉彝曰：「古者編年之史皆曰春秋，仲尼未作，已列爲經矣。」

蘇軾曰：「孔子因魯史爲春秋，一斷以禮。」

邵子曰：「春秋，孔子之刑書也，功過不相掩。」

程伯子曰：「五經之有春秋，猶法律之有斷例。」

張子曰：「春秋之書，在古無有，乃仲尼所自作。」

劉安世曰：「讀春秋者，以爲公、穀、左氏三家皆不可信，而吾於數千載後，獨得聖人之微意。嗚呼！其誣先儒，後世之罪大矣。」

王觀國曰：「前漢藝文志曰：『春秋古經十二篇，經十一卷，左氏傳三十卷。』蓋古本春秋經自爲一帙，至左氏作傳三十卷，自爲一帙；杜預作春秋經傳集解，乃分經之年而居傳之首，於是不復有古經春秋矣。杜預春秋經傳集解序曰：『分經之年與傳之年相附，比其義類，各隨而解之，名曰經傳集解』是也。公羊經止獲麟，而左氏經止孔丘卒，蓋小邾射不在三叛人之數，則自小邾射以下，皆魯史記之文，孔子弟子欲記孔子卒之年，故録以續孔子所修之經也。顔氏家訓曰：『春秋絶筆於獲麟，而經稱孔丘卒。』顔氏以此爲疑，蓋非所疑也。孔子曰：『君子於其所不知，蓋闕如也。』故春秋書：『正月甲戌、己丑，陳侯鮑卒。』左氏傳曰：『再赴也。』蓋惟孔子不知陳侯卒在何日，因其再赴，故書甲戌、己丑二日，從魯史之文也。又威公十四年，『夏五，鄭伯使其弟語來盟。』左氏傳曰：『夏，鄭子人來尋盟。』蓋『夏五』無月日者，闕文也，左氏亦止言夏而不言月日，則是左氏作傳時，經已闕月日矣。莊公二十四年冬，書『郭公』，而左氏無傳，蓋亦經之闕文也。僖公元年，『十有二月丁巳，夫人氏之喪至自齊。』左氏傳曰：『夫人氏之喪至自齊，君子以齊人之殺哀姜也爲已甚矣。』左氏亦言『夫人氏』，而不言『姜』，是左氏作傳時，經已闕『姜』字矣。孔子作春秋，不應書『夏五』、『郭公』、『夫人氏』而已，蓋孔子卒而後闕其文也。

左邱明①與孔子同時，又爲魯太史，魯史記盡在太史，則左氏於②傳，豈不能補正之？而於傳亦闕而弗補者，以此知作經已久，經之文已闕而不可知，然後傳始作也。前漢藝文志曰：『仲尼以魯周公之國，禮文備物，史官有法，故與左邱明觀其史記，據行事，仍人道，因興以立功，就敗以成物③，假日月以定歷數，藉朝聘以正禮樂，有所褒諱貶損，不可書見，口授弟子，弟子退而異言。邱明恐弟子各安其意④，故論本事而作傳。』審如此，則邱明親受孔子之旨也。然以闕文校之，則漢志之言，復窒而不通，蓋班固之言未可深信耳。」

〔補正〕

王觀國曰：「孔子曰：『君子於其所不知，蓋闕如也。』故春秋書『正月甲戌、己丑，陳侯鮑卒。』左氏傳曰：『再赴也。』蓋惟孔子不知陳侯卒在何日，因其再赴，故書甲戌、己丑二日，從魯史之文也。又威公十四年，『夏五，鄭伯使其弟語來盟。』左氏傳曰：『夏，鄭子人來尋盟。』蓋『夏五』無月日者，闕文也；左氏亦止言夏而不言月日，則是左氏作傳時，經已闕月日矣。莊公二十四年冬，書『郭公』，而左氏無傳，蓋亦經之闕文也。僖公元年，『十有二月丁巳，夫人氏之喪至自齊。』左氏傳曰：『夫人氏之喪至自齊，君子以齊人之殺哀姜也爲已甚矣。』左氏亦言『夫人氏』而不言『姜』，是左氏作傳時，經已

---

①「左邱明」，四庫薈要本、文淵閣四庫本作「左丘明」，下皆同。
②「於」，文淵閣四庫本誤作「無」。
③「物」，應依補正、四庫薈要本、文淵閣四庫本作「罰」。
④「各安其意」下應依四庫薈要本、補正補「以失其真」四字。

闕『姜』字矣。孔子作春秋，不應書『夏五』、『郭公』、『夫人氏』而已，蓋孔子卒而後闕其文也。左邱明與孔子同時，又爲魯太史，魯史記盡在太史，則左氏於傳，豈不能補正之？而於傳亦闕而弗補者，以此知作經已久，經之文已闕而不可知，然後傳始作也。前漢藝文志曰：『仲尼以魯周公之國，禮文備物，史官有法，故與左邱明觀其史記，據行事，仍人道，因興以立功，就敗以成物，案：物當作罰。假日月以定曆數，藉朝聘以正禮樂，有所褒諱貶損，不可書見，口授弟子，弟子退而異言。邱明恐弟子各安其意，案：此下脱「以失其真」四字。故論本事而作傳。』審如此，則邱明親受孔子之旨也。然以闕文校之，則漢志之言復窒而不通，蓋班固之言未可深信耳。」方綱按：王觀國此條自相矛盾，其前云『甲戌、己丑，陳侯鮑卒』，『從魯史之文』，此説是也；而何以後又云『作經已久，經之文已闕而不可知，然後傳始作焉』，此何説哉？『夏五』、『郭公』之類，皆舊史之闕文，而孔子因之耳，非孔子成春秋之後而年久又闕也。且如其説，即使春秋成後又隔幾時，而當日二尺四寸之册，八字之簡，朗朗篆畫，非如後人之細字小紙以爲帙者；左氏又爲時未遠，亦何至於闕乎？況左氏親見聖人，豈無付受之緒，而必待撿其闕文以作傳乎？是其闕文出於舊史之闕，而非出於作經之後之闕，無可疑者，而王氏顧乃駁班志之言爲不足信邪？立言可不慎乎？（卷七，頁二—三）

葉夢得曰：「莊子記孔子欲藏書周室，與子路謀，子路告以老聃免藏史歸居，請試往因焉。孔子見聃，不許，乃繙十二經以説。學者或以十二經爲春秋。」

鄭樵曰：「以春秋爲褒貶者，亂春秋者也。」

黄叔敖曰：「以例求春秋，動皆逆詐億不信之心也。」

胡安國曰：「春秋見諸行事，非空言比也。公好惡，則發乎詩之情；酌古今，則貫乎書之事；興常典，則體乎禮之經；本忠恕，則導乎樂之和；著權制，則盡乎易之變。百王之法度，萬世之準繩，皆在此書。」

周孚曰：「聖人之經，其所以爲名，皆因舊而不改，易之爲易，書之爲書，詩之爲詩，聖人未出其名，固已如是。至於春秋，則猶三經也。晉謂之乘，楚謂之檮杌，魯謂之春秋，編年之書也，錯舉四時以爲之名，聖人何加損焉？且聖人之所以爲後世戒者，在其所書之事，而不在其名也。」

朱子曰：「聖人作春秋，不過直書其事，善惡自見。」又曰：「春秋傳例多不可信，聖人紀事，安有許多義例？」

項安世曰：「説者謂春秋書其罪於策，以示萬世，故亂臣賊子懼焉，非也。夫名之善惡，足以懲勸中人，非亂臣賊子之所畏也。彼父與君且不顧，又何名之顧哉？且弒逆之罪，夫人知之，非必孔子書之而後明也。莽、卓、操、昭之罪，不經孔子之筆，而閭巷小人至今知其爲亂臣賊子也。謂一書生操筆書之，而能生其懼心者，此真小兒童之見也。曰：『然則孟子之言非與？』曰：『春秋之法，謹名分，防幾微，重兵權，惡世卿，禁外交，嚴閨閫，是一統，非二政。凡所謂杜賊亂於未然者，其理無不具也；誅賊亂於已然者，其法無不舉也。此義一明，亂臣賊子環六合而無所容其身，此春秋之所以作，而姦雄之所以懼也。』」

葉適曰：「諸侯之爲日存①君側，以其善行，以其惡戒，此晉人之言春秋也；教之春秋，而爲之聳善

① 「存」，應依四庫薈要本、補正作「在」。

而抑惡焉，以戒勸其心，此楚人之言春秋也；韓宣子所見、孔子所修、左氏所傳，此魯之春秋也。然則晉謂之乘，楚謂之檮杌，當是戰國時妄立名字，上世之史固皆名春秋矣。」

〔補正〕

葉適條内「日存君側」，「存」當作「在」。（卷七，頁三）

劉克莊曰：「春秋，史克之舊文也。」又曰：「春秋作而亂臣賊子何以懼？曰：『事未形而誅心誅意，所以懼也。』夫子身爲匹夫，假二百四十二年南面之權，與亂賊何以異乎？然則春秋，天子之事，何也？曰：『所謂天子之事者，夫子以敬王爲心，故春秋所紀，皆尊君抑臣、尊王抑霸、尊内抑外，書，書此也；諱，諱此也，故曰：知我、罪我，其惟春秋。』」又曰：「孔子作春秋，所以救周禮之壞也。田制壞，而春秋以税畝田役書；軍賦壞，而春秋以邱甲三軍書；三時之役不均，而春秋以城築書；九伐之法不正，而春秋以侵伐書；講武之田不時，而春秋以大蒐、大閲書；救荒之政不備，而春秋以來朝、來聘書；司徒之封疆廢，而春秋以歸田、易田書；太史之告朔不頒，而春秋書不視朔，司烜之火禁不修，而春秋書宣榭火；保章失其官，而春秋書日食、書星孛；職方失其官，而春秋書彭城、書虎牢；圜邱①之典不興，而春秋以卜郊書、以猶三望書；廟祧之序不明，而春秋以立宫書、以躋祀書；婚姻之禮失，而春秋以夫人孫齊、季姬歸鄫書；貢獻之禮失，而春秋以家父求車、毛伯求金書；典命之職不修，而春秋書曰：天王使來錫命；天府之藏不謹，而春秋書曰：盗竊寶玉大弓。皆權衡於一字之微，而救禮經三

① 「圜邱」，文淵閣四庫本作「圜丘」。

百之壞也。」

王應麟曰：「晉語：司馬侯曰：『羊舌肸習於春秋。』楚語：申叔時曰：『教之春秋。』皆在孔子前，所謂乘、檮杌也。魯之春秋，韓起所見，公羊傳所云：『不修春秋也。』」

吕大圭曰：「春秋，魯史爾，聖人從而修之。魯史之所書，聖人亦書之，其事未嘗與魯史異也，而其義則異矣。世之盛也，天理明，人心正，則天下之人以是非爲榮辱；世之衰也，天理不明，人心不正，則天下之人以榮辱爲是非。孔子之作春秋，要亦明是非之理，以詔天下來世而已。蓋是非者，人心之公理，聖人因而明之，則固有犂然當於人心者。彼亂臣賊子聞之，不懼於身，而懼於心；不懼於明，而懼於暗；不懼於刀鋸斧鉞之臨，而懼於倏然自省之頃；不懼於人欲浸淫日滋之際，而懼於天理一髮未亡之時。此其扶天理、遏人欲之功，顧不大矣乎？自世儒以春秋之作，乃聖人賞善罰惡之書，而所謂天子之事者，謂其能制賞罰之權而已。彼徒見春秋一書，或書名、或書字、或書人、或書爵、或書氏、或不書氏，於是爲之説，曰：其書字、書爵、書氏者，褒之也；其書名、書人、不書氏者，貶之也。褒之故予之；貶之故奪之，予之所以代天子之賞；奪之所以代天子之罰。賞罰之權，天王不能自執，而聖人執之，所謂章有德、討有罪者，聖人固以自任也。夫春秋，魯史也；夫子，匹夫也，以魯國而欲以僭天王①之權；以匹夫而欲以操賞罰之柄。夫子本惡天下諸侯之僭天子，大夫之僭諸侯，下之僭上，卑之僭尊，爲是作春秋以正名分，而已自蹈之，將何以律天下？聖人不如是也。蓋是非者，人心之公，不以有位、無位而

① 「天王」，文津閣四庫本作「天子」。

皆得以言，故夫子得因魯史以明是非；賞罰者，天王之柄，非得其位則不敢專也，故夫子不得假魯史以寓賞罰。是非，道也；賞罰，位也；夫子者，道之所在，而豈位之所在乎？且夫夫子，匹夫也，固不得擅天王之賞罰；魯，諸侯之國也，獨可以擅天王之賞罰乎？魯不可①擅天王賞罰之權，乃夫子推而予之，則是夫子不敢自僭，而乃使魯僭之，聖人尤不如是也。大抵學者之患，往往在於尊聖人太過，而不明乎義理之當然，欲尊聖人而實背之。或謂春秋爲聖人變魯之書；或謂變周之文，從商之質；或謂兼三代之制，其意以爲夏時、殷輅、周冕、虞韶，聖人之所以告顔淵者，不見諸用而寓其説於春秋，此皆繆妄②之論。夫四代禮樂，孔子所以告顔淵者，亦謂其得志行道則當如是爾，豈有無其位而修當時之史，乃遽正之以四代之制乎？夫子魯人，故所修者魯史；其時周也，故所用者時王之制，此則聖人之大法也。謂其修於春秋之時，而竊禮樂賞罰之權以自任，變時王之法，兼三代之制，不幾於誣聖人乎？學者妄相傳襲，其爲傷教害義，於是爲甚。後之觀春秋者，必知夫子未嘗以禮樂賞罰之權自任，而後可以破諸儒之説；諸儒之説既破，而後吾夫子所以修春秋之旨，與夫孟子所謂天子之事者，皆可得而知之矣。」

馬端臨曰：「按：春秋古經，雖漢藝文志有之，然夫子所修之春秋，其本文世所不見，而自漢以來所編古經，則俱自三傳中取出經文，名之曰正經耳。然三傳所載經文，多有異同，則學者何所折

---

①「不可」，文津閣四庫本作「不得」。

②「繆妄」，四庫薈要本、文淵閣四庫本作「謬妄」。

衷？如『公及邾儀父盟于蔑』，左氏以爲『蔑』，公、穀以爲『眛①』，則不知夫子所書者曰『蔑』乎？曰『眛②』乎？『築郿』，左氏以爲『郿』，公、穀以爲『微』，則不知夫子所書曰『郿』乎？曰『微』乎？『會于厥慭』，公、穀以爲『屈銀』，則不知夫子所書曰『厥慭』乎？曰『屈銀』乎？若是者，殆不可勝數，蓋不特亥豕魯魚之偶誤其一二而已。然此特名字之訛耳，其事未嘗背馳於大義，尚無所關也。至於『君氏卒』，則以爲聲子，魯之夫人也；『尹氏卒』，則以爲師尹，周之卿士也；然則夫子所書隱三年夏四月辛卯之死者，竟爲何人乎？不寧惟是，公羊、穀梁於襄公二十一年，皆書『孔子生』，按：春秋惟國君世子生則書之，『子同生』是也；其餘雖世擅國政，如季氏之徒，其生亦未嘗書之於册。夫子萬世帝王之師，然其始生乃鄹邑大夫之子耳，魯史未必書也，魯史所不書，而謂夫子自紀其生之年於所修之經，決無是理也；而左於哀公十四年獲麟之後，又復引經以至十六年四月，書『仲尼卒』，杜征南亦以爲近誣。然則春秋本文其附見於三傳者，不特乖異，未可盡信，而三子以其意增損者有之矣。蓋襄二十一年所書者，公、穀尊其師授而增書之也；哀十六年所書者，左氏痛其師亡而增書之也，俱非春秋之本文也。三子者以當時口耳所傳授者，各自爲傳，又以其意之所欲增入③者攙入之。後世諸儒復據其見於三子之書者，互有所左右而發明之。而以爲得聖人筆削之意於千載之上，吾未之能信也。」

---

①② 「眛」，四庫薈要本作「昧」。

③ 「入」，應依四庫薈要本、文淵閣四庫本、補正作「益」。

〔補正〕

馬端臨條内，「所欲增入者」，「入」當作「益」。（卷七，頁三）

趙孟何曰：「春秋，天子之事，乃繼天立極之事，後世以褒貶賞罰爲天子之事者，失之。」

袁桷曰：「以褒貶論春秋，解經者失之；作史者祖之，則益失其旨矣。」

黄澤曰：「孔子刪詩、書，正禮、樂，繫易是述；惟春秋可以言作。」又曰：「春秋凡例本周公之遺法，故韓宣子適魯，見易象與魯春秋，曰：『周禮盡在魯矣，吾乃今知周公之德與周之所以王。』此時未經夫子筆削，而韓宣子乃如此稱贊，見得魯之史與諸國迥不同也。」又曰：「杜氏云：『凡策書皆有君命，謂如諸國之事應書於策，須先稟命於君然後書，如此則應登策書，事體甚重，又書則皆在太廟，如孟獻子書勞于廟，亦其例也。』據策書事體如此，孔子非史官，何由得見國史策文與其簡牘本末，考見得失而加之筆削？蓋當時史法錯亂，魯之史官以孔子是聖人，欲乘此機託之，以正書法，使後之作史者有所依據，如此，則若無君命，安可修改？史官若不稟之君命，安敢以國史示人？據夫子正樂須與太師、師襄之屬討論詳悉，然後可爲；不然，則所正之樂，如師摯之始、關雎之亂，洋洋乎盈耳，時君時相謂之全不聞知，可乎？又哀公使孺悲學士喪禮於孔子，士喪禮於是乎書，則其餘可知也。蓋當時魯君雖不能用孔子，至於託聖人以正禮樂、正書法，則決然有之，如此則春秋一經出於史官，先稟命於君，而後贊成其事也。」又曰：「史記事從實，而是非自見，雖隱諱，而是非亦終在。夫子春秋多因舊史，則是非亦與史同；但有隱微及改舊史處，始是聖人用意，然亦有止用舊文而亦自有意義者。大抵聖人未嘗不①褒貶，而不至屑屑焉事事求詳，若後世諸儒之論也。」又曰：「魯史春秋有例，夫子春秋無例，非無例也，以義爲例，隱而不彰也。惟其隱而不彰，所以三傳各自爲說。」又曰：「春秋所以難看，乃是失郤不修春秋；若有不修春秋互相比證，則史官記載、仲尼所以筆削者，正自顯然易見。」

梁寅曰：「六經惟春秋以書事而寓王法，往往多微旨，非有所授受，罕能灼知其意者。」

鄭公曉曰：「杜氏謂獲麟而作春秋，范氏言②作春秋而麟至，杜說是也。司馬公言『春秋文成數萬』，張晏數之，纔得萬八千字；李氏數之，更闕一千四百二十八字。公、穀書『孔子生』，左氏書『仲尼卒』，皆非春秋本文。」

王守仁曰：「春秋其實皆魯史舊文也。筆者，筆其舊；削者，削其煩也。」

陸深曰：「春秋比諸經尤難讀，簡嚴而閎大。惟其簡嚴，故立論易刻；惟其閎大，故諸說皆通，聖人筆削之旨隱矣。事按左氏之的，義取公、穀之精，此兩言乃讀春秋之要法。」

陸樹聲曰：「孟子曰：『春秋，天子之事。』蓋以春秋所載禮樂征伐，大率皆天子之事，而說者遂以爲孔子作春秋，擅二百四十二年南面之權，是以匹夫而僭天子爵賞刑罰之柄矣。夫臣無有作福作威，孔子嘗述之書矣，而乃身自犯之乎？」

① 「不」，文淵閣四庫本作「無」。
② 「言」，文津閣四庫本作「謂」。

郝敬曰：「春秋一書，千古不決之疑案也。非春秋可疑，世儒疑之也。仲尼原筆之舊史不傳矣，左氏摭拾遺文，闕略未備，可據纔半耳；公、穀襲左而加例，胡氏襲三傳而加鑿説，春秋者，幾同射覆矣。」

徐三重曰：「春秋者，萬世理義，是非之權衡，詩、書之法律也。先儒以爲須先識理義，方可看春秋；而王介甫目爲斷爛朝報，不以列於學官，其不識理義可知。」

顧炎武曰：「春秋不始於隱公。晉韓宣子聘魯，觀書於太史氏，見易象與魯春秋曰：『周禮盡在魯矣，吾乃今知周公之德與周之所以王也。』蓋必起自伯禽之封，以洎於中世。當周之盛，朝覲、會同、征伐之事皆在焉，故曰『周禮』，而成之者，古之良史也。自隱公以下，世衰道微，史失其官，於是孔子懼而修之，自惠公以上之文，無所改焉，所謂述而不作者也；自隱公以下，則孔子以己意修之，所謂『作春秋』也。然則自惠公以上之春秋，固夫子所善而從之者也，惜乎其書之不存也。」

毛奇齡曰：「曩時，春秋記事而已；夫子之春秋，則但志其名而不記其事。蓋志簡而記煩，簡則書之於簡，謂之簡書；煩則書之於策，謂之策書。夫子修春秋，第修簡書，而左邱明作傳，則取策書而修之。」又曰：「春秋始魯隱公，並無義例。或曰：『以平王東遷而王室卑也。』夫平王東遷在魯孝公二十七年，又一年而魯惠公立，是魯惠公之立正當平王遷洛之際；且在位四十六年，正與平王之五十一年相表裏，乃舍惠公不始，而反始於平王四十九年垂盡之隱公，無是理也。若曰春秋本據亂而作，則亂不自隱始也。以爲王室亂邪，則戎狄弑王當始孝公；以爲本國亂邪，則伯御弑君當始懿公；以爲列國亂邪，則晉人連弑其君當始惠公。乃舍懿、孝、惠三公不始，而始隱公，何也？至於公羊以隱公讓位爲賢，穀梁以隱成父之惡爲惡，曰：『春秋惡惡之書當從惡始。』則又誰得而曰：『春秋善善，長當從善始』。

定之，蓋春秋，魯史也，或隱以前亡其書，則不修；隱以後有其書，則修之爾。若夫夫子作春秋之年，則司馬遷謂孔子厄陳、蔡時作，在哀六年；左氏説謂孔子自衛反魯，遂作春秋，則在哀十一年；而公羊説則謂孔子西狩獲麟，得端門之命，乃作春秋，則又在哀十四年，總是揣摹之言，不足據者。若其云『受端門之命』，則見戴宏解疑論，此後世緯學不足信。夫獲麟作書，本屬不幸，而反以爲夫子受命之符瑞，無稽之言，吾不取焉。」

百國春秋

佚。

墨翟曰：「吾見百國春秋。」又曰：「周宣王殺其臣杜伯而不辜，杜伯曰：『吾君殺我而不辜。若以死者爲無知，則止矣；若死而有知，不出三年，必使吾君知之。』其三年，周宣王合諸侯而舍於圃田，車數百乘，從數千人，滿野，日中，杜伯乘白馬素車，朱衣冠、執朱弓、挾朱矢，追周宣王射入車上，中心折脊，殪車中，伏弢而死。當是之時，周人從者莫不見，遠者莫不聞，著在周之春秋。燕簡公殺其臣莊子儀而不辜，莊子儀曰：『吾君殺我而不辜，死人無知亦已；死人有知，不出三年，必使吾君知之。』期年，燕將馳祖。燕之有祖，當齊之社稷、宋之有桑林、楚之有雲夢也，此男女之所屬而觀也。日中，燕簡公方將馳於祖塗，莊子儀荷朱杖而擊之，殪之車上。當是時，燕人從者莫不見，遠者莫不聞，著在燕之春秋。宋文君鮑之時，有臣曰祏觀辜，固嘗從事於厲。株子杖揖，出與言曰：『觀辜是何？陸璧之不滿度量，酒醴粢盛之不浄潔也，犧牲之不全肥，春、夏、秋、冬選失時，豈汝爲之與？意鮑爲之與？』觀辜曰：

『鮑幼弱，在荷襁之中，鮑何與識焉？官臣覯辜特爲之。』株子舉揖而稾之，殪之壇上。當是時，宋人從者莫不見，遠者莫不聞，著在宋之春秋，齊莊君之時，有所謂王里國、中里徼者，此二子者，訟三年而獄不斷，齊君由謙殺之，恐不辜；猶謙釋之，恐釋有罪，乃使之人共一羊，盟齊之神社，二子許諾。於是泏血摽羊而漉其血，讀王里國之辭，既已終矣；讀中里徼之辭，未半也，羊起而觸之，折其腳，祧神而稾之，殪之盟所。當是時，齊人從者莫不見，遠者莫不聞，著在齊之春秋。」

按：公羊傳有「不修春秋」，則魯之春秋也。周、燕、齊、宋皆有春秋，載在墨子，合以晉乘、楚檮杌、鄭志，百國春秋之名，僅存其八而已。

經義考卷一百六十九

春秋二

左邱子明春秋傳

存。

漢志：「三十卷。」

論語注：「左邱明，魯太史。」

漢書：「漢興，北平侯張蒼及梁太傅賈誼、京兆尹、張敞、太中大夫劉公子皆修春秋左氏傳。」

嚴彭祖曰：「孔子將修春秋，與左邱明乘如周，觀書於周史，歸而修春秋之經；邱明爲之傳，共爲表裏。」

劉向曰：「左邱明授曾申，申授吳起，起授其子期，期授楚人鐸椒，椒作抄撮八卷，授虞卿；卿作抄撮九卷，授荀卿；卿授張蒼。」

劉歆曰：「左邱明好惡與聖人同，親見夫子，而公、穀在七十子之後，傳聞之與親見，其詳略不同也。」

桓譚曰：「左氏傳世後百餘年，魯穀梁赤爲春秋傳，多所遺失；又齊人公羊高緣經文作傳，彌離其本事矣。左氏經之與傳，猶衣之表裏，相待而成；經而無傳，使聖人閉門思之，十年不能知也。」又曰：「劉子政、子駿、伯玉三人尤珍重左氏，下至婦女讀誦。」

班固曰：「仲尼思存前聖之業，乃稱曰：『夏禮吾能言之，杞不足徵也；殷禮吾能言之，宋不足徵也；文獻不足故也，足，則吾能徵之矣。』以魯周公之國，禮文備物，史官有法，故與左邱明觀其史記，據行事，仍人道，因興以立功，就敗以成罰，假日月以定歷數，藉朝聘以正禮樂，有所褒諱貶損，不可書見，口授弟子，弟子退而異言。邱明恐弟子各安其意，以失其真，故論本事而作傳，明夫子不以空言説經也。」

王充曰：「春秋左氏傳蓋出孔子壁中。孝武皇帝時，魯共王壞孔子教授堂以爲宫，得佚春秋三十篇，左氏傳也。公羊高、穀梁寘、胡毋氏皆傳春秋，各門異户，獨左氏傳爲近得實，何以驗之？禮記造於孔子之堂，太史公，漢之通人也，左氏之言與二書合；公羊高、穀梁寘、胡毋氏不相合。又諸家去孔子遠，遠不如近，聞不如見。劉子政玩弄左氏，童僕妻子皆呻吟之。光武皇帝之時，陳元、范叔上書連屬，條事是非，左氏遂立，范叔尋因罪罷。元、叔天下極才，講論是非，有餘力矣。陳元言訥，范叔章絀①，左

①「絀」，應依補正作「詘」。

氏得實明矣。」

〔補正〕

王充條内「絀左氏」，「絀」當作「詘」。（卷七，頁三）

賈逵曰：「左氏崇君父，卑臣子，强幹弱枝，勸善戒惡，至明至切，至直至順。」

鄭康成曰：「左氏善於禮。」

盧植曰：「邱明之傳春秋，博物盡變，囊括古今，表裏人事。」

高祐曰：「左氏屬辭比事，兩致並書，可謂存史意而非全史體。」

張曜曰：「左氏之書，備序言事，惡者可以自戒，善者可以庶幾。」

杜預曰：「左邱明受經於仲尼，以爲經者，不刊之書也。故傳或先經以始事，或後經以終義，或依經以辨理，或錯經以合異，隨義而發。」

王接曰：「左氏辭義贍富，自是一家書，不主爲經發。」

荀崧曰：「孔子作春秋，微辭妙旨，義不顯明。時左邱明、子夏造膝親受，無不精究。孔子既没，微言將絶，於是邱明退撰所聞而爲之傳。其書善禮，多膏腴美辭，張本繼末，以發明經意，信多奇偉，學者好之。」

賀循曰：「左氏之傳，史之極也。文采若雲月，高深若山海。」

范甯曰：「左氏豔而富，其失也巫。」

陸德明曰：「孔子書六經，左邱明述春秋傳，皆以古文。」又曰：「孔子作春秋，終於獲麟之一句，公羊、穀梁經是也。弟子欲記聖師之卒，故采魯史記以續夫子之經，而終於孔丘卒，邱明因隨而作傳，終於哀公，從此以下，無復經矣。」

孔穎達曰：「漢武帝時，河閒獻左氏，議立左氏學。公羊之徒上書詆左氏，左氏之學不立。成帝時，劉歆校秘書，見古文春秋左氏傳，歆大好之。時丞相尹咸以能治左氏，與歆共校傳，歆略從咸及丞相翟方進受質問大義。初，左氏傳多古字古言，學者傳訓詁而已。及歆治左氏，引傳文以釋經，轉相發明，由是章句義理備焉。和帝元興十一年，鄭興父子創通大義，奏上左氏，始得立學，遂行於世。至章帝時，賈逵上春秋大義四十條，以詆公羊、穀梁，帝賜布五百疋，又與左氏作長義。至鄭康成箴左氏膏肓、發公羊墨守、起穀梁廢疾，自此以後，二傳遂微，左氏之學顯矣。又曰：「公羊之經，獲麟即止；左氏之經，終於孔子卒。」

〔補正〕

按：孔穎達一條，竹垞所録多所删節，而於其中疑誤亦未核正。愚按：此疏訛誤頗多，如云：「光武之世，議立左氏學，公羊之徒上書訟之」者，此以東漢事移置西漢成帝之前，已爲可異，至云：「魯共王壞孔子宅，所得左氏傳，天漢之後，孔安國獻之，藏於秘府，伏而未發，至河閒乃獻之。」考魯共王徒封於魯，在景帝二年，薨於元朔元年癸丑；河閒獻王受封亦在景帝二年，薨於元光五年辛亥。二王兄弟同時，不應魯共所得之壁書藏秘府未發，直至河閒獻王獻之也。武帝末年，改元天漢，此在河閒獻王薨後三十年，亦不應孔安國天漢時所獻藏而未發，而河閒又獻之也。又云：「歆以爲左邱明好惡」云云，按：此條尤謬者，和帝不應在章帝前；且元興止一年，無十一年，鄭興子衆終於建初八年，

興不應在和帝時也。大約孔疏此條多取漢書劉歆傳，而中間又有剌取他書插入者，無由知其訛誤之所自矣。（卷七，頁三—四）

劉知幾曰：「觀左傳之釋經也，言見經文而事詳傳内。或傳無而經有，或經闕①而傳詳②。其言簡而要，其事詳而博，信聖人之羽翮，而述者之冠冕也。」又曰：「邱明能以三十卷之約，括囊二百四十年之事，靡有孑遺。觀左氏之書，爲傳之最，而時經漢、魏，竟不列於學官，儒者皆折此一家而盛推二傳。夫以邱明躬爲魯史，受經仲尼，語世則並生，論才則同體；彼二家者，師孔氏之弟子，預達者之門人，才識體殊，年代又隔，安得持彼傳説，比兹親受者乎？」又曰：「邱明授③經立傳，廣包諸國。蓋當時有周志、晉乘、鄭書、楚檮杌等篇，遂聚而編之，混成一録。向使專憑魯策，獨詢孔氏，何以能殫見洽聞若斯之難也。」又曰：「周禮之故事，魯國之遺文，夫子因而修之，亦存舊制而已。至於實録，付之邱明，用使善惡必④彰，真僞盡露。向⑤孔經獨用，左傳不作，則當代行事，安得而詳哉？然自邱明之後，迄及魏滅，年將千祀，其書寖廢。至晉太康年中，汲冢獲書，全同左氏，於是摯虞、束皙引其義以相明，王接、荀

① 「闕」，文淵閣四庫本作「略」。
② 「詳」，應依四庫薈要本、補正作「存」。
③ 「授」，文淵閣四庫本作「受」。
④ 「必」，應依四庫薈要本、補正作「畢」。
⑤ 「向」，四庫薈要本作「使」。

顗取其文以相證，杜預申以注釋，干寶藉爲晉紀①，世稱實録，不復言非。」

〔補正〕

劉知幾條内「經闕而傳詳」，「詳」當作「存」；「善惡必彰」，「必」當作「畢」；「藉爲晉紀」，「晉紀」當作「師範」。（卷七，頁四）

啖助曰：「左氏傳自周、晉、齊、宋、楚、鄭等國之事最詳。晉則每出一師，具列將佐，宋則每因興廢，備舉六卿。故知史策之文，每國各異，左氏得此數國之史，以授門人，義則口傳，未形竹帛，後代學者乃演而通之，總而合之，編次年月，以爲傳記；又廣采當時文籍，故兼與子産、晏子及諸國卿佐家傳、并卜書及雜占書、縱横家、小説、諷諫等雜在其中，故叙事雖多，釋意殊少，是非交錯，混然難證。其大略皆是左氏舊意，故比餘傳，其功最高。博采諸家，叙事尤備，能令百代之下，頗見本末。」

劉貺曰：「左氏紀年序諸侯列會，具舉其謚，知是後人追修，非當世正史也。」

趙匡曰：「論語：『左邱明恥之，丘亦恥之。』夫子自比，皆引往人，故曰：『竊比於我老彭。』又説伯夷等六人，云：『我則異於是。』並非同時人也。邱明者，蓋夫子以前賢人，如史佚、遲任之流，見稱於當時爾。」

楊億曰：「雍熙中，校九經，史館有宋臧榮緒、梁岑之敬所校左傳，諸儒引以爲證。」

劉敞曰：「左氏拘於赴告。」

---

① 「晉紀」，應依四庫薈要本、文淵閣四庫本、補正作「師範」。

崔子方曰：「左氏失之淺。」

黄晞曰：「左氏凡例，得聖人之微。」

王晳曰：「仲尼修經之後，不久而卒，時門弟子未及講授，是故不能具道聖人之意。厥後書遂散傳，别爲五家，於是異同之患起矣。鄒、夾無文；獨左氏善覽舊史，兼該衆説，得春秋之事亦甚備，其書雖附經而作，然於經外自成一書，故有貪惑異説，采掇過當，至於聖人微旨，頗亦疎略，而大抵有本末，蓋出於一人之所撰述。」

程子曰：「左傳不可全信，信其所可信者爾。以傳考經之事迹，以經别傳之真僞。」又曰：「左傳非邱明作，『虞不臘矣』并『庶長』，皆秦官、秦語。」

李之儀曰：「春秋之世，先王之迹猶在，故一言之出，盛衰存亡繫之。孔子因而是是非非，以詔後世；左邱明隨事而解之，炳若星日。孔子成春秋，而亂臣賊子懼，邱明與有力焉。」

劉安世曰：「左氏傳於春秋所有者，或不解；春秋所無者，或自爲傳。讀左氏者，當經自爲經，傳自爲傳，不可合而爲一也，然後通矣。」

晁説之曰：「左氏之説①專而縱。」

〔補正〕

晁説之條内「左氏之説」，「説」當作「失」。（卷七，頁四）

①「説」，據四庫薈要本、文淵閣四庫本、補正當作「失」。

葉夢得曰：「古有左氏、左邱氏、太史公稱『左邱失明，厥有國語』，今春秋傳作左氏，而國語爲左邱氏，則不得爲一家，文體亦自不同，其非一家書明甚。」又曰：「左氏傳事不傳義，是以詳於史而事未必實。」

胡安國曰：「事莫備於左氏，或失之誣①。」

朱子曰：「漢藝文志春秋家列左氏傳、國語，皆出魯太史左邱明，蓋自司馬子長、劉子駿已定爲邱明所著，班生從而實之耳。至唐柳宗元始斥②外傳爲淫誣③，不概於聖，非出於左氏。近世劉侍讀敞又以論語考之，謂邱明是夫子前人，作春秋内、外傳者乃左氏，非邱明也。諸家之説頗異。」又曰：「看春秋須看得一部左傳，首尾意思通貫，方能略見聖人筆削與當時事意。」又曰：「左氏史學，事詳而理差。」又曰：「春秋之書，且據左氏。當時聖人據實而書，其是非得失，付諸後世公論，蓋有言外之意。若必於一字一辭之間求褒貶所在，竊恐不然。」

〔補正〕

朱子條内「淫誣」當作「誣淫」。（卷七，頁五）

林栗曰：「左傳凡言『君子曰』，是劉歆之辭。」

---

① 「失之誣」，文淵閣四庫本誤作「巫」。

② 文津閣四庫本「斥」下有「為」字。

③ 「淫誣」，文淵閣四庫本作「淫巫」，應依四庫薈要本、補正作「誣淫」。

吕祖謙曰：「看左傳，須看一代之所以升降，一國之所以盛衰，一君之所以治亂，一人之所以變遷。能如此看，則所謂先立乎其大者，然後看一書之所以得失。」又曰：「左氏一書，接三代之末流，五經之餘派，學者苟盡心於此，則有不盡之用矣。」又曰：「左氏傳綜理微密，後之爲史者，鮮能及之。」

陳傅良曰：「左氏本依經爲傳，縱横上下，旁行溢出，皆所以解駮經義，非自爲書。」

胡寧曰：「左氏釋經雖簡，而博通諸史，叙事尤詳，能令百世之下具見本末，其有功於春秋爲多。」

鄭耕老曰：「春秋左氏傳一十九萬六千八百四十五字。」

葉適曰：「左氏有全用國語文字者，至吴、越語則采取絶少，齊語不復用，蓋合諸國紀載成一家之言，惜他書不存，無以徧觀也。乃漢、魏相傳以左傳、國語一人所爲。餘人爲此語不足怪，若賈誼、司馬遷、劉向不加訂正，乃異事耳。」又曰：「公、穀末世口説流傳之學，空張虚義。自有左氏，始有本末，而簡書具存，大義有歸矣。故讀春秋者，不可舍左氏，二百五十餘年明若畫一，舍而他求，多見其好異也。」又曰：「公、穀春秋至獲麟而止，左氏以孔丘卒爲斷，使無左氏，則不知孔子之所終矣。」又曰：「仲尼曰：『以臣召君，不可以訓，故書曰：「天王狩于河陽。」』左氏特舉此，以見孔子改史之義，明其他則用舊文也。」

羅璧曰：「左傳、春秋初各一書，後劉歆治左傳，始取傳文解經；晉杜預注左傳，復分經之年與傳之年相附，於是春秋及左傳二書合爲一。」

吕大圭曰：「宗左氏者，以爲邱明受經於仲尼，好惡與聖人同。觀孔子謂『左邱明恥之，丘亦恥之』，乃竊比老彭之意，則其人當在孔子之前；而左氏傳春秋，其事終於智伯，乃在孔子之後，説者以爲與聖人同者爲左邱明，而傳春秋者爲左氏，蓋有證矣。或以爲六國時人，或以爲楚左史倚相之後，蓋以所載『虞不臘』等語，蓋秦人以十二月爲臘月，而左氏所述楚事極詳，蓋有無經之傳，而未有無傳之經，亦一證也。」又曰：「左氏熟於事，公、穀深於禮。蓋左氏曾見國史，而公、穀乃經生也。然左氏雖曰備事，而其閒有不得其事之實，觀其每述一事，必究其事之所由，深於情僞，熟於世故，往往論其成敗而不論其是非，習於時世之所趨，而不明乎大義之所在：言周、鄭交質，而曰『信不由中，質無益也』；論宋宣公立穆公，而曰『可謂知人矣』；鬻拳強諫，楚子臨之以兵，而謂鬻拳爲愛君①；趙盾亡不越竟，反不討賊，而曰『惜也，越竟乃免』：此皆其不明理之故，而其叙事失實者尤多。然則左氏之紀事固不可廢，而未可盡以爲據矣。」

家鉉翁曰：「昔者夫子因魯史而修春秋，其始，春秋、魯史並傳於世，學者觀乎魯史，可以得聖人作經之意；其後魯史散佚不傳，左氏采摭一時之事以爲之傳，將使後人因傳而求經也。左氏者，意其世爲史官，與聖人同時者，邱明也；其後爲春秋作傳者，邱明之子孫或其門弟子也。經著其略，傳紀其詳，經舉其初，傳述其終。雖未能盡得聖人褒貶之意，而春秋二百四十二年之行事恃之以傳，何可廢也？吁！使左氏不爲此書，後之人何所考據以知當時事乎？不知當時事，何以知聖人意乎？」

陳則通曰：「公、穀但釋經而已。春秋所無，公、穀不可得而有；春秋所有，公、穀亦不可得而無。

---

①「愛君」，文津閣四庫本作「受君」。

左氏或先經以始事，或後經以終義，或依經以辨理，或錯經以合異，其事與辭過公、穀遠矣。宰喧①歸賵，二傳未有載惠公、仲子之詳者，左氏獨言之，吾是以知仲子之爲妾；鄭伯克段，二傳未有以發祭仲子封之言者，左氏獨詳之，吾是以知鄭伯之心。此類有功於天下後世者不少，微左氏，吾奚以知春秋哉？」

〔補正〕

陳則通條内「宰喧」當作「宰咺」。（卷七，頁五）

盛如梓曰：「左氏，晦庵②以爲楚人，項平父以爲魏人。」

程端學曰：「左氏傳及外傳或謂楚左史倚相作者，近是；謂左邱明者，非也。」

黄澤曰：「孔子作春秋，以授史官及高弟在史官者，則邱明作傳；在高弟者，則一再傳而爲公羊高、穀梁赤。在史官者，則得事之情實，而義理閒有訛；在高弟者，則不見事實，而往往以意臆度，若其義理，則閒有可觀，而事則多訛矣。酌而論之，事實而理訛，後之人猶有所依據，以求經旨，是經本無所損也；事訛而義理閒③有可觀，則雖説得大公至正，於經實少所益，況未必大公至正乎？使非左氏事實尚存，則春秋益不可曉矣。」又曰：「左邱明或謂姓左邱，名明，非傳春秋者，傳春秋者，蓋姓左而失其

① 「喧」，據四庫諸本、補正當作「咺」。

② 「晦庵」，四庫諸本或作「晦菴」。

③ 文津閣四庫本無「閒」字。

名。愚謂：去古既遠，此以爲是，彼以爲非，又焉有定論？今以理推之，夫子修春秋，蓋是徧閲國史，策書、簡牘皆得見之，始可筆削；雖聖人平日於諸國事素熟於胸中，然觀聖人『入太廟，每事問』，蓋不厭其詳審，況筆削春秋將以垂萬代？故知夫子於此，尤當詳審也。又策書是重事，史官不以示人，則他人無由得見，如今國史自非嘗爲史官者，則亦莫能見而知其詳；又夫子未歸魯以前，未有修春秋之意，歸魯以後，知道不行，始志於此，其作此經，不過時歲閒爾，自非備見國史，其成何以若是之速哉？策書是事之綱，不厭其略；其節目之詳，必須熟於史者然後知。是以此書若示學者，則雖高弟亦猝未能曉，若在史官，雖未能盡得聖人之旨，比之不諳悉本末者，大有逕庭矣。故愚從杜元凱之説，以爲左氏是當時史官篤信聖人者。」又曰：「左氏是史官，曾及孔氏之門者。古時竹書簡帙重大，其成此傳，是閲多少文字，非史官不能得如此之詳；非及孔氏之門，則信聖人不能若此之篤。」又曰：「穀梁多測度之辭，當是不曾親見國史；公羊，齊人，齊亦有國史，而事亦譌①謬。蓋國史非人人可見，公、穀皆有傳授，自傳授之師已不得見國史矣。故知左氏作傳，必是史官，又是世官，故末年傳文當是其子孫所續。」又曰：「説春秋者，多病左氏浮夸，然豈無真實？苟能略浮夸而取真實，則其有益於經正自不少，豈可因其短而棄所長哉？若欲舍傳以求經，非惟不知左氏，亦且不知經。」又曰：「近世學者以左氏載楚事頗詳，則以左氏爲楚人，此執一偏之説也。周衰，號令不及於諸侯，事權多出於晉，其次則楚，故晉、楚之事多於周；今以載楚事詳，遂謂之楚人，其亦未深求其故，祇見其可笑也。」

① 「譌」，文淵閣四庫本作「僞」。

何異孫曰：「左氏善於考事，而義理則疎；公、穀於義理頗精，而考事則略。左氏理不勝文，公、穀文不勝理。左氏之得，公、穀失之；公、穀之得，左氏失之。」

邵寶曰：「聖人因魯史而修春秋，不以春秋而廢魯史，春秋行而魯史從之矣。然則①魯史安在？今之左傳是已。何以謂之傳？傳以附經，『左氏』蓋修飾之。」

羅欽順曰：「春秋事迹莫詳於左傳。左氏於聖人筆削意義，雖無甚發明，然後之學春秋者，得其事迹爲據，而聖經意義所在因可測識，其功亦不少矣。」

何孟春曰：「春秋，史而經之書也。學是經者，必本諸史；經以標義，史以備事；經義隱而史事顯。左氏，備事之書也。仲尼作春秋，邱明以聖人筆削義隱於事，而次第其事，傳以實之；實之者，顯之也。所傳事皆有稽據，先經後經，原委究悉，非後來公、穀、鄒、夾四家空言者比；而世之尊是經者，顧與左氏立異，口議流行又出四家之外，何哉？」

羅喻義曰：「左氏原自爲一書，後人分割附經，正如易之小象、文言分隸諸卦，宜還其舊。」

尤侗曰：「左氏之爲邱明，自遷、固以下皆信之，獨啖助、趙匡立説以破其非；而王介甫斷左氏爲六國時人者有十一事。據左傳紀韓、魏智伯之事及趙襄子之謚，計自獲麟至襄子卒已八十年，夫子謂『左邱明恥之，丘亦恥之』，則邱明必夫子前輩，豈有仲尼没後七十八年，丘明猶能著書者乎？詩有大、小毛，書有大、小夏侯，禮有大、小戴，六國時人，豈無左氏？必以邱明實之，亦固矣。」

① 「然則」，文淵閣四庫本作「然而」。

按：孔子作春秋，若無左氏爲之傳，則讀者何由究其事之本末？左氏之功不淺矣。匪獨詳其事也，文之簡要，尤不可及。即如隱元年「春王正月」，傳云：「元年，春王周正月。」視經文止益一周字耳，而「王」爲周王，「春」爲周春，「正①」爲周正②，較然著明，後世黜周王魯之邪説，以夏冠周之單辭，改時改月之紛綸聚訟，得左氏片言，可以折之矣。

又按：司馬遷報任少卿書：「左邱失明，厥有國語。」應劭風俗通：「邱，姓，魯左邱明之後。」然則左邱爲複姓甚明。孔子作春秋，明爲作傳③，春秋止獲麟，傳乃詳書孔子卒，孔子既卒，周人以諱事神，名終將諱之，爲弟子者自當諱師之名，此第稱左氏傳，而不書「左邱」也。

①② 「正」，文津閣四庫本誤作「壬」。
③ 「明爲作傳」，文淵閣四庫本作「明爲左傳」。

經義考卷一百七十

春秋三

公羊氏高**春秋傳**

漢志：「十一卷。」

存。

漢書注：「公羊子，齊人。」

儒林傳：「武帝時，瑕邱江公與董仲舒並。仲舒通五經，能持論；江公吶於口。上使與仲舒議，不如仲舒；而丞相公孫弘本爲公羊學，比輯其議，卒用董生，於是上因尊公羊家，詔太子受①，由是公羊大興。」

① 「詔太子受」下，應依四庫薈要本、文淵閣四庫本、補正增「公羊春秋」四字。

司馬遷曰：「漢興，言春秋於齊、魯自胡毋生，於趙自董仲舒，其傳公羊氏也。」

〔補正〕

儒林傳條内「詔太子受」下，脱「公羊春秋」四字。（卷七，頁五）

春秋説題辭曰：「傳我書者，公羊高也。」

班固曰：「末世口説流行，故有公羊、穀梁、鄒、夾之傳，四家之中，公羊、穀梁立於學官。」

王充曰：「公羊、穀梁之傳，日月不具輒爲意，使平常之事有怪異之説，徑直之文有曲折之義，非孔子之心。」

賈逵曰：「公羊多任於權變。」

戴宏曰：「子夏傳與公羊高，高傳與其子平，平傳與其子地，地傳與其子敢，敢傳與其子壽，至漢景帝時，壽乃共弟子胡毋子都著於竹帛。」

鄭康成曰：「公羊善於讖。」

王接曰：「公羊附經立傳，經所不書，傳不妄起，於文爲儉，通經爲長。」

荀崧曰：「儒者稱公羊高親受子夏，立於漢朝，辭義清儁，斷決明審，多可采用。」

范甯曰：「公羊辯而裁，其失也俗。」

梁武帝曰：「公羊稟西河之學。」

隋書經籍志：「後漢公羊與穀梁並立，晉時，公、穀但試讀文而不能通其義，至隋浸微，今殆無師説。」

陸德明曰：「公羊、穀梁皆以日月爲例。」

孔穎達曰：「公羊、穀梁，道聽塗説之學，或日或月，妄生褒貶。」

楊士勛曰：「景帝好公羊，胡毋之學興，仲舒之義立。」

徐彦曰：「公羊、穀梁出自卜商，不題曰『卜氏傳』者，子夏口授公羊高，至壽乃共胡毋生著竹帛，胡毋生題親師，故曰『公羊』，不曰『卜氏』，穀梁亦是著竹帛者題其親師，故曰『穀梁』也。」

啖助曰：「公羊、穀梁初亦口授，後人據其大義，散配經文，故多乖謬，失其綱統；然其大指，亦是子夏所傳。」又曰：「二傳密於左氏。穀梁意深；公羊辭辨，隨文解説，往往鈎深，但以守文堅滯，泥難不通，不近聖人夷曠之體。」

劉敞曰：「公羊牽於讖緯。」

崔子方曰：「公羊失之險。」

劉安世曰：「公、穀皆解正春秋。春秋所無者，公、穀未嘗言之，故漢儒推本以爲真孔子意；然二家亦自矛盾，則非孔子之意矣。」

晁説之曰：「公羊之失，雜而拘。」

葉夢得曰：「公羊、穀梁傳義不傳事，是以詳於經而義未必當。」

胡安國曰：「例莫明於公羊，或失之亂。」

朱子曰：「公、穀是齊、魯間儒所著之書，恐有傳授，但皆雜以己意，所以有差舛；其有合道理者，疑是聖人之舊。」又曰：「公、穀經學，理精而事誤。」

胡寧曰：「公、穀釋經，其義皆密，如：衞州吁以稱人爲討賊之辭也；公薨不地，故也不書葬；賊不討，以罪下也，若此之類，深得聖人誅亂臣、討賊子之意，考其源流，必有端緒，非曲説所能及也。」

鄭清之曰：「稗官有紀公羊、穀梁並出一人之手，其姓則姜，蓋四字反切，即姜字也。」

羅璧曰：「公羊、穀梁自高、赤作傳外，更不見有此姓；萬見春謂皆姜字切韻腳，疑爲姜姓假託。」

王應麟曰：「公羊子，齊人，其傳春秋多齊言：登來、化我、樵之、漱浣、筍將、踊爲、詐戰、往黨、往殆、於諸、累怴、如昉、棓脰之類是也。漢武尊公羊家，而董仲舒爲儒者宗，正誼不謀利，明道不計功，二言得夫子心法；太史公聞之董生者，又深得綱領之正。嘗考公羊氏之傳，所謂讖緯之文與黜周王魯之説，非公羊之言也。蘇氏謂何休公羊之罪人；晁氏謂休負公羊之學，五始、三科、九旨、七等、六輔、二類、七缺，皆出於何氏，其墨守不攻而破矣。」又曰：「漢以春秋決事，如：嶲不疑引蒯聵違命出奔，輒拒而不納，春秋是之；蕭望之引士匄侵齊，聞齊侯卒，引師而還，君子大其不伐喪；丞相御史議封馮奉世，引大夫出疆，有可以安國家，顓之可也，皆本公羊。雖於經旨有得有失，然不失制事之宜。至於嚴助以春秋對，乃引天王出居於鄭，不能事母，故絶之，則其謬甚矣。」又曰：「臣不討賊，非臣也；子不復讎，非子也；讎者無時，焉可與通。此三言者，君臣父子、天典民彝係焉，公羊子大有功於聖經。」又曰：「『九世猶可以復讎乎？雖百世可也。』儒者多以公羊之説爲非。然朱子序戊午讜議曰：『有天下者，承萬世無疆之統，則①亦有萬世必報之讎。』吁！何止百世哉？」

① 文津閣四庫本無「則」字。

黄震曰：「公羊釋經，未嘗舍經而爲之，文雖不及左氏之核，而明白則過之。」

吕大圭曰：「公、穀、左三傳，要皆有失，而失之多者，莫如公羊。公羊論隱、桓之貴賤，而曰『子以母貴，母以子貴』，夫謂子以母貴可也，謂母以子貴可乎？推此①言也，所以長後世妾母陵僭之禍者，皆此言基之也。公子結媵陳人之婦于鄄，遂及齊侯、宋公盟。公羊曰：『大夫受命不受辭，出境有可以安社稷、利國家者，專之可也。』後之人臣有生事異域，而以安社稷、利國家自諉者矣。紀侯大去其國，聖人蓋傷之也，而公羊則以爲齊襄復九世之讐；春秋之後，世有窮兵黷武而以春秋之義自許者矣。祭仲執而鄭忽出，其罪在祭仲也，而公羊則以爲合于反經之權；後世蓋有廢置其君如奕棊者矣。此其爲害，豈不甚於叙事失實之罪哉？」

家鉉翁曰：「聖人之作經也，其大經大法所以垂示千載者，門人高第蓋得之。難疑答問之際，退而各述所聞，逮至暮年，復以授其門弟子，公、穀氏其最著者也。以爲派出子夏，更戰國、暴秦，以及漢興，其門人裔孫始集所聞爲傳。前史泝其傳授，由漢而上達乎洙、泗，具有本末。三代而下，有國家者所恃以扶綱常、植人極，皆春秋之大法，而公、穀所傳也。當漢盛時，經生學士立乎人之本朝，決大謀議，往往據依公、穀，其有功於世教甚大。其閒固有擇焉而不精，謂祭仲逐君爲行權、衛輒拒父爲尊祖、妾以子貴得僭夫人之類，則其流傳之誤也。」

黄澤曰：「公羊、穀梁所據之事，多出於流傳，非見國史，故二傳所載，多涉鄙陋，不足信；但其閒

---

① 「此」，文津閣四庫本作「是」。

郤有老師宿儒相傳之格言，賴此二傳以傳於世。」又曰：「舉大義，正名分，君子大居正之類，此公羊有益於經。」

何異孫曰：「公、穀各守所學，春秋所有者，皆求解盡；所無者，則未嘗言之，是二儒淳樸處。」

顧炎武曰：「公羊傳『子沈子曰』，注云：『子沈子，後師明説此意者。沈子稱子冠氏上者，著其爲師也。不但言子曰者，辟孔子也。其不冠子者，他師也』。按：傳中有子公羊子，而又有子沈子、子司馬子、子女子、子北宫子，何後師之多與？然則此傳不盡出於公羊子也明矣。」

穀梁氏赤春秋傳

漢志：「十一卷。」

存。

漢書注：「穀梁子，魯人。」

儒林傳：「太子既通公羊，復私問穀梁而善之。宣帝即位，聞衛太子好穀梁，以問韋賢、夏侯勝及史高，皆魯人也。言穀梁子本魯學，公羊氏乃齊學，宜興穀梁。時蔡千秋爲郎，召與公羊家並説，上善穀梁説，擢千秋爲諫議①大夫。甘露元年，召名儒大議殿中，多從穀梁，由是穀梁之學大盛。」

〔補正〕

① 「議」，據補正當删。

儒林傳條內「爲諫議大夫」,「議」字當删。(卷七,頁五)

應劭曰:「穀梁子,名赤,子夏弟子。」

鄭康成曰:「穀梁善於經。」

糜信曰:「秦孝公時人。」

晉元帝曰:「穀梁膚淺。」

荀崧曰:「穀梁赤師徒相傳,暫立於漢世。向、歆,漢之碩儒,猶父子各執一家,莫肯相從。其書文清義約,諸所發明,或左氏、公羊所不載,亦足有所訂正。」

范甯曰:「穀梁清而婉,其失也短。」

阮孝緒曰:「名俶,或作淑。字元始。」

顔師古曰:「穀梁子,名喜,受經於子夏,爲經作傳,傳孫卿,卿傳魯申公,申公傳瑕邱江公。」

楊士勛曰:「宣帝善穀梁,千秋之道起,劉向之意存。」

陸淳曰:「斷義皆不如穀梁之精。」

孫覺曰:「以三家之説校其當否,穀梁最爲精深。」

劉敞曰:「穀梁窘於日月。」

崔子方曰:「穀梁失之迂。」

晁説之曰:「穀梁晚出於漢,因得監省左氏、公羊之違畔而正之,其精深遠大者,真得子夏之所傳與?」又曰:「穀梁司典刑而不縱,崇信義而不拘,有意乎蹈道而知變通矣,不免失之隨也。」

胡安國曰：「義莫精於穀梁，或失之鑿。」

晁公武曰：「三傳之學，穀梁所得爲多。」

王應麟曰：「穀梁子或以爲名赤，或以爲名俶，秦孝公時人。今按：傳載尸子之語，尸佼與商鞅同時，故以爲秦孝公時人，然不可考。」又曰：「穀梁言大侵①之禮與毛詩雲漢傳略同，言蒐狩之禮與毛詩車攻傳相合，此古禮之存者。」

黄震曰：「公羊以妾母夫人爲禮，而穀梁黜之；公羊以宋襄之師，文王不是過，而穀梁非之，所見似又過於公羊。然舉大體言，則視公羊又寂寥矣。」

黄澤曰：「桓無王、定無正之類，此穀梁有益於經。」

鄒氏 失名 **春秋傳**

漢志：「十一卷」。孝經序注作「十二卷」。

佚。

漢書：「王吉兼通五經，能爲鄒氏春秋。」

班固曰：「鄒氏無師。」

阮孝緒曰：「建武中，鄒、夾氏皆絶。」

---

① 「侵」，四庫諸本作「祲」。

隋書經籍志：「漢初，公羊、穀梁、鄒氏、夾氏四家並行，王莽之亂，鄒氏無師，夾氏亡。」

楊士勛曰：「五家之傳，鄒氏、夾氏口説無文，師既不傳，道亦尋廢。」

夾氏失名**春秋傳**

漢志：「十一卷。」

佚。

班固曰：「夾氏未有書。」

〔補正〕

案：藝文志云：「夾氏傳十一卷，有録無書。」又云：「夾氏未有書。」所云「未有」者，蓋班氏作志之時，其書已亡，非真謂其未嘗著書也。若未嘗著書，何以有十一卷之目著于録乎？（卷七，頁五）

按：夾氏傳，漢志注云：「有録無書。」而宋史藝文志載有春秋夾氏三十卷，不知爲何人擬作，其書今亦無存。

鐸氏椒**春秋微**

漢志：「三篇。」

佚。

司馬遷曰：「鐸椒爲楚威王傳，爲王不能盡觀春秋，采取成敗，卒四十章，爲鐸氏微。」

劉向曰：「鐸椒作抄撮八卷。」
顔師古曰：「微謂釋其微指。」

虞氏卿**春秋微傳**

漢志：「二篇。」
佚。
史記：「虞卿説趙孝成王爲上卿，故號虞卿。既以魏、齊之故去趙，困於梁，不得已①，乃著書。」
〔補正〕
史記條内「不得已」，「已」當作「意」。（卷七，頁五）
劉向曰：「虞卿作抄撮九卷。」

荀氏況**帝王曆紀譜**宋志作「公子姓譜」。

宋志：「二卷。」通考：「三卷。」
未見。
崇文總目：「不著撰人名氏，其序言周所封諸侯子孫散於他國，孔子修春秋而譜其世系，上採帝王

① 「已」，應依四庫薈要本、補正作「意」。

歷紀而條次之，蓋學春秋所録。今本題云『荀卿撰』者，非也。」

晁公武曰：「題曰『秦相荀卿撰①』，載②周末列國世家，故一名春秋公子血脈圖，頗多疎略，決非荀卿所著；且卿未嘗相秦，豈世别有一荀卿邪？」

李燾曰：「其載帝王歷紀殊少，序諸侯卿大夫之世頗詳，而崇文總目止名帝王曆紀譜，舊題云『秦相荀卿撰』。荀卿未嘗相秦，其繆妄③立見。蓋田野陋儒依託，以欺末學耳。故筆削最無義例，前後牴牾，不可偏舉；而所著族繫又與世本不同；質之司馬遷、杜預，亦復差異，不知撰者果證據何書也？其血脈閒有強附横入，灼然非類者，要當釐正之；顧不敢輕改，姑仍其舊，使學者自擇焉。篇首尾雜引左氏傳中語，事既殘闕不屬，字畫訛舛尤甚，往往不可句讀；參考左氏傳略加是正，十僅得四五云，其他正如棼絲結髮，未易一二爬梳也。」

王應麟曰：「藝文志春秋虞氏微傳二篇。按：劉向别録云：『虞卿作抄撮九卷，授荀卿，卿授張蒼。』然則張蒼師荀卿者也。浮邱伯亦荀卿門人，申公事之受詩，是爲魯詩。經典序録：『根牟子傳趙人荀卿子，荀卿子傳魯人大毛公，是爲毛詩。荀卿之門有三人焉，李斯、韓非不能玷其學也。」

---

① 「撰」，文津閣四庫本作「所撰」。
② 文津閣四庫本無「載」字。
③ 「繆妄」，文津閣四庫本作「謬妄」。

賈氏誼**春秋左氏傳訓故**

佚。

漢書：「梁太傅賈誼修春秋左氏傳，爲左氏傳訓故，授趙人貫公，爲河間獻王博士。」

張氏失名**春秋微**

漢志：「十篇。」

佚。

亡名氏左氏微

漢志：「二篇。」

佚。

公羊外傳

漢志：「五十篇。」

佚。

穀梁外傳

漢志：「二十篇。」

佚。

公羊章句

漢志：「三十八篇。」

佚。

穀梁章句

漢志：「三十三篇。」

佚。

公羊雜記

漢志：「八十三篇。」

佚。

按：漢書公孫弘傳：「學春秋雜説。」度即公羊雜記也。

經義考卷一百七十一

春秋四

胡毋氏生春秋條例

佚。

漢書：「胡毋生，字子都，齊人，治公羊春秋，爲景帝博士，與董仲舒同業，仲舒著書稱其德，年老歸教於齊，齊之言春秋者宗事之。」

何休曰：「孔子知秦將燔詩、書，其説口授相傳，至漢，公羊氏及弟子胡毋生等，乃始記於竹帛。」又曰：「胡毋生條例多得其正。」

鄭康成曰：「治公羊者，胡毋生、董仲舒。」

徐彦曰：「子夏口授公羊高，高五世相授，至漢景帝時，公羊壽共弟子胡毋生乃著竹帛。胡毋生雖以公羊傳授董氏，猶自別作條例，故何氏取之。」

董子仲舒**春秋繁露**

七録：「十七卷。」

存。

班固曰：「仲舒遭秦滅學之後，六經離析，下帷發憤，潛心大業，令學者有所統壹，爲群儒首。」

王充曰：「董仲舒讀春秋，專精一思，志不在他，三年不窺園菜。」

西京雜記：「仲舒夢蛟龍入懷，乃作春秋繁露。」

崇文總目：「春秋繁露十七卷，其書八十二篇，義或宏博，然篇第已①舛，無以是正。又即用玉杯、竹林題篇，疑後人取而附著云。」

〔補正〕

崇文總目條内「篇弟已舛」，「已」當作「亡」。（卷七，頁五）

中興書目：「十卷。繁露之名，先儒未有釋者。按：逸周書王會解天子南面立絻無繁露。注云：『冕之所垂也，有聯貫之象。』春秋屬辭比事，仲舒立名，或取諸此。」

歐陽修跋曰：「漢書董仲舒傳載仲舒所著書百餘篇第，云『清明、竹林、玉杯、繁露』之書，蓋略舉其篇名，今其書纔四十篇，又總名春秋繁露者，失其真也。予在館中，校勘群書，見有八十餘篇，然多錯

① 「已」，應依四庫薈要本、補正作「亡」。

亂重複；又有民閒應募獻書者，獻三十餘篇，其閒數篇在八十篇外，乃知董生之書流散而不全矣。方侯校勘，而予得罪。夷陵秀才田文初以此本示予，不暇讀，明年春，得假之許州，以舟下南郡，獨臥閱此，遂誌之。董生儒者，其論深極春秋之旨；然惑於改正朔，而云『王者大一元』者，牽於其師之說，不能高其論以明聖人之道，惜哉！」

樓郁序曰：「六經道大而難知，惟春秋聖人之志在焉。自孔子沒，莫不有傳，名於傳者五家，用於世纔三而止爾，其後傳出學散，源迷而流分。蓋公羊之學後有胡毋子都、董仲舒治其說，信勤矣，嘗爲武帝置對於篇，又自著書以傳於後，其微言至要，蓋深於春秋者也。然聖人之旨在經，經之失傳，傳之失學，故漢諸儒多病專門之見，各務高師之言，至窮智畢學；或不出聖人大中之道，使周公、孔子之志既晦而隱焉。董生之書視諸儒尤博極閎深者也，本傳稱玉杯、繁露、清明、竹林之屬，今其書十卷，又總名繁露。其是非請俟賢者辨之。太原王君家藏此書，常謂仲舒之學久鬱不發，摹印以廣之於天下，就予求序，因書其本末云。」

程大昌曰：「右繁露十七卷，紹興閒董某所進，臣觀其書辭意淺薄，閒掇取董仲舒策語雜置其中，輒不相倫比，臣固疑非董氏本書矣。又班固記其說春秋凡數十篇，玉杯、繁露、清明、竹林各爲之名，似非一書；今董某進本通以繁露冠書，而玉杯、清明、竹林特各居其篇卷之一，愈益可疑。他日讀太平寰宇記及杜佑通典，頗見所引繁露語言，顧董氏今書無之。寰宇記曰：『三皇驅車①抵谷口。』通典曰：

① 「驅車」，文津閣四庫本作「馳車」。

『劒之在左，蒼龍之象也；刀之在右，白虎之象也；鈎之在前，朱雀之象也；冠之在首，玄武之象也。四者，人之盛飾也。』此數語者，不獨今書所無，且其體致全不相似，臣然後敢言今書之非本真也。牛享①問崔豹冕旒以繁露者何？答曰：『綴玉而下，垂如繁露也。』則繁露也者，古冕之旒，似露而垂，是其所從假以名書也。以杜樂所引推想，其書皆句用一物以發己意，有垂旒凝露之象焉，則玉杯、竹林同爲託物，又可想見也。漢、魏閒人所爲文，名有②連珠者，其聯貫物象以達己意，略與杜樂所引同，如曰：『物勝權則衡殆，形過鏡則影窮』者，是其凡最也，以連珠而方古體，其殆繁露之所自出歟？其名其體皆契合無殊矣。」又曰：「淳熙乙未，予佐蓬監，館本有春秋繁露，既嘗書所見於卷末，而正定其爲非古矣；後又因讀太平御覽，凡其部彙列叙古繁露語特多，如曰：『禾實於野，粟缺於倉，皆奇怪非人所意，此可畏也。』又曰：『金干土則五穀傷，土千金則五穀不成。』張湯欲以鶩當鳧祀宗廟，仲舒曰：『鶩非鳧，鳧非鶩，愚以爲不可。』又曰：『以赤統者幘尚赤。』諸如此類，亦皆附物著理，無憑虛發語者，然後益自信予所正定不謬也。御覽，太平興國③間編輯；此時繁露之書尚存，今遂逸不傳，可歎也已！」

〔補正〕

程大昌條內「牛享問」，「享」當作「亨」；「名有連珠者」當作「有名」。（卷七，頁五）

① 「牛享」，應依四庫薈要本、補正作「牛亨」。
② 「名有」，應依四庫薈要本、補正作「有名」。
③ 「太平興國」，文津閣四庫本誤作「太平典國」。

晁公武曰：「漢董仲舒撰。史稱仲舒説春秋事得失，聞舉玉杯、繁露、清明、竹林之屬數十篇，十餘萬言，皆傳於後世。今溢而爲八十二篇，又通名繁露，皆未詳。隋、唐卷目與今同，但多訛舛。」

陳振孫曰：「按隋、唐及國史志卷皆十七，崇文總目凡八十二篇，館閣書目止十卷，萍鄉所刻亦財三十七篇，今本乃樓攻媿得潘景憲本，卷篇皆與前志合，然亦非當時本書也，先儒疑辨詳矣。其最可疑者，本傳載所著書百餘篇，清明、竹林、繁露、玉杯之屬，今總名曰繁露，而玉杯、竹林則皆其篇名，此決非其本真；況通典、御覽所引，皆今書所無者，尤可疑也。然古書存於世希矣，姑以傳疑存之可也。又有寫本作十八卷，而但有七十九篇，考其篇次皆合，但前本楚莊王在第一卷首，而此本乃在卷末，別爲一卷；前本雖八十二篇，而闕文者三，實七十九篇也。」

樓鑰後序曰：「繁露一書凡得四本，皆有高祖正議先生序文。始得寫本於里中，先傳而讀之，舛訛至多，恨無他本可校；已而得京師印本，以爲必異，而相去殊不遠。又竊疑竹林、玉杯等名與其書不相關。後見尚書程公跋語，亦以篇名爲疑；又以通典、太平御覽、太平寰宇記所引繁露之書，今書皆無之，遂以爲非董氏本書。且以其名謂必類小説家，後自爲一編，記雜事名，演繁露行於世。開禧二年，今編修胡君仲方宰萍鄉，得羅氏蘭臺本，刊之縣庠，考證頗備，先程公所引三書之言皆在書中，則知程公所見者未廣，遂謂爲小説者非也。然止於三十七篇，終不合崇文總目及歐陽文忠公所藏八十二篇之數。余老矣，猶欲得一善本，聞婺女潘同年叔度景憲多收異書，屬其子弟訪之，始得此本，果有八十二篇，是萍鄉本猶未及其半也。喜不可言，以校印本各取所長，悉加改定；義通者兩存之，轉寫相訛，之①古語，亦有不可強通者。春秋會解一書②，所集仲方摭其引繁露十三條，今皆具在。余又據説文解字王字下引董仲舒曰：『古之造文者，三畫而連其中謂之王。三者，天地人也；而參通之者，王也。』許叔重在後漢和帝時，今所引在王道通三第四十四篇中，其餘傳中對越三仁之問，朝廷有大議，使使者及廷尉張湯就其家問之，求雨，閉諸陽，縱諸陰，其止雨也，反。是三策中，言天之仁愛；人君，天道之大者。在陰陽，陽爲德，陰爲刑，故王者任德教而不任刑之類，今皆在其書中，則其爲仲舒所著無疑；且其文詞亦非後世所能到也。左氏傳猶未行於世，仲舒之言春秋多用公羊之説。嗚呼！漢承秦敝，旁求儒雅，士以經學專門者甚衆，獨仲舒以純儒稱，人但見其潛心大業，非禮不行，對策爲古今第一；余竊謂惟③仁人之對曰：『仁人者，正其誼不謀其利，明其道不計其功。』又有言曰：『不由其道而勝，不如由其道而敗。』此類非一，是皆真得吾夫子之心法，蓋深於春秋者也。自揚子雲猶有愧於斯，況其他乎？其得此意之純者，在近世惟范太史唐鑑爲庶幾焉。褒貶評論，惟是之從，不以成敗爲輕重也。潘氏本楚莊王篇爲第一，他本皆無之，前後增多凡四十二篇，而三篇闕焉；惟玉杯、竹林二篇之名未有以訂之，更俟來喆。仲方得此，尤以爲前所未見，相與校讐，將寄江右漕臺兼秘閣公刻之，而謂余記其後。」

① 「之」，據四庫薈要本、補正當作「又」。
② 「一書」，四庫薈要本作「近年」，文淵閣、文津閣四庫本「書」下注闕。
③ 「惟」，文淵閣四庫本作「非」。

〔補正〕

樓鑰後序内「之古語」，「之」當作「又」。（卷七，頁五）

黄震曰：「繁露分十二世爲三等：哀、定、昭三世，君子之所見也；襄、成、宣、文四世，君子之所聞也；僖、閔、莊、桓、隱五世，君子之所傳聞也。」

程端學曰：「繁露或謂非董子之書。」

王鏊曰：「繁露説春秋，宛然公羊之義、公羊之文，雖或過差，而篤信其師之説，可謂深於春秋者也。」

春秋決事 漢志作「公羊治獄」，七録作「春秋斷獄」，新、舊唐書作「春秋決獄」，崇文總目作「春秋決事比」。

漢志：「十六篇」。七録：「五卷。」隋、唐志，崇文總目：「十卷。」

佚。

〔校記〕

馬國翰有輯本。（春秋，頁四四）

王充曰：「仲舒表春秋之義，稽合於律，無乖異者。」

桓寬曰：「春秋治獄，論心定罪，志善而違於法者免，志惡而合於法者誅。」

應劭曰：「膠東相董仲舒老病致仕，朝廷每有政議，數遣廷尉張湯親至陋巷，問其得失，於是作春秋決獄二百三十二事，動以經對，言之詳矣。」

王應麟曰：「仲舒春秋決獄，其書今不見。太平御覽載二事：其一引春秋許止進藥；其一引夫人歸于齊。通典載一事，引春秋之義父爲子隱。應劭謂仲舒作春秋決獄二百三十二事，今僅見三事而已。」

按：藝文類聚有引決獄君獵得麑一事。

馬端臨曰：「按：此即獻帝時應劭所上仲舒春秋斷獄，以爲幾焚棄於董卓蕩覆王室之時者也。仲舒通經醇儒，三策中所謂任德不任刑之説、正心之説，皆本春秋以爲言；至引正誼不謀利、明道不計功，以折江都王，尤爲深得聖經賢傳之旨趣。獨災異之對，引兩觀、桓僖、亳社火災，妄釋經意，而導武帝以果於誅殺，與素論大相反，西山真公論之詳矣。決事比之書與張湯相授受，度亦災異對之類耳。帝之馭下以深刻爲明，湯之決獄以慘酷爲忠，而仲舒乃以經術附會之。王、何以老、莊宗旨釋經，昔人猶謂其罪深於桀、紂，況以聖經爲緣飾淫刑之具，導人主以多殺乎？其罪又深於王、何矣。」又按：「漢刑法志言自公孫弘以春秋之義繩下，張湯以峻文決理，於是見知，腹誹之獄興。湯傳又言：湯請博士弟子治春秋、尚書者補廷尉史。蓋漢人專務以春秋決獄，陋儒酷吏遂得以因緣假飾，往往見二傳中，所謂責備之説、誅心之説、無將之説，與其所謂巧詆深文者相類耳。聖賢之意豈有是哉？常秩謂孫復所學春秋，商君法耳，想亦有此意。」

春秋決疑論

隋志：「一卷。」

佚。

嚴氏彭祖**春秋左氏圖**

七録：「十卷。」

佚。

古今春秋盟會地圖

七録：「一卷。」

佚。

〔校記〕

黄奭有輯本。（春秋，頁四四）

春秋公羊傳

隋志：「十二卷。」唐志：「五卷。」

佚。

〔校記〕

馬國翰有輯本。（春秋，頁四四）

漢書：「嚴彭祖，字公子，東海下邳人，與顔安樂俱事眭孟，孟弟子百餘人，惟彭祖、安樂爲明，質問疑誼，各持所見，孟曰：『春秋之意在二子矣。』孟死，彭祖、安樂各顓門教授，由是公羊春秋有顔、嚴之學。彭祖爲宣帝博士，至河南東郡太守，以高第入爲左馮翊，遷太子太傅，授琅邪王，中爲元帝少府，中授同郡公孫文、東門雲，雲爲荆州刺史，文東平太傅。」

鄭玄曰：「董仲舒弟子嬴公，嬴公弟子眭孟，眭孟弟子嚴彭祖、顔安樂。」

按：嚴氏、顔氏並以公羊春秋顓門教授，顔有泠①、任、筦、冥之學，而嚴氏流派，史未之詳，見於傳者：山陽丁恭子然、北海周澤穉都、汝陽鍾興次文、北海甄宇長文、陳留樓望次子、預章陳曾秀升、南陽樊儵長魚、蜀郡張霸伯饒、張楷公超、潁川李修、九江夏勤，又侍郎申輓、伊推、宋顯、許廣皆同嚴氏，大議殿中者，大抵爲嚴氏之學者也。

顔氏安樂公羊記

漢志：「十一篇。」

佚。

〔校記〕

馬國翰有輯本。（春秋，頁四四）

---

① 「泠」，文淵閣四庫本誤作「冷」。

漢書：「顔安樂，字公孫，魯國薛人，官至齊郡太守丞。安樂授淮陽泠①豐次君、淄川任公，公爲少府，豐淄川太守，由是顔家有泠、任之學。」

鄭玄曰：「安樂弟子有泠豐、劉向、王彦。」

徐彦曰：「何休序謂：『説者倍經任意，反傳違戾。』按：演孔圖云：『文、宣、成、襄，所聞之世也。』而顔氏以爲從襄二十一年之後，孔子生訖，即爲所見之世，分張一公而使兩屬，是任意也。宣十七年六月癸卯，日有食之日。食之道，不過晦朔與二日，言日不言朔者，是二日明矣；而顔氏以爲十四日日食，是反傳違戾也。」又曰：「顔氏以襄公二十三年邾婁鼻我來奔，傳云：『邾婁無大夫，此何以書？以近書也。』又昭公二十七年，邾婁快來奔，傳云：『邾婁無大夫，此何以書？以近書也。』二文不異，同宜一世，若分兩屬，理似不便。」

馮君失名嚴氏春秋章句

佚。

洪适曰：「漢嚴訢碑，政和中出於下邳，云：『訢，字少通，治嚴氏春秋馮君章句。』兩漢傳春秋嚴氏學無姓馮者，蓋史之闕文也。」

按：馮君章句見於漢碑，灼然可據，乃班固儒林傳未之載。杜佑通典引公羊説主藏太廟室西壁中，

---

①「泠」，文淵閣四庫本誤作「令」。

以備火災。或問高堂隆曰：『昔馮君八萬言章句，説正廟之主各藏太室西壁之中，遷廟之主於太祖太室北壁之中。按：逸禮，藏主之處，似在堂上壁中。』答云：『章句但言藏太祖北壁中，不別堂室。』所云馮君章句，係説公羊春秋者，當即嚴訢所治之書，始知儒林傳所載尚有遺漏也。」①

冥氏都**春秋**

佚。

漢書：「始貢禹事嬴公，成於眭孟；疏廣事孟卿，廣授琅邪筦路，禹授潁川堂谿惠，惠授泰山②冥都。都爲丞相史，都與路又事顔安樂，故顔氏復有筦、冥之學。」

賈公彦曰：「冥氏作春秋，若晏子、呂氏春秋之類。」

尹氏更始**春秋穀梁傳**釋文序録作「章句」。

七録：「十五卷。」

佚。

〔校記〕

① 自「林傳未之載」至「尚有遺漏也」，文津閣四庫本整段錯置於尹更始春秋穀梁傳「授胡常」之上。
② 「泰山」，文淵閣四庫本作「太山」。

馬國翰有輯本。（春秋，頁四四）

漢書：「瑕邱江公受穀梁春秋於魯申公，傳子至孫，爲博士，其後浸微，唯魯榮廣、王孫皓星公二人受焉。廣與公羊大師眭孟等論，數困之，好學者頗復受穀梁。沛蔡千秋少君、梁周慶幼君、丁姓子孫皆從廣受穀梁。議郎汝南尹更始翁君本事千秋，爲諫大夫、長樂户將，又受左氏傳取其變理合者以爲章句，傳子咸及翟方進、琅邪、房鳳。姓授楚申章昌曼君。始江博士①授胡常，常授梁蕭秉君房，由是穀梁春秋有尹、胡、申、章、房氏之學。」

王應麟曰：「漢儒兼通穀梁、左氏，胡常、尹更始也。」

陳氏欽**春秋**

佚。

後漢書：「陳元父欽，習左氏春秋事黎陽賈護，與劉歆同時，而別自名家。王莽從欽授左氏學，以欽爲厭難將軍也。」

後漢書注：「欽，字子佚，以左氏授王莽，自名陳氏春秋。」②

---

① 自「漢書」至「始江博士」，文津閣四庫本錯置於陳欽春秋下。

② 自「後漢書注」至「自名陳氏春秋」，文津閣四庫本錯置於馮君嚴氏春秋章句後。

閔氏因**春秋叙**

佚。

按：閔因未詳何時人，徐氏公羊傳疏引之。孔子得百二十國寶書，其叙中之言也。考春秋緯、感精符、考異郵、説題辭咸有此文，而徐氏獨據其叙，或出於緯書之前未可定也。姑附於此。①

石渠春秋議奏

漢志：「三十九篇。」

佚。

漢書：「甘露元年，召五經名儒、太子太傅蕭望之等大議殿中，平公、穀同異。時公羊嚴彭祖、申輓、伊推、宋顯、許慶②，穀梁尹更始、劉向、周慶、丁姓、王亥議三十餘事，望之等十一人各以經義對，多從穀梁。」

〔補正〕

漢書條内「許慶」，「慶」當作「廣」。（卷七，頁六）

---

① 閔因春秋叙條，文津閣四庫本整段錯置於冥都春秋之前。

② 「許慶」，據四庫薈要本、文淵閣四庫本、補正當作「許廣」。

經義考卷一百七十二

春秋五

北海王劉睦**春秋旨義終始論**

佚。

後漢書：「北海敬王睦，少好學，博通書傳，光武愛之。顯宗在東宮，尤見幸，待入侍諷誦，出則執轡。中興初，禁網尚闊，而睦性謙恭好士，千里交結，自名儒宿德，莫不造門，由是聲價益廣。永平中，法憲頗峻，睦乃謝絶賓客，放心音樂，然性好讀書，常爲愛玩，能屬文，作春秋旨義終始論。」

陳氏元**春秋訓詁**

佚。

後漢書：「陳元，字長孫，蒼梧廣信人。少傳父業，爲之訓詁，鋭精覃思，至不與鄉里通。建武初，與桓譚、杜林、鄭興俱爲學者所宗。帝立左氏學，太常選博士四人，元爲第一。」

陸德明曰：「司空南閣①祭酒陳元作左氏同異。」

鍾氏興**春秋章句**

佚。

後漢書：「鍾興，字次文②，汝南汝陽人，少從少府丁恭受嚴氏春秋，恭薦興學行高明，光武召見，拜郎中，稍遷左中郎將。詔令定春秋章句，去其復重，以授皇太子，又使宗室諸侯從興受章句。」

孔氏奇**春秋左氏删**一名「左氏傳義詁」。

三十一卷③。

佚。

後漢書：「孔奮，字君魚，扶風茂陵人，少從劉歆受春秋左氏傳，歆稱之。弟奇博通經典，作春秋左氏删。」

① 「閤」，文淵閣四庫本作「閣」。
② 「文」，文淵閣四庫本作「女」。
③ 「三十一卷」，備要本誤作「二十一卷」。

連叢子序曰：「先生名奇，字子異，其先魯人，褒成君之後也。兄君魚，王莽末，避地大河之西，以論道爲事。是時先生年二十一矣，每與其兄論學，其兄謝服焉。及世祖即阼，君魚乃仕官，至武都太守、關内侯，以清儉聞海内。先生雅好儒術，淡忽榮禄，不願從政，遂删撮左氏傳之難者，集爲義詁，發伏闡幽，讚明聖祖之道，以祛學者之蔽。著書未畢而早世，不永宗人。子通痛其不遂，惜兹大訓不行於世，乃校其篇目，各如本第，并序答問，凡三十一卷，將來君子儻肯游息，幸詳録之焉。」

孔氏嘉左氏説

佚。

後漢書：「孔奮晚有子嘉，官至城門校尉，作左氏説。」

陸德明曰：「侍中孔嘉，字山甫，扶風人。」

鄭氏興春秋條例章句訓詁

佚。

後漢書：「興少學公羊春秋，晚善左氏傳，遂積精深思，通達其旨，同學者皆師之。天鳳中，將門人從劉歆講正大義，歆美興才，使撰條例章句訓詁。興好古學，尤明左氏、周官，長於曆數，自杜林、桓譚、衛宏之屬，莫不斟酌焉。世言左氏者，多祖於興，而賈逵自傳其父業，故有鄭、賈之學。」

東觀漢記：「興從博士金子嚴爲左氏春秋。」

〔補正〕

劉氏歆春秋左氏傳條例　佚。

蜀志尹默傳：「默專精左氏春秋，自劉歆條例、鄭衆、賈逵父子、陳元方、服虔注説，咸略誦述，不復按本。」方綱按：劉歆此書，竹垞未載，當據蜀志補入。聘珍案：後漢書：「鄭興少學公羊春秋，晚善左氏傳。天鳳中，將門人從劉歆講正大義，歆美興才，使撰條例章句訓詁及校三統曆。」案：三統曆，劉歆所撰，而左傳條例亦劉氏之書，使鄭興爲作章句訓詁耳，竹垞未之詳考，故載鄭氏條例章句訓詁而不言劉氏原書也。（卷七，頁六）

鄭氏衆春秋難記條例

七録：「九卷。」

佚。

春秋删

本傳十九篇。

佚。

後漢書：「衆從父受左氏春秋，作春秋難記條例，其後受詔作春秋删十九篇。」

徐彦曰：「鄭衆作長義十九條，十七事，專論公羊之短，左氏之長。」

牒例章句

唐志：「九卷。」

佚。

〔校記〕

馬國翰有輯本。（春秋，頁四五）

賈氏徽**左氏條例**

二十一篇。

佚。

後漢書：「賈逵父徽，從劉歆受左氏春秋，兼習國語、周官，又受古文尚書於塗惲，學毛詩於謝曼卿，作左氏條例二十一篇。」

陸德明曰：「徽，字元伯，後漢潁陰令。」

賈氏逵**左氏傳解詁**

隋志：「三十卷。」

佚。

〔校記〕

馬國翰有輯本，黄奭亦有賈氏解詁輯本。（春秋，頁四五）

後漢書：「逵弱冠，能誦五經，兼通五家穀梁之説，尹更始、劉向、周慶、丁姓、王彦。尤明左氏傳、國語，爲之解詁五十一篇，注左氏三十篇、國語二十一篇。永平中，上疏獻之。顯宗重其書，寫藏秘館。建初元年，詔逵入講北宫白虎觀、南宫雲臺，帝善逵説，使①出左氏傳大義長於二傳者，逵於是擿出左氏三十事，帝嘉之，令逵自選公羊嚴、顔諸生高才者二十人，教以左氏，與簡紙經、傳各一通。」

〔補正〕

後漢書條内「使出左氏傳大義」，「使」下脱「發」字。（卷七，頁六）

春秋左氏長經

隋志：「二十卷。」

〔補正〕

案：隋志：「春秋左氏長經二十卷，漢侍中賈逵章句。」據此，則是書當題云春秋左氏長經章句也。今朱氏删去「章句」二字，則非賈氏書矣。（卷七，頁六）

佚。

① 「使」下，依四庫薈要本、文淵閣四庫本、補正當補「發」字。

〔校記〕

馬國翰有輯本。（春秋，頁四五）

徐彥曰：「賈逵作長義四十一條，云：『公羊理短，左氏理長。』」

〔補正〕

案：此引徐彥語系之長經條下，非也。蓋朱氏誤合二書爲一爾，今據陸氏釋文改正于此。（卷七，頁七）

賈氏逵春秋左氏長義

陸德明曰：「逵受詔列公羊、穀梁不如左氏四十事奏之，名曰春秋長義，章帝善之。」

徐彥云云，應載於此。（卷七，頁七）

春秋釋訓

隋志：「一卷。」

佚。

春秋三家經本訓詁

隋志：「十二卷。」

佚。

〔補正〕

方綱按：隋志此條下云：「宋有三家經二卷，亡。」據漢志云：「春秋古經十二篇，經十一卷。」下云：「公羊、穀梁二家。」既班氏以十一卷之經爲公、穀二家經，則三家經何以云二卷乎？此宜詳考。然漢志云「公羊、穀梁二家」，不言左氏，若謂左氏後出，則班志既列左氏于公、穀之前，且曰：「邱明論本事而作傳，明夫子不以空言説經也。及末世口説流行，故有公羊、穀梁、鄒、夾之傳。」據此，則班志意主左氏也。若果左氏自有專經之本，豈有不列在公、穀經十一卷之前者乎？以此知左氏專經無傳之本，久不可考，自漢時已是合經、傳之左氏本矣，所以杜元凱不得已而分年系傳耳。唐竇臮述書賦注云：「吴青州刺史皇象寫春秋哀公上弟二十九卷，首元年，餘自二年至十三年盡尾，元凱押尾，亦足證古本左氏經、傳相連爲三十卷，其來久矣。」（卷七，頁七—八）

樊氏儵删定嚴氏春秋章句

佚。

後漢書：「儵，字長魚，南陽湖陽人。就侍中丁恭受公羊、嚴氏春秋。永平元年，拜長水校尉；二年封燕侯。初，儵删定公羊、嚴氏春秋章句，世號樊侯學。教授門徒前後三千①餘人，弟子潁川李修、九江夏勤，皆爲三公。」

① 「三千」，文淵閣四庫本誤作「三十」。

張氏霸減定嚴氏春秋章句

佚。

後漢書：「張霸，字伯饒，蜀郡成都人。就長水校尉樊儵受嚴氏公羊春秋。永元中，爲會稽太守。霸以儵删嚴氏春秋猶多繁辭，迺減定爲二十萬餘言，更名張氏學。」

楊氏終春秋外傳

十二篇。

佚。

後漢書：「楊終，字子山，蜀郡成都人。年十三，爲郡小吏，太守奇其才，遣詣京師受業，習春秋。顯宗時，徵詣蘭臺，拜校書郎，著春秋外傳十二篇，改定章句十五萬言。」

李氏育難左氏義

佚。

後漢書：「李育，字元春，扶風漆人。少習公羊春秋，嘗讀左氏傳，雖樂文采，然謂不得聖人深意。

以爲前世陳元、范升之徒更相非析①，而多引圖讖，不據理體，於是作難左氏義四十一事。建初元年，舉方正爲議郎，後拜博士，詔與諸儒論五經於白虎觀，遷尚書令侍中。」

〔補正〕

後漢書條内「更相非析」，「析」當作「折」。（卷七，頁八）

馬氏融**三傳異同説**

佚。

〔校記〕

馬國翰有輯本。（春秋，頁四五）

後漢書：「融②嘗欲訓左氏春秋，及見賈逵、鄭衆注，乃曰：『賈君精而不博，鄭君博而不精。既精既博，吾何加焉？』但著三傳異同說。」

戴氏宏**解疑論**

佚。

---

① 「析」，應依四庫薈要本、文淵閣四庫本、補正作「折」。

② 「融」，文津閣四庫本作「馬融」。

〔校記〕

馬國翰有輯本。（春秋，頁四五）

徐彦曰：「何氏『恨先師觀聽不決，多隨二創』，先師，戴宏等也。戴宏作解疑論以難左氏，不得左氏之理，不能以正義決之，故云『觀聽不決』，『多隨二創』者，『背經任意，反傳違戾』，與公羊爲一創；『援引他經，失其句讀』，又與公羊爲一創也。」

何氏休春秋公羊解詁

隋志：「十一卷。」唐志：「十三卷。」

存。

後漢書：「何休，字邵公，任城樊人。父豹，少府，休以列卿子詔拜郎中，辭病去，陳蕃辟之，蕃敗，休坐廢錮，迺作春秋①解詁，覃思不闚門十有七年。又以春秋駮漢事六百餘條，妙得公羊本意。休善歷筭，與其師博士羊弼追述李育意，以難二傳，作公羊墨守、左氏膏肓、穀梁廢疾。黨禁解，拜議郎，再遷諫議大夫。」

〔補正〕

後漢書條内「迺作春秋解詁」，「秋」下脱「公羊」二字。（卷七，頁八）

休自序曰：「昔者孔子有云：『吾志在春秋，行在孝經。』此二學者，聖人之極致，治世之要務也。

① 「秋」下，當依四庫薈要本、補正補「公羊」二字，文淵閣四庫本作「公羊解詁」。

傳春秋者非一，本據亂而作，其中多非常異議可怪之論，説者疑惑，至有倍經任意，反傳違戾者，其勢雖問，不得不廣。是以講誦師言，至於百萬，猶有不解，時加讓嘲辭，援引他經，失其句讀，以無爲有，甚可閔①笑者，不可勝計也。是以治古學、貴文章者，謂之俗儒，至使賈逵緣隙奮筆，以爲公羊可奪，左氏可興。恨先師觀聽不決，多隨二創。此世之餘事，斯豈非守文持論、敗績失據之過哉？余竊悲之久矣。往者，略依胡毋生條例，多得其正，故遂隱括，使就繩墨焉。」

張華曰：「休注公羊傳云『何氏學』，或云：『休謙辭受學於師，乃宣此義不出於己②。』」

王嘉曰：「何休木訥多智，三墳五典、陰陽算術、河洛讖緯及遠年古諺、歷代圖籍，莫不成誦。門徒有問③者，則爲注記，而口不能説。作左氏膏肓、公羊墨守、穀梁廢疾，謂之三闕。言理幽微，非知幾藏往不可通焉，京師謂爲④學海。」

蘇軾曰：「三傳迂誕奇怪之説，公羊爲多，而何休又從而附成之。」

晁説之曰：「何休特負於公羊之學，五始、三科、九旨、七等、六輔、二類、七缺之設，何其紛紛邪？既曰據百二十國寶書，而又謂三世異辭，何耶？」

陳振孫曰：「其書多引讖緯，所謂黜周、王魯、變周文、從殷質之類，公羊皆無明文，蓋爲其學者相

---

① 「閔」，文淵閣四庫本作「憫」。
② 「乃宣此義不出於己」，文淵閣四庫本誤作「乃宣此不義於己」。
③ 「問」，文淵閣四庫本誤作「高」。
④ 「爲」，文淵閣四庫本作「之」。

承有此説也。」

家鉉翁曰：「何休公羊傳外多生支節，失公羊之本旨。」

吕大圭曰：「春秋三傳，何、范、杜三家各自爲説，而説之謬者莫如何休。如：元年春王正月，公羊不過曰『君之始年爾』，何休則曰：『春秋紀新王受命於魯。』滕侯卒不名，不過曰『滕微國而侯不嫌也』，而休則曰：『春秋王魯，託隱公以爲始。』黜周、王魯，公羊未有明文也，而休乃倡之，其誣聖人也甚矣。公羊曰：『母弟稱弟，母兄稱兄』，此其言已有失矣，而休又從爲之説，曰：『春秋變周之文，從商之質；質家親親，明當親厚於群公子也。』使後世有親厚於同母弟兄，而薄於父之枝葉者，未必不由斯言啓之。公羊曰：『立適以長不以賢，立子以貴不以長。』此言固有據，而何休乃爲之説，曰：『嫡子有孫而死，質家親親先立弟，文家尊尊先立孫。』使後世有惑於質文之異，而嫡庶互争者，未必非斯語禍之。其釋會戎之文，則曰：『王者不治夷狄①，録戎者來者勿拒，去者勿追也。』春秋之作，本以正夫夷夏②之分，乃謂之不治可乎？其釋天王使來歸賵之義，則曰：『王者據土與諸侯分職，俱南面而治，有不純臣之義。』春秋之作，本以正君臣之分，乃謂有不純臣之義，可乎？隱三年春二月己巳，日有食之。公羊不過曰：『記異也。』而何休則曰：『是後衛州吁弑其君，諸侯初僭。』桓元年，秋大水。公羊不過曰：『記灾也。』而休則曰：『先是桓篡隱，與專易朝宿之地，陰逆與怨氣所致。』而凡地震、山崩、星雹、雨雪、螽螟、彗孛

① 「不治夷狄」，文津閣四庫本作「遐邇一體」。
② 「夷夏」，文津閣四庫本作「中外」。

之類，莫不推尋其致變之由，考驗其爲異之應，其不合者，必強爲之説。春秋紀灾異而不説其應，曾若是之瑣碎磔裂乎？若此之類，不一而足，凡皆休之妄也。愚觀三子之釋傳，惟范甯差少過，其於穀梁之義有未安者，輒曰：『甯未詳，蓋譏之也。』而何休則曲爲之説，適以增公羊之過爾，故曰：『范甯，穀梁之忠臣；何休，公羊之罪人也。』」

黄澤曰：「近世説春秋謂孔子用夏正，考之三傳，未嘗有夏正之説。何休最好異論，如黜周、王魯之類甚多，若果用夏正，則何氏自應張大其事，今其釋公羊傳，亦止用周正，如：冬十一月有星孛于東方，何氏云：『周十一月，夏九月，日在房心』是也。程子以後學者，始有用夏正之説。然三傳皆用周正，若用夏時，則三傳皆當廢矣。」

春秋公羊墨守

隋志：「十四卷。」唐志：「一卷。」高麗史：「十五卷。」

佚。

春秋左氏①膏肓

隋志：「十卷。」崇文總目：「九卷。」中興書目第七卷闕。

佚。

---

① 四庫薈要本有「崇文總目漢司空掾何休撰」十一字。

崇文總目：「漢司空掾何休始撰答賈逵事，因記左氏所短，遂頗流布，學者稱之，後更刪補爲定。今每事左方輒附鄭康成之學，因引鄭説竄何書云。今殘缺，第七卷亡。」

陳振孫曰：「何休著公羊墨守等三書，鄭康成作鍼膏肓、起廢疾、發墨守以排之。今其書多不存，惟范甯穀梁集解載休之説，而鄭君釋之，當是所謂起廢疾者。今此書並存二家之言，意亦後人所録。館閣書目闕第七篇，今本亦正闕宣公，而於第六卷分文十六年以後爲第七卷，當并合①；其十卷止於昭公，亦闕定、哀，固非全書也。而錯誤殆未可讀，未有他本可正。」

〔補正〕

陳振孫條内「當并合」，下脱「之」字。（卷七，頁八）

春秋穀梁廢疾

隋志：「三卷。」

佚。

後漢書鄭玄傳：「時任城何休好公羊學，遂著公羊墨守、左氏膏肓、穀梁廢疾；玄乃發墨守、鍼膏肓、起廢疾。休見而歎曰：『康成入我室，操我矛，以伐我乎？』」

隋志：「何休撰，鄭玄釋，張靖箋。」

---

① 「合」下，應依四庫薈要本、補正補「之」字。

春秋漢議

隋志：「十三卷①。」

〔補正〕

案：隋志作十三卷。（卷七，頁八）

佚。

春秋公羊文謚例

隋志：「一卷。」

佚。

〔校記〕

馬國翰有輯本。（春秋，頁四五）

徐彦曰：「何氏作文謚例，有五始、三科、九旨、七等、六輔、二類②、七缺之義。三科九旨者：新周、故宋、以春秋當新王，此一科三旨也；所見異解，所聞異辭，所傳聞異辭，二科六旨也；内其國而外諸

---

① 「十三卷」，文淵閣、文津閣四庫本作「十二卷」。

② 「二類」，備要本誤作「一類」。

夏，内諸夏而外夷，是三科九旨也。按：宋氏之注春秋，説三科者：一曰張三世，二曰存三統，三曰異外内，是三科也。九旨者：一曰時，二曰月，三曰日，四曰王，五曰天王，六曰天子，七曰譏，八曰貶，九曰絶，時與月日，詳略之旨也；王與天王、天子，是録遠近親疏之旨也；譏與貶絶，則輕重之旨也。宋氏此説，賢者擇之可也。五始者，元年、春、王、正月、公即位是也。七等者，州、國、氏、人、名、字、子是也。六輔者，公輔天子，卿輔公，大夫輔卿，士輔大夫，京師輔君，諸夏輔京師是也。二類者，人事與災異是也。七缺者，惠公妃匹不正，隱、桓之禍生，是爲夫之道缺也。文姜淫而害夫，爲婦之道缺也。大夫無罪而致戮，爲君之道缺也。臣而害上，爲臣之道缺也。晉侯殺其世子申生、宋公殺其世子痤，爲父之道缺也。楚世子商臣弑其君髡、蔡世子般弑其君固，爲子之道缺也。桓八年正月己卯烝；桓十四年八月乙亥嘗；僖三十一年夏四月，四卜郊，不從，乃免牲，猶三望，郊祀不修，周公之禮缺，是爲七缺也矣。」

春秋公羊傳條例

七録：「一卷。」

佚。

春秋議

隋志：「十卷。」

佚。

服氏虔**春秋左氏傳解義**

隋志：「三十一卷。」唐志、釋文：「三十卷。」

佚。

〔校記〕

黄奭、馬國翰有輯本，袁鈞著服氏春秋傳注十二卷。（春秋，頁四五）

春秋左氏膏肓釋痾

隋志：「十卷。」唐志：「五卷。」

佚。

按：劉昭注續漢書禮儀志引春秋釋痾文曰：「漢家郡守行大夫禮，鼎俎籩豆工歌縣。」

春秋漢議駮

七録：「二卷。」唐志：「十一卷。」

佚。

春秋成長説

隋志：「九卷。」唐志：「七卷。」

佚。

春秋塞難

隋志：「三卷。」

未見。

春秋音隱

唐志：「一卷。」

佚。

漢南紀：「服虔，字子慎，河南滎陽人。少行清苦，爲諸生，尤明春秋左氏傳，爲作訓解。舉孝廉，爲尚書郎、九江太守。」

後漢書：「服虔入太學受業，作春秋左氏傳解，行之至今。又以左傳駮何休之所議①漢事十六②條。中平末，拜九江太守。」

〔補正〕

後漢書條内「又以左傳駁何休之所議漢事十六條」，「議」當作「駁」、「十六」當作「六十」。（卷七，頁八）

世説：「鄭玄欲注春秋傳，尚未成，時行與服子慎遇宿過舍，先未相識，服在外車上，與人説已注傳意，玄聽之良久，多與己同。玄就車與語，曰：『吾久欲注，尚未了，聽君向言，多與吾同，今當盡以所注與君。』遂爲服氏注。」又曰：「服虔既善春秋，將爲注，欲參考同異，聞崔烈集門生講傳，遂匿姓名，爲烈門人賃作食。每當至講時，輒竊聽户壁閒，既知不能踰己，稍共諸生敘其短長。烈聞，不測何人，然素聞虔名，意疑之。明早往，及未寤，便呼『子慎、子慎』，虔不覺驚應，遂相與友善。」

隋書：「諸儒傳左氏者甚衆，其後賈逵、服虔並爲訓解，至魏遂行於世。晉杜預又爲經傳集解。服虔、杜預注俱立國學，而後學惟傳服義。至隋，杜氏盛行，服義寖微，今殆無師説。」

北史：「河北諸儒能通春秋者，並服子慎所注，其河外諸生俱服膺杜氏。大抵河北所爲章句，好尚

① 「議」，應依四庫薈要本、補正作「駁」。
② 「十六」，應依四庫薈要本、補正作「六十」。

互有不同：江左左傳則杜元凱；河洛左傳則服子慎，要其會歸，殊方同致矣①。」

〔補正〕

北史條内「要其會歸，殊方同致矣」九字當删。（卷七，頁八）

應氏劭**春秋斷獄**

佚。

後漢書：「應劭，字仲遠，汝南南潁②人。中平六年，拜太山太守，撰具律本章句、尚書舊事、廷尉板令、決事比例、司徒都目、五曹詔書及春秋斷獄，凡二百五十篇。蠲去復重，爲之節文。又集駮義三十③篇，以類相從，凡八十二事。」

〔補正〕

後漢書條下小注「汝南南潁人」，「潁」當作「頓」。（卷七，頁八）

① 「要其會歸，殊方同致矣」九字，據補正當删。
② 「潁」，據四庫薈要本、補正當作「頓」。
③ 「三十」，依四庫薈要本應作「二十」。

劉氏陶**春秋條例**

佚。

後漢書：「靈帝詔陶次第春秋條例。」

延氏篤**左氏傳注**

佚。

陸德明曰：「京兆尹延篤受左氏於賈逵之孫伯升，因而注之。」

鄭氏玄**春秋左氏分野**

七録：「一卷。」

佚。

春秋十二公名

七録：「一卷。」

佚。

駁何氏漢議

隋志：「二卷。」

佚。

駁何氏漢議叙

隋志：「一卷。」

佚。

王晳曰：「鄭康成不爲章句，特緣何氏興辭，曲爲二傳解紛，不顧聖人大旨。」

荀氏爽**春秋公羊問答**

七録：「五卷。」唐志同。

佚。

隋書：「荀爽問魏安平太守，徐欽答。」

春秋條例

佚。

後漢書：「爽著春秋條例，又作公羊問。」

潁氏容春秋釋例

隋志：「十卷。」唐志：「七卷。」

佚。

〔校記〕

馬國翰有輯本。（春秋，頁四五）

後漢書：「潁容，字子嚴，陳國長平人。善春秋左氏，師事太尉楊賜，郡舉孝廉，州辟公車，皆不就。初平中，避亂荆州，劉表以爲武陵太守，不肯起，著春秋左氏條例五萬餘言。」

孔潁達曰：「光武中興以後，陳元、鄭衆、賈逵、馬融、延篤、彭仲博、許惠卿、服虔、潁容之徒，皆傳左氏春秋；魏世則王肅、董遇爲之注。」又曰：「潁子嚴比於劉、賈之徒，學識雖復淺近，然注述春秋，名爲一家①。」

〔補正〕

孔潁達條内「名爲一家」下，當補「之學」二字。

按：水經注穀水條下，云：「潁容之著春秋條例，隋經籍志：「漢公車徵士潁容著春秋釋例十卷。」言西城梁

① 「名爲一家」下，據四庫薈要本、補正當補「之學」二字。

門枯水處，世謂之死穀是也。」此條當補。（卷七，頁九）

按：初學記引潁氏釋例文云：「告朔行政謂之明堂。」又云：「周公朝諸侯於明堂，太廟與明堂一體也。」

王氏玢**春秋左氏達義**新唐志作「達長義」。

七録：「一卷。」

佚。

隋書：「王玢，漢司徒掾。」

彭氏汪**左氏奇説**

佚。

〔校記〕

馬國翰有輯本。（春秋，頁四五）

陸德明曰：「汝南彭汪，字仲博，記先師奇説及舊注。」

孔氏融**春秋雜議難**

七録：「五卷。」

佚。

許氏淑**左氏傳注解**

佚。

〔校記〕

馬國翰有輯本。（春秋，頁四五）

陸德明曰：「太中大夫①許淑，字惠卿，魏郡人。」

謝氏該**左氏解釋**

佚。

後漢書：「謝該，字文儀，南陽章陵人。善明春秋左氏，門徒數百千人。建安中，河東人樂詳條左氏疑滯數十事以問該，皆爲通解之，名爲謝氏釋，行於世。仕爲公車司馬令、少府，孔融薦之，拜議郎。」

段氏肅**春秋穀梁傳注**

隋志：「十四卷。」唐志：「十三卷。」

---

① 「太中大夫」，文津閣四庫本作「大中大夫」。

佚。

陸德明曰：「不知何人。」

隋書：「疑漢人。」

李氏譔**左氏指歸**

佚。

華陽國志：「李譔，字仲欽①，涪人。爲太子中庶子、右中郎將，著左氏注解，依則賈、馬②，異於鄭玄。」

陸德明曰：「梓潼李仲欽③著左氏指歸。」

〔補正〕

華陽國志及陸德明條内「仲欽」皆當作「欽仲」。（卷七，頁九）

①③「仲欽」，應依四庫薈要本、補正作「欽仲」。

②「賈、馬」，文津閣四庫本作「馬、賈」。

經義考卷一百七十三

春秋六

魏高貴鄉公左氏音

七録：「三卷。」

佚。

陸德明曰：「曹髦，字士彥，魏廢帝。」

王氏朗**春秋左氏傳注**

隋志：「十二卷。」唐志：「十卷。」

佚。

春秋左氏釋駮

七録：「一卷。」

佚。

董氏遇**春秋左氏傳章句**

隋志：「三十卷。」

佚。

〔校記〕

馬國翰有輯本。（春秋，頁四五）

樂氏詳**左氏問**

佚。

魏略：「詳，字文載，少好學，建安初，聞南郡謝該善左氏傳，乃從南陽步詣該，問疑難諸要。今左氏樂氏問七十二事，詳所撰也。黄初中，徵拜博士。」

王氏肅**春秋左氏傳注**

隋志：「三十卷。」

佚。

〔校記〕

馬國翰有輯本。（春秋，頁四五）

嵇氏康**春秋左氏傳音**

隋志：「三卷。」

佚。

〔校記〕

馬國翰有輯本。（春秋，頁四五）

麋氏信**春秋說要**

隋志：「十卷。」

佚。

理何氏漢議

隋志：「二卷。」

佚。

穀梁傳注

隋志：「十二卷。」

佚。

〔校記〕

馬國翰有輯本；麋氏書，黄奭亦有輯本。（春秋，頁四五）

陸德明曰：「信，字南山，東海人，魏樂平太守。」

韓氏益**春秋三傳論**

隋志：「十卷。」

佚。

隋書：「魏大長①秋韓益撰。」

曹氏（躭）**春秋左氏音**

七録：「四卷。」

佚。

孫氏（炎）**春秋例**

佚。

杜氏（寬）**春秋左氏傳解**

佚。

唐氏（固）**春秋穀梁傳注**

隋志：「十三卷。」釋文序録：「十二卷。」

佚。

---

① 文淵閣四庫本「長」下有「春」字。

春秋公羊傳注

佚。

吴録：「固，字子正。」

吴志：「丹陽唐固修身積學，稱爲儒者，著國語、公羊、穀梁傳注，講授常數十人。權爲吴王，拜固議郎。黄武四年，爲尚書僕射。」

士氏燮春秋傳注①

〔補正〕

案：朱氏此條誤作春秋傳注，當據隋志及釋文，改作春秋經注。（卷七，頁九）

隋志：「十一卷。」

佚。

吴録②：「士燮，字彦威，蒼梧廣信人。少游學京師，事潁川劉子奇，治左氏春秋，補尚書郎，遷交趾太守，躭翫春秋，爲之注解。陳國、袁徽與尚書令荀彧書曰：『交趾士府君官事小闋，輒翫習書、傳，

---

① 「春秋傳注」，據補正當作「春秋經注」。

② 「吴録」，據四庫薈要本、文淵閣四庫本、補正當作「吴志」。

春秋左氏傳尤簡練精微，吾數以咨問傳中諸疑，皆有師説，意思甚密，又尚書兼通古今，大義詳備。聞京師古今之學是非忿争，今欲條左氏、尚書長義上之，其見稱之①。』」

〔補正〕

此條下所引吴録當作吴志；其「見稱之」，「之」字當作「如此」二字。（卷七，頁九）

張氏昭 **春秋左氏傳解**

佚。

吴志：「張昭，字子布，彭城人。從白侯子安受左氏春秋，孫策命爲長史；復爲權長史，魏封權吴王，拜昭綏遠將軍，封由拳侯。權既稱尊號，更拜輔吴將軍、班亞三司，改封婁侯。在里宅無事，乃著春秋左氏傳解及論語注。」

鮮于公 春秋公羊解序

隋志：「一卷。」

佚。

---

①「之」，應依補正、四庫薈要本、文淵閣四庫本作「如此」。

刁氏春秋公羊例序

隋志：「五卷。」

佚。

杜氏預春秋左氏經傳集解

隋志：「三十卷。」

存。

晉書：「杜預，字元凱，京兆杜陵人。起家尚書郎，拜鎮南大將軍，都督荆州諸軍事，以功進爵當陽縣侯。預既立功，從容無事，乃耽思經籍，爲春秋左氏經傳集解；又參考衆家譜第，謂之釋例；又作盟會圖、春秋長曆，備成一家之學，比老，乃成。祕書監摯虞賞之，曰：『左邱明本爲春秋作傳，而左傳遂自孤行；釋例本爲傳設，而所發明何但左傳，故亦孤行。』預嘗稱王濟有馬癖、和嶠有錢癖，武帝聞之，謂預曰：『卿有何癖？』對曰：『臣有左傳癖。』」

預自序曰：「春秋者，魯史記之名也。記事者以事繫日，以日繫月，以月繫時，以時繫年，所以記遠近、別同異①也。故史之所記，必表年以首事，年有四時，故錯舉以爲所記之名也。周禮有史官掌邦國

① 「同異」，文淵閣四庫本作「異同」。

四方之事，達四方之志，諸侯亦各有國史，大事書之於册，小事簡牘而已。孟子曰：『楚謂之檮杌，晉謂之乘，而魯謂之春秋，其實一也。』韓宣子適魯，見易象與魯春秋，曰：『周禮盡在魯矣。吾乃今知周公之德與周之所以王。』韓子所見，蓋周之舊典禮經也。周德既衰，官失其守，上之人不能使春秋昭明；赴告策書，諸所記注，多違舊章；仲尼因魯史策書成文，考其真僞，而志其典禮，上以遵周公之遺制，下以明將來之法。其教之所存，文之所害，則刊而正之，以示勸戒；其餘則皆即用舊史，史有文質，辭有詳略，不必改也。故傳曰：『其善志。』又曰：『非聖人，孰能修之？』蓋周公之志，仲尼從而明之；左邱明受經於仲尼，以爲經者不刊之書也，故傳或先經以始事，或後經以終義，或依經以辨理，或錯經以合異，隨義而發其例之所重；舊史遺文，略不盡舉，非聖人所修之要故也。身爲國史，躬覽載籍，必廣記而備言之。其文緩，其旨遠，將令學者原始要終，尋其枝葉，究其所窮；優而柔之，使自求之，饜而飫之，使自趨之。若江海之浸，膏澤之潤，涣然冰釋，怡然理順，然後爲得也。其發凡以言例，皆經國之常制，周公之垂法，史書之舊章，仲尼從而修之，以成一經之通體。其微顯闡幽，裁成義類者，皆處舊例①而發義，指行事以正褒貶；諸稱『書』、『不書』、『先書』、『故書』、『不言』、『不稱』、『書曰』之類，皆所以起新舊，發大義，謂之變例。然亦有史所不書，即以爲義者，此蓋春秋新意，故傳不言凡，曲而暢之也。其經無義例，因行事而言，則傳直言其歸趣而已，非例也。故發傳之體有三，而爲例之情有五：一曰微而顯。文見於此而起義在彼：『稱族尊君命』，『舍族尊夫人』；『梁亡』；『城緣陵』之類是也。二曰志而

① 「皆處舊例」，備要本作「處其舊例」，應依補正、四庫薈要本、文淵閣四庫本作「皆據舊例」。

晦。約言示制，推以知例：參會不地、與謀曰及之類是也。三曰婉而成章。曲從義訓，以示大順：諸所諱辟、璧假許田之類是也。四曰盡而不汙。直書其事，具文見意：丹楹刻桷、天王求車、齊侯獻捷之類是也。五曰懲惡而勸善。求名而亡，欲蓋而章：書齊豹盜、三叛人名之類是也。推此五體，以尋經傳，觸類而長之，附於二百四十二年行事，王道之正，人倫之紀備矣。或曰：『春秋以錯文見義。』若如所論，則經當有事同文異，而無其義也。先儒所傳，皆不其然。答曰：『春秋雖以一字爲褒貶，然皆須數句以成言，非如八卦之爻可錯綜爲六十四也，固當依傳以爲斷。古今言左氏春秋者多矣，今其遺文可見者十數家，大體轉相祖述，進不成爲錯綜經文，以盡其變；退不守邱明之傳，於邱明之傳，有所不通，皆没而不説，而更膚引公羊、穀梁，適足自亂。預今所以爲異，專修邱明之傳以釋經，經之條貫，必出於傳；傳之義例，總歸諸凡。推變例以正褒貶，簡二傳而去異端，蓋邱明之志也。其有疑錯，則備論而闕之，以俟後賢。然劉子駿創通大義，賈景伯父子、許惠卿，皆先儒之美者也；末有潁子嚴者，雖淺近，亦復名家，故特舉劉、賈、許、潁之違，以見同異。分經之年與傳之年相附，比其義類，各隨而解之，名曰經傳集解。又别集諸例及地名、譜第、歷數，相與爲部，凡四十部十五卷，皆顯其異同，從而釋之，名曰：釋例。將令學者觀其所聚異同之説，釋例詳之也。』或曰：『春秋之作，左傳及穀梁無明文，説者以爲仲尼自衛反魯，修春秋，立素王，邱明爲素臣。言公羊者亦云：黜周而王魯，危行言孫，以辟當時之害，故微其文，隱其義。公羊經止獲麟，而左氏經終孔丘卒，敢問所安。』答曰：『異乎余所聞。仲尼曰：「文王既没，文不在兹乎？」此制作之本意也。歎曰：「鳳鳥不至，河不出圖，吾已矣夫。」蓋傷時王之政也。麟鳳五靈，王者之嘉瑞也；今麟出非其時，虛其應而失其歸，此聖人所以爲感也。絶筆於獲麟之一句者，所感而起，固所以爲終也。』曰：『然則春秋何始於魯隱公？』答曰：『周平王，東周之始王也；隱公，讓國之賢君也。考乎其時則相接，言乎其位則列國，本乎其始則周公之祚胤也。若平王能祈天永命，紹開中興；隱公能弘宣祖業，光啓王室，則西周之美可尋，文、武之跡不墜。是故因其歷數，附其行事，采周之舊，以會成王義，垂法將來。所書之王即平王也，所用之歷即周正也，所稱之公即魯隱也，安在其黜周而王魯乎？子曰：「如有用我者，吾其爲東周乎？」此其義也。若夫制作之文，所以章往考來。情見乎辭，言高則旨遠，辭約則義微，此理之常，非隱之也。聖人包周身之防，既作之後，方復隱諱以辟患，非所聞也。子路欲使門人爲臣，孔子以爲欺天，而云仲尼素王、邱明素臣，又非通論也。先儒以爲制作三年，文成致麟，既已妖妄；又引經以至仲尼卒，亦又近誣。據公羊經止獲麟，而左氏小邾射不在三叛之數，故予以爲感麟而作，作起獲麟，則文止於所起，爲得其實。至於反袂拭面，稱吾道窮，亦無取焉。』」

〔補正〕

預自序內「皆處舊例而發義」，「處」當作「據」。（卷七，頁九）

左傳後序：「太康元年三月，吴寇始平，予自江陵還襄陽，解甲休兵，乃申舒①舊意，修成春秋釋例及經傳集解。② 始訖，會汲郡汲縣③有發其界內舊冢者，大得古書，皆簡編科斗文字。發冢者不以爲

①「舒」，據補正當作「抒」。
②文淵閣四庫本脱「甲休兵」至「經傳集解」等十九字。
③「汲縣」，文淵閣四庫本無「汲」字。

意，往往散亂，科斗書久廢，推尋不能盡通，始者藏在祕府，余晚得見之。所記大凡七十五卷，多雜碎怪妄，不可訓知。周易及紀年最爲分了，周易上、下篇與今正同，別有陰陽說，而無彖、象、文言、繫辭，疑於時仲尼造之於魯，尚未播之於遠國也。其紀年篇起自夏、殷、周，皆三代王事，無諸國別①，惟特記晉國，起自殤叔，次文侯、昭侯，以至曲沃莊伯。莊伯之十一年十一月，魯隱公之元年正月也，皆用夏正建寅之月爲歲首，編年相次；晉國滅，獨記魏事，下至魏哀王之二十年，蓋魏國之史記也。推校哀王二十年，太歲在壬戌，是周赧王之十六年，秦昭王之八年，韓襄王之十三年，趙武靈王之二十七年，楚懷王之三十年，燕昭王②之十三年，齊湣王之二十五年也，上去孔丘卒百八十一歲，下去今太康三年五百八十一歲。哀王於史記，襄王之子，惠王之孫也，惠王三十六年卒，而襄王立；立十六年卒，而哀王立。古書紀年篇惠王三十六年改元，從一年始，至十六年而稱惠成王卒，即惠王也，疑史記誤分惠成之世以爲後王年也。哀王二十三年乃卒，故特不稱謚，謂之今王。其著書文意，大似春秋經，推此足見古者國史策書之常也。文稱魯隱公及邾莊公盟于姑蔑，即春秋所書『邾儀父未王命，故不書爵，曰儀父，貴之也。』又稱晉獻公會虞師伐虢，滅下陽，即春秋所書『虞師、晉師滅下陽。先書虞，賄故也。』又稱周襄王會諸侯於河陽，即春秋所書『天王狩於河陽。以臣召君，不可以訓也。』諸若此輩甚多，略舉數條，以明國史皆承告據實而書時事，仲尼修春秋，以義而制異文也。又稱衛懿公及赤翟戰于洞澤，疑『洞』當爲

---

① 「無諸國別」下，據補正有「也」字。
② 「燕昭王」，文津閣四庫本誤作「燕趙王」。

『洞』，即左傳所謂『熒澤』也，齊國佐來獻玉磬、紀公之甗，即左傳所謂『賓媚人』也。諸所記，多與左傳符同，異於公羊、穀梁，知此二書近世穿鑿，非春秋本意審矣。雖不皆與史記、尚書同，然參而求之，可以端正學者。又別有一卷，純集疏左氏傳卜筮事，上下次第及其文義皆與左傳同，名曰師春，『師春』似是抄集者人名也。紀年又稱殷仲壬即位，居亳，其卿士伊尹①；仲壬崩，伊尹放太甲于桐，乃自立也。伊尹即位，放太甲七年②，太甲潛出，自桐殺伊尹，乃立其子伊陟，伊奮命復其父之田宅而中分之。左氏傳伊尹放太甲而相之，卒無怨色。然則太甲雖見放，還殺伊尹，而猶以其子爲相也。此爲大與尚書敘説太甲事乖異，不知老叟之伏生或致昏忘，將此古書亦當時雜記，未足以取審也。爲其麤有益於左氏，故略記之，附集解之末焉。」

〔補正〕

後序内「乃申舒舊意」，「舒」當作「抒」；「無諸國别」下，葛氏永懷堂本有「也」字；「其卿士伊尹」，「其」當作「命」；「放太甲七年」，「放」葛本作「於」。丁傑曰：「按：晉書武帝紀作『咸寧五年』，束晳傳、荀勗穆天子傳、傅暢晉諸公讚、太公廟碑、東觀餘論、廣川書跋、金石録、中興書目、書史作『太康二年』；書咸有一德正義作『太康八年』；文獻通考作『太康六年』，俱與此序異。考王隱晉書束晳傳、房喬晉書律志、衛恒傳、隋書經籍志及淮海題跋並作『太康元年』，又與此序同。」（卷七，頁

---

① 「其卿士伊尹」，應依四庫薈要本、文淵閣四庫本、補正作「命卿士伊尹」。

② 「放太甲七年」，應依補正作「於太甲七年」。

九—十）

陸德明曰：「舊夫子之經與邱明之傳各異①，杜氏合而釋之，故曰經傳集解。」

〔補正〕

陸德明條内「與邱明之傳各異」，「異」當作「卷」。（卷七，頁十）

權德輿曰：「仲尼明周公之志而修經，邱明受仲尼之經而爲傳，元凱悦邱明之傳而爲注。左氏有無經之傳，杜氏又錯傳分經，慮失其根本矣。」

晁公武曰：「晉杜預元凱集劉子駿、賈景伯父子、許惠卿、潁子嚴之注，分經之年與傳之年相附，故題曰經傳集解，其發明甚多，古今稱之。然其弊則棄經信傳，如：成公十②三年麻隧之戰，傳載秦敗績而經不書，以爲晉直秦曲，則韓役書戰，時公在師，復不須告，克獲有功，亦無所諱，於左傳之例皆不合，不曰傳之謬，而猥稱經文闕漏，其尤甚者至如此。」

鄭樵曰：「杜預解左氏，顔師古解漢書，所以得忠臣之名者，以其盡之矣。左氏未經杜氏之前，凡幾家；一經杜氏之後，後人不能措一辭。漢書未經顔氏之前，凡幾家；一經顔氏之後，後人不能易其説。縱有措辭易説之者，如朝月曉星，不能有其明也；如此之人，方可以解經。苟爲文言多，而經旨不見；文言簡，而經旨有遺；自我説之後，後人復有説者，皆非箋釋之手也。傳注之學起，惟此二人其殆

① 「與邱明之傳各異」，應依四庫薈要本、文淵閣四庫本、補正作「與邱明之傳各卷」。

② 「十」，文津閣四庫本誤作「之」。

庶幾乎！其故何哉①？古人之言所以難明者，非爲書之理意難明也，實爲書之事物難明也；非爲古人之文言難明也，實爲古人之文言有不通於今者之難明也。能明乎爾雅之所作，則可以知箋注之所當然；不明乎爾雅之所作，則不識箋注之旨歸也。善乎二子之通爾雅也。顔氏所通者訓詁，杜氏所通者星曆、地理。當其顔氏之理訓詁也，如與古人對談；當其杜氏之理星曆、地理也，如羲、和之步天，如禹之行水。然亦有所短，杜氏則不識蟲魚鳥獸草木之名，顔氏則不識天文地理。孔子曰：『知之爲知之，不知爲不知，是知也。』杜氏於星曆、地理之言，無不極其致；至於蟲魚鳥獸草木之名，則引爾雅以釋之；顔氏於訓詁之言甚暢，至於天文、地理則闕略焉，此爲不知爲不知也。其他紛紛是何爲者？釋是何經？明是何學？」

朱子曰：「杜預左傳解，不看經文，亦自成一書；鄭箋不識經大旨，故多隨句解。」

葉適曰：「杜氏於左傳用力深久，能使後世淺俗野誕之説十去七八，始學者由此而進，所造益深，則於春秋大義差不遠矣。」

陳振孫曰：「其述作之意，序文詳之矣。專修邱明之傳以釋經，後世以爲左氏忠臣者也。其弊或棄經而信傳，於傳則忠矣，如經何？」

黄澤曰：「杜元凱説春秋，雖曲從左氏，多有背違經旨處，然穿鑿處卻少。」又曰：「元凱專修邱明之傳以釋經，此於春秋最爲有功，但左氏有錯誤處必須力加辨明，庶不悖違經旨，此所謂愛而知其惡，

---

①「其故何哉」，文淵閣四庫本誤作「其何故哉」。

而杜氏乃一切曲從，此其蔽也。」又曰：「推變例以正褒貶，信二傳而去異端，此杜元凱所得，可以爲法。」

春秋世譜通志作「小公子譜」。

宋志：「七卷。」通志：「六卷。」

佚。

春秋釋例

隋志：「十五卷。」

未見。

〔補正〕

劉蕡序曰：「聖人文乎魯史，志乎周道，筆削隱顯，有權有義，一正乎周制而已。權焉，故有諱國惡、避世禍、矯事以變文也；義焉，故有例典禮、貶僭亂、尊王以行法也。彰明五始，上稟班朔，布象之本，則公旦禮經、列國群史，悉得書之矣。詳略一字，下救衰俗、強臣之漸，則仲尼志蘊，異代鮮克究其極焉。有晉大儒杜預，皓首春秋，深明權義，乃謂學者未可與權，必先講義；義之通明槩有宗本，舉一則推萬可知，討源則衆流畢會，是以禮經言凡者，謂其統之有宗也。志在可例者，謂其會之有元也。厥初寄辭史法，假蹟霸政，其事著於桓、文，其道窮於魯、衛。且諸侯專而宗周微，三家盛而公室削，道不克振，事得以書，由是立經舉元，後世非以例義求之，則莫能一而貫也。范甯有言：左氏失誣，公羊失俗，穀梁失短。斯皆謂偏執空文而昧乎變例者也。夫然釋例之作，宗本於舊章，非元凱獨斷而然也；實包括三傳，同歸於聖經之奧與？且曰八公書即位而四公發傳，雖以『不書』、『不稱』爲文，其義則一也。昭、定、哀莬皆不書，公言權在三家也。襄公在楚，每月以不朝告於廟，特於正月釋之者，人理所自新也。諸侯雖有九伐之法，必稟命於天子，可以執，不可輒殺也。考之數條，足以見天曆、人謀相與用舍，一權一義始終詳焉。始於平王東遷，謂魯秉周禮，尚可興之乎？終於哀公西狩，謂叔孫專政，魯其不可爲矣。嗚呼！夾谷之後，使仲田毀三桓城，收其甲兵，不克；孔子之衛，至十一年，自衛反魯，聖經修成；後二年，泰山其頹，三桓勝魯，聖人斯文於是乎掃地矣。漢興，帝制立賢良文學之士，率以春秋治天下；晉主中國，元凱以春秋爲安危，故述兹凡例，意欲安中國而御四夷，釋權義以正禮經，後儒有以知可例者文也，可釋者志也。善言春秋者，不以文害志，故志定而後斷物；得其斷，則例可得焉。例可忘焉？故序。」劉蕡序，按：是書久佚，惟永樂大典中尚存三十篇，並存唐劉蕡原序，今補録於此。（卷七，頁十一—十二）

〔校記〕

四庫有輯大典本十五卷。（春秋，頁四五）

摯虞曰：「左邱明本爲春秋作傳，而左傳遂自孤行；釋例本爲傳設，而所發明何但左傳，故亦孤行。」

崇文總目：「凡五十三例。」

黄澤曰：「杜元凱作春秋經傳集解之外，自有釋例一部，凡地名之類，靡不皆有，此自前代經師遞相傳授，所以可信。」

晁公武曰：「晉杜預撰①，凡四十部，集左傳諸例及地名、譜第、曆數，皆顯其同異，從而釋之，發明尤多。昔人稱預爲左氏忠臣，而預自以爲有傳癖，觀此尤信。」

陳振孫曰：「唐劉蕡爲之序。」

吴萊後序曰：「春秋左氏，漢初本無傳者，劉子駿始建明之，欲立學官，諸儒莫應，然傳之者亦已衆多，賈景伯、服子慎並爲訓解。及晉，而杜元凱又作經傳集解三十卷，釋例四十卷，且歷詆劉、賈之違，獨不言服氏，豈或不見服氏書乎？亦不應不見也。世族譜本之劉向世本，地志本之泰始郡國圖，長歷本之劉洪乾象歷，世多言其天文、星歷爲長；然説經多依違以就傳，似不得爲左氏忠臣者。南北分裂，館陶、趙世業家有服氏春秋，是晉永嘉舊寫，華陰徐生往讀之，遂撰春秋義章以教學者，是永嘉時，猶未尚杜氏。青州刺史杜坦及其弟驥世傳其業，故齊地亦多習之。坦，元凱之玄孫也。姚文安、秦道静初亦學服氏，後更兼講杜説；劉蘭、張君貴②之徒則又隱括兩家同異，義例無窮。嗚呼！漢初習經者專門，而今河洛習傳者宗服子慎，江左尚杜元凱矣。晉劉兆始取公、穀及左氏説，作春秋調人，而今蘭、吾貴又會服、杜之説矣，聖人之道不自是而愈散哉？自唐孔穎達春秋正義一用杜氏，非徒劉、賈之説不

① 「撰」，文淵閣四庫本作「傳」。
② 「張君貴」，依四庫諸本應作「張吾貴」。

存，服義亦不盡見，固不若兩存之，以見服、杜之爲孰愈也。今釋例具在，有劉蕡序：蕡，太和中對賢良策，譏切人主，斥罵宦者，文極激學，一本春秋，與漢董生天人三策相爲上下，蕡亦自擬董生，且曰：『昔董仲舒爲漢武帝言之未盡者，今臣復爲陛下言之。』壯哉蕡乎！至爲此序，獨不類唐文之衰至此極矣。」

春秋左傳音

七録：「三卷。」

佚。

隋書：「梁有服虔、杜預音三卷。」

春秋左氏傳評

隋志：「二卷。」

佚。

春秋經傳長歷

佚。惟論存。

預自序曰：「書稱期三百六旬有六日，以閏月①定四時成歲，允釐百工，庶績咸熙。是以天子必置日官，諸侯必置日御，世修其業，以考其術。舉全數而言，故曰『六日』，其實五日四分之一日，日行一度，而月日行十三度十九分，度之有畸，日官當會集此之遲疾以考成。晦朔錯綜，以設閏月，閏月無中氣，而北斗邪指兩辰之閒，所以異於他月也。積此以相通，四時八節無違，乃得成歲，其微密至矣。得其精微②合天道，事叙而不悖，故傳曰：『閏以正時，時以作事，事以厚生，生民之道於是乎在。』然陰陽之運，隨動而差，差而不已，遂與曆錯；故仲尼、丘明每於朔閏發文，蓋矯正得失，因以宣明曆數也。桓十七年日食得朔，而史闕其日，單書朔；僖十五年日食，而史闕朔與日，故傳因其得失，並起時史之謬，兼以明其餘日食或曆失其正也；莊二十五年，經書『六月辛未朔，日有食之，鼓用牲于社。』周之六月，夏之四月，所謂正陽之月也；而時曆誤，實是七月之朔，非六月，故傳云③『非常也。』惟正月之朔慝未作日有食之，於是乎有④用幣于社，伐鼓於朝，此非用幣、伐鼓常月，因變而起，曆誤也。文十五年經文皆同，而更復發傳曰『非禮』，明前傳欲以審正陽之月，後傳發例欲以明諸侯之禮也。此乃聖賢之微旨，先儒所未喻也。昭十七年夏，六月，日有食之，而平子言非正陽之月，以誣一朝，近於指鹿爲馬，故傳曰『不君』，君且因以明，此月爲得天正也。劉子駿造三統曆以修春秋；春秋日食有甲、乙者三十四，而三

---

① 「閏月」，文淵閣四庫本誤作「潤月」。
② 「得其精微」下，應依補正、四庫諸本補「以」字。
③ 「云」，當據補正作「曰」。
④ 「有」，據補正當删。

統曆惟一食曆術比諸家既最疏，又六千①餘歲輒益一日，凡歲當累日爲次，而無故益之，此不可行之甚者；班固先代名儒，而謂之最密，非徒班固也，自古以來，諸論春秋者多述謬誤，或造家術，或用黄帝以來諸曆以推經傳朔日，皆不得諧合日食于朔，此乃天驗。經、傳又書其朔食可謂得天，而劉、賈諸儒説皆以爲月二日或三日，公違聖人明文，其蔽在於守一元不與天消息也。余感春秋之事，嘗著曆論，極言曆之通理，其大指曰：天行不息，日月星辰各運其舍，皆動物也。物動則不一，雖行度大量可得而限，累日爲月，以新故相序，不得不有毫毛之差，此自然理也。故春秋日有頻月而食者、曠年不食者，理不得一而算守恆數，故曆無不有差失也。始失于毫毛，而尚未可覺；積而成多，以失弦望朔晦，則不得不改憲以從之，書所謂『欽若昊天，曆象日月星辰』，易所謂『治曆明時』，言當順天以求合，非爲合以驗天者也。推此論之，春秋二百餘年，其治曆變通多矣，雖數術絶滅，還尋經傳微旨大量，可知時之違謬，則經傳有驗。學者固當曲循經、傳月日、日食②以考晦朔也，以推時驗；而皆不然，各據其學以推春秋，此無異度己之跡而欲削他人之足也。余爲曆論之後，至咸寧中，善算李修、夏顯依論體爲術，名乾度曆表，上朝廷，其術合日行四分之數而微增，月行用三百歲改憲之意，二元相推七十餘歲，承以强弱，强弱之差蓋少而適足以遠通盈縮。時尚書及史官以乾度與太始曆參校古今記注，乾度曆殊勝。今其術具存，時又并考古今十曆，以驗春秋，知三統曆之最疏也。今具列其時、得失之數，又據經、傳微旨證據及

① 「六千」，當據補正作「六百」。
② 「日食」，據補正當作「日之食」。

失閏旨，考日辰朔晦，以相發明，爲經傳長曆，諸經、傳證據及失閏時文字謬誤皆甄發之，雖未必其得天，蓋春秋當時之曆也，學者覽焉。」

〔補正〕

自序内「得其精微合天道」，「微」下脱「以」字；「故傳云『非常也』」，「云」本作「曰」；「于是乎有用幣」，「有」字當删；「又六千餘歲」，「千」當作「百」；「日食以考晦朔也」，「日」下脱「之」字。按：長曆即釋例中之一篇，不必另出書名也。（卷七，頁十二）

經義考卷一百七十四

春秋七

劉氏寔①**春秋條例**

隋志：「十一卷。」

佚。

左氏牒例

唐志：「二十卷。」

佚。

---

①「寔」，文淵閣四庫本作「實」，以下皆同。

晉書：「劉寔，字子真，平原高唐人。泰始初少府；咸寧中，轉尚書；元康九年，策拜司空；懷帝即位，授太尉。自少及老，篤學不倦，尤精三傳。正公羊①以爲衛輒不應辭以王父命、祭仲失爲臣之節，舉此二端，以明臣子之體，遂行於世。又撰春秋條例二十卷。」

〔補正〕

晉書條內「尤精三傳，正公羊」，「正」上脱「辨」字。（卷七，頁十二）

春秋公羊達義 唐志「達」作「違」。

七録：「三卷。」

佚。

集解春秋序

隋志：「一卷。」

佚。

①「正公羊」，應依四庫薈要本、補正作「辨正公羊」。文淵閣四庫本「辨」字作「辯」。

氾氏毓**春秋釋疑**

佚。

晉書：「氾毓，字稚春，濟北盧人。武帝召補南陽王文學祕書郎、太傅、參軍，並不就。於時青土隱逸之士劉兆、徐苗等皆務教授，惟毓不蓄門人，清淨自守。時有好古慕德者諮詢，亦傾懷開誘，以一隅①示之，合三傳爲之解注。撰春秋釋疑、肉刑論，凡所述造，七萬餘言。」

〔補正〕

晉書條內「以一隅示之」，「一」當作「三」。（卷七，頁十二）

劉氏兆**春秋公羊穀梁傳解詁**

隋志：「十二卷。」

佚。

〔校記〕

馬國翰有輯本。（春秋，頁四六）

① 「一隅」，應依補正、四庫薈要本、文淵閣四庫本作「三隅」。

春秋三家集解

唐志：「十一卷。」

佚。

春秋左氏全綜

佚。

春秋調人

佚。

晉書：「劉兆，字延世，濟南東平人。博學洽聞，温篤善誘，從受業者數千人。武帝時，五辟公府三徵博士，皆不就。潛心著述，不出門庭數十年。以春秋一經而三家殊塗，諸儒是非之議紛然，互爲讎敵，乃思三家之異合而通之，周禮有調人之官，作春秋調人七萬餘言，皆論其首尾，使大義無乖；時有不合者，舉其長短以通之。又爲春秋左氏解，名曰『全綜』；公羊穀梁解詁皆納經、傳中，朱書以別之。」

王氏接**公羊春秋注**

佚。

晉書：「王接，字祖遊，河東猗氏人。永寧初，舉秀才，除中郎。接學雖博通，特精禮傳，嘗謂：左氏辭義贍富，自是一家書，不主爲經發；公羊附經立傳，經所不書，傳不妄起，於文爲儉，通經爲長，任城何休訓釋甚詳，而黜周、王魯，大體乖硋，且志通公羊，而往往還爲公羊疾病。接乃更注公羊春秋，多有新義。」

王氏愆期**注春秋公羊經傳**

隋志：「十三卷。」唐志：「十二卷。」

佚。

晉書：「接長子愆期，流寓江南，緣父本意，更注公羊。」

陸德明曰：「愆期，字門子，河東人，東晉散騎常侍辰陽伯。」

公羊難答論

七録：「二卷。」唐志：「一卷。」

隋書：「晉車騎將軍庾翼問，王愆期答。」

王氏長文**春秋三傳**

佚。

華陽國志：「王長文，字德儁，廣漢郪人。察孝廉，不就，後拜蜀郡太守。以爲春秋三傳傳經不同，每生訟議，乃據經摭傳，著春秋三傳十二篇。」

〔補正〕

華陽國志：「王長文，字德儁。」按：晉書王長文傳作「字德叡」。（卷七，頁十二）

張氏靖 穀梁傳注

隋志：「十卷。」佚。

隋書：「晉堂邑太守。」

江氏熙 公羊穀梁二傳評

唐志：「三卷。」佚。

〔校記〕

馬國翰有輯本。（春秋，頁四六）

徐氏乾**春秋穀梁傳注**

七録：「十三卷。」

佚。

〔校記〕

馬國翰有輯本。（春秋，頁四六）

陸德明曰：「乾，字文祚，東莞人，東晉給事中。」

孔氏衍**春秋穀梁傳**唐志作「訓注」。

隋志：「十四卷。」唐志：「十三卷。」

佚。

春秋公羊傳集解

七録：「十四卷。」

佚。

晉書：「孔衍，字舒元，魯國人，孔子二十二世孫。中興初，補中書郎，領太子中庶子，出爲廣陵相①。」

〔補正〕

晉書條內「出爲廣陵相」，「相」當作「郡」。（卷七，頁十二）

程氏闡**春秋經傳集注**隋志作「春秋穀梁傳」。

唐志：「十六卷。」

佚。

胡氏訥**春秋穀梁傳集解**

七録：「十卷。」

佚。

春秋三傳評

隋志：「十卷。」

佚。

---

① 「廣陵相」，應依補正、四庫薈要本、文淵閣四庫本作「廣陵郡」。

春秋集三師難

七録：「三卷。」

佚。

春秋集三傳經解

七録：「十卷。」唐志：「十一卷。」

佚。

劉氏瑶**穀梁傳注**

佚。

范氏甯**春秋穀梁傳集解**

隋志：「十二卷。」

存。

晉書：「甯，字武子，解褐爲餘杭令，遷臨淮太守，徵拜中書侍郎，補豫章太守。甯以春秋穀梁氏未有善釋，遂沈思積年，爲之集解。其義精審，爲世所重，既而徐邈復爲之注，世亦稱之。」

甯自序曰：「昔周道衰陵，乾綱絶紐，禮壞樂崩，彝倫攸斁，弑逆簒盜者國有，淫縱破義者比肩，是以妖災因釁而作，民俗染化而遷，陰陽爲之愆度，七曜爲之盈縮，川岳爲之崩竭，鬼神爲之疵厲。故父子之恩缺，則小弁之刺作；君臣之禮廢，則桑扈之諷興；夫婦之道絶，則谷風之篇奏；骨肉之親離，則角弓之怨彰；君子之路塞，則白駒之詩賦。天垂象，見吉凶，聖作訓，紀成敗，欲人君戒慎厥行，增修厥德①。蓋誨爾諄諄，聽我藐藐，履霜堅冰，所由者漸，四夷交侵，華戎同貫。幽王以暴虐見禍，平王以微弱東遷，征伐不由天子之命，號令出自權臣之門；故兩觀表而臣禮亡，朱干設而君權喪。下陵上替，僭逼理極，天下板蕩，王道盡矣。孔子觀滄海之横流，迺喟然而歎曰：『文王既没，文不在兹乎？』言文王之道喪，興之者在己。於是就太師而正雅、頌，因魯史而修春秋，列黍離於國風，齊王德於邦君，所以明其不能復雅，政化不足以被群后也。於時則接乎隱公，故因兹以託始。該二儀之化育，贊人道之幽變，舉得失以彰黜陟，明成敗以著勸誡，拯頹綱以繼三五，鼓芳風以扇遊塵。一字之褒，寵踰華衮之贈；片言之貶，辱過市朝之撻。德之所助，雖賤必申；義之所抑，雖貴必屈。故附勢②匿非者，無所逃其罪；潛德獨運者，無所隱其名，信不易之宏規，百王之通典也。先王之道既弘，麟感化而來應，因事備而終篇③，故絶筆於斯年。成天下之事業，定天下之邪正，莫善於春秋。春秋之傳有三，而爲經之旨一，臧否

① 「增修厥德」，應依補正、四庫薈要本、文淵閣四庫本作「增修德政」。
② 「勢」，文淵閣四庫本誤作「世」。
③ 「麟感化而來應，因事備而終篇」，文淵閣四庫本誤作「麟感化而來，因應事備而終篇」。

不同，褒貶殊致，蓋九流分而微言隱，異端作而大義乖。左氏以鬻拳兵諫爲愛君，文公納幣爲用禮；穀梁以衛輒拒父爲尊祖，不納子糾爲内惡；公羊以蔡仲①廢君爲行權，妾母稱夫人爲合正。以兵諫爲愛君，是人主可得而脅也；以納幣爲用禮，是居喪可得而婚也；以拒父爲尊祖，是爲子可得而叛也；以不納子糾爲内惡，是仇讎可得而容也；以廢君爲行權，是神器可得而闚也；以妾母爲夫人，是嫡庶可得而齊也。若此之類，傷教害義，不可得②強通者也。凡傳以通經爲主，經以必當爲理。夫至當無二，而三傳殊説，庸得不棄其所滯，擇善而從乎？既不俱當，則固容俱失。若至言幽絶，擇善靡從，庸得不並舍以求宗，據理以通經乎？雖我之所是，理未全當，安可以得當之難而自絶於希通哉？而漢興以來，瓌望碩儒各信所習，是非紛錯，準裁靡定，故有父子異同之論、石渠分争之説，廢興由於好惡，盛衰繼之辨訥，斯蓋非通方之至理，誠君子之所歎息也。左氏豔而富，其失也誣③；穀梁清而婉，其失也短；公羊辨而裁，其失也俗。若能富而不誣④，清而不短，裁而不俗，則深於其道者也。故君子之於春秋，没身而已矣。升平之末，歲次大梁，先君北藩回軫，頓駕於吴，乃帥門生、故吏、我兄弟子姪研講六籍，次及三傳；左氏則有服、杜⑤之注，公羊則有何、嚴之訓釋；穀梁傳者雖近十家，皆膚淺末學，不經師匠，辭理典據既無可觀，又引左氏、公羊以解此傳，文義違反，斯害也已。於是乃商略名例，敷陳疑滯，博示

①「公羊以蔡仲」，應依補正、四庫薈要本、文淵閣四庫本作「公羊以祭仲」。
② 文淵閣四庫本無「得」字。
③④「其失也誣」、「富而不誣」，「誣」皆當據補正、四庫薈要本、文淵閣四庫本作「巫」。
⑤「服、杜」，文津閣四庫本作「杜、服」。

諸儒同異之說。昊天不弔，泰山其頽，匍匐墓次，死亡無日，日月逾邁，跂及視息。乃與二三學士及諸子弟各記所識，并言其意。業未及終，嚴霜夏墜，從弟凋落，二子泯没。天實喪予，何痛如之？今撰諸子之言，各記其姓名，名曰春秋穀梁集解。」

〔補正〕

自序内「增修厥德」，當作「增修德政」；「公羊以蔡仲」，「蔡」當作「祭」；「其失也誣」、「富而不誣」，「誣」皆當作「巫」。（卷七，頁十三）

王通曰：「范甯有志於春秋，徵聖經而詰衆傳。」

楊士勛曰：「魏晉以來，注公、穀①者有尹更始、唐固、麋信、孔衍②、江熙、程闡、徐仙民、徐乾、劉瑶、胡訥之等，甯以傳者雖多，妄引三傳，辭理典據不足可觀，故與門徒商略名例，博示③同異。」

〔補正〕

楊士勛條内「注公、穀者」，「公、穀」當作「穀梁」；「孔衍」當作「孔演」。按：此條下引王應麟説，於楊士勛所舉十家外增多段肅、張靖二家。（卷七，頁十三）

晁説之曰：「穀梁晚出於漢，因得監省左氏、公羊之違畔而正之。其精深遠大者，真得子夏之所傳

① 「公、穀」，應依四庫薈要本、文淵閣四庫本、補正作「穀梁」。
② 「孔衍」，應依補正作「孔演」。
③ 「示」，文淵閣四庫本作「士」。

與？范甯又因諸儒而博辨之，申穀梁之志也。其於是非亦少公矣，非若杜征南一切申傳，汲汲然不敢異同也。」

王晳曰：「自漢崇學校，三傳迭興，以賈誼之才，仲舒之文，向、歆之學，猶溺於師說，不能會通，況其餘哉？其專窮師學，以自成一家者，則何氏、杜氏、范氏而已。何氏則譸張讆說，杜氏則膠固傳文；其稍自覺悟者，惟范氏爾。」

晁公武曰：「自漢魏以來，穀梁注解有尹更始、唐固、麋信、孔衍、江熙等十數家，而范甯皆以爲膚淺，於是帥其長子泰、中子雍、小子凱、從弟邵及門生、故吏，商略名例，博採諸儒同異之說，成其父汪之志。嘗謂：三傳之學，穀梁所得最多，諸家之解，范甯之論最善。」

陳振孫曰：「晉豫章太守順陽范甯武子撰。甯嘗謂王、何之罪深於桀、紂，著論以排之。以春秋惟穀梁氏無善釋，故爲之注解，其序云：『升平之末，先君稅駕於吳，帥門生、故吏、兄弟、子姪研講六籍三傳。』蓋甯父汪爲徐、兗二州，北伐失利，屏居吳郡時也。汪没之後，始成此書。所集諸家之說，皆記姓名，其稱『何休曰』及『鄭君釋之』者，即所謂發墨守、起廢疾也；稱『邵曰』者，甯從弟也；稱『泰曰』、『雍曰』、『凱曰』者，其諸子也。汪，范晷之孫，晷在良吏傳。自晷至泰五世，皆顯於時。甯父子祖孫同訓釋經傳，行於後世，可謂盛矣。泰之子曄①，亦著後漢書以不軌誅死，其家始亡。」

黃震曰：「杜預注左氏，獨主左氏；何休注公羊，獨主公羊；惟范甯不私於穀梁，而公言三家

① 「曄」，文津閣四庫本避作「煜」。

之失。」

王應麟曰：「穀梁先有尹更始、唐固、麋信、孔衍、江熙、段肅、張靖等十餘家，范甯以爲膚淺，乃商略名例，爲集解十二卷，例一卷。蓋杜預屈經以申傳，何休引緯以汩經，惟甯之學最善。」

家鉉翁曰：「何休治公羊傳外，多生支節，失公羊之本旨；若范甯治穀梁，能知穀梁之非，視休爲長。」

春秋穀梁傳例

隋志：「一卷。」

佚。

〔校記〕

黃奭有輯本。（春秋，頁四六）

京相氏璠春秋土地名

隋志：「三卷。」

佚。

〔校記〕

黃奭有輯本，馬國翰亦有春秋土地名輯本。（春秋，頁四六）

隋書：「晉裴秀客。」

酈道元曰：「京相璠與裴司空彥季修晉輿地圖，作春秋地名。」

鄭樵曰：「京相璠春秋土地名，見於杜預地名譜、桑欽水經注。」

孫氏毓**春秋左氏傳義注**

隋志：「十八卷。」唐志：「三十卷。」釋文序錄：「二十八卷。」

佚。

〔校記〕

馬國翰有輯本。（春秋，頁四六）

春秋左氏傳賈服異同略

隋志：「五卷。」

佚。

徐氏邈**春秋左氏傳音**

隋志：「三卷。」唐志：「一卷。」

佚。

〔校記〕

馬國翰有輯本。（春秋，頁四六）

春秋穀梁傳注

隋志：「十二卷。」

佚。

答春秋穀梁義

隋志：「三卷。」

佚。

春秋穀梁傳義

隋志：「十卷。」

佚。

〔校記〕

馬國翰有輯本。（春秋，頁四六）

晉書：「徐邈注穀梁傳，見重於時。」

荀氏訥**春秋左氏傳音**

七録：「四卷。」

佚。

陸德明曰：「訥，字世言，新蔡人，東晉尚書左民郎。」

李氏軌**春秋左氏傳音**

隋志：「三卷。」

佚。

春秋公羊傳音

七録：「一卷。」

佚。

方氏範**春秋經例**

隋志：「十二卷。」唐志：「六卷。」

佚。

殷氏興**春秋釋滯**

七録：「十卷。」

佚。

隋書：「晉尚書左丞殷興撰。」

虞氏溥**注春秋經傳**

佚。

晉書：「虞溥，字允源，高平昌邑人。郡察孝廉，除郎中，稍遷公車司馬令，除鄱陽内史，注春秋經傳。」

郭氏瑀**春秋墨説**

佚。

晉書：「郭瑀，字元瑜，敦煌人。精通經義，隱於臨松薤谷，鑿石窟而居，作春秋墨説、孝經錯緯，弟子著録千餘人。」

干氏寶**春秋左氏函傳義**舊唐書作「春秋義函傳」，新唐書作「春秋函傳」。

隋志：「十五卷。」唐志：「十六卷。」

佚。

〔校記〕

馬國翰有輯本。（春秋，頁四六）

春秋序論

隋志：「二卷。」唐志：「一卷。」

佚。

晉書：「寶爲春秋左氏義外傳。」

范氏堅**春秋釋難**

七録：「三卷。」

佚。

高氏龍**春秋公羊傳注**新、舊唐志「龍」作「襲」，「傳注」作「傳記」。

七録：「十二卷。」

佚。

陸德明曰：「字文□①，范陽人，東晉河南太守。」

江氏惇**春秋公羊傳音**

七録：「一卷。」②

佚。

聶氏熊**注穀梁春秋**

佚。

晉書：「國子祭酒聶熊注穀梁春秋，列於學官。」③

---

① 四庫薈要本、文淵閣四庫本於空格處注「闕」。
② 文津閣四庫本脱「隋志二卷」至「七録一卷」等文。
③ 文津閣四庫本脱「佚」至「列於學官」等文。

〔補正〕

晉書：「國子祭酒聶熊注穀梁春秋列於學官。」案：此在石虎建武九年。（卷七，頁十三）

黄氏容**左傳抄**

佚。

華陽國志：「蜀郡太守巴西黄容好述作，著左傳抄數十年。」

薄氏叔玄**問穀梁義**

隋志：「二卷。」七録：「四卷。」

佚。

經義考卷一百七十五

春秋八

謝氏莊**春秋圖**

佚。

南史：「謝莊分左氏經傳，隨國立篇製，木方丈圖山川土地，各有分理，離之則州郡殊別，合之則寓內爲一。」

何氏始真**春秋左氏區別**

隋志：「三十卷。」

佚。

隋書：「宋尚書功論郎。」

齊晉安王蕭子懋**春秋例苑**

三十卷。

佚。

南齊書：「晉安王子懋，字雲昌，世祖第七子，撰春秋例苑三十卷，奏之。世祖嘉之，敕付祕閣。」

王氏儉**春秋音**

唐志：「三卷。」

佚。

杜氏乾光**春秋釋例引序**

七録：「一卷。」

佚。

隋書：「齊正員郎。」

王氏延之**春秋旨通**

隋志：「十卷。」

佚。

春秋左氏經傳通解

隋志：「四卷。」

佚。

南史：「延之，字希季，仕宋，爲司徒、左長史，歷吏部尚書左僕射。齊建元元年，進號鎮南將軍，後爲尚書左僕射，領竟陵王師。」

吴氏略**春秋經傳説例疑隱**

七録：「一卷。」

佚。

梁簡文帝左氏傳例苑

唐志：「十八卷。」隋志不著簡文帝，作「十九卷。」

佚。

春秋發題

七録：「一卷。」

佚。

春秋左氏圖

通志：「十卷。」

佚。

劉氏之遴春秋大意、左氏、三傳同異

佚。

梁書：「劉之遴，字思貞，南陽涅陽人。起家寧朔主簿，累遷中書侍郎兼中書舍人，出爲南郡太守，久之，爲太府卿都官、尚書太常卿。之遴好屬文，多學古體，與河東裴子野、沛國劉顯常共討論書籍。是時周易、尚書、禮記、毛詩並有高祖義疏，惟左氏傳尚闕之，遴乃著春秋大意十科、左氏十科、三傳同異十科，合三十事以上之。高祖大悦，詔答之，曰：『省所撰春秋義比事論書辭微旨遠，編年之教，言闡義繁，邱明傳洙泗之風；公羊稟西河之學，鐸、椒之解不追，瑕邱之説無取，繼踵胡毋、仲舒云盛。因修公、穀①，千秋最篤；張蒼之傳左氏，賈誼之襲荀卿，源本分鑣，指歸殊致，詳略紛然，其來舊矣。昔在弱

① 「因修公、穀」，應依補正、四庫薈要本、文淵閣四庫本作「因修穀梁」。

年，乃經研味①，一從遺置，迄將五紀，兼晚冬晷促，機事罕暇，夜分求衣，未遑搜括，須待夏景試取，推尋若温，故可求別酬所問也。』」

〔補正〕

梁書條内，「因修公、穀」當作「穀梁」；「乃經研味」，「乃」當作「久」。（卷七，頁十三）

沈氏宏**春秋五辨**

隋志：「二卷。」

佚。

隋書：「梁五經博士。」

春秋經傳解

唐志：「六卷。」

佚。

春秋文苑

隋志：「六卷。」

① 「乃經研味」，應依補正、四庫薈要本作「久經研味」。

佚。

春秋嘉語

隋志：「六卷。」

未見。

崔氏靈恩**春秋經傳解**

隋志：「六卷。」

佚。

春秋申先儒傳論唐志「論」作「例」。

隋志：「十卷。」

佚。

春秋左氏傳立義

隋志：「十卷。」

佚。

春秋序

隋志：「一卷。」

佚。

南史：「靈恩先習左傳服解，不爲江東所行，乃改說杜義，每文句常申服以難杜，遂著左氏條議以明之。時助教虞僧誕又精杜學，因作申杜難服以答靈恩，世並傳焉。靈恩左氏經傳義二十二卷、左氏條例十卷、公羊穀梁文句義十卷。」

田氏元休**春秋序**

隋志：「一卷。」

佚。

賀氏道養**春秋序**

隋志：「一卷。」

佚。

沈氏文阿**春秋左氏經傳義略**釋文作「義疏」。

隋志：「二十五卷。」唐志：「二十七卷。」

佚。

〔校記〕

馬國翰有輯本。（春秋，頁四六）

南史：「文阿，字國衛，吳興武康人。通三禮、三傳，位五經博士，尋遷通直散騎常侍兼國子博士，所撰儀禮八十餘條，春秋、禮記、孝經、論語義①七十餘卷、經典大義十八卷，並行於時也②。」

〔補正〕

南史條内「孝經、論語義」，「義」下當補「記」字。按：文阿，沈峻之子。（卷七，頁十三）

陸德明曰：「文阿撰春秋義疏，闕下帙，王元規續成之。」

張氏沖**春秋義略**

隋志：「三十卷。」

---

①「孝經、論語義」，應依補正、四庫薈要本、文淵閣四庫本作「孝經、論語義記」。

②四庫薈要本、文淵閣四庫本無「也」字。

佚。

隋書：「陳右軍將軍。」

北史：「張沖，字叔玄，吴郡人，仕陳，爲左中郎將，非其好也，乃覃思經典，撰春秋義略，異於杜氏七十餘事。」

賈氏思同**春秋傳駮**

十卷。

佚。

〔校記〕

馬國翰有輯本。（春秋，頁四六）

北史：「賈思伯，字仕休，齊郡益都人。弟思同，字仕明，爲侍講，授静帝杜氏春秋，加散騎常侍兼七兵尚書，尋拜侍中，卒謚文獻。思同之侍講也，國子博士遼西衛冀隆精服氏學，上書難杜氏春秋六十三事，思同復駮冀隆乖錯者一十餘條，互見是非①，積成十卷。詔下國學，集諸儒考之，事未竟而思同卒。後魏郡姚文安、樂陵秦道静復述思同意；冀隆亦尋物故，浮陽劉休和又持冀隆説，竟未能裁正。」

---

① 「互見是非」，應依補正、四庫本作「互相是非」。

〔補正〕

北史條内「互見是非」，「見」當作「相。」（卷七，頁十三）

潘氏淑虔①**春秋經合三傳**唐志作「三傳通論」。

〔補正〕

按：隋志、新、舊唐志皆作潘叔度，此從北史。（卷七，頁十三）

隋志：「十卷。」

佚。

春秋成套②唐志作「集」。

〔補正〕

「套」當改「奪」。（卷七，頁十四）

隋志：「十卷。」

佚。

---

① 「淑虔」，四庫諸本、備要本作「叔虔」，據補正或作「淑度」。

② 「春秋成套」，據補正當作「春秋成奪」。

北史：「河北諸儒能通春秋者，張買奴、馬敬德、刑峙、張思伯、張奉禮、張彫、劉晝、鮑長宣、王元則，並得服氏之精微；又有衞凱、陳達、潘叔虔亦爲通解；又有姚文安、秦道静初亦學服氏，後兼更講杜元凱所注。」

王氏元規**續春秋左氏傳義略**

隋志：「十卷。」

佚。

〔校記〕

馬國翰有輯本。（春秋，頁四六）

春秋發題辭、義記

十一卷。

佚。

左傳音

唐志：「三卷。」

佚。

南史：「王元規，字正範，太原晉陽人。少從吴興沈文阿受業，通春秋、左氏、孝經、論語、喪服。仕梁，位宣城王記室參軍，陳後主在東宮引爲學士，俄除尚書祠部郎。自梁代諸儒相傳爲左氏學者，皆以賈逵、服虔之義難駮杜預，凡一百八十條，元規引證通析，無復疑滯，著春秋發題辭及義記十一卷、左傳音三卷。」

辛氏子馥**春秋三傳總**

佚。

册府元龜：「辛子馥爲尚書右丞，以三傳經同説異，遂總爲一部，傳注並出，校比短長，會亡，未就。」

劉氏獻之**春秋三傳略例**

三卷。

佚。

北史：「獻之每講左氏，盡隱公八年便止，云：『義例已了，不復講解。』由是弟子不能究竟其説。魏承喪亂之後，五經大義雖有師説，諸生多有疑滯，咸決於獻之，六藝之文雖不悉注，所撰宗旨①，頗異

① 「所撰宗旨」，應依補正、四庫薈要本、文淵閣四庫本作「所標宗旨」。

舊義，撰三傳略例三卷。」

〔補正〕

北史條内「所撰宗旨」，「撰」當作「標」。（卷七，頁十四）

徐氏遵明**春秋義章**

三十卷。

佚。

北史：「徐遵明，字子判，華陰人，知陽平館陶趙世業家有服氏春秋，是晉世永嘉舊寫，遵明乃往讀之，經數載，因手撰春秋義章爲三十卷。」

姚氏文安**左氏駮妄**

佚。

北史：「姚文安難服虔左傳解七十七條，名曰駮妄。」

李氏崇祖**左氏釋謬**

佚。

北史：「崇祖，字子述，申明服氏，名曰釋謬。」

李氏鉉**春秋二傳異同**

唐志：「十二卷。」

佚。

張氏思伯**左氏刊例**

十卷。

佚。

北史：「張思伯，河間樂城人。善説左氏傳，爲馬敬德之次，撰刊例十卷，位國子博士。」

樂氏遜**春秋序論**

佚。

春秋序義

佚。

北史：「樂遜，字尊賢①，河東猗氏人。開府儀同大將軍、東揚州刺史，著孝經、論語、毛詩、左氏春秋序論十餘篇，又著春秋序義。通賈、服説，發杜氏違，辭理並可觀。」

〔補正〕

北史條内「字尊賢」，「尊」當作「遵」。（卷七，頁十四）

〔補正〕

蘇氏寬左傳義疏

佚。

案：蘇氏此書，竹垞未載，當據孔穎達正義序補入。（卷七，頁十四）

辛氏德源**春秋三傳集注**

三十卷。

佚。

北史：「德源，字孝基，隴西狄道人。仕周，爲宣納上士。」

---

① 「尊賢」，應依補正、四庫薈要本、文淵閣四庫本作「遵賢」。

劉氏炫**春秋左傳杜預序集解**

隋志：「一卷。」

佚。

〔校記〕

黄奭有輯本。（春秋，頁四六）

春秋左氏傳述義

隋志：「四十卷。」唐志：「三十七①卷。」宋志：「述義略一卷。」

佚。

〔校記〕

馬國翰有輯本。（春秋，頁四六）

春秋攻昧

唐志：「十二卷。」本傳：「十卷。」

---

① 「三十七」，文津閣四庫本誤作「二十七」。

佚。

〔校記〕

馬國翰有輯本。（春秋，頁四六）

春秋規過

唐志：「三卷。」

佚。

〔校記〕

馬國翰有輯本。（春秋，頁四六）

春秋義囊

宋志：「二卷。」

佚。

顧氏啓期**大夫譜**

唐志：「十一卷。」隋志有春秋左氏諸大夫世譜十三卷，疑即是書。

佚。

崇文總目："不著撰人名氏，凡七卷。起黄帝至周見於春秋諸國世系，傳久稍失其次矣。按：隋、唐書目春秋大夫世族譜十三卷，顧啓期撰，而杜預釋例自有世族譜一卷，今書與釋例所載不同，而本或題云『杜預撰』者，非也。疑此乃啓期所撰云。"

晁公武曰："譜左氏諸國君臣世系，獨秦無世臣。"

鄭樵曰："有杜預春秋公子譜，無顧啓期大夫譜，可也。"

李氏謐**春秋叢林**

唐志："十二卷。"隋志不著姓氏。

佚。

册府元龜："李謐，涿郡人。鳩集諸經，廣校同異，比三傳事例，名春秋叢林十二卷。徵拜著作佐郎，辭以授弟郁。"

沈氏仲義**春秋穀梁傳集解**

唐志："十卷。"

未見。

蕭氏邕**穀梁傳義**

唐志：「三卷。」

佚。

孔氏春秋公羊傳集解

唐志：「十四卷。」

佚。

孔氏春秋穀梁傳指訓

七録：「十四卷。」隋志：「五卷。」

佚。

張、程、孫、劉穀梁傳四家集解

隋志：「四卷。」

佚。

按：四家集解當是張靖、程闡、孫毓、劉瑤。

亡名氏春秋左氏傳條例

隋志：「二十五卷。」

佚。

春秋義例

隋志：「十卷。」

佚。

春秋義林

隋志：「一卷。」

佚。

春秋大夫辭

隋志：「三卷。」

佚。

春秋辨證唐志作「辨證明經論」。

隋志：「六卷。」

佚。

春秋左氏義略

隋志：「八卷。」

佚。

春秋五十凡義疏

隋志：「二卷。」

佚。

春秋公羊穀梁二傳評

隋志：「三卷。」

佚。

左氏評
唐志：「二卷。」
佚。

左氏音
唐志：「十二卷。」
佚。

左氏鈔
唐志：「十卷。」
佚。

春秋辭苑
唐志：「五卷。」
佚。

春秋雜義難

唐志：「五卷。」

佚。

春秋井田記

佚。

史繩祖曰：「後漢循吏傳：『白首不入市井。』注引春秋井田記云：『井田之義有五：一曰無泄天時地氣；二曰無費一家；三曰同風俗；四曰合巧拙；五曰通財貨。因井爲市，交易而退，故稱市井也。』按：春秋井田記不見於他書，獨此引用，故表而出之。」

經義考卷一百七十六

春秋九

唐章懷太子賢**春秋要録**①

〔補正〕

杰按：舊唐志作春宫要録，此從新志；但新、舊書俱編入丙部儒家類，不入甲部春秋類，當以作春宫者爲正。朱檢討收入春秋，蓋承玉海之誤也。（卷七，頁十四）

唐志：「十卷。」

佚。

①「春秋要録」，應依補正作「春宫要録」。

陸氏德明**春秋釋文**

八卷。

存。

按：陸氏釋文左傳六卷，公羊、穀梁各一卷。

孔氏穎達等**春秋正義**

唐志：「三十六卷。」

〔校記〕

四庫本春秋左傳正義六十卷。（春秋，頁四七）

存。

穎達序曰：「夫春秋者，紀人君動作之務，是左史所職之書。王者統三才而宅九有，順四時而治萬物；四時序則玉燭調於上，三才協則寶命昌於下，故可以享國永年，令聞長世。然則有爲之務可不慎與？國之大事，在祀與戎；祀則必盡其敬，戎則不加無罪。盟會協於禮，興動順其節，失則貶其惡，得則褒其善，此春秋之大旨，爲皇王之明鑒也。若夫三始之目①，章於帝軒；六經之道，光於禮記，然則此

① 「三始之目」，應依四庫薈要本、補正作「五始之目」。

書之發其來尚矣。但年紀緜邈，無得而言，曁乎周室東遷，王綱不振，楚子北伐，神器將移。鄭伯敗王於前，晉侯請隧於後，竊僭名號者，何國不然？專行征伐者，諸侯皆是下陵上替，内叛外侵，九域騷然，三綱遂絶。夫子内韞大聖，逢時若此，欲垂之以法，則無位；正之以武，則無兵；賞之以利，則無財；説之以道，則不用。虚歎銜書之鳳，乃似喪家之狗，既不救於已往，冀垂訓於後昆，因魯史之有得失，據周經以正褒貶。一字所嘉，有同華袞之贈；一言所黜，無異蕭斧之誅。所謂不怒而人威，不賞而人勸，實永世而作則，歷百王而不朽者也。至於秦滅典籍，鴻猷遂寢，漢德既興，儒風不泯。其前漢傳左氏者，有張蒼、賈誼、尹咸、劉歆；後漢有鄭衆、賈逵、服虔、許惠卿之等，各爲詁訓。然雜取公羊、穀梁以釋左氏，此乃以冠雙屨，將絲綜麻，方鑿圓枘，其可入乎？晉世杜元凱又爲左氏集解，專取邱明之傳以釋孔氏之經，所謂子應乎母，以膠投漆，雖欲勿合，其可離乎？今校先儒優劣，杜爲甲矣。故晉、宋傳授以至於今，其爲義疏者，則有沈文阿、蘇寬、劉炫。然沈氏於義例粗可，於經、傳極疏，蘇氏則全不體本文，惟旁攻賈、服言，後之學者①，鑽仰無成；劉炫於數君之内，實爲翹楚，然聰慧辨博，固亦罕儔，而探賾鉤深，未能致遠，其經注易者，必具飾以文辭，其理致難者，乃不入其根節，又意在矜伐，性好非毁，規杜氏之失凡一百五十餘條，習杜義而攻杜氏，猶蠹生於木而還食其木，非其理也。雖規杜過，義又淺近，所謂捕鳴蟬於前，不知黄雀在其後。按：僖公三十三年經云：『晉人敗狄于箕。』杜注云：『郤缺稱人者，未爲卿。』劉炫規云：『晉侯稱人，與殽戰同。』按：殽戰在葬晉文公之前，可得云『背喪用兵，以賤

① 「惟旁攻賈、服言，後之學者」，應依補正、四庫薈要本、文淵閣四庫本作「惟旁攻賈、服，使後之學者」。

者告』;箕戰在葬晉文公之後,非是背喪用兵,何得云『與殺戰同』?此則一年之經,數行而已,曾不勘省上下,妄規得失。又襄公二十一年傳云:『邾庶其以漆閭邱來奔,以公姑姊妻之。』杜注云:『蓋寡者二人。』劉炫規云:『是襄公之姑、成公之姊,只一人而已。』按:成公二年,成公之子公衡爲質,及宋,逃歸。按家語本命云:『男子十六而化生。』公衡已能逃歸,則十六七矣。公衡之年如此,則於時成公三十三四矣,計至襄二十一年,成公七十餘矣,何得有姊而妻庶其?此等皆其事歷然,猶尚妄說,況其餘錯亂,良可悲矣。然比諸義疏,猶有可觀。今奉敕删定,據以爲本,其有疏漏,以沈氏補焉。若兩義俱違,則特申短見,雖課率庸鄙,仍不敢自專,謹與朝請大夫、國子博士臣谷那律、故四門博士臣楊士勛、四門博士臣朱長才等對共參定。至十六年,又奉敕與前修疏人及朝散大夫行大學①博士上騎都尉臣馬嘉運、朝散大夫行大學博士上騎都尉臣王德韶、給事郎守四門博士上騎都尉臣蘇德融、登仕郎守大學助教雲騎、尉臣隨德素等對敕,使趙弘智覆更詳審爲之。正義凡三十六卷,冀貽諸學者,以裨萬一焉。」

〔補正〕

穎達序内「若夫三始之目」,「三」當作「五」;「言後之學者」,「言」當作「使」。(卷七,頁十四)

崇文總目:「按:漢張蒼、賈誼、尹咸、鄭衆、賈逵皆爲詁訓,然參用公、穀二家,至晉杜預專治左氏,其後有沈文阿、蘇寬、劉炫皆據杜説。貞觀中,穎達據劉學而損益之;長孫無忌等又復損益,其書乃定;皇朝孔淮等奉詔是正。」

① 「大學」,四庫薈要本作「太學」。

中興書目：「穎達參劉、沈之說，兩義俱違，則斷以己意。」

晁公武曰：「自杜預專治左氏學，其後沈文阿、蘇寬、劉炫皆有①義疏，而炫性矜伐，雅好非毁，規杜氏之失一百五十餘事，義特淺近，然比諸家猶有可觀。今書據以爲本，其有疏漏，以沈氏補焉。」

陳振孫曰：「自晉、宋傳杜學，爲義疏者沈、蘇、劉。沈氏義例麤可，經、傳極疏；蘇氏不體本文，惟攻賈、服；劉氏好規杜失，比諸義疏，猶有可觀。」

楊氏士勛春秋穀梁傳疏

唐志：「十二卷。」

〔補正〕

案：舊唐書志作「十三卷」，今本作「二十卷。」（卷七，頁十四）

〔校記〕

四庫本春秋穀梁傳注疏廿卷。（春秋，頁四七）

存。

崇文總目：「唐國子四門助教楊士勛撰，皇朝邢昺等奉詔是正，令太學傳授。」

---

①「有」，備要本誤作「據」。

春秋公穀考異

宋志:「五卷。」

佚。

徐氏文遠左傳義疏

唐志:「六十卷。」

佚。

左傳音

唐志:「三卷。」

佚。

舊唐書:「徐文遠,洛州偃師人。博覽五經,尤精春秋左氏傳。大業初,爲太學博士,時人稱文遠之左氏、褚徽之禮、魯達之詩、陸德明之易,皆爲一時之最。文遠所講釋,多立新義;先儒異論,皆定其是非;然後詰駁諸家,又出己意,博而且辨,聽者忘倦。武德六年,高祖幸國學觀釋奠,遣文遠時爲國子博士。發春秋題,諸儒設難蠭起,隨方占對,皆莫能屈。」

黄淵曰:「徐文遠發題,偏舉先儒異論,分别是非,乃出己意折衷,不知合乎夫子否也?」

陰氏弘道**注春秋左氏傳序**

唐志：「一卷。」

佚。

王氏玄度**注春秋左氏傳**

唐志卷亡。

佚。

王氏元感**春秋振滯**

唐志：「二十卷。」

佚。

啖氏助**春秋集傳**

佚。

〔校記〕

馬國翰有輯本。（春秋，頁四七）

春秋例統①

佚。

〔補正〕

按：新唐書、儒學傳訛作「例統」，當作「統例」。（卷七，頁十五）

助自述曰：「三傳分流，其源則同，擇善而從，且過半矣。予考覈三傳，舍短取長，又集前賢注釋，亦以愚意裨補闕漏，商榷得失，研精宣暢，期於浹洽，尼父之志，庶幾可見；疑殆則闕，以俟君子，謂之春秋集傳。集注又撮其綱目，撰爲統例三卷，以輔集傳，通經意焉。」又曰：「予所著經傳，若舊注理通，則依而書之；小有不安，則隨文改易；若理不盡者，則演而通之；理不通者，則全削而別注，其未詳者，則據舊説而已。但不博見諸家之注，不能不爲之恨爾。」

陸淳曰：「啖先生諱助，字叔佐，關中人也。聰悟簡淡，博通深識。天寶末，客於江東，因中原難興，遂不還歸。以文學入仕，爲台州臨海尉，復爲潤州丹陽主簿，秩滿，因家焉。陋巷狹居，晏如也。始以上元辛丑歲集三傳釋春秋，至大歷庚戌歲而畢。趙子時宦於宣歙之使府，因往還浙中，途過丹陽，乃詣室而訪之，深話經意，事多嚮合，期反駕之日，當更討論。嗚呼！仁不必壽，是歲先生即世，時年四十有七。是冬也，趙子隨使府遷鎮於浙東，淳痛師學之不彰，乃與先生之子異躬自繕寫，共戴以詣趙

① 「春秋例統」，應依補正、四庫諸本作「春秋統例」。

子，趙子因損益焉，淳隨而纂會之，至大歷乙卯歲而書成。」

新唐書：「啖助，字叔佐，趙州人，後徙關中，天寶末調臨海尉、丹陽主簿。善爲春秋，考三家短長，縫綻漏闕，號集傳，凡十年乃成。復攝其綱，條爲例統①，助愛公、穀二家。以左氏解義多謬，其書乃出於孔氏門人；且論語孔子所引率前世人，老彭、伯夷等類，非同時，而言『左邱明恥之，丘亦恥之』，邱明者，蓋如史佚、遲任，又左氏傳、國語屬綴不倫，序事乖剌，非一人所爲。蓋左氏集諸國史以釋春秋，後人謂左氏便傳著邱明②，非也。」

宋祁曰：「左氏與孔子同時，以魯史附春秋作傳，而公羊高、穀梁赤皆出子夏門人，三家言經，各有回舛；然猶悉本之聖人，其得與失蓋十五，義或謬誤，先儒畏聖人，不敢輒改也。啖助在唐，名治春秋，摭訕三家，不本所承，自用名學，憑私臆決尊之，曰『孔子意也』；趙、陸從而唱之，遂顯於時。嗚呼！孔子没乃數千年，助所推著，果其意乎？其未可必也。以未可必而必之，則固；持一己之固而倡茲世，則誣。誣與固，君子所不取，助果謂可乎？徒令後生穿鑿詭辨，詬前人捨成説而自謂紛紛，助所階已。」

王晳曰：「啖、趙二子相繼發明聖人之意，指摘三傳之謬，固有功矣；然探聖人之意或未精，斥三傳之謬或太察，可謂入聖人之門而游乎宮庭之閒者也，其堂奥則未知也。」

邵子曰：「春秋三傳之外，陸淳、啖助可以兼治。」

---

① 「例統」，應依四庫諸本作「統例」。
② 「邱明」，文淵閣四庫本誤作「邱民」。

徐積曰：「啖、趙二氏有大功於春秋，但未能全盡耳。考其所學，蓋不止於春秋，貫穿經義，窮極是非，所論不苟，若斯人者，豈易得哉？」

陸九淵曰：「啖、趙説得有好處，故人謂啖助有功於春秋。」

程珌曰：「聖人作春秋，一用周典，而啖助以爲用夏爲本。」

張樞曰：「啖氏春秋卓然有見於千載之下。」

趙氏匡春秋闡微纂類義統

十卷。

闕。

〔校記〕

馬國翰有輯本。（春秋，頁四七）

匡自述曰：「啖先生集三傳之善以説春秋，其所未盡則申己意，條例明暢，真通賢之爲也。惜其經之大意或未標顯，傳之取舍或有過差，蓋纂述僅畢，未及詳省爾。予因尋繹之次，心所不安者，隨而疏之。」

陸淳曰：「趙子，天水人，爲殿中侍御史、淮南節度判官。」

新唐書：「匡，字伯循，河東人。歷洋州刺史，陸質所稱爲趙夫子者。質與啖助子異裒録助所爲春秋集注總例，請匡損益，質纂會之。」

章拱之曰：「趙氏集啖氏統例、集注二書及己説可以例舉者，爲闡微義統十二卷，第三、四卷亡逸。」

楊慎曰：「杜預作春秋釋例，趙匡作春秋纂例，蓋以春秋難明，故以例求之；至於不通，則又云變例；變例不通，又疑經有闕文、誤字。嗚呼！聖人之作，豈先有例而後作春秋乎？」

陸氏質集注春秋

唐志：「二十卷。」

佚。

吕温代草進表曰：「臣聞惟睿作聖，觀乎人文，達則化成，窮則垂訓。先師所以祖述堯、舜，志在春秋，懸衡百王，撥亂三季，正大當之本，清至公之源，通群芳以誠，貞天下於一，動無不順道德之要機，斷無不齊帝王之利器；而梁木既壞，生知蓋寡，三傳得失，索隱未周，群儒異同，致遠皆泥。没微言於滋蔓，亡要旨於多歧，奥室不開，漫逾千祀，天其或者將有俟焉。陛下德合乾坤，明並日月，氣和物茂，遠至邇安，欲以人情爲田，講學而耨，鎮定皇極，輝光時雍，道之將行，實在今日。臣不揣蒙陋，斐然有志，思窺聖奥，仰奉文明，以故潤州丹陽縣主簿臣啖助爲嚴師，以故洋州刺史臣趙匡爲益友，考左氏之疏密，辨公、穀之善否，務去異端，用明本意。助或未盡，敢讓當仁；匡有可行，亦刈其楚；輒集注春秋經文，勒成十卷，上下千載，研覃三紀，玄首雖白，濁河已清。微臣何幸，與道相遇，竊以德之匪鄰，骨肉無應，道苟訢合，古今相知。然則堯、舜之心非宣尼不見，宣尼之志非陛下不行，庶因儀鳳之辰，永洗獲麟之恨。臣官忝國學，思非出位，道爲家寳，罪實欺天。謹昧死寫前件，書詣，東上閤門奉進。」

舊唐書：「陸質，吴郡人，本名淳，避憲宗名，改之質。有經學，尤深於春秋。少師事趙匡，匡師啖助，頗傳其學，爲給事中。」

柳宗元作墓表曰：「孔子作春秋，千五百年以名爲傳者五家，今用其三焉。秉觚牘，焦思慮，以爲論注疏説者百千人矣；攻訐狠怒，以辭氣相擊排冒没者，其爲書處則充棟宇，出則汗牛馬，或合而隱，或乖而顯。後之學者窮老盡氣，左視右顧，莫得而本①，則專其所學以訾其所異，黨枯竹，護朽骨，以至於父子傷夷，君臣詆悖者，前世多有之。甚矣！聖人之難知也。有吴郡人陸先生質，與其師友天水啖助洎趙匡，能知聖人之旨，故春秋之言，及是而光明，使庸人小童皆可積學以入聖人之道，傳聖人之教，是其德豈不侈大矣哉？先生字某，既讀書，得制作之本，而獲其師友；於是合古今，散同異，聯之以言，累之以文。蓋講道者二十年，書而志之者又十餘年，其事大備，爲春秋集注十篇、辨疑七篇、微旨二篇，明章大中，發露公器。其道以聖人爲主，以堯舜爲的，苞羅旁魄，膠轕②下上，而不出於正；其法以文、武爲首，以周公爲翼，揖讓升降，好惡喜怒，而不過乎物。既成，以授世之聰明之士，使陳而明之，故其書出焉而先生爲巨儒，用是爲天子争臣：尚書郎、國子博士、給事中、皇太子侍讀，皆得其道。刺二州守，人知仁。永貞年，侍東宫，言其所學，爲古君臣圖以獻，而道達乎上。是歲，嗣天子踐阼而理尊優師

---

① 「莫得而本」，應依補正、四庫薈要本作「莫得其本」。

② 「膠轕」，四庫薈要本作「轇轕」。

儒，先生以疾聞，臨問加禮。某月日終於京師，某月日葬於某郡某里。嗚呼！先生道之存也以書，不及施於政；道之行也以言，不及覩其理。門人世儒是以增慟，將葬，以先生爲能文聖人之書，通乎後世，遂相與謚曰文通先生。」

〔補正〕

柳宗元作墓表内「莫得而本」，「而」當作「其」。（卷七，頁十五）

崇文總目：「唐給事中陸淳纂。初，淳以三家之傳不同，故采獲善者，參以啖助、趙匡之説，爲集傳春秋；又本褒貶之意，更爲微旨條別三家，以朱墨紀①其勝否；又摭三家得失與經戾者，以啖、趙之説訂正之，爲辨疑。」

〔補正〕

崇文總目條内「以朱墨紀其勝否」，「紀」當作「記」。（卷七，頁十五）

程伯子曰：「陸淳得啖、趙而師之，講求其學，積三十年始大光瑩，絶出於諸家外；雖未能盡聖作之藴，然其攘異端，開正途，功亦大矣。」

晁公武曰：「啖助，字叔佐，關人。趙匡，字伯修②，天水人。微旨自爲序。公武嘗學春秋，閲古今諸儒之説多矣，大抵啖、趙以前學者，皆專門名家，苟有不通，寧言經誤，其失也固陋；啖、趙以後，學者

---

① 「紀」，應依四庫薈要本、補正作「記」。

② 「伯修」，應依補正、四庫薈要本、文淵閣四庫本作「伯循」。

喜援經擊傳，其或未明，則憑私臆決，其失也穿鑿。均之失聖人之旨，而穿鑿之害爲甚。啖氏製統例，分別疏通其義；趙氏損益，多所發揮，今纂而合之，凡四十篇。」

〔補正〕

晁公武條内「字伯修」，「修」當作「循」。（卷七，頁十五）

陳振孫曰：「初，潤州丹陽主簿趙郡啖助叔佐明春秋傳，洋州刺史河東趙匡伯淳①，質從助及伯淳，傳其學。助考三傳，舍短取長，又集前賢注釋，補以己意，爲集傳、集注，又撮其綱例目爲統②。助卒，質與其子異繕録以詣伯淳，請損益焉，質隨而纂會之。大曆乙卯歲書成。質本名淳，避憲宗諱改焉，故其書但題陸淳③。助之學以爲，左氏叙事雖多，解意殊少，公、穀傳經密於左氏；至趙、陸則直謂左氏淺於公、穀，誣謬實繁，皆孔門後之門人，但公、穀守經，左氏通史，其體異爾。邱明，夫子以前賢人，如史佚、遲任之流，焚書之後，學者見傳及國語俱題左氏，遂引以爲邱明；且左傳、國語文體不倫，序事多乖，定非一人所爲也。蓋左氏廣集諸國之史以解春秋，子弟門人見事跡多不入傳，或復不同，故各隨國編之，以廣異聞，自古豈止一邱明姓左乎？按：漢儒以來言春秋者，惟宗三傳；三傳之外，能卓然有見於千載之後者，自啖氏始，不可没也。唐志有質集注二十卷，今不存；然纂例、辨疑中大略具

① 「伯淳」，應依補正、四庫薈要本、文淵閣四庫本作「伯循」，以下所引皆同。
② 「又撮其綱例目爲統」，應依補正、四庫薈要本、文淵閣四庫本作「又撮其綱目爲統例」。
③ 「陸淳」，依四庫薈要本應作「陸質」。

矣；又有微旨二卷，未見。質，梁陸澄七世孫，仕通顯，黨王叔文，侍憲宗東宮，會卒，不及貶。然則其與不通春秋之義者，相去無幾耳。」

〔補正〕

陳振孫條内「趙匡伯淳」當作「伯循」；「又撮其綱例目爲統」當作「綱目爲統例。」（卷七，頁十五）

集傳春秋纂例

唐志：「十卷。」

〔校記〕

四庫本陸淳春秋集傳纂例十卷。（春秋，頁四七）

存。

淳自述曰：「啖子所撰統例三卷，皆分别條疏，通會其義；趙子損益，多所發揮，今故纂而合之。有辭義難解者，亦隨加注釋，兼備載經文於本條之内，使學者以類求義，昭然易知。其三傳義例，可取可舍，啖、趙具已分析，亦隨條編附，以祛疑滯，名春秋集傳纂例，凡四十篇，分爲十卷云。」

朱臨序曰：「柳子厚與元次山論春秋書言：『自得集傳，常願掃於陸先生之門，及先生爲給事中，始得執弟子禮，未及卒業，而先生云亡。』復有先生墓表，謂：『説春秋者百千，其書處則充棟宇，出則汗牛馬，而無有及其根源者，獨先生得啖、趙而師承之，講述三十年，其經始大光瑩，乃爲先生能文聖人之書通於後世，遂與門人世儒相與謚曰文通先生。』其見尊於當世如此。子厚，文章宗匠也，以韓退之之賢，猶不肯高以爲師，獨肯執弟子禮於陸氏前，則陸氏之學從可喻也。以陸氏之賢，復肯執弟子禮於啖、趙前，則啖、趙之藴又可量也。自孔子没，前先生幾千餘年矣，後先生又數百年矣，卒未有出其書之右者，豈非膠①於偏見而至然耶？兩漢通經者，以董仲舒爲第一，然猶膠於穀梁，不克別白，餘可知也。臨嘗從師學，識其大略，復得先生所爲書，乃益曉發，若瞰淵際危而獲梯航，力不勉則已，勉焉，則無高深不濟也。惜乎不得人人傳之，以速其遠到，子厚謂『使庸人小童皆可積學，以入聖人之道，況有明敏勤篤之資者乎？』近歲取人以通經爲尚，學者無小大，以不通經爲恥，則此書之傳，爲時羽翼，豈可忽哉？」

袁桷後序曰：「近世春秋家立褒貶於字義，茫不知盡性之理，按其形模以中有司程式爲精巧，天理人慾，三尺童子矜矜然猶能言之，春秋之學廢矣。習三傳者，惟文詞是師，左氏盛而公、穀廢矣。武夷胡氏作傳，止於七家，唐世傳春秋者皆廢矣。噫！士何事春秋哉？吾里樓宣獻公晚歲欲明義例之説，時永嘉陳君舉舍人，爲春秋傳，遂序其意而焚其稿，每語後進當以唐陸淳集注、纂例，清江劉氏傳爲下手。予家所藏纂例，乃寶章桂公所校，號爲精善。按：纂例他無善本，審此書廢已久，聞蜀有小字本，惜未之見。唐志：纂例十卷、集注三十卷②、微旨二卷、辨疑七卷。予來杭，復得微旨二卷，乃皇祐閒汴本，聞苕溪直齋陳氏書目咸有之，當搜訪以足此書，以假友人得脱灰燼。劉氏傳乃先越公居宥府時，岳

---

① 「膠」，備要本作「謬」。

② 「三十卷」，應依四庫薈要本、補正作「二十卷」。

肅之侍郎所遺，家諱咸以絳羅覆其上，書當永爲子孫寶，俾勿墜。」

〔補正〕

袁桷後序內「集注三十卷」，「三」當作「二」。（卷七，頁十五）

吴萊後序曰：「自唐世言文者，一變而王、楊、盧、駱，再變而燕、許，三變而韓、柳，雖其文振八代之弊，及見當世經生攻訓詁、治義疏，則深敬之。太常殷侑新注公羊，退之欲爲之序，幸得挂名經端，以蘄不朽；及寄詩盧仝，又言其抱遺經、束三傳，然仝所著春秋摘微一卷閒見一二，未甚爲學者輕重。惟子厚答元饒州書恆願掃於陸先生之門，執弟子禮，會先生病，子厚出邵州，竟不克卒業。先生蓋河東陸淳元沖①也，與子厚同郡；且云：『先生師天水啖助及趙匡，知聖人之旨兼用二帝三王法，至先生大備，春秋集注、纂例、辨疑、微旨等書，苞羅旁魄，轇轕上下，一出於正，於是乎春秋有啖、趙、陸氏之學。』往予北遊京師，始從國子學，見陸氏纂例十卷，是金泰和閒禮部尚書②趙秉文手本，太原板行後，又得陸氏辨疑七卷、微旨二卷，而集注久闕。自唐世學者，説經一本孔氏正義；及宋之盛，説者或不用正義，六經各有新注，争爲一己自見之論，而欲求勝於先儒已成之説。宋子京傳唐書③，猶不滿於啖助者，豈啖助實有以開之故歟？雖然啖、趙、陸氏未可毁也。後之學者，自肆於藩籬閫域之外，口傳耳剽而不難於

① 「元沖」，應依補正作「伯仲」。
② 「尚書」，文津閣四庫本誤作「尚文」。
③ 「唐書」，文淵閣四庫本誤作「唐事」。

議經者，必引啖、趙、陸氏以自解，是或未之思也夫。」

〔補正〕

吴萊後序內「先生蓋河東陸淳元沖也」，「元」當作「伯」，郡齋讀書志作「伯同」，直齋書録解題作「伯淳」，並誤，當從唐書改作「伯仲」。（卷七，頁十五）

柳貫後序曰：「陸文通先生春秋纂例十卷，平陽府所刊本末有識云：『泰和三年五月十三日，秉文置。』其裝標猶用宋紹聖間故門狀紙，蓋金仕宦家物也。延祐三年，貫客京師而得之，校其中闕亡三十一紙，從朋友假善本手書，完裝綴成袠。先生之學，其於春秋粹矣。春秋言本三家，公、穀主釋經，左主載事。由漢立學官，師資殊指，故時時彈刺以相高，言之哤而道之裂也。唐啖、趙氏作始析同辨異，有義有例，明三家之要歸，示一王之矩則，其道粲然矣。先生嘗承趙學，著其所聞，爲書曰纂例、微旨、辨疑，此其一也。貫將讀而釋之，益求二書，不踵爲余有耶？蓋私竊喜之。按：金章宗之十一年，改元泰和，其三年則癸亥歲也。於時北學稱趙閑，閑公秉文即公名，知爲趙氏所藏無疑。後癸亥七年，章宗復土中原，癉放兵，又二十五年而金亡矣。是書免於灰殘躪滅，以萬毀一存於壁藏，瓿覆之餘，傳閱幾姓、幾室而至於余？逆而計之，亦一百一十六年物也。況今無板本，豈不尤可珍也哉？得書後，二年八月廿五日記。」

春秋辨疑

唐志：「七卷。」

存。

〔校記〕

四庫本陸淳春秋集傳辨疑十卷。（春秋，頁四七）

淳自述曰：「集傳取舍三傳之義可入條例者，於纂例諸篇言之備矣。其有隨文解釋，非例可舉者，恐有疑難，故纂啖、趙之説，著辨疑。」

朱臨序曰：「春秋一其經而三家異其傳，學者如目，多岐茫洋，不知適從聖人之境，雖勞，無到日矣。近古固多議其非，然出於臆斷，學者愈惑。以聖人之蘊如彼其深，而專斷於一中材之臆，其可惑也宜矣。唐有陸氏總啖、趙之説，爲纂例、爲辨疑，所得獨多於近古，以啖、趙之賢而陸氏兼之，其得多也亦宜矣。考其觝排誣妄，剔抉潛隱，如翦榛莽，見坦夷聖賢之境，可直趨而遠到矣。纂例雖傳而世不全，獨辨疑無遺辭，而學春秋者當自辨疑始，故予廣其傳。慶曆戊子。」

何喬新曰：「春秋因三傳而經旨益明者有焉。因三傳而經旨反晦者有焉，至啖、趙、陸淳之辨明，而後人之學有所據矣。」

華察後序曰：「自漢以來，言春秋者大抵守三傳而已。其能卓然有見於千載之後者，自唐啖、趙二子始；至陸文通乃集合二家之説，作纂例及辨疑數十篇，其有功於經甚大。顧其書今世罕傳，余同年陸給事浚明得舊本，以示吳邑令汪君，君刻之踰年告成，而君以考績去矣。浚明深於春秋，方盛有所論著，以續文通之業，異時當别有傳之者。汪君名旦，晉江人，嘉靖乙未進士。」

春秋微旨

唐志：「二卷。」今本三卷。

存。

淳自序曰：「傳曰：『唯天爲大，唯堯則之。韶盡美矣，又盡善也；武盡美矣，未盡善也。』又曰：『禹，吾無閒然矣。』推此而言，宣尼之心，堯、舜之心也；宣尼之道，三王之道也。故春秋之文通於禮經者，斯皆憲章周典，可得而知矣。其有事或反經而志協乎道，跡雖近義而意實蘊奸，或本正而末邪，或始非而終是，賢智莫能辨，彝訓莫能及，則表之聖心，酌乎皇極，是生人以來未有臻斯理也，豈但撥亂反正，使亂臣賊子知懼而已乎？故今掇其微旨，總爲三卷，三傳舊説亦備存之，其義當否，則以朱墨爲別。其有與我同志，思見唐、虞之風者，宜乎齋心極慮於此，得端本清源之意，而後周流乎二百四十二年褒貶之義，使其道貫於靈府，其理浹於事物，則凡①比屋可封，重譯而至，其猶指諸掌爾？宣尼②曰：『如有用我者，期月而已可矣。』豈虛言哉？豈虛言哉？」

柳宗元曰：「微旨中明鄭人來渝平，量力而退，告而後絶，固先同後異者也。今檢此，前無與鄭同之文，後無與鄭異之據，獨疑此一義理甚精而事有不合。」

---

① 「凡」，文淵閣四庫本脱。
② 「宣尼」，備要本作「仲尼」。

經義考卷一百七十七

春秋十

韓氏滉**春秋通例**唐志無「例」字。

佚。

唐志：「一卷。」

舊唐書：「滉工書，兼善丹青，以繪事非急務，自晦其能，未嘗傳之。好易象及春秋，著春秋通例及天文事序議各一卷。」

王讜曰：「韓晉公治左氏，爲浙江東西道節制，屬淮寧叛亂，發戎遣饋案籍駢雜，而未嘗廢卷，在軍中撰左氏通例一卷，刻石金陵府學。」

陶宗儀曰：「滉，字太沖，京兆人。貞元中，官至左僕射同平章事，封晉國公，謚忠肅。」

按：顧著作況撰韓公行狀云：「賦春秋七篇，著通例六卷。」與唐志不同。

殷氏侑公羊春秋注

佚。

韓子答書曰：「蒙示新注公羊春秋，又聞口授指略，私心喜幸，願盡傳其學，職事羈纏，未得繼請，此宜在擯而不教者。今令序所著書①，惠出非望。近世公羊學幾絶，何氏注外，不見他書，聖經賢傳，屏而不省；要妙之義，無自而尋。非先生好之樂之，味於衆人之所不味，務張②而明之，其孰能克勤綣綣③若此之至？如遂蒙開釋，章分句斷，其心曉然，使序所注，挂名經端，自託不腐④，其又奚辭？」又薦狀曰：「前天德軍都防禦判官承奉郎試大理評事兼監察御史殷侑，兼通三傳，旁及諸經⑤，注疏之外，自有所得。」

〔補正〕

韓子答書内「今令序所著書」，「著」當作「注」；又薦狀條内「旁及諸經」，「及」當作「習」。（卷十五，頁十五）

① 「所著書」，應依四庫薈要本、補正作「所注書」。
② 「張」，文津閣四庫本誤作「章」。
③ 「克勤綣綣」，四庫薈要本作「勤勤綣綣」。
④ 「腐」，文淵閣四庫本作「誣」。
⑤ 「旁及諸經」，應依補正作「旁習諸經」。

馮氏伉**三傳異同**

唐志：「二卷①。」

佚。

舊唐書：「馮伉，本魏州元城人，後家京兆。大歷初，登五經秀才科；建中四年又登博學三史科，爲給事中，充皇太子及諸王侍讀。著三傳異同三卷。順宗即位，拜尚書、兵部侍郎，改國子祭酒。」

唐會要：「元和四年四月，給事中馮伉著三傳異同三卷。」

施氏士丐**春秋傳**

佚。

新唐書：「士丐，吳人。大曆時，助、匡、質以春秋，士丐以詩，仲子陵、袁彝、韋彤、韋茝以禮，蔡廣成以易，強蒙以論語，皆自名其學。而士丐兼善左氏春秋，以二經教授，由四門助教爲博士。撰春秋傳，未甚傳。後文宗喜經術，宰相李石因言士丐春秋可讀，帝曰：『朕見之矣，穿鑿之學，徒爲異同。學者如浚井，得美水而已，不必勞苦旁求②，然後爲得邪？』」

---

① 「二卷」，依四庫諸本、備要本應作「三卷」。

② 「不必勞苦旁求」，應依補正、四庫薈要本、文淵閣四庫本作「何必勞苦旁求」。

〔補正〕

新唐書條内「不必勞苦旁求」，「不」當作「何」。（卷七，頁十五）

按：柳子厚道州文宣王廟記有「春秋師晉陵蔣堅」，雖未有傳書，而唐人之説經者寡，附識於此。

樊氏宗師**春秋集傳**

唐志：「十五卷。」

佚。

韓愈作墓志曰：「紹述以金部郎中出爲綿州刺史，徵拜左司郎中，又出刺絳州，爲諫議大夫。」

計敏夫曰：「宗師字紹述，襄陽節度使澤之子。」

盧氏仝**春秋摘微**

通考：「四卷。」中興書目：「一卷。」

佚。

〔校記〕

李邦黼有輯本一卷。（春秋，頁四七）

中興書目：「盧仝春秋摘微一卷，十二公，凡七十六事。」

許顗曰：「玉川子春秋傳，僕家舊有之，辭簡而遠，得聖人之意爲多。」

晁公武曰：「盧仝春秋摘微四卷，其解經不用傳，然旨意甚疏。韓愈謂『春秋三傳束高閣，獨抱遺經究終始』，蓋實録也。祖無擇得之於金陵，崇文總目所不載。」

李燾曰：「仝治春秋，不以傳害經，最爲韓愈所稱。今觀其書，亦未能度越諸子，不知愈所稱果何等義也？舊聞仝解惠公、仲子曰：『聖辭也。』而此乃無之，疑亦多所亡逸云。」

劉氏軻**三傳指要**

唐志：「十五卷。」

佚。

軻自序曰：「先儒以春秋之有三傳，若天之有三光然，然則春秋蓋聖人之文乎？聖人之文，天也，天其少變乎？故詩有變風，易有變體，春秋有變例。變之爲義也，非介然温習之所至，賾乎其粹者也。軻嘗病先儒各固所習，互相矛盾，學者準裁無所，豈先聖後經以闢後生者邪？抑守文持論、敗潰失據者之過邪？次又病今之學者涉流而迷源，捨經以習傳，摭其言而不知其所以言，此所謂去經緯而從組繢者矣。既傳生於經，亦所以緯於經也。三家者，蓋同門而異户，庸得不要其終以會其歸乎？愚誠顓蒙，敢會三家必當之言，列於經下，撰成十五卷，目之曰三傳指要，冀始涉者開卷有以見聖賢之心焉。俾左氏富而不誣①，公羊裁而不俗，穀梁清而不短，幸是非殆乎息矣，庶儒道君子有以相期於孔氏之門。」又

① 「富而不誣」，應依補正作「富而不巫」。

自述曰：「貞元中，軻僅能執經從師；元和初，方結廬於廬山之陽，農圃餘隙，積書牕下，日與古人磨礲湔心，歲月悠久，寖成書癖，故有三傳指要十五卷、十三代名臣議十卷、翼孟子三卷，雖不能傳於時，其於兩曜無私之燭，不爲遼棄矣。」又曰：「予抵羅浮，始得師於壽春楊生，生以傳書爲道者也。三代聖王死，其道盡留於春秋。春秋之道，生以不下床而求之，不失其指。每問一卷，講一經，說一傳，疑周公、孔子、左邱明、公羊高、穀梁赤若迴環在坐，似假生之口以達其心也。元和初，下羅浮，抵匡廬，匡廬有隱士茅君，語經之文，歷歷如指掌，予又從而明之，忘其愚瞽，有三傳指要。」

〔補正〕

自序内「富而不誣」，「誣」當作「巫」。（卷七，頁十六）

王定保曰：「軻慕孟軻爲人，故以名焉。少爲僧，止於豫章、高安之南果園；復求黄、老之術，隱於廬山；既而進士登第，文章與韓、柳齊名。」

計敏夫曰：「軻，字希仁，元和末登進士第，卒於洛州刺史，與吴武陵並以史才入史館。」

徐氏彦**春秋公羊傳疏**

通考：「三十卷。」

〔補正〕

案：今作二十八卷。（卷七，頁十六）

〔校記〕

四庫本春秋公羊傳注疏廿八卷。（春秋，頁四七）

存。

崇文總目：「不著撰人名氏。援證淺局，出於近世。或云：『徐彦撰。』皇朝邢昺等奉詔是正，始令太學傳授，以補春秋三家之旨。」

晁公武曰：「其書以何氏三科九旨爲宗，本其説曰：『何氏之意，三科九旨正是一事爾。總而言之，謂之三科；析而言之，謂之九旨。新周、故宋、以春秋當新王，此一科三旨也；所見異辭、所聞異辭、所傳聞異辭，此二科六旨也；内其國而外諸夏、内諸夏而外夷狄①，此三科九旨也。』」

陳振孫曰：「廣州藏書志②云：『世傳徐彦不知何代，意其在貞元、長慶後也。』」

韋氏表微**春秋三傳總例**

唐志：「二十卷。」

佚。

計敏夫曰：「表微，字子明，中書舍人。敬宗嘗語左右，欲相之。」

新唐書：「表微，敬宗時爲翰林學士，遷中書舍人，尤好春秋，病諸儒執一概，是非紛然，著三傳總

---

① 「夷狄」，文津閣四庫本改作「荆蠻」。

② 「廣州藏書志」依文津閣四庫本、備要本應作「廣川藏書志」。

例，全會經趣。」

許氏康佐等**集左氏傳**①

唐志：「三十卷。」國史補作「六十卷」。佚。

實録：「太和九年四月，許康佐進纂集左氏傳三十卷，五月以御集左氏列國經傳三十卷宣付史館。」

唐會要：「太和九年五月，御集春秋左氏列國經傳三十卷。」

新唐書：「許康佐，貞元中舉進士，宏辭爲翰林侍講學士，遷禮部尚書。」

李肇曰：「許康佐進新注春秋列國經傳六十卷，上問閽弑吴子餘祭事，康佐託以春秋義奥，臣窮究未精，不敢容易解陳。後上以問李仲言，仲言乃精爲上言之。上曰：『朕左右刑臣多矣，餘祭之禍安得不慮？』仲言曰：『陛下留意於未萌，臣願遵聖謀。』」

高氏重**春秋纂要**

唐志：「四十卷。」

---

① 「集左氏傳」，文淵閣四庫本脱「傳」字。

佚。

新唐書：「重，字文明，士廉五代孫，文宗時，翰林侍講學士。帝好左氏春秋，命重分諸國，各爲書，別名經傳略要①。歷國子祭酒。」

〔補正〕

新唐書條內「別名經傳略要」，當作「要略」。（卷七，頁十六）

李氏瑾**春秋指掌**

唐志：「十五卷。」

佚。

崇文總目：「春秋指掌，唐試左武衛兵曹李瑾撰。瑾集諸家之說，爲序義、凡例各一篇，抄孔穎達正義爲五篇，采摭餘條爲碎玉一篇，集先儒異同、辨正得失爲三篇，取劉炫規過申證其義爲三篇，大抵專依杜氏之學以爲說。」

李燾曰：「其第一卷新編目録，多取杜氏釋例及陸氏纂例，瑾所自著無幾；而序義以下十四卷，但分門抄録孔穎達左氏正義，皆非瑾所自著也。學者第觀正義及二例，則此書可無。且瑾之意，特欲以

---

① 「經傳略要」，應依四庫薈要本、補正作「經傳要略」。

備科試應猝之用耳，初不爲經設也，其名宜曰左氏傳指掌，不當專繫春秋。本朝王堯臣崇文總目及李俶①圖書志皆以先儒異同、規過序、例等篇爲瑾筆削，蓋誤矣。寫本或謁舛，復用正義删修之乃可讀。惟篇首數序瑾所自著者，既無參考，亦不敢以意改定，姑仍其誤云。」

〔補正〕

李燾條内「及李俶圖書志」，「俶」當作「淑」。（卷七，頁十六）

陸氏希聲**春秋通例**

唐志：「三卷。」

佚。

〔校記〕

崇文總目：「唐陸希聲撰。因三家之例，裁正其凡，以通春秋之旨。」

馬國翰有輯本。（春秋，頁四七）

張氏傑**春秋圖**

唐志：「五卷。」

---

① 「李俶」，應依四庫薈要本、補正作「李淑」。

佚。

崇文總目：「唐張傑撰。以春秋所載車服、器用、都城、井邑之制，繢而表之。」

春秋指元宋志作「指掌圖」。

唐志：「十卷。」宋志：「二卷。」

佚。

崇文總目：「唐張傑撰。摘左氏傳文，申釋其義。」

裴氏安時**左氏釋疑**

唐志：「七卷。」

佚。

新唐書注：「字適之，大中江陵少尹。」

第五氏泰**左傳事類**

唐志：「二十卷。」

佚。

新唐書注：「字伯通，青州益都人，咸通鄂州文學。」

成氏玄**公穀總例**①

〔補正〕

案：唐志作穀梁總例。（卷七，頁十六）

唐志：「十卷。」

佚。

新唐書注：「字又玄，咸通山陽令。」

黃氏敬密**春秋圖**

一卷。

佚。

中興書目：「春秋圖一卷，唐會昌中黃敬密撰。」

王應麟曰：「國史志作春秋兩霸列國指要圖，因序有晉霸、楚霸之語。」

① 「公穀總例」，四庫薈要本作「穀梁總例」。

郭氏翔**春秋義鑑**

唐志：「三十卷。」

佚。

皮氏日休**春秋決疑**

十篇。

存。

晁公武曰：「日休，字襲美，一字逸少，襄陽人，隱鹿門山，自號醉吟先生。咸通八年登進士第，爲著作佐郎、太常博士；乾符喪亂，東出關，爲毘陵副使，陷巢賊中，賊遣爲讖文，疑其譏己，遂害之。」

陸游曰：「該聞録言皮日休陷黄巢，爲翰林學士；巢敗，被誅，今唐書取其事。按：尹師魯作大理寺丞皮子良墓志稱曾祖日休避廣明之難，徙籍會稽，依錢氏，官太常博士贈禮部尚書；祖光業爲吴越丞相，父璨爲元帥府判官，三世皆以文雄江東。據此，則日休未嘗陷賊爲其翰林學士被誅也。光業見吴越備史頗詳，孫仲容在仁廟時仕，亦通顯，乃知小説謬妄，無所不有。師魯文章傳世，且剛直有守，非欺後世者，可信不疑也。故予表而出之，爲襲美雪謗于泉下。」

裴氏光輔**春秋機要賦**

宋志：「一卷。」

佚。

孫氏郃**春秋無賢臣論**

一卷。

存。

王應麟曰：「孫郃論春秋無賢臣，蓋諸侯不知有王，其臣不能正君以尊王室，此孟子所以卑管、晏也。」

浙江志：「孫郃，奉化人。唐末爲左拾遺，朱温篡唐，著春秋無賢臣論，即脱冠裳，服布衣，超然肥遯，養晦林泉，著書紀年悉用甲子，以示不臣之義。」

李氏象**續春秋機要賦**

宋志：「一卷。」

佚。

王氏鄒彦**春秋蒙求**

宋志：「五卷。」

佚。

崔氏表**春秋世本圖**

宋志：「一卷。」

佚。

□①氏玉霄**春秋括囊賦集注**

宋志：「一卷。」

佚。

楊氏藴**春秋公子譜**

宋志：「一卷。」

① 四庫薈要本於空格處作「某」，文津閣四庫本則注「闕」。

佚。

程端學曰：「蘊，字藏機。」

春秋年表

宋志：「一卷。」

存。

岳珂曰：「春秋年表，三朝藝文志不載作者名，今諸本或闕號名，或紊年月，參之經傳，多有舛錯，不無刊寫之誤。如：諸國君繼立，有篡奪者，表止書某立，今增入；諸國君有弑殺，表例書某卒，今改定。諸國君卒，或年與月誤，或稱某公子，若弟與兄誤，今考注疏刊正。諸國君卒與立皆書，惟魯闕，今依經傳添補。如鄭莊公卒，表書厲公突立、突出奔。按：經傳昭公立，宋人執祭仲，以厲公歸而立之，昭公奔衛；如莒著邱公去疾，表書又名郊公。按：傳著邱公卒，郊公不慼，注：『郊公，著邱公子。』如：楚莊王旅，誤爲旋；晉景公獳，誤爲孺①，若此類不可枚舉，皆以經、傳正之。史記年表書事，今表止書繼立，循舊不敢增。」又曰：「按館閣書目，元豐中，楊彥齡撰一卷；紹興中，環中撰一卷。今本一卷，與紹興中本及藝文志所載者同。」

① 「孺」，文淵閣四庫本誤作「儒」。

張氏晅**春秋龜鑑圖**

宋志：「一卷。」

佚。

王應麟曰：「自魯、周迄陳、蔡，載其名氏。」

經義考卷一百七十八

春秋十一

陳氏岳**春秋折衷論**

唐志：「三十卷。」

佚。

〔校記〕

馬國翰有輯本。（春秋，頁四七）

岳自述曰：「聖人之道，以春秋而顯；聖人之文，以春秋而高；聖人之文，以春秋而微；聖人之旨，以春秋而奥。入室之徒既無演釋，故後之學者多失其實，是致三家之傳並行於後，俱立學官焉。噫！絶筆之後，歷戰國之艱梗，經暴秦之焚蕩；大漢初興，未暇崇儒術；至武帝，方設制策，延天下英雋，有董仲舒應識記而通春秋。仲舒所業惟公羊傳，仲舒既殁，則有劉向父子，向受業穀梁，歆業左氏，左氏之道假歆而振，自斯學者愈茂，欲存左氏而廢公、穀，則西漢鴻儒向焉欲存公、穀而廢左氏，則邱明與聖人同代，是以皆各專一傳。夫經者，本根也；傳者，枝葉也。本根正，則枝葉固正矣；本根非，則枝葉曷附焉？矧公羊、穀梁第直釋經義而已，無他蔓延，苟經義是，則傳文亦從而是矣；經義非，則傳文亦從而非矣。左氏釋經義之外，復廣記當時之事，備文當時之辭，與二傳不類。或謂邱明授經於仲尼，豈其然歟？苟親受之經，則當横經請問，研究深微，間不容髮矣，安得時有謬誤，致二傳往往出其表邪？蓋業左氏者，以二傳爲證，以斯爲證，謂與聖人同時，接其聞見可也；謂其親受之經，則非矣。聞不如見，見不如受，邱明得非見歟？公羊、穀梁得非聞歟？故左氏多長；穀梁多短①，然同異之理十之六七也。鄭玄、何休、賈逵、服虔、范甯、杜元凱皆深於春秋者也，而不簸穅蕩秕，芟稂抒莠，掇其精實，附於麟經；第各釀其短，互鬭其長，是非千種，惑亂微旨。其弊由各執一家之學：學左氏者則訾公、穀，學公、穀者則詆左氏；乃有膏肓、廢疾、墨守之辨設焉。謂之膏肓、廢疾者，則莫不彌留矣，亡一可砭以藥石者也；謂之墨守，則莫不堅勁矣，亡一可攻以利者也。」

按：此當是岳序，而其文未全。

〔補正〕

自述内「穀梁多短」，當作「公、穀」。（卷七，頁十六）

司空圖曰：「岳所作春秋折衷論數十篇，贍博精緻，足以下視兩漢迂儒矣。」

---

①「穀梁多短」，應依補正、四庫薈要本、文淵閣四庫本作「公、穀多短」。

崇文總目：「唐陳岳撰。以三家異同三百餘條，參求其長，以通春秋之義。」

王定保曰：「陳岳，吉州廬陵人，少以詞賦貢於春官，晚從鍾傳，爲同舍所譖，退居南郭，以墳典自娛，著春秋折衷論三十卷。光化中，執政議以蒲帛徵傳，復辟爲從事。」

晁公武曰：「其書以左傳爲上，公羊爲中，穀梁爲下，比其異同而折衷之。岳，唐末十上春官，晚乃從鍾傳辟爲江西從事。」

吴萊後序曰：「自西漢學者專門之習勝，老儒經生世守訓詁，不敢少變，繼而舊説日以磨滅，新傳之後出者獨傳於今。春秋一經，始立公羊氏學，又立穀梁氏學，東漢左氏學又盛行，古傳後出者日勝，後儒注古傳，而世亦取後出者爲宗。公羊氏有胡毋生、嚴彭祖、顔安樂，而後何休獨有名；穀梁氏有江公、尹更始，而後范甯獨有名；左氏前有劉子駿、賈逵、服虔，後有杜預，故預亦獨有名。嗚呼！豈預必能爲左氏忠臣哉？休固陳蕃客也，自謂妙得公羊本意，故今有公羊墨守十四卷、穀梁廢疾三卷、左氏膏肓十卷，北海鄭康成獨反之，學者多篤信康成，今猶見甯所集穀梁解；又服虔自有左氏釋痾一卷，不見也。雖然，公、穀、左氏三家之説，後出者皆傳於今，殊不知胡毋生、江公、劉子駿諸人復云何也？藉令諸人所説不廢，至今並傳，孰能有以大公至正之道一正之哉？不然，猶治亂絲，益棼之也。訛日以訛，舛日以舛，不以聖人之經觀經，而徵諸傳；不以賢者之傳解傳，而又徵諸何氏、范氏、杜氏，獨何歟？幸今三家之説尚未泯，則唐陳岳之折衷此也，庶有得乎！蓋昔漢儒嘗以春秋斷獄，予謂非徒經法可以斷獄，而獄法亦可以斷經，何者？兩造之辭具備，則偏聽之惑無自而至矣。揚子雲曰：『衆言淆亂折諸聖。』讀春秋者曾不明漢、晉諸儒之遺論，又何貴乎學者之知經也哉？」

按：陳氏折衷，吴立夫集有序，則元時尚存，今不復可得矣。惟山堂章氏群書考索續集載有二十七條，兹具録於後：隱元年春王正月，左氏謂周平王，公羊謂周文王，穀梁謂周平王。折衷曰：「春秋所以重一統者，四海九州，同風共貫，正王道之大範也。迺以月次正，正次王，王次春，春次年，年次元，斯五者，編年紀事之綱領也，故書王以統之，在乎尊天子，卑諸侯，正升黜，垂勸懲，作一王法，爲萬代規，俾其禮樂征伐不專於諸侯也。故用隱之元統平之春，存平之正，得不書平王歟？苟曰周書始命之王，則二年復書何王，必不然也，平王明矣。斯公羊之短，左氏、穀梁得其實矣。」隱元年書即位①，左氏謂居②攝也，公羊謂成公正③威④之意，穀梁謂隱避⑤非正也。折衷曰：「夫遜者，君臣之大節也，苟不失其正，則聖人必重之，春秋必韙之。穀梁謂非正，豈微旨歟？隱之遜，非徒爲威⑥，蓋成先君歸仲子之意。春秋實尼父之日月也，日月之垂昭昭然，非遜國之賢君，曷以居其首哉？居斯之首與居諸史之首，則正創業之主；斯之首，則聖人特筆之以冠十二公矣。如定易非乾象，無以冠之；七十傳非夷、齊，無以冠之；三千子非顔、閔，無以冠之。又春秋正威⑦母之喪，不正隱母之

---

① 「書即位」，應依補正、四庫諸本作「不書即位」。
② 四庫薈要本無「居」字。
③ 「正」，應依補正、四庫諸本作「立」。
④⑥⑦ 「威」，四庫諸本作「桓」。
⑤ 「避」，四庫薈要本作「讓」。

喪；威①母書『夫人薨』，隱母書『君氏卒』，斯皆正隱讓之明言，而聖人崇謙遜之風，戒僭亂之俗，成王化之本也。左氏、公羊得其實，穀梁之説短矣。」桓元年書王，左氏通謂之魯用周曆，故書王，苟不失班曆則不書；公羊無傳，穀梁謂威②弑立，以爲無王之道，故不書。折衷曰：「春秋歲首必書王者，聖人大一統也。書王必次春，書正必次王。謂春者，天之所爲也；正者，王之所爲也。王稟於春，正稟於王，以載行事，以立綱紀；綱紀立而後條貫舉，條貫舉而後褒貶作，褒貶作而後君君、臣臣、父父、子子之道定。是以凡書王，皆用周之班曆，或不失班曆則不書，以明上尊天子，下卑諸侯，以正王道也。苟不班曆而不書王，則并正去之。雖是月有事，第書其事而無其正，何者？王既不書正，將奚附？苟班曆而書王，則併正在焉。雖是無事，亦書空正月以紀之，何者？王既書之，正宜在焉，自始至末，無毫釐之差。穀梁謂威③簒立以爲無王之道，故不書王，去聖人之旨遠矣。斯穀梁之短。公羊無辭，左氏得其實。」桓八年正月己卯，烝；五月丁丑，烝。左氏曰：「春即夏之仲月，非過時而書。」公羊曰：「譏亟也。」穀梁曰：「烝冬事而春興之，志不敬也④。」折衷曰：「凡郊祀各有其時，苟得其時，則國之常禮；國之常禮，則不書之於册也。夫所書者，或志其過時，或刺其失禮，皆非徒然。故啓蟄則郊之時也，龍見則雩之時也，始殺則嘗之時也，閉蟄則烝之時也。周以建子爲歲首，夏以建寅爲歲首。夫啓蟄者，則夏之春、周之夏也；龍見者，則夏之夏、周之秋也；始殺者，則夏之秋、周之冬

①②③「威」，四庫諸本作「桓」。

④「志不敬也」，應依四庫薈要本、文津閣四庫本、補正作「志不時也」。

也；閉蟄者，則夏之冬、周之春也。春秋用周正，以建子爲歲首，書正月蒸，則夏閉蟄，而蒸得其時矣。既得其時，則是周之常禮，其何以書之？書之者，爲五月復蒸也。五月復蒸，一則失其時，二則失其禮。正月蒸，正也；五月蒸，不正也。書其正以譏其不正，左氏謂非過時而書，得其旨；公羊謂『譏亟』，近之；穀梁謂冬事春興，遠矣。」莊元年不書即位，左氏曰：「文姜出故也。」公羊曰：「繼弑君不言即位。」穀梁曰：「先君不以其道終，故不言即位。」折衷曰：「春秋十二公，惟隱、莊、閔、僖不書即位，蓋聖人因舊史之文，無他旨。隱以遜威①居攝，莊以父弑母出；僖、閔國危身出復入，不備禮即位，故不書。公、穀謂弑君不言即位，則威②繼隱之弑君即位何也？又稽定公先君薨于乾谿，六月癸卯喪至，句。其月戊辰，即位。春秋以是書之，蓋備禮則書明矣。左氏得其旨。」元年秋，築王姬之館于外。左氏曰：「得禮之變。」公羊曰：「非禮。」穀梁與左氏同。折衷曰：「聖人修述，惟重其禮法，得其宜則書以是之，非其宜則書以刺之，有循常而書者，有變文而書者。循常而書，如戰伐、災異之類是也；變文而書，如君氏卒、大去其國之類是也。循常而書者，史册之舊文也；變文而書者，聖人之新意。斯築於外，是書莊公變禮得其宜，聖人變文示其法也。何③天子之女下嫁於諸侯，則同於諸侯之禮，而天子使單伯送王姬於齊，以魯爲主，公與齊襄有不同天之讎，又公方在諒闇，不宜行吉禮於廟；以齊之强、以王之尊，大義難距，迺築館于外，上不失尊周之儀，中不失敌齊之體，下不失居

①② 「威」，四庫諸本作「桓」。
③ 「何」，文淵閣四庫本作「蓋」。

喪之節。左氏、穀梁得其旨，公羊之誤。元年，王使榮叔來錫桓公命。左氏曰：「追命桓公，褒稱其德。」公羊曰：「追命，加貶也。」穀梁曰：「禮，有受命，無來錫命，非正也。」折衷曰：「褒有德，賞有功，絀不服，責不臣，斯四者，聖人筆削之旨也。苟有德可褒，有功可賞，生賜之不及，則死錫之何爽？苟無德可褒，無功可賞，雖生而錫之亦非，矧其死乎？吁！春秋十二公，惟桓之罪大，桓始以篡弒不義而立，終以帷簿不修而薨。古人曰：『畏首畏尾，身其餘幾。』桓既不能正其初，又不能護其末，其畏何如哉？天王之錫，曷爲而來錫①？春秋經書天王之命，生而賜之，惟文、成二公；死而錫之，惟桓公而已，苟曰加貶，則不宜備禮，而書爲使榮叔來錫桓公命，則於文無所貶。稽其旨，諸侯強，王室弱，雖生賜死錫，皆非有賞功褒德之實，第務其姑息而已。聖人多存内諱，内弒君猶不書，詎肯筆削錫命歟？左氏第曰褒德，未盡其旨；穀梁謂『無來錫命』，近之；公羊曰『加貶』，未得其實。」四年冬，公及齊人狩於禚。左氏曰：「與微者狩，失禮可知也。」公羊曰：「稱人，諱與讎狩。」穀梁曰：「人齊侯者，卑公也。」卑公不復讎而刺釋怨也。」折衷曰：「凡戰伐盟會，苟君臣不敵，則必恥之，矧其狩乎？狩者非大於戰伐盟會也；戰伐盟會者，不得已而爲之，狩者在我而已。苟公自狩于境内，則爲人事也；越境與齊狩，則非人事也。既非人事，則必齊侯召公同狩；公不肯自與齊之微者狩也。苟自與微者狩，則必爲魯諱，當書及齊人狩於禚，不曰公矣，如文二年書『及晉處父盟也』。噫！人齊侯者，蓋刺公也，刺其非王事而與不同天之讎狩。斯穀梁近之，左氏、公羊俱誤。九年八

① 「錫」，四庫薈要本作「乎」，文津閣四庫本無此字。

月壬申①，及齊師戰於乾時，我師敗績。杜曰：「不稱公戰，公敗諱之。」公曰：「内不言敗②，何？伐敗也。謂自誇大以取敗也。」穀曰：「不言及者，主名内之卑者也。」折衷曰：「敗績義在桓十年來戰論中明矣，第評書及而已。凡公自伐曰公伐某國，如莊九年『公伐齊納子糾』。遣大夫伐，則曰某伐某國；如隱二年『無駭帥師入極』。與國伐，公不與謀，則曰會某師伐某國，如桓十六年『公會宋師伐鄭』。公與謀，則曰公及某師伐某國，如宣四年『公及齊侯平莒及郯，莒人不肯，公伐莒，取向』。或敗績第曰『及』，如僖二十二年『及邾人戰於升陘』；或使微者不列於春秋，亦第曰『及』，桓十七年『及齊師戰於奚斯』，書及者，是敗績諱之明矣。杜得其旨。」十三年冬，公會齊侯盟。左氏不以日爲例；公羊曰：「桓盟不日，信之也。」穀梁曰：「不日，信桓也。」折衷曰：「穀梁以桓盟不書日，謂齊桓公信著於諸侯，桓盟皆不日。究其微旨，殊不然。春秋書内事，或繫日，或繫月，或繫時。内事繫日，如：書卒葬、嫁娶、大災異；内事繫月，如：書蒸嘗、雩望是也；内事繫時，如：書蒐狩、土功是也。外事第從赴告而已；盟會，外事也，不赴以日則不日。斯桓之盟不日者，不赴以日也。苟曰『桓盟不日』，桓方伯之際，亦有書日者；桓既卒之後，復有不書日者。方伯之際書日，則莊二十二年防之盟、二十三年扈之盟、閔元年落姑之盟、僖九年葵邱之盟是也；既卒之後不書日，則僖二十八年温之盟、二十九

① 「壬申」，應依四庫薈要本、文津閣四庫本、補正作「庚申」。

② 「内不言敗」下，應依補正、四庫諸本增「此其言敗」四字。

年翟泉之盟、文二年垂隴①之盟、宣七年黑壤之盟、成十八年虛朾之盟是也。聊舉大者以明之，則知盟會不以日爲義例定矣。斯左氏得其實，公、穀皆誤。」又曰：「春秋凡書內事，卒葬、嫁娶、災異則繫日；蒸嘗、雩望則繫月；蒐狩田則繫時；外事從赴告，不告日則不書日，桓之盟不日，不赴以日也。公、穀謂齊桓信著諸侯，桓盟皆不日，若然，則莊二十二年防之盟、僖九年葵邱之盟，皆方伯之際，何又書日？既卒後，僖二十八年温之盟、宣七年黑壤之盟，何又不書日也？聊舉大者以覩之，則知盟會不以日爲例，左得之也。」二十五年春，陳侯使女叔來聘。左曰：「始結陳好，嘉之，故不名。」公曰：「字者，敬老。」穀曰：「不名者，太子②之命大夫也。」折衷曰：「凡升絀之體，惟在爵氏、名字而已。朝聘之使苟循常禮，無升絀名氏，如衛侯使甯俞來聘；苟有可嘉，字以貴之，如齊仲孫來。雖天子之使，苟可嘉，亦嘉之；可絀，亦無所避，如：天王使南季來聘，故字之；宰咺歸賵，故貶名之。左謂『結陳好，嘉之』，得其旨。」二十五年秋，大水，鼓用牲於社、於門。左曰：「非常禮也。」公曰：「於社，禮也；於門，非禮也。」穀曰：「既戒鼓以駭衆，用牲可以已矣。」折衷曰：「凡書災異多矣，大則日月之食，小則水旱之災。夫陽正③之月，陰氣未作，不宜侵陽，苟月掩日，則臣掩君之象，是以伐鼓用幣；正陽既過，則一陰生，爲災輕也。故日食不伐鼓用幣矣，得禮之正也。如水旱之災，則國之常，

---

① 「垂隴」，文淵閣四庫本作「垂龍」。
② 「太子」，應依四庫諸本、補正作「天子」。
③ 「陽正」，應依補正、四庫諸本作「正陽」。

不繫於君臣逆順，故但書記其爲災而已；斯伐鼓用幣者，譏其非常也。左得其旨。」閔元年，齊仲孫來。左氏曰：「齊仲孫湫來省難。」公羊曰：「慶父也，繫之齊，外之也。」穀梁曰：「不曰慶父，疏之也。」折衷曰：「春秋弑君之賊多矣，聖人莫不書其名而懲之，未有隱其名而外之者也。慶父前年弑子般而出於齊，猶書曰『公子慶父如齊』；後年弑閔公而奔莒，亦書曰『公子慶父出奔莒。』出既顯書，入豈外之？必不然也。又凡公出則書，如歸必書至；大夫出則書，如歸則不書，斯言聖人之體例也；如公子友如陳、公子遂如齊、公孫敖如晉是也。第書去而不書來，慶父安得獨書來？公、穀不原其理，但曰：『齊無仲孫、魯有仲孫。』故曰：『慶父，外大夫氏。』氏族豈有定邪？豈盡著于春秋邪？如齊曰賓媚人、秦曰西乞術，可謂齊無賓媚人、謂秦無西乞術邪？因其事則顯。因①其事不顯者衆矣，二傳不知齊仲孫之氏族，而謂之魯慶父，穿鑿矣。邱明通見舊史，而曰『仲孫湫來省難，歸曰：「慶父不除②，魯難未已。」』又曰：「猶秉周禮，未可動也。君其務寧魯難。」當是時，慶父弑二君，國幾亡，爲非仲孫湫語之于齊桓，齊桓取魯如左右手，故曰：齊桓存三亡國以屬諸侯，則魯與邢、衛也。是以貴湫而書其字，斯左氏得其實。」僖八年，公會王人、齊侯、宋公、衛侯盟於洮，鄭伯乞盟。左氏曰：「乞盟者，鄭未服，不與會③，故别言乞盟也。闕。穀梁曰：「其君之子者，國人不子也。」折衷

---

① 「因」，文津閣四庫本無此字，應依四庫薈要本、補正作「無」。
② 「慶父不除」，應依補正、四庫諸本作「不去慶父」。
③ 「鄭未服，不與會」，應依補正、四庫諸本作「鄭新服，未與會」。

曰：「公羊嫌與弑君同，故稱先君公子吁。申生死，重耳、夷吾奔，既而獻公卒，迺立奚齊，是獻公之素志；奚齊立則其君也，里克殺之，是弑其君也，何謂嫌與弑君同歟？苟不奚齊爲君，則來年曷以書里克弑其君卓？卓與奚齊得無同乎？是非有嫌明矣。穀梁謂國人不子而稱其君之子，益誤矣。稽其旨，凡先君未葬，其嗣子不稱君、不稱爵；既葬而君之、爵之。故齊①之弑先君，未葬也，故稱其君之子；卓子之弑，獻公已葬，故稱其君卓，斯左氏得其實。文十三年②，經書「自十二月不雨，至於秋七月。」左氏曰：「五穀猶可③收。」公羊曰：「記異。」穀梁曰：「歷時而言之文，不憂雨也。」折衷曰：「聖人之文，苟異於常，則必有旨。常文者，史册之舊文也；異於常者，筆削之微旨也。斯文異於常矣。凡旱之爲災，多繫於夏，如竟夏不雨，則爲災矣，故書旱之常文曰：『夏，大旱。』是竟夏不雨，書爲災也。有旨之文則弗然，如僖三年書『正月不雨。夏四月，不雨。』『六月，雨。』是旱不竟夏，書不爲災也。不曰不爲災異，第書『六月雨』，則不爲災可知矣。斯書『自十二月不雨，至于秋七月』，歷四時而言之，又夏在其中，則爲災可知矣，故不復曰大旱；苟亦曰夏大旱，則嫌聯春冬之不雨；苟備書歷四時不雨，而更曰大旱，則嫌文之繁，斯聖人之旨書旱明矣。如書螽、蝝、有蜮、有蜚，不曰爲災而災

①「故齊」，四庫薈要本作「奚齊」。
②「文十三年」，文淵閣四庫本作「文二年」，應依四庫諸本、補正作「文公二年」。
③「可」，應依補正、四庫諸本作「有」。

可知也。三家俱失其實。」文十五①，宋人及楚②平。左氏曰：「宋人及楚③平。」公羊曰：「宋人及楚人平。」穀梁曰：「宋人及楚④平，俱貶也。」折衷曰：「春秋襄公與楚争伯，故相攻伐，至斯方已。宋、楚皆大國，非有内外也，非有升降也，雖曰楚非中國，自入春秋久矣，凡書盟會戰伐，皆與中國等，公羊意謂曷以人宋而不人楚？苟人之，則宜俱人之，苟國之，則宜俱國之。稽其體例，凡盟會戰伐，君在不稱君而稱人，則貶也；大夫在不稱大夫而稱人，亦貶也。苟非戰伐盟會，第書其國，則一稱君，一稱臣，是爲升絀；一曰大夫，一曰人，亦爲升絀。苟非此例，則以國敵國人，不爲升絀，矧宋、楚之平，亦何所絀歟？聖人以其不繫升絀。苟曰『宋人及楚人平』。則爲文之繁，故簡而書之，斯左氏、穀梁得其旨，公羊之誤。成元年，作邱甲。左氏曰：「譏重斂。」公羊曰：「譏始⑤使也。」穀梁曰：「使四人皆作甲。」折衷曰：「穀梁謂士農工商爲一邱，今邱作甲，是使四人皆作甲，以爲非正，奚見之淺歟？公羊謂四邱爲甸，甸出甲士三人，今乃使一邱之地出甲士⑥，斯近之，亦未盡其旨。噫！苟如是二説，則必書曰『邱出甲』，必不曰『作邱甲』也。究其旨，謂之邱甲者，邱則賦之本名；加之以甲，則賦之總號，非獨爲出甲矣。周禮：『九夫爲井，四井爲邑，四邑爲邱，邱出戎馬一疋、牛三頭。』斯邱則

① 「文十五」，應依補正、四庫諸本作「宣十五年」。
②③④ 「楚」下，應依補正補「人」字。
⑤ 「始」下，應依補正補「邱」字。
⑥ 「公羊謂四邱爲甸……」以下十六字，依補正當删。

魯賦之本名也。『四邱爲甸，甸六十四井，出長車①一乘、戎馬四疋、牛十二頭、甲士三人、步卒七十二人。』此甸所賦。今使邱出之，故曰邱甲。左氏謂譏重斂，得其旨。八年，晉侯使韓穿來言汶陽之田，歸之於齊②。左氏曰：「使來語魯，使還齊也。」公羊曰：「脅我，使歸之也。」穀梁曰：「緩詞也，不使晉制命於我也。」折衷曰：「汶陽者，本魯之田，而齊取之。成二年鞌之戰，齊師敗績，齊使國佐於③晉，紀甗、玉磬與地以和之，晉使齊歸我汶陽之田，至斯齊、晉未有釁隙。齊復求汶陽於晉，晉復使我還齊，苟曰『脅我使歸之』，則必書曰『晉侯使韓穿來歸汶陽之田於齊矣。』而曰『來言汶陽之田』，非脅之明矣。窮其旨是和好之言，使我徐徐自歸於齊，不使齊、魯復有怨隙；然考其情，不無臨制，聽其言則婉④且遜，聖人爲魯，故不書其情而書其言，斯左氏、穀梁得其實，公羊之誤。十年，夏四月，五卜郊，不從，乃不郊。杜曰：「卜常祀不郊，皆非禮，故書。」公羊曰：「不免牲，故曰不從郊也。⑤」穀梁曰：「五卜，強也。」折衷曰：「春秋常祀不書。郊，常祀也，書之，或以非時非禮，不苟然也。凡禮，不卜常祀，五卜郊，非禮也。公羊謂不免牲，故曰『乃不郊』，以其僖三十一年、襄七年書『乃免牲』，不曰『乃不郊』故也。噫！乃免牲與不郊，其文雖殊，其旨無異。書乃不郊，則是乃免牲也。聖人互文，

①「車」，應依四庫薈要本、文津閣四庫本、補正作「轂」。
②「歸之於齊」，文津閣四庫本無「於」字。
③「於」，應依補正、四庫諸本作「賂」。
④「婉」，四庫諸本作「宛」。
⑤「故曰不從郊也」，應依補正、四庫諸本作「故言乃不郊也」。

非有別也。是以二書乃免牲，三書乃不郊，杜得之，二傳皆誤。襄二十九年，仲孫羯會晉荀盈、齊高止、宋華定、衛①叔儀、鄭公孫段、曹人、莒人、滕人、薛人、小邾人城杞。左氏曰：「晉平公，杞出也，乃②治杞。」公羊曰：「善其城王者之後。」穀梁曰：「杞危而不能自守，故諸大夫相帥以城之，變之正也。」折衷曰：「夫伯主之於諸侯，雖曰先姬姓而後異姓，然於正救之道，第同盟而共尊王室，則異姓亦無碍矣；苟不同盟而不尊王室，則姬姓亦有嫌焉。如城邢、城楚邱、城緣陵，皆伯主帥諸侯而城矣；齊桓公城緣陵，得非遷杞邪？奚齊桓城杞而無詞，晉平城杞而異論？故聖人以常文而書之，無譏無刺，非升非絀也。公羊、穀梁俱不足取；左氏以杞無事，而晉以外族之故，帥諸侯而城之，載鄭子太叔與衛太叔儀之言，曰：『不恤宗周之闕而夏肄是屏』，所謂廣記當時之事，然於經之傳斯得其實矣。昭二十五年秋，七月上辛，大雩；季辛，又雩。左氏曰：「秋書再雩，旱甚也。」公羊曰：「又雩者，非雩也。聚衆以逐者③，季氏也。」穀梁曰：「有繼之詞也。」折衷曰：「春秋不書常祭，其或書之，各有旨，或爲過時而書，或非禮而書。斯書雩數矣，以多爲過時斯書，上辛之雩，非爲過時也，非爲非禮也，是正雩之時也。何者？龍見而雩，雩用夏，夏之仲月斯書，周之七月則夏之仲月也，故曰正雩之時。常祭不書，正雩得非常祭歟？曷以書之？書之者，爲季辛又雩也。亦猶書正月蒸，五月復

① 「衛」下，應依四庫薈要本、文津閣四庫本、補正補「世」字。
② 「乃」，應依四庫薈要本、文津閣四庫本、補正作「故」。
③ 「者」，依補正、四庫諸本當删。

蒸；正月正①也，五月蒸②不正也，書其正以譏其不正。斯上辛雩，正也；季辛又雩，旱甚也，書其正以明其旱甚復雩也。左氏得其旨，穀梁謂有繼之詞近之，公羊謂聚衆以逐季氏，遠矣。」定元年春王。杜曰：「公之始年，不書正月，公即位在六月。」公曰：「定何以無正③？公④即位後也。」穀曰：「定無正始也，昭無正終也。」折衷曰：「春秋諸公即位之歲，有書即位者，有不書即位者，然皆備五始以謹其始，惟定公即位第書元年春王而不書正月，三家以是之互。苟曰昭無正終，故定無正始，則隱無正終，桓曷以書正始。桓、莊、僖、閔亦然，奚皆書之？考其旨：昭公三十二年十二月薨於乾侯，定公正月不即位者，喪未歸也；至六月癸亥，公之喪至，是月癸巳⑤，公方書即位，所以不書正月，公即位六月也。杜得其旨。」十年，齊人來歸鄆、讙、龜陰之田。左氏曰：「孔子受盟，請反汶陽之田。」公羊曰：「行乎季孫，三月不違，齊人來歸之。」穀梁曰：「罷會，齊人使優俳⑥施舞於魯君之幕下，孔子曰：『笑君⑦，罪當死。』乃⑧使殺之，齊人爲是歸之。」折衷曰：「齊、魯甥舅之國，代爲婚姻，時或侵或

---

① 「正」下，文津閣四庫本作「烝」，依四庫薈要本、補正當補「蒸」字。
② 「蒸」，文津閣四庫本誤作「烝」。
③ 「正」下，依補正、四庫諸本當補「月」字。
④ 四庫薈要本、文津閣四庫本無「公」字。
⑤ 「癸巳」，四庫諸本作「戊辰」。
⑥ 「俳」，依四庫诸本、補正當删。
⑦ 「笑君」，四庫薈要本、文津閣四庫本作「笑君者」。
⑧ 四庫薈要本無「乃」字。

伐，或平或隳，靡有所定，故上書春，『及齊平』，次書『夏，公會齊侯於夾谷』，終書『齊人來歸鄆、讙、龜陰之田』。是二國平和之後，會於夾谷，齊侯使萊人以兵劫公，尼父以公退，以大義沮之，曰：『於德爲愆義，於人爲失禮，君必不然。』齊人①聞，遽辟之。乃②盟曰：『齊師出境，不以三百乘從我者，有如此盟。』尼父曰：『不反汶陽之田，吾以供命者，亦如之。』故齊人來歸所侵之田。噫！齊，强國也；魯，弱國也。以力争之不可也，以勢競之不可也，惟可以義服之，以言折之，聖人用是而齊沮其謀、反其田，斯左氏得其旨，公羊、穀梁皆短。十五年五月辛亥，郊。左氏曰：「書過也。」公羊曰：「三卜之後遇吉，所以五月郊也。」穀梁曰：「譏不時也。」折衷曰：「凡郊祀卜牛，禮也。卜郊，非禮也。何者？牛可改，郊不可改也。牛苟不吉則改之，苟有傷則改之，郊必其時也，先亦非禮也，過亦非禮也，以不卜者不可改故也。苟卜必書之，何者？刺其非禮也。苟過時必書之，何者？亦刺其非禮也。公羊謂三卜遇吉，所以五月郊設三卜，胡不書之？如成十年書五卜、襄七年書三卜郊、襄十一年書四卜郊，而第書辛亥郊歟？斯誤矣。稽其旨，上書『鼷鼠食郊牛，牛死，改卜牛。』書③『五月辛亥郊。』書『改卜牛』，正也；書五月郊，不正也。是刺不時而非禮明矣。左氏、穀梁得其旨，公羊之短。」

---

① 「人」，應依四庫薈要本、文津閣四庫本、補正作「侯」。

② 「乃」，應依四庫薈要本、文津閣四庫本、補正作「將」。

③ 「書」上，應依四庫薈要本、文津閣四庫本、補正補「下」字。

哀十二年春，用田賦。杜曰：「兵①賦之法，因其田賦②通出馬一匹、牛三頭。今欲别其田及家財，各爲一賦，故言田賦。」公曰：「軍賦十井，不過一乘，今復用田賦，過十一也。」穀與杜同。折衷曰：「春秋常賦不書，苟書之，必譏其重斂也。復書用田賦，可知其害人矣。謂作者不宜作，謂用者不宜用，皆聖人之微文也。自作邱甲之後，已破十一之税矣。田賦、軍賦本通出馬一匹、牛三頭，今别爲田明矣。杜氏、穀梁得其旨。」十四年，西狩獲麟。左氏曰：「獲③麟者仁獸，聖王之瑞。」公羊曰：「非中國之獸。」穀梁曰：「不外麟于中國也。」折衷曰：「春秋書災異，不書祥瑞。斯麟者，瑞也，曷以書之者？非爲祥瑞而書，以聖人感麟至而書也。夫言祥瑞，豈限中國四夷④歟？苟以非中國之物而爲瑞，則西域獻吉光獸之類皆原爲瑞，必不然矣。蓋取其隱見不常，天下有道則至，爲瑞明矣然。公羊曰：『顔回死，子曰：「天喪予！」子路死，子曰：「天祝予！」』西狩獲麟爲仲尼之應，顔回、子路則聖人重愛之弟子也，聞其死曰天喪予者，皆痛惜之辭，安可以獲麟爲比？麟鳳則王者之瑞，既出無其應，聖人迺感麟而起，以修春秋。麟出既非爲己，春秋修亦非爲己，蓋懲惡勸善，爲百世之法，如『河不出圖，洛不出書，吾已矣夫。』斯皆爲周德之衰，無明王之應，非爲己也。孟軻謂仲尼之道高於堯、舜，何道窮之有？左氏得其實，公羊、穀梁之短也。考岳書凡三十卷，十不存一，唐人説春秋者啖、

①「兵」，應依四庫薈要本、文津閣四庫本、補正作「邱」。
②「賦」，應依四庫薈要本、文津閣四庫本、補正作「財」。
③「獲」，依補正、四庫諸本當删。
④「四夷」，文津閣四庫本改作「遐方」。

趙、陸三家，而外傳者罕矣，雖斷圭零璧，亦足寶也。

〔補正〕

竹垞按：引山堂章氏群書考索續集内「隱元年書即位」，「書」上脱「不」字；「正威之意」，「正」當作「立」；「志不敬也」，「敬」當作「時」；「壬申及齊師戰于乾時」，「壬申」當作「庚申」；「公曰：『内不言敗何？伐敗也。』」，當作「公曰：『内不言敗？此其言敗何？伐敗也。』」；「方伯之際書日，則莊二十二年防之盟、二十三年扈之盟、閔元年落姑之盟、僖九年葵邱之盟是也。」傑按：三傳經文，落姑之盟不書日，陳岳以爲書日，誤。「夫子之命大夫也」，「夫」當作「天」；「夫陽正之月」當作「正陽」；「因其事不顯者」，「因」當作「無」；「慶父不除」當作「不去慶父」；「鄭未服，不與會」，當作「鄭新服，未與會」；「文十三年經書自十二月不雨」，當作「文公二年」；「五穀猶可收」，「可」當作「有」；「文十五年，宋人及楚平。」左氏曰：『宋人及楚平。』公羊曰：『宋人及楚人平。』穀梁曰：『宋人及楚平。』「文」當作「宣」。傑按：今三傳經文並有「人」字，左氏傳文作「宋及楚平」，無兩人字，此所舉經傳文並誤。「譏始使也」，「始」下脱「邱」字；「公羊謂四邱爲甸，甸出甲士三人，今乃使一邱之地出甲士。」傑按：公羊注疏無此文。「出長車一乘」，「車」當作「轂」；「齊使國佐于晉」，「于」當作「賂」；「故曰不從郊也」，當作「故言乃不郊也」；「衛叔儀」，「衛」下脱「世」字；「杞出也，乃治杞」，「乃」當作「故」；「聚衆以逐者」，「者」字當刪；「正月正也」，「月」下脱「烝」字；「定何以無正」，「正」下脱「月」字；「使優俳」，「俳」字當刪；「齊人聞，遽辟之，乃盟」，「人」當作「侯」、「乃」當作「將」；「改卜牛，書五月」，「書」上脱「下」字；「兵賦之法」，「兵」當作「邱」；「因其田賦」，「賦」當作「財」；「左氏曰獲麟者」，「獲」字

當删。（卷七，頁十六—十七）

尹氏玉羽**春秋音義賦**

宋志：「十卷。」

佚。

宋志：「冉遂良注。」

春秋字源賦

宋志：「二卷。」

佚。

宋志：「楊文舉注。」

王應麟曰：「咸平四年正月乙酉，知河南府，李至上之以書，送祕閣。」

按：尹玉羽，京兆長安人，以孝行聞。杜門隱居，劉鄩辟爲保大軍節度推官；仕後唐至光禄少卿。晉高祖召之，辭以老，退歸秦中。春秋二書之外，又著自然經五卷、武庫集五十卷，其行事散見於册府元龜。

姜氏虔嗣**春秋纂例**宋志作「三傳纂要」。

宋志：「二十卷。」

佚。

崇文總目：「僞唐人姜虔嗣撰，以春秋左氏、公、穀三家之傳，學者抄集之文。」

馮氏繼先①**春秋名號歸一圖**

〔補正〕

閻百詩曰：「繼先，『先』當作『元』，僞蜀朝人。」（卷七，頁十八）

通考：「二卷。」

崇文總目：「僞蜀馮繼先撰，以春秋官謚名字裒附初名之左。」

晁公武曰：「左氏所書人不但稱其名，或字、或號、或爵謚，多互見，學者苦之，繼先皆取以繫之名下。」

李燾曰：「昔邱明傳春秋，於列國君臣之名字不一其稱，多者或至四五，學者病其紛錯難記，繼先集其同者，爲一百六十篇，音同者附焉，於左氏抑亦微有助云。宋大夫莊堇、秦右大夫詹，據傳未始有

---

① 「繼先」，應依補正作「繼元」。存。

父字，而繼先輒增之，所見異本；若子韓皙者，蓋齊頃公，孫世族譜與傳同，而繼先獨以爲韓子皙與楚、鄭二公孫黑共篇，蓋誤也。」

陳振孫曰：「左傳所載君臣名氏字謚，互見錯出，故爲此圖以一之。周一、魯二、齊三、晉四、楚五、鄭六、衛七、秦八、宋九、陳十、蔡十一、曹十二、吴十三、邾十四、杞十五、莒十六、滕十七、薛十八、許十九、雜①小國二十。」

岳珂曰②：「春秋名號歸一圖二卷，馮繼先撰。刊本多訛錯，嘗合京、杭、建、蜀本參校：有氏名略同，實非一人而合爲一者；有名字若殊，本非二人而析爲二者；有自某國適他國，而前後互見者；有稱某公與某年，而經、傳不合者；或以傳爲經，或以注爲傳；或偏傍疑似而有亥豕之差，或行數牽連而無甲乙之别。若此類非一，今皆訂之經、傳，刊其譌謬，且爲分行，以見别書。若雜出於經、傳與注而止稱經，或傳注散見於前後數年閒而止稱某公、某年，蓋據始見而書之。廖本無年表、歸一圖，今既刊公、穀，併補二書以附經、傳之後。③」

〔補正〕

「岳珂曰」下當補「按史藝文志」五字，「廖本無年表」以下當删。（卷七，頁十八）

---

① 文津閣四庫本無「雜」字。

② 「兵珂曰」以下，應依補正補「按史藝文志」五字。

③ 「廖本無年表……」以下，依補正當删。

名字同異録

宋志：「五卷。」

存。

蹇氏遵品**左氏傳引帖新義**宋志作「斷義」。

宋志：「十卷。」

佚。

崇文總目：「僞蜀進士蹇遵品撰。擬唐禮部試進士帖經舊式，敷經具對。」

李氏三傳異同例

唐志：「十三卷。」

佚。

新唐書注：「開元中，右威衛録事參軍，失名。」

亡名氏春秋加減

唐志：「一卷。」

佚。

崇文總目：「唐元和時，國子監承詔修定，以此經字文多少不同，故誌其增損，以防差駮。」

中興書目：「春秋加減一卷，訂正左氏句讀，字畫訛舛。」

陳振孫曰：「書稱元和十三年國子監奉敕定，不著人名。校定偏旁，若五經文字之類。此本作小禮册，纔十餘板，前有『睿思殿書籍印』，末稱『臣雩校定』，蓋承平時禁中書也。」

春秋精義

宋志：「三十卷。」

佚。

崇文總目：「不著撰人名氏。彙事於上，分抄杜氏、孔穎達言數家之説，參以釋文。」

演左氏傳諡族圖

五卷。

佚。

崇文總目：「不著撰人名氏。以左氏學世譜增廣之，貫穿系序，差①無遺略。」

---

① 文淵閣四庫本無「差」字。

春秋龜鑑

宋志：「一卷。」

佚。

崇文總目：「不著撰人名氏。述春秋周及諸侯世次，齊、魯大國公子公孫。初不詳備，其後傳寫又失其次序，今存以備討①閱。」

春秋宗族名謚譜

佚。

崇文總目：「不著撰人名氏。略采春秋三傳諸國公卿大夫姓名謚號。」

春秋指掌圖

二卷。

佚。

國史志：「春秋指掌圖二卷，融據李瑾指掌爲圖，不著姓。」

---

①「討」，文淵閣四庫本誤作「計」。

春秋十二國年歷通考作「二十國年表」。

宋志：「一卷。」

〔校記〕

四庫著録春秋年表一卷，自周以下至小邾凡二十國，則十二國者，殆二十國之誤耶？（春秋，頁四七）

佚。

國史志：「不知撰人。」

陳振孫曰：「不知何人作。周而下，次以魯、蔡、曹、衛、滕、晉、鄭、齊、秦、楚、宋、杞、陳、吴、邾、莒、薛、小邾。按：館閣書目有年表二卷，元豐中楊彦齡撰。自周之外，凡十三國。又按：董氏藏書志，年表無撰人。自周至吴、越凡十國，又有附庸諸國别爲表，凡征伐、朝覲、會同皆書。今此表止記即位及卒，皆非二家書也。」

春秋新義

宋志：「十卷。」

佚。

春秋纂類義統

宋志：「十卷。」

佚。

春秋通義

宋志：「十二卷。」

佚。

經義考卷一百七十九

春秋十二

宋真宗皇帝春秋要言

三卷。中興書目：「五卷。」

佚。

長編：「上作春秋要言三卷，召輔臣至龍圖閣示之。」

玉海：「天禧元年二月，幸龍圖閣，出春秋要言三卷示輔臣，二年以賜皇太子，三年十月賜輔臣，御製前後序。」

職官分紀：「天章閣，天禧四年初建，五年二月工畢，奉真宗御集安閣中，有春秋要言五卷。」

楊氏均**魯史分門屬類賦**

三卷。

佚。

玉海：「乾德四年四月，國子丞楊均上魯史分門屬類賦三卷，詔褒之。」

晁公武曰：「皇朝楊均撰。以左氏事類分十門，各爲律賦一篇，乾德四年上之。」

按：是書宋藝文志作「崔昇撰、楊均注。」

胡氏旦**春秋演聖通論**

十卷。

佚。

崇文總目：「皇朝祕書監胡旦撰。多摭杜氏之失，有裨經旨。」

黄淵曰：「胡旦編年，先經後傳，柳仲塗欲贈一劍，意尊經也。」

許氏洞**春秋釋幽**

五卷。

佚。

宋史：「許洞，字洞天，吴縣人，太子洗馬仲容之子，精左氏傳。咸平三年進士釋褐雄武軍推官，景德二年，除均州參軍，大中祥符四年召試①改烏江主簿。」

〔補正〕

宋史條内，「召試」下脱「中書」二字。（卷七，頁十八）

葉氏清臣**春秋纂類**

宋志：「十卷。」

佚。

中興書目：「天禧中，葉清臣取左氏傳隨事類編爲二十六門，凡十卷，名春秋纂類。」

胡氏瑗**春秋口義**

宋志：「五卷。」

佚。

陳振孫曰：「胡翼之撰至宣公十二年而止，戴岷隱在湖學嘗續之，不傳。」

① 「召試」下，依補正、四庫薈要本、文淵閣四庫本當補「中書」二字。

石氏介**春秋説**

未見。

〔補正〕

按：宋史儒林傳，介爲孫復弟子，此列介於復之前，誤。（卷七，頁十八）

王氏沿**春秋集傳**

宋志：「十五卷。」

佚。

崇文總目：「沿患學者自私其家學而是非多異，失聖人之意，乃集三傳之説，删爲一書；又見祕書目有先儒春秋之學頗多，因啓求之，得董仲舒等十餘家。沿自以先儒猶爲未盡者，復以己意箋之。」

晁公武曰：「沿，字聖源，大名人。好春秋，所至以春秋斷事。是書集三傳解經之文，仁宗朝嘗奏御詔直昭文館，後官至天章閣待制。」

長編：「景祐元年正月，河北漕臣轉運使刑部員外郎王沿詣闕奏事，上所著春秋集傳十五卷，復上書以春秋論時事，命直昭文館。」

賈氏昌朝**春秋要論**

十卷。

佚。

玉海：「景祐元年十二月，崇政殿説書賈昌朝撰春秋要論十卷，詔令舍人院試，二年五月①詔直集賢院。」

〔補正〕

玉海條内「二年五月」，「五」當作「二」。（卷七，頁十八）

春秋節解

八十卷。

佚。

玉海：「景祐二年正月，御延義閣，命賈昌朝講春秋。慶曆四年三月，問輔臣三傳異同之説，賈昌朝曰：『左氏多記事，公、穀專解經，皆以尊王室，明賞罰，然考之有得失。』皇祐五年十月，上春秋節解八十卷。」

① 「五月」，應依四庫薈要本、補正作「二月」。

李氏堯俞**春秋集議略論**

宋志：「二卷。」

佚。

玉海：「慶曆中，大理丞李堯俞辨三傳諸家得失及采陳岳折衷，總其類例五百餘目，而成一百九十五論，表進稱春秋集議略論三十卷，今分上、下二卷。」

孫氏復**春秋尊王發微**

宋志：「十二卷。」中興目有總論三卷，今佚。

存。

歐陽修曰：「先生治春秋，不惑傳注，不爲曲說以亂經，其言簡易。明於諸侯、大夫功罪，以考時之盛衰，而推見王道之治亂，得於經之本義爲多。」

晁公武曰：「皇朝孫明復撰。史臣言明復治春秋不取傳注，其言簡而義詳，著諸大夫功罪，以考時之盛衰，而推見治亂之跡，故得經之意爲多。常秩則譏之曰：『明復爲春秋，猶商鞅之法，棄灰於道者有刑，步過六尺者有誅。』謂其失於刻也。胡安國亦以秩言爲然。」

王得臣曰：「泰山孫明復治春秋，著尊王發微，大得聖人之微旨，學者多宗之。以爲凡經所書，皆變古亂常則書之，故曰春秋無褒。蓋與穀梁子所謂常事不書之義同。」

王闢之曰：「明復尊王發微十五篇，爲春秋學者未之有過者也①。」

〔補正〕

王闢之條内，「未之有過者也」當作「有過之」。（卷七，頁十八）

葉夢得曰：「孫明復春秋專廢傳從經，然不盡達經例，又不深於禮學，故其言多自牴牾，有甚害於經者，雖概以禮論當時之過，而不能盡禮之制，尤爲膚淺。」

魏安行後序曰：「六經皆先聖筆削，而志在於春秋者，賞善、罰惡、尊天子而已矣。奈何傳注愈多，而聖人之意愈不明。平陽孫明復先生，奥學遠識，屏置百家，自得褒貶之意，立爲訓傳，名曰尊王發微。其辭簡，其義明，惜流傳既久，訛舛益多。安行假守滁陽，公餘獲與同僚參校，釐正謬誤凡一百一十九、釋文二百一十四，命工鏤板，以授學官；若先生操履學問，則有范文正公薦章、歐陽文忠公墓誌銘載之詳矣，此不復叙。」

朱子曰：「近時言春秋，皆計較利害，大義卻不曾見。如唐之陸淳，本朝孫明復之徒，雖未能深於聖經，然觀其推言治道，凜凜然可畏，終得聖人意思。」

長編：「殿中丞國子監直講孫復治春秋，不惑傳注，其言簡易，得經之本義。既被疾，樞密使韓琦言於上，選書吏給紙札，命其門人祖無擇即復家録之，得書十五卷，藏祕閣。」

陳振孫曰：「復居太山之陽，以春秋教授，不惑傳注，不爲曲説，其言簡易。明於諸侯、大夫功罪，

---

① 「未之有過者也」，四庫薈要本作「未有過之者」，應依補正作「未之有過之者也」。

以考時之盛衰，而推見王道之治亂，得於經爲多。石介而下皆師事之，歐陽文忠公爲作墓誌。」

呂中曰：「春秋之學，前乎此，舉凡例而已。自孫泰山治春秋，明於諸侯、大夫功罪，以考時之盛衰，推見王道之治亂，而天下始知有春秋之義。」

王應麟曰：「尊王發微十二篇，大約本於陸淳而增新意。」

黄震曰：「先生力貧養親，讀書泰山之陽，魯之名士石介以下皆師事之，丞相李迪妻以弟之女；給事中孔道輔聞其風，就見之；范公、富公薦之天子，爲直講；行無隱而不彰，積力久，效固應爾。張貴妃幼隨其父堯封常執事先生左右，既貴，數遣使致禮，先生閉門拒之。所謂求福不回，非與？」

黄澤曰：「孫泰山謂春秋有貶而無褒，若據此解經，則不勝舛謬。」

李瀅①曰：「尊王發微，其書於君臣内外之際，論辨凛凛，無少寬假。宋人自歐陽永叔而下，多盛稱之，獨蘇子由不取；至胡文定春秋傳引常秩之言，謂孫氏之於春秋，動輒有罪，比之商鞅之刑及棄灰，家氏鉉翁亦以爲法家之言。然考胡氏春秋傳，自伊川傳外，多取資於二孫，其持論不應齟齬如是。以今觀其發明之義例，原本三傳，折衷于啖、趙、陸諸家，而斷以古先哲王正經常法，似非同時說春秋所及。」

---

① 「李瀅」，文淵閣四庫本作「查瀅」。

三傳辨失解

佚。

程端學曰：「平陽孫氏復有尊王發微、總論，又有三傳辨失解。」

〔四庫總目〕

程端學稱其尊王發微、總論二書外，又有三傳辨失解，朱彝尊經義考因之。然其書史不著録，諸儒亦罕所稱引。考宋史藝文志及中興書目，均有王日休所撰春秋孫復解三傳辨失四卷，或即日休之書，端學誤以爲復作歟？然則是駁復之書，非復所撰也。（卷二六，頁二二，春秋尊王發微十二卷提要）

陳氏師道**春秋索隱**

三卷。

佚。

吴曾曰：「館中有陳師道春秋索隱三卷，士大夫以爲陳無己所作，非也。師道，建安人，仕至殿中侍御史。吕南公所謂深於春秋，蓋與泰山孫復齊能，而師道仕望專高，故不倚經以名者也。」

丁氏副**春秋演聖統例**

宋志：「二十卷。」

佚。

晁公武曰：「皇朝丁副撰，田偉書目『副』作『嗣』，未知孰誤？其序云：『經有例法，一家所至，較然重輕。杜預釋例專主左氏而未該，唐陸淳纂例雖舉經而未備，纖悉絓羅而咸在者，其惟此書乎！』」

春秋三傳異同字

宋志：「一卷。」

佚。

鄭樵曰：「丁副春秋三傳同異字可見於杜預釋例、陸淳纂例。」

黄氏君俞**春秋闕言**

通志：「十二卷。」

佚。

趙希弁曰：「國子監直講黄君俞，蓋仁廟時閩人，所謂六經闕言、二傳節摘、六經續注、三史訓彝、六代史記。惜不得而見之矣。」

周氏希孟**春秋總例**通志作「希聖」。

通志：「十二卷。」

佚。

龍氏昌期**春秋正論**

通志：「三卷。」

佚。

春秋復道論

通志：「十二卷。」

佚。

張氏公裕**春秋注解**

佚。

周氏堯卿**春秋説**

三十卷。

佚。

曾鞏曰：「堯卿之學春秋，謂由左氏記之詳，得經之所以書；至三傳之異同，均有所不取，曰：聖人之意，豈二致耶？」

劉氏義叟**春秋辨惑**

佚。

春秋災異

佚。

按：仲更嘗從李挺之受曆，其於春秋有辨惑、災異二書，今俱無存。晁以道題詩云：「志苦言危凜雪霜，何人敢喚作劉郎？休論瑞應誇圖牒，羞死當年顧野王。」

歐陽氏修**春秋論**

三篇。

存。

春秋或問

二篇。

存。

黄震曰：「歐陽公論春秋，謂學者不信經而信傳，不信孔子而信三子，隱公非攝、趙盾非弑①、許世子止非不嘗藥，亂之者，三子也；起隱公，止獲麟，皆因舊史而修之，義不在此也。卓哉之見，讀春秋者可以三隅反矣。」

宋氏堂**春秋新意**

佚。

玉海：「成都宋堂著春秋新意，嘉祐元年，翰林學士趙概上其所著書，十月，以爲四門助教。」

長編：「堂，雙流人。」

楊氏繪**春秋辨要**

十卷。

佚。

玉海：「嘉祐三年，楊繪獻書意、詩旨、春秋辨要十卷，閏十二月，命爲集賢校理。」

---

① 「非弑」，四庫薈要本作「親弑」。

宋氏敏修**春秋列國類纂**

佚。

玉海："皇祐五年，宋敏修上所著列國類纂，四月，召試學士院。"

黎氏錞**春秋經解**

通考："十二卷。"

佚。

晁公武曰："皇朝黎錞希聲撰。錞，蜀人，歐陽公之客，名其書爲經解者，言以經解經也。其後又爲統論附焉。"

魯氏有開**春秋指微**

宋志："十卷。"

佚。

朱氏寀**春秋指歸**

佚。

范仲淹進狀曰：「臣伏見故祕書丞集賢校理朱寀，幼有俊才，服膺儒術，研精道訓，務究本源，越自經庠，擢陞文館，力學方①起，美志未伸，不幸天②喪，深可嗟悼！寀春秋之學爲士林所稱，有唐陸淳始傳此義，學者以爲春秋之道久隱，而近乃出焉。寀苦心探賾，多所發揮，其所著春秋指歸若干卷，謹繕寫上進乞下兩制，詳定如實，可收采則，乞宣付崇文院。」

王氏晳**春秋通義**

宋志：「十二卷。」

佚。

春秋異義

十二卷。

佚。

春秋明例隱括圖

通考：「一卷。」

① 「方」，文淵閣四庫本作「才」。

② 「天」，備要本作「天」。

佚。

皇綱論

宋志：「五卷。」

存。

玉海：「至和中，太常博士王哲撰春秋通義十二卷，據三傳注疏及啖、趙之學。其説通者，附經文之下；闕者，用己意釋之。又異義十二卷、皇綱論五卷二十三篇。」

陳振孫曰：「太常博士王哲撰春秋皇綱論、明例隱括圖共六卷，至和閒入①，館閣②目③。」

〔補正〕

陳表孫條内「至和閒入館閣目」，「入」當作「人」，「閣」下脱「書」字，「目」下當補云：「有通義十二卷，未見。」（卷七，頁十八）

江氏休復**春秋世論**

三十卷。

---

① 「入」，應依四庫薈要本、補正作「人」。

② 「閣」下，依四庫薈要本、補正當補「書」字。

③ 「目」下，依四庫薈要本、補正當補「有通義十二卷未見」八字。

佚。

隆平集：「江休復，字鄰幾，雍邱人。天聖二年進士，除集賢校理，修起居注，積官刑部郎中，著春秋世論三十卷。」

〔補正〕

隆平集：「江休復，字鄰幾，雍邱人。」按：宋史作陳留人。（卷七，頁十八）

按：休復著春秋世論，故韓維贈詩云：「翼孔著高議。」

齊氏賢良春秋旨要

佚。

按：齊氏春秋旨要，杜諤採之，程端學本義引之。

朱氏定春秋索隱①

宋志：「五卷。」

〔補正〕

按：宋志作朱定序。（卷七，頁十八）

---

① 「索隱」，文淵閣四庫本作「索圖」。

佚。

程端學曰："授於師道先生。"

孫氏立節**春秋三傳例論**

佚。

贛州府志："孫立節，字介夫，寧都人。皇祐五年進士，判桂州，著春秋三傳例論，孫復見之，歎曰：『吾力所未及者，介夫盡發之矣。』"

范氏隱之**春秋五傳會義**

佚。

張方平薦狀曰："伏見太常寺奉禮郎范隱之所著春秋五傳會義，經術深明，旨趣醇正。今去聖逾遠，異端多門，常人好奇，鮮根於道，隱之論述獨探精粹，且其履行高介不群，志甚自強，進未云止，儻蒙樂育，必成良材。伏乞聖慈特命取所著書，登諸①衡石之末，特與召試，備館閣之缺。"

---

① "諸"，文淵閣四庫本作"之"。

蔡氏襄講春秋左氏傳疏

一篇。

存。

經義考卷一百八十

春秋十三

劉氏敞春秋傳

宋志：「十五卷。」

存。

王應麟曰：「劉原父深於春秋，然議郭后祔廟，引春秋：禘於太廟，用致夫人，致者，不宜致也。且古者不二嫡，當許其號而不許其禮。張洞非之，曰：『按左氏哀姜之惡所不忍道，而二傳有非嫡之辭，敞議非是。』然則稽經議禮難矣哉！」

春秋權衡

宋志：「十七卷。」

存。

敞自序曰：「劉子作春秋權衡，權衡之書始出，未有能讀者。自序其首曰：權，準也；衡，平也。物雖重必準於權，權雖移必平於衡，故權衡者，天下之公器也，所以使輕重無隱也，所以使低昂適中也。察之者易知，執之者易從也。不準，則無以知輕重；不平，則輕重雖出，不信也。故權衡者，天下之至信也。凡議春秋，亦若此矣。春秋一也，而傳之者三家，是以其善惡相反，其褒貶相戾，則是何也？非以其無準、失輕重耶？且昔者董仲舒、江公、劉歆之徒，蓋嘗相與争此三家矣，上道堯、舜，下據周禮，是非之議，不可勝陳，至於今未決，則是何也？非以其低昂不平耶？故利臆説者，害公義；便私學者，妨大道，此儒者之大禁也。誠準之以其權，則童子不欺；平之以其衡，則市人不惑，今此新書之謂也。雖然，非達學通人，則亦必不能觀之矣。耳牽於所聞，而目迷於所習，懷恐見破之私意，而無從善服義之公心，故亦譬之權衡矣。或利其寡而示權如羸①，或利其多而示權如縮，若此者，非權衡之過也，人事之變也。」

〔補正〕

自序內「而示權如羸」，「羸」當作「羸」。（卷七，頁十九）

葉夢得曰：「劉原父知經而不廢傳，亦不盡從傳，據義攷例，以折衷之，經、傳更相發明；雖間有未然，而淵源已正。今學者治經不精，而蘇、孫之學近而易明，其失者不能遽見，故皆信之；而劉以其難

---

① 「羸」，文淵閣四庫本作「盈」，應依備要本、補正作「羸」。

入，則或詆以爲用意太過，出於穿鑿，彼不知經，無怪其然也。」

晁公武曰：「權衡論三傳之失，意林叙其解經之旨，劉氏傳其所解經也，如桓無王、季友卒、胥命用郊之類，皆古人所未言。」

陳振孫曰：「原父始爲權衡，以平三家之得失，然後集衆説，斷以己意，而爲之傳；傳所不盡者，見之意林。其傳用公、穀文體，説例①凡四十九。」

春秋意林

宋志：「二卷。」玉海：「五卷。」

〔校記〕

四庫本二卷。（春秋，頁四八）

存。

史有之序曰：「清江爲二劉、三孔，鄉文獻宜徵而足。今三孔集故在，獨二劉所著燬於兵，假守於此，非惟無以致尚古之意，亦無以應求者之請。旁加搜訪，得原父春秋意林、三傳權衡，議論堅正，有功聖經。異時立朝抗節，不畏權倖，争故相之謚法，奪宦官之使名，深得筆削之義，乃知所學蓋有自來與。然則是書之存，實有關於世教。再壽諸梓，庶幾著前輩之懿，補郡乘之缺云。」

---

① 文淵閣四庫本脱「説」字。

吴萊後序曰：「劉子作春秋權衡，自言書成世無有能讀者；至意林猶未脱稿，多遺闕。蓋昔左氏言，孔子作經，從諸國赴告，故又博采他事以附經。今劉子乃據閔因叙，謂聖人悉徵百二十國寶書，傳者從之，將當時諸國所赴告者各有書也。抑此豈即墨子所稱『百二十國春秋』乎？東遷以來，晉有乘、楚有檮杌、魯有春秋，秦世家文公以後，始有史以記事。王道衰，諸侯力政，二百四十二年之閒，凡經傳之可見者一百一十七國，晉地理志且引夏、商時國二斟、豕韋、過弋之屬，非周舊也；齊桓、晉文之盛，朝聘盟會侵伐敗亡者無慮數十，而附庸小邑、蠻夷雜種①又豈悉有書可徵乎？史稱魯君資孔子之周，因老聃觀書周室，且歷聘七十國，又云：『與魯君子左邱明觀史記，自隱公訖於獲麟。』要之春秋固魯史也，因麟出而虚其應，故取而修之，非本書獲麟者；所書周室事亦鮮，無觀周史。孔子世家：孔子嘗往來齊、宋、衛、陳、蔡之郊；晉，故霸國也，聞趙簡子殺竇犫，鳴犢至河而勿渡；楚亦欲以書社七百里地封之，子西靳不可，又輒反於魯，將所聘者又未必有七十國也。然亦何暇悉徵其書乎？墨子，戰國人，妄稱有百二十國春秋耳，非聖人之遺言也。何則？杞、宋王者後，爵稱公，皆大國也；宋頗存王禮，而杞乃以僻陋而用夷。孔子曰：『文獻不足故也，足則吾能徵之矣。』惟古之官名得之郯子，他無見也；雖然，聖人作春秋，但因魯事以寓王事：隱、桓之初，王政不行，而魯與齊、鄭、宋、衛交，齊桓肇霸而魯事齊，晉文繼霸而魯又事晉；襄、昭以降，霸統將絶，而魯又事吴、楚。故經之所載，類不出此數國事；然則春秋固魯史也，魯史所不載，聖人誠不得而筆削之，又何待悉徵百二十國之書乎？嗚呼！閔因之

---

①「蠻夷雜種」，文津閣四庫本改作「遐方絶域」。

說是亦無徵，而弗信者矣。」

何喬新曰：「劉氏意林之書出，而墨守、膏肓之論詳。」

春秋說例

宋志：「一卷①。」玉海：「二卷。」中興書目：「一卷。」

〔補正〕

案：宋志作「十一卷」。（卷七，頁十九）

佚。

〔校記〕

四庫有輯大典本一卷。（春秋，頁四八）

春秋文權

宋志：「五卷。」玉海：「二卷。」

佚。

王應麟曰：「中興書目無。」

---

① 「一卷」，應依補正、四庫薈要本、文淵閣四庫本作「十一卷」。

劉氏敞**春秋内傳國語**

宋志：「十卷。」

佚。

徐氏晉卿**春秋經傳類對賦**

一卷。

存。

晉卿自序曰：「予讀五經，酷好春秋，治春秋三傳，雅尚左氏，然義理牽合，卷帙繁多，顧兹謏聞，難以殫記，乃於暇日撰成録賦一篇，凡一百五十韻，計一萬五千言。欲包羅經傳，牢籠善惡，則引其辭以倡①之；欲錯綜名跡，源統起末，則簡其句以包之；欲按其典實，故表其年以證之；欲循其格式，故比其類以屬之，首尾貫穿，十得其九，命曰春秋經傳類對，將使究其所窮，可以尋其枝葉；舉其宏綱，可以撮其樞要也。其閒立意迂闊，措辭鄙野，不尚華而背實，但慮涉於淫競，不摘詭以扶奇，又懼傷夫名教，故用藏於巾衍，以自備於檢尋，傳之昆雲而俾謹乎誦習，非敢流布聖旦，昭示鉅儒，以爲哂噱之資也②。」

---

① 「倡」，文淵閣四庫本作「唱」。

② 「也」字下，應依補正補「皇祐三年正月望日」。

〔補正〕

自序末當補云：「皇祐三年正月望日。」（卷七，頁十九）

區斗英曰：「是賦乃徐祕書所作，江陵路總管太原趙嘉山得其善本，授之郡庠，俾鋟梓以淑諸生。」

按：是書晁氏讀書志、趙氏讀書附志、鄭氏通志略、陳氏書録解題、朱氏授經圖、焦氏國史經籍志皆無之。晉卿，皇祐中爲將仕郎，試祕書省校書郎。區斗英者，元至正中長沙教授也。

李氏宗道**春秋十賦**

一卷。

佚。

王應麟曰：「李宗道春秋十賦，屬對之工，如：越椒，熊虎之狀，弗殺，必滅若敖；伯石，豺狼之聲，非是，莫喪羊舌；王子争囚而州犁上下，伯輿合要而范宣左右；魯昭之馬將爲櫝，衛懿之鶴有乘軒；于奚辭邑而衛人假之器，晉侯請隧而襄王與之田；星已一終魯君之歲，亥有二首絳老之年；作楚宫，見襄公之欲楚；效夷①言，知衛侯之死夷②；雞憚犧而斷其尾，象有齒以焚其身；虞不臘矣，吴其沼乎；好魯以弓，請謹守寶，賜鄭以金，盟無鑄兵；蛇出泉臺聲姜薨，鳥鳴亳社伯姬卒。」

---

①「欲楚，效夷」，文津閣四庫本改作「好大，效方」。

②「死夷」，文津閣四庫本改作「將亡」。

章氏拱之春秋統微

宋志：「二十五卷。」

佚。

王應麟曰：「統微據三傳、啖、趙意所不及者，斷以己見，并采陸淳可取之義。」

李氏清臣春秋論

二篇。

存。

杜氏諤春秋會義

宋志：「二十六卷。」

佚。

〔校記〕

丁氏善本書室藏鈔本四十卷，孫葆田有刊本廿六卷。（春秋，頁四八）

諤自序略曰：「漢胡毋生、董仲舒之徒出，而公羊興；申公、蔡千秋之學盛，而穀梁起；業左氏者，又有賈護、劉歆之屬，故得並立學官。三家異論，接跡而出，是非互有，所私注釋之意多緣其流。杜元凱則拘以赴告，何休則涉以讖緯，范甯雖務探經，而博采諸說，然未盡詳；唐世，啖、趙、陸淳亦精焉。下闕。」

晁公武曰：「皇祐間，進士杜諤集釋例、繁露、規過、膏肓、先儒同異篇、指掌、碎玉、折衷指掌議、纂例、辨疑、微旨、摘微、通例、胡氏論、箋義、總論、尊王發微、本旨、辨要、旨要①、集議、索隱、新義、經社三十②餘家成一書，其後仍斷以己意，雖其說不皆得聖人之旨，然使後人博觀古今異同之說，則於聖人之旨或有得焉。」

陳振孫曰：「自三傳及啖、趙諸儒，訖於孫氏經社，凡三十餘家，集而繫之經下，時述以己意，有任貫者爲之序。」

張萱曰：「宋皇祐間，眉州杜諤注，以三傳及諸儒三十餘家議論分繫於經之下，而附以說，凡二十六卷。」

趙氏瞻**春秋經解義例**

宋志：「二十卷。」

佚。

---

① 文淵閣四庫本脱「旨要」二字。

② 「三十」，文淵閣四庫本誤作「三千」。

春秋論

佚。

宋志：「三十卷。」

宰輔編年録：「趙瞻，字大觀，鳳翔盩厔人。元祐三年，簽書樞密院事，卒謚懿簡。」

晁説之序曰：「夫子自謂三十而立之後，十年乃不惑，實自志學之後二十年也。嗟乎！學而不惑之難如此同。知樞密院懿簡趙公没身於春秋，著春秋經解十卷，約而喻，簡而達；顧杜氏、啖、趙諸儒之例而病之，作春秋例義二十卷。問者曰：『孰病？』曰：『病前人有例而無義也。』曰：『孰謂義？』曰：『義正者爲正例，猶嶽鎮之不可移也，義變者爲變例，則滄海之涵泳而靡常也。俟其比偶其類，右志而左物；又如九野之博而實其理，衆星之繁而麗乎文，則約且簡者，得以窺聖人之志也。自啖、趙謂公、穀守經，左氏通史之後，學者待左氏如古史記，美文章紛華而玩之，不復語經於斯矣。公獨於經先之左氏，而不合則求之公、穀，又不合則求之啖、趙、陸氏；而遠獨及於董仲舒，近在本朝諸儒，則獨與孫明復辨。其好而無黨，惡而無欲，毅然不惑於名高者也，黯然不惑於衆而自信者也。公未①著書之前，有名世大儒爲矯枉之論，曰：『隱非讓，盾、止實弒。』國中勇聞而鄉風，莫敢少異。公獨歎曰：『予豈溺於三傳者？其如春秋重志而察微，何信簡編而疑師授，專耳目而忽志意，最學者之災也。隱雖非

① 文淵閣四庫本「未」下有「嘗」字。

賢君，而讓國之志不可誣也；盾非州吁、止非般，則非實弒①而加弒以篤爲人臣、爲人子者萬世之忠孝。衆人之疑可也，孰謂君子而疑諸？如彼之言，則春秋開卷平讀而小子得之矣，何爲乎子貢、閔子騫、公肩子、曾子、子石之徒惑焉，學者徒知游、夏不能措一字也已？』嗚呼！公之於春秋篤好而勤力矣，公早以濮議名重於天下，其後論新法，閒居終南之下者十餘年，晚由温公之言起，廢不三年，遂與樞務，皆以春秋之學著之行事，而未嘗以所學一出於口，又何難耶？世之人徒知公之立朝，而莫知公之所以然者，積學於躬有在於此也。公不究所藴而薨於位，大夫學士悲之，而幸此書之存焉爾也。説之元祐中以婚姻之故，辱公賜之話言，繆②已竊爲春秋學矣，而不能公之問，雖嘗略覩公之書而未之好也。逮今三十餘年，始知好公之書，而歎息涕泗有不可贖之悔，則姑從其諸孫而序之，以補墓銘隧碑之所遺云。宣和五年癸卯五月③。」

陸氏縉**春秋新解**

三十卷。

佚。

---

① 「弒」下，文淵閣四庫本有「君」字。
② 「繆」，文淵閣四庫本作「謬」。
③ 「五月」，四庫薈要本作「正月」。

盧熊曰：「陸綰，字權叔，常熟人。舉進士，官至朝奉郎、尚書職方郎中，充淮南等路制，置發運，司運鹽公事，贈中散大夫。」

朱氏臨**春秋私記**

宋志：「一卷。」

佚。

春秋統例

通志：「二十卷。」

佚。

金華志：「臨先家吴興，五季避亂遷浦陽，從安定胡瑗受春秋。瑗著春秋辨要，謂惟臨所得爲精。臨晚年好唐陸淳學，謂孔子没千有餘年，説春秋者無出淳書之右。以吕公著薦入官，歷宣德郎守、光禄寺丞，以著作佐郎致仕。」

王氏棐**春秋義解**「棐」，程氏本義作「斐」。

宋志：「十二卷。」

佚。

唐氏既春秋邦典

佚。

宋志：「二卷。」

〔補正〕

按：宋史作「唐既濟」，此云「唐既」，蓋從書録解題、文獻通考。（卷七，頁十九）

鄒浩序曰：「真淡翁，隱者也。少舉進士，有能賦聲，已而用其伯父質肅公之薦仕州縣，一日，不合意，莞然笑曰：『道其在是乎？』拂衣以歸，遂閉關於漢水之上，殆二十年。元祐八年冬，予以教官至襄陽求見翁，翁弗予拒也，而登其堂，造其室，親炙其言行而知其心。蓋嘗論辨至於經史百氏之書，從横稽據，如出乎其時而目覩其事，如即乎其人而躬受其旨，未嘗不覷然驚，喟然歎，以翁爲邈不可即也。其後集論語、春秋者分爲二卷，合四十四篇，且以六典治邦國之義，名之曰邦典。顧自三傳以來，相踵而私其見者多矣，獨於衆言殽亂之中取周官而折衷焉，以暢孔子不説之意，如執規矩以驗方圓，如引繩墨以分曲直，雖三尺童子亦舉知其可信不疑。嗚呼！春秋日月傳注者，食之不有人焉？祛陰陽之慝而還其光明，則倀倀於世者孰待而成功乎？翁之有功於經，可謂至矣。覽者以天①默而成之之心，觀其默而成之之説，則邦典之奥當自得之。姑掇其大概，并翁之所以出處者發其端云。翁唐氏，名既，字潛

---

① 「天」，應依備要本作「夫」。

亨，號真淡翁。紹聖四年。」陳振孫曰：「唐既，字潛亨撰，質肅之姪，自號真淡翁，與其子愨問答而爲此書，鄒道鄉爲之序。」

孫氏子平**練氏**明道**春秋人譜**

〔補正〕

按：玉海作「鳴道」，此從宋史。（卷七，頁十九）

宋志：「一卷。」

佚。

宋史：「孫子平、練明道同撰。」

王應麟曰：「元祐中，孫子平、練明道編春秋人譜，凡三十八國、千七百六十五人，分三卷，今合爲一。」

張氏砥**春秋傳**

佚。

按：砥治春秋三十年，成書三十萬言，當日以貽司馬温公，託其白上廢三傳之學而行其書，以伸千載聖人未明之意。温公封還之，報書存集中。

馮氏正符①**春秋得法忘例論**

通考：「三十卷。」

佚。

晁公武曰：「皇朝馮正符所撰。熙寧八年，何郯取其書奏之，久而不報，意王安石不喜春秋故也。其書例最詳悉，務通經旨，不事浮辭。正符頗與鄧綰、陳亨甫交私，後坐口語被斥。」

陳振孫曰：「蜀州晉原主簿遂寧馮正符信道撰。其父堯民希元爲鄉先生，正符三上禮部不第，教授梓遂學，十年，著此書及詩、易、論語解。蜀守何郯首以其春秋論上之。熙寧末，中丞鄧綰薦之，得召試，賜同進士出身，王安石亦待之厚。其書首辨王魯、素王之説及杜預三體五例、何休三科九旨之怪妄穿鑿，皆正論也。」

李燾曰：「信道當熙寧九年，用御史鄧文約薦，召試舍人院，賜出身；文約尋責守虢略，信道亦坐附會，奪官歸故郡，後又得馮允南所爲墓銘。信道實事安逸處士何羣，其學蓋得之羣，羣學最高，國史有傳。其師友淵源果如此，則謂信道附會進取，或以好惡言之耳。王荆公當國，廢春秋，不立學官，而信道學經，顧於春秋特詳。鄧御史嚴事王荆公，不敢異，乃先以得法忘例論言於朝，初不曰宰相不喜此也，此亦可見當時風俗猶淳厚，士各行其志，不專以利禄故輙作御史，殆加於人一等。然信道要當與何羣牽聯書國史鄧御史偶相

① 「正符」，文淵閣四庫本誤作「玉符」。

知，適相累耳。余舊評如此，今無子孫，其書則爲鬻書者擅易其姓名，屬諸李陶。陶字唐夫，嘗學於温公，號通經。李氏諸子，唐夫最賢，而得法忘例則實非唐夫所論也，不知者妄託之。」

楊氏彦齡 **左氏春秋年表**

宋志：「二卷。」

佚。

王應麟①曰：「元豐中，楊彦齡撰。經②、傳歲月爲表，首敘周、魯，繼以齊、晉、秦、宋、衛、陳、蔡、曹、鄭、吴、楚、越之國。」

左氏蒙求

宋志：「二卷。」

未見。

家氏安國 **春秋通義**

宋志：「二十四卷。」

---

① 「王應麟」，文淵閣四庫本誤作「王彦麟」。

② 「經」上，應依四庫諸本、備要本補「據」字。

佚。

姓譜：「安國，字復禮，眉山人。初任教授，晚監郡。」

家氏勤國**春秋新義**

佚。

宋史：「勤國，慶曆、嘉祐間與從兄安國、定國同從劉巨游，與蘇軾兄弟爲同門友。王安石廢春秋學，勤國憤之，著春秋新義。」

陳氏洙**春秋索隱論**

佚。

通志：「五卷。」

文氏濟道**春秋綱領**

四卷。

佚。

晁公武曰：「皇朝文濟道撰。排比事實，爲儷句蒙求之類也。」

經義考卷一百八十一

春秋十四

朱氏長文**春秋通志**

二十卷。

佚。

宋史：「朱長文，字伯原，蘇州吴人。舉進士乙科，以病足不肯試吏，築室樂圃坊，著書閱古。元祐中，教①授於鄉，召爲太學博士，遷祕書省正字，有文三百卷，六經皆有辨説。」

〔補正〕

宋史條内「元祐中教授于鄉」，「中」下脱「起」字。（卷七，頁十九）

① 「教」上，應依四庫諸本、補正補「起」字。

長文自序曰：「夫孔子何爲而作春秋也？所以存王道而見已志也。孔子之志，堯、舜、禹、湯、文、武之志也。堯、舜、禹、湯、文、武之志見於孔子；孔子之志見於春秋，其揆一也。昔周室東遷，王綱絶紐，朝覲會盟之儀不修於京室，禮樂征伐之柄皆出於諸侯，三綱五常蕩然墜地，號令無稟，典法大壞，周之所存，位號而已。更歷數世，亂日以甚，荆楚、吴、越交亂天下，夫隱欽宗廟諱①之後，諸侯無王矣；成、襄之後，大夫無諸侯矣。君臣之道，父子之恩，至於泯滅；孔子知時之不用，道之不行，既無以有爲於當世，又懼王者之法於是乎絶，嘗歎曰：『文王既没，文不在兹乎？』於是因魯史而作春秋，所以尊王室，繩暴亂，舉王綱，修天常，是非二百四十二年之事，以爲天下儀表。貶諸侯，討大夫，以達賢者之事。公羊子云：『撥亂而反諸正』，是也。明常典，立大法，褒善黜惡，賢賢賤不肖，不失纖介。其道以堯、舜爲祖，以文、武爲憲，上律天時，下襲水土，所以治天下之術無不具在，可謂聖人之極致，萬世之成法也。孔子既没，師説各傳，而能言其要者莫如孟子，孟子之言曰：『春秋，天子之事也，孔子作春秋而亂臣賊子懼。』推是以見抗王法，以繩暴亂也。又曰：『五霸，三王之罪人也；今之諸侯，五霸之罪人也；今之大夫，今之諸侯之罪人也。』推是以見，隱欽宗廟諱。而下，譏諸侯之無王；成、襄而下，譏大夫之無諸侯也。又曰：『春秋無義戰。』推是以見，諸侯不得專兵也。又曰：『子噲不得與人燕，子之不得受燕於子噲。』推是以見，春秋非王命不得擅廢置也。蓋孟子深於春秋，惜哉其不著書也。其後作傳者五，而三家存焉。左氏盡得諸國之史，故長於叙事，公、穀各守師傳之説，故長於解經；要之，互有得失。漢興

① 「欽宗廟諱」，即宋欽宗趙桓。文淵閣四庫本無此四字，四庫薈要本、文津閣四庫本逕作「桓」，下同。

以來，瓌望碩儒各信所習，董仲舒、平津侯治公羊，而公羊之學施於朝廷；孝宣帝、劉向好穀梁，穀梁之義顯於石渠；劉歆、賈逵之徒好左氏，而左氏之傳列於學官。是非紛錯，準裁靡定，誠君子之所歎息也。其秉毫牘，焦思慮，以爲論著疏説者百千人矣。攻訐毀訾，黨同斥異，恬不知怪，范甯解穀梁，略言三家之得失，故文中子謂：使范甯不盡美於春秋，歆、向之罪也。唐儒啖助始作三傳集解，趙伯循又爲之損益，陸淳會萃其説，作纂例、辨疑、微指之類，取其長而棄其短，撮其是而删其非，又頗益之已説，由是春秋之學初得會通，學者賴焉。本朝孫明復隱泰山三十年，作尊王發微，據經推法，洞究終始，不取三傳，獨折諸聖人之言，明諸侯、大夫功罪，得於經之本指爲多。慶曆中，仁宗皇帝鋭意圖治，以庠序爲教化之本，於是興崇太學，首善天下，乃起石守道於徂徠，召孫明復於泰山之陽，皆主講席。明復以春秋，守道以易學，士大夫翕然向風，先經術而後華藻。既而守道捐館，明復坐事去國，至和中，復與胡翼之並爲國子監直講，翼之講易，更直一日。長文年在志學，好治三傳，略究得失，日造二先生講下，授兩經大義，於春秋尤勤，未就，明復以病居家，雖不得卒業，而緒餘精義不敢忘廢，頗欲著書以輔翼其説，而嬰疾未遑也。熙寧中，王荆公秉政，以詩、書、易、禮取天下士，置春秋不用，蓋病三家之説紛糾而難辨也。由是學者皆不復治此經，獨余於憂患顛沛之間，猶志於是。會元祐初，詔復立於學官，而余被命掌教吴門，於是首講大經以授學者，兼取三家而折衷其是，旁考啖、趙、陸淳諸家之義，而推演明復之言，頗繫之以自得之説；不二歲，講終獲麟。紹聖初，被召爲太學博士，復講此經，乃裒其所録，次爲二十卷，名之曰通志，使學者由之可以見聖人之道，如破荆榛而瞻門庭，披雲霧而覩日月也。異日居朝端，斷國論，立憲章，施政教，可推其本旨而達於行事，豈①小補？古之爲師者以講解爲職，故能傳道而解惑，而從學者以聽授爲業，故能立身而揚名。若夫務規矩之末而倦於講解，守簡編之義而忽於聽授，其何以繼前哲之用意哉？余所以蚤夜孜孜探討大經之意，亦求稱其職而已。紹聖元年正月。」

從子佺知筠州進表曰：「元聖素王之道，蓋緯地以經天；六藝載籍之傳，實同條而共貫，夫缺一則不可，豈道二而當然？臣某中謝竊以周自平王東遷雒邑，而周室衰微，詩於黍離降爲國風，而小雅盡廢，征伐肆出，名號僅存。聖人傷周道之不行，春秋因魯史而有作，筆則筆而削則削，是其是而非其非，歷載一十二公行事之當愆，以代二百餘年時君之賞罰，非獨貴中國而賤夷狄②，又將尊天子而抑諸侯，於以明禮樂而立政刑，莫不禁戰伐而繩暴亂，片言示貶戮宵人既死之姦，一字或褒發潛德幽光之美。知我者、罪我者，當時有感而終麟，在則人，亡則書，後世遂資於古鑑，故亂臣賊子以之知懼，雖言偃、卜商不能措辭，卓哉大經，孰明奧義？嗟去聖之既遠，悼爲説之紛更。稽之左氏，則有叙事之長；考之公、穀，則有解經之善。啖助之集解復爲之損益，陸淳之纂例自較其短長。要之，探其淵源，未免互有得失，發明聖師之微旨，允歸極治之熙朝。在仁宗時，嘗命以師儒，迨元祐初，復詔以科舉，力贊盛時之治，頗號得人之多。伏念先臣幸生斯世，夙紹青氈之學，每耽黄卷之書，未冠而掇巍科，既壯而事高蹈，棲遲樂圃，閉門著書者垂三十年；特起泮宫、鼓篋授學者逾數百輩。晚被鉅公之薦，旋膺璧水之招；

---

① 「豈」，文淵閣四庫本作「豈曰」。
② 「夷狄」，文津閣四庫本改作「外侮」。

翺翔芸閣之儁遊，紬繹樞庭之密議。平生之作，述於群經，固無不該通，而終身之討論在此書，尤深於凡例。其去取三家之當否，旁稽考諸儒之異同，遠殊董仲舒、劉歆、向所治之偏；近取孫明復、程頤、顥立言之要，酌以自得之學，著爲通志之編，屬時論一，起於要塗，使斯文遂束於高閣。天祐吾道，運丁昌辰恭惟皇帝陛下大一統，以朝元張四維而御極，下襲水土之治，上律天時之和，且欲因文、武而憲章，又將紹堯、舜而祖述，首念恢隆於此道聿，先復用於是經立之學官，取以士類，所以撫四海而奄九有，是將舉三綱而明五常；而臣以一介之微生，際千齡之嘉會，早竊功名於俊域，屢叨講席於王宫，尋常不墜於箕裘，鑒寐敢忘於堂塾？因贊郡條之暇，自遺傳癖之譏，況此難逢實爲幸遇，追念前人之志，覬揚後世之名。與其獨善以傳家，孰若迪教而輔世？謹躅筆札，恭綴簡編，所有先臣某著春秋通志并序凡二十卷，計一十策，謹齎詣登聞檢院，隨表投進以聞。恭願天度包荒，聖心稽古，輔以緝熙光明之學，資於施爲注措之時，或備乙夜之觀，庶少裨於德政；儻示諸生之好，亦有補於方來。遂忘鈇鉞之誅，仰瀆神明之聽。」

玉海：「淳熙十四年九月，朱佺進伯父長文春秋通志十册，付祕省。」

中興書目：「春秋通志二十卷，折衷三傳，旁考啖、趙、陸淳之説，及推演孫復之言。」

王氏乘**春秋統解**

三卷。

佚。

元祐四年，梓州路轉運使呂陶奏曰：「朝廷復春秋之科，爲置博士，所以扶進後學，敦勸諸生，甚大惠也。廣安軍鄉貢進士王乘嘗撰春秋統解三卷，序引二十四篇推明筆法，得其大旨；比之陳岳折衷、王沿集傳、孫復發微，不在其下。曾於元祐二年九月中繕寫投進乞詔侍從，館閣臣僚考詳其書，藏於祕省，以備一家之說，廣四部之盛。」

劉氏易**春秋經解**

宋志：「二卷。」

佚。

韓琦贈詩曰：「夫子春秋之所記，二百四十有二年；謹嚴之法不可犯，欲示萬世天子權。禮樂征伐必上出，諸侯雖大莫得專；周平東遷魯君隱，王綱壞裂勿復聯。天王所存位與號，列國自用公承傳；齊桓、晉文無實義，挾周徇己掩大愆。不歸聖筆立中制，誰其當罪誰其賢；紛紛五傳角同異，各專門户執所偏。遂令①學者蹈迷徑，不探元本遭羈牽，至於歆、向父子間，亦反天性相鐫鐫。何休、杜預、范甯輩，離經附傳以臆箋，膏肓、廢疾互譏病，雖欲針起難自痊。前人文字安可數，議難啾唧秋嘒蟬，有唐名儒陸淳者，始開奧壤窺源泉；我朝又得孫明復，大明聖意疏重淵。劉生新解最後出，了無塞礙成通川，所趨旨義極簡正，撐拄異論牢且堅。事不歸王皆不與，達經之志所以然；詩三百可一言蔽，曰

① 「令」，文淵閣四庫本作「使」。

『思無邪』而已焉；方今四海大一統，萬里號令猶君前。安不思危易其治，毋容僭亂生階緣；往持此説助邦政，坐令當扆尊如天。」

程端學曰：「易，定襄人。」

劉氏夔**春秋褒貶志**

通志：「五卷。」

佚。

皮氏元**春秋意**

通志：「十五卷。」

佚。

鄭氏招慶**春秋會元**

通志：「十二卷。」

佚。

鄭氏壽**春秋世次圖**

通志：「四卷。」

佚。

師氏協等**四家春秋集解**

通考：「二十五卷。」

佚。

晁公武曰：「或人集皇朝師協、石季長、王棐、景先之解爲一通，具載本文。」

馬氏擇言**春秋要類**

宋志：「五卷。」

佚。

王應麟曰：「崇文目入類書。」

吴氏元緒**左氏鼓吹**

宋志：「一卷。」

佚。

陳振孫曰：「彭門吴元緒撰。」

鞏氏叡**春秋琢瑕**「叡」或作「濬」。

宋志：「一卷。」

佚。

張氏傳靖**左氏編紀**

宋志：「十卷。」

佚。

王氏曉**春秋原要**

通志：「二卷。」

佚。

楊氏希範**左氏摘元**

通志：「十卷。」

佚。

李氏融**春秋樞宗**

宋志：「十卷。」

佚。

惠氏簡**春秋通略全義**

宋志：「十五卷。」

佚。

元氏保宗**春秋事要**

宋志：「十卷。」

佚。

李氏塗**春秋事對**

宋志：「五卷。」

佚。

宋志：「蔡延鼃注。」

耿氏秉**春秋傳**

二十卷。

佚。

姓譜：「秉字直之，江陰人，仕至煥章閣待制。」

王氏當**春秋釋**

玉海：「十二卷。」

佚。

春秋列國諸臣傳

宋志：「五十一卷。」

存。

晁公武曰：「當，眉山人，嘗爲列國諸臣傳，效司馬遷史記，凡一百三十有四人，十萬餘言，又釋春秋，可謂有志矣。」

陳振孫曰：「當元祐中復制科，以蘇軾①薦試六論，廷對切直，置下第，與堂除簿尉。所傳諸臣，皆本左氏，有見於他書則附其末，繫之以贊。諸贊論議純正，文辭簡古，於經傳多所發明。」

〔補正〕

陳振孫條内「以蘇軾薦試六論」，按：通考引此作蘇轍。（卷七，頁十九）

陳造曰：「春秋人才尚餘三代氣質，然非左氏之文雄古嚴密，亦孰能暢叙發揚如此？其言與事隨編年而書，君子欲其迹之本末可攷，辭之連屬畢見，或類而爲之傳，往往失之漏略。此書成於賢良王當，不惟該備無遺，而復引史記、國語等書補苴彌縫之，而終之以贊，多出新見。學者與經傳參贊，既足以見當時人才出處，語默之大節，抑於著述體製所得將不貲也。」

董氏敦逸**春秋義略**

通志：「十四卷。」

佚。

吉安府志：「董敦逸，字夢授，永豐人。嘉祐八年進士，元祐中爲監察御史，徽宗召拜諫議大夫，極言蔡京卞過惡，遷户部侍郎卒。」

---

① 「蘇軾」，依補正或作「蘇轍」。

鄭氏昂**春秋臣傳**

宋志："三十卷。"

佚。

王應麟曰："以人類事，凡二百十五人，附而名者又三十九①也②。"

〔補正〕

王應麟條内"又三十九也"，當作"九十三"。（卷七，頁十九）

程端學曰："昂，字尚明，長樂人。"

劉氏熙**古春秋極論**③

〔補正〕

按："古"字應旁寫，劉熙古即劉蒙正之父，宋史有傳，此誤將"古"字大書，連下春秋極論爲書名，今據宋史及玉海改正。檢曝書亭集、涪陵崔氏春秋本例序中引劉熙演例，亦删"古"字，與此處誤同。

① "三十九"，應依補正、四庫諸本作"九十三"。
② 四庫薈要本無"也"字。
③ "劉氏熙古春秋極論"應依補正、四庫薈要本、文淵閣四庫本作"劉氏熙古春秋極論"。

（卷七，頁二十）

二篇。

春秋演例

三篇。

未見。

呂氏奎春秋要旨

宋志：「十二卷。」

佚。

吴氏孜春秋折衷

宋志：「十二卷。」

佚。

程端學曰：「會稽人。」

兩浙名賢録：「孜從胡安定受業，捨宅爲郡學。」

范氏柔中春秋見微

宋志：「五卷。」

佚。

程端學曰：「南城人。」

謝氏子房春秋備對

宋志：「十三卷。」

佚。

于氏正封三傳是非

二十卷。

佚。

朱氏振春秋指要

宋志：「一卷。」

佚。

春秋正名賾隱要旨

〔補正〕

按：宋志於朱氏三書，一作「指要」，一作「要旨」，一作「旨要」，當據程端學本義語，改作「旨要」。（卷七，頁二十）

宋志：「十二卷。」叙論一卷。

佚。

春秋講義

宋志：「三卷。」

佚。

程端學曰：「應天朱氏正名賾隱旨要并叙論，不拘類例，專取經意。」

李氏撰**春秋總要**

宋志：「十卷。」

佚。

江氏洙**春秋訓傳**

佚。

陸元輔曰：「元符中進士。」

沈氏滋仁**春秋興亡圖鑑**

宋志：「一卷。」

佚。

李氏格**春秋指歸**

佚。

袁州府志：「李格，字承之，萍鄉人。元符中進士，作詩諷新法，讜論下獄，歷州縣以終。」

余氏安行**春秋新傳**

宋志：「十二卷。」

未見。

晁公武曰：「皇朝余安行撰。采三傳及孫復四家書，參以己意爲之。」

江西通志：「余安行，字仲勉，德興人。一云：『弋陽人。』官至太①中一云：『朝議。』大夫，所居有巖如月，號石月先生。所著春秋新傳，元符中上之，詔藏祕閣。」

狄氏遵度**春秋雜説**

佚。

宋史：「狄遵度，字元規，長沙人。少舉進士，一斥於有司，恥不復爲，以父棐任爲襄縣主簿，居數月棄去。好爲古文，著春秋雜說，多所發明。」

馮氏山**春秋通解**

通考：「十二卷。」

佚。

晁公武曰：「皇朝馮山允南撰，普州人，澥之父也。」

按：春秋通解，山自爲序，予家藏集本闕之。

① 「太」，四庫諸本作「大」。

王氏安石左氏解

宋志：「一卷。」

存。

陳振孫曰：「專辨左氏爲六國時人，其明驗十有一事，題王安石撰，其實非也。」

林希逸曰：「尹和靖言介甫未嘗廢春秋，廢春秋以爲斷爛朝報，皆後來無忌憚者託介甫之言也。韓玉汝有子宗文上介甫書，請六經之旨，介甫皆答之，獨於春秋曰：『此經比他經尤難，蓋三傳皆不足信也。』和靖去介甫未遠，其言如此其公，今人皆以斷爛朝報之語爲荆公之罪，亦冤甚矣。」

經義考卷一百八十二

春秋十五

孫氏覺春秋經解

宋志：「十五卷。」

存。

〔四庫總目〕

宋史藝文志載覺春秋經解十五卷，又春秋學纂十二卷、春秋經社要義六卷，朱彝尊經義考據以著録，於經解注曰：「存。」於學纂、要義皆注曰：「佚。」然今本實十三卷，自隱公元年至獲麟，首尾完具，無所殘闕，與宋志所載不符。考陳振孫書録解題載春秋經解十五卷、春秋經社要義六卷，而無春秋學纂；王應麟玉海載春秋經社要義六卷、春秋學纂十二卷，而無春秋經解，其學纂條下注曰：「其說以穀梁爲本，及採左氏、公羊、歷代諸儒所長，間以其師胡瑗之說斷之，分莊公爲上下。」云云，與今本一一相合；然則春秋學纂即春秋經解之别名，宋志誤分爲二書，並訛其卷數，書録解題亦訛十三卷爲十五卷，惟玉海所記爲得其真矣。（卷二六，頁三十—三一，春秋經解十三卷提要）

〔校記〕

四庫本十三卷。（春秋，頁四八）

覺自序曰：「春秋者，魯國之史，孔子老而後成之書也。孔子曰：『吾自衛反魯，然後樂正，雅、頌各得其所。』又曰：『加我數年，五十以學易，可以無大過矣。』是删詩、書，定禮、樂，在於反魯之年，而贊易在於五十之後也。春秋止於獲麟，而孔子没於獲麟之後二歲耳，是孔子於未没之前，猶記春秋之事，則春秋之於六經，最爲深義也。孔子於未老之前不作春秋，必其老而後作者，蓋孔子尚壯，猶冀當時之君有能感悟而用之者矣；奈何周旋天下，至於窮老，而一邱之地不可得、一旅之民不可有；孔子之年益老，而天下之亂不止，至於臣弒君、子弒父，而天子不加誅、方伯不致討，三綱五常，掃地俱盡；孔子於是因魯之史以載天子①之事，二帝三王之法於是乎在。春秋之所善，王法之所與也；春秋之所惡，王法之所棄也；至於修身、正家、理國、治天下之道，君臣、父子、兄弟、夫婦之法，莫不大備。故前史云：『爲人臣而不知春秋，必蒙首惡之名；爲人子而不知春秋，必陷大逆之罪。』故學者不可以不務也。春秋之作，蓋以天下無主，而孔子以王法正之。誅罰褒賞者，天子之事也，故孔子曰：『知我者，其惟春秋乎！罪我者，其惟春秋乎！』作傳者既不解孔子所以作春秋之意，而杜預、何休之徒，又妄爲之説。如

---

① 「天子」，備要本誤作「天下」。

杜預之説則曰：『周德既衰，官失其序①，諸所記注，多違舊章，仲尼因魯史策書成文，考其真僞而志其典禮，其教之所存、文之所害，則刊而正之，其餘則皆即用舊史。』若如其説，則孔子乃一史官耳，春秋既曰『作之』，又徒因其記注，即用舊史，則聖人何用苟爲書也？何休之説曰：『春秋將以黜周王魯。』孔子爲天下無王，乃作春秋，何得云『黜周王魯』？如經書：『王正月者，大一統也。』『先王人者，卑諸侯也。』『不書王戰者，以見天下莫之敵也。』『書王而加天者，别乎楚之僭僞也。』春秋尊王如此，安得謂之黜周乎？作傳者既不解孔子所以作春秋之意，而注釋者又妄爲之説，至今好怪之徒，更增引血書端門諸讖緯之説以解春秋，此啖氏所謂：『宏綱既失，萬目從而大去者也。』故自孔子之没，能深知孔子之所以作與春秋之所以存者，孟子耳。孟子曰：『王者之迹熄而詩亡，詩亡，然後春秋作。』孟子之意，以謂王者號令尚行於天下，而於號令之中有過差失謬，則詩人得以刺規而正之；至其大亂，而王道板蕩、號令不行，天子名存而已，則孔子作春秋以代其賞罰也。春秋既成，孔子不久而没，又其書刺譏誅絶，多病當時之人，不可顯傳於世，故門弟子受業春秋者無聞焉。其後遂有春秋五傳，鄒氏、夾氏久已不傳，而左傳、公、穀代興於漢；然其祖習傳受，傳記不明，如習左傳者，即託爲邱明，言與孔子同其好惡，又身爲國史，所載皆得其真；然左氏之書，時亦失繆，此亦黨左氏之言也。習公、穀者，又言孔子經成，獨傳子夏，公羊高、穀梁赤皆子夏門人；若二子同出子夏之門，不應傳有同異，此亦黨公、穀之言也。三傳之出，既已訛謬，諸儒之説，不可依據，但當取其是而舍其非耳。春秋之名，説者亦衆，如左氏説韓宣子適

① 「序」，備要本同，應依補正、四庫薈要本、文淵閣四庫本作「守」。

魯，見易象與春秋；又孟子亦曰：『晉謂之乘，楚謂之檮杌，魯謂之春秋，其實一也。』是孔子於未作之前，已名春秋，孔子因之不改也。杜預曰：『史之所記，必表年以首事，年有四時，故錯綜①以爲所記之名也。』孝經②亦曰：『春秋祭祀，以時思之。』是言春秋可以舉四時，杜預之説亦得矣。三傳之作，既未可質其後先，但左傳多説事迹，而公羊亦存梗槩，陸淳以謂斷義即皆不如穀梁之精。今以三家之説，校其當否，而穀梁最爲精深，且以穀梁爲本；其説是非襃貶，則雜取三傳③及歷代諸儒，唐啖、趙、陸氏之説長者從之；其所未聞，即以所聞安定先生之説解之云。」

〔補正〕

自序内「官失其序」，「序」當作「守」；「故錯綜以爲所記之名也」，「綜」當作「舉」；「則雜取三傳」，「三」當作「二」。（卷八，頁一）

楊時序曰：「孟子曰：『王者之迹熄而詩亡，詩亡，然後春秋作。』春秋之時，詩非盡亡也；黍離降而爲國風，則王者之詩亡；王者之詩亡，則雅不作，而天下④無政矣，春秋所爲作也，故曰：『春秋，天子之事也。』孔子殁，更秦燔書，微言中絶。漢興，諸儒守專門之學，互相疵病，至父子有異同之論，况餘人乎？然自昔通儒達識，未有不由此而學也。熙寧之初，崇儒尊經，訓迪多士，以爲三傳異同，無所考正，

---

① 「綜」，備要本同，應依補正、四庫薈要本、文淵閣四庫本作「舉」。
② 「孝經」，文淵閣四庫本誤作「考經」。
③ 「三傳」，應依補正、四庫諸本作「二傳」。
④ 「天下」，備要本作「天子」。

於六經尤爲難知，故春秋不列於學官，非廢而不用也，而士方急於科舉之習，遂闕而不講，可勝惜哉！高郵中丞孫公先生，以其饜餘盡發聖人之藴，著爲成書，以傳後學，其微辭妙義，多先儒之所未言者，啓其關鍵，使學者以稽其門，叩其户，以窺堂奥，豈曰小補之哉？余得而伏讀之，不能釋手，聞所未聞多矣，而其孫廣伯乃以其書屬予爲序，以予之淺陋，使得挂名經端，自託不腐，豈不幸矣哉？然承命以來，於兹有年矣，而不敢措筆於其間。竊謂先生以宗工鉅儒，世所師仰，雖片言寸簡，皆足以垂世傳後，況其成書耶？晚學後進，妄以蕪辭污①鏝之，非惟不足以爲重，乃退之所謂：『言之適有累於高明也。』故絶意不敢爲，而廣伯之請益至，乃勉爲之書其後，庶乎如古之附驥尾者。後之覽者，矜其意而勿誚焉，可也。」

〔補正〕

楊時序内「蕪辭污鏝」，「污」當作「圬」。（卷八，頁一）

周麟之跋曰：「先君潛心春秋二十年，得成説於郵上孫先生莘老，其書家傳三世矣，兵火焚蕩，遂爲煨燼。及寓居江、浙，嘗誦其説以授學者，予每得竊聽之。一日，先君爲予言：『初，王荆公欲釋春秋以行於天下，而莘老之書已出，一見而有惎心，自知不復能出其右，遂詆聖經而廢之，曰：「此斷爛朝報也。」不列於學官，不用於貢舉，積諸有年，爰自近世，是經復行，而學士大夫亦罕知有莘老説也。』已而歎曰：『吁！孫先生之書，其遂湮没已乎？何其久而不顯也。』某應之曰：『此書豐城寶也，隱顯亦各

① 「污」，應依補正、四庫薈要本、文淵閣四庫本作「圬」。

有時，不幸而埋光鏟采於今之世，然而龍泉、太阿之氣，自當夜動牛斗，復有達識之士如張茂先輩表而出之，以爲天下後世刜蒙之器，亦必有日矣。』後數年，有文定胡公著春秋傳以進於上，學者皆傳之，而先君不及見也。予近得之，嘗反覆其義，蓋與莘老之説合者十常六七，然莘老發明聖人之奥，舉三傳以斷得失，反復折中，著爲通論，其旨詳而明，深而當，異説不得而破，此其邃處，文定似不及也。」

邵輯序曰：「龍學孫公峚從安定胡先生遊，在經社中最少，而尤深於春秋。晚患諸儒之鑿，彼此佩劍，蠹蝕我聖經，乃攄其所自得爲之傳。凡先儒之是者從之，非者折衷之。義例一定，凡目昭然，誠後學之指南也，而傳者蓋寡。余曩得之親故，間愛其議論之精審，而文辭之辨博也，常欲刊行，與學者共之，而力所不能。既來楚郵，以爲此公之鄉里也，近世兩淮如合肥之包孝肅集、山陽之徐節孝集，皆因其鄉里而易以傳布，吾之志遂矣。適值大歉，朝夕汲汲焉，荒政之是營，未暇及此。越明年，歲稔，公私粗給，於是撙節浮費，鳩工鏤板，置諸郡齋，以永其傳。其間無解者，多不備其經文，今謹仍舊，弗敢增也。嗟乎！書之顯晦，蓋亦有時。如公名節著於當時，載在信史，爛如日星，固不待此以爲重輕；然公平生之所留意，今得百有餘年，猶未顯行於世，余獨寶藏之，又適承乏於公之鄉里，得以遂夙昔之志，則此書之傳，疑若有待也。」

汪綱曰：「龜山爲孫先生作春秋解後序，竊謂楊公學邃於經，今於是書尊信推予，若弟子之於其師，後學觀此，當知所依歸矣。」

張碩曰：「高沙鄉先生龍學孫公春秋解，發明聖經之隱奥，折衷諸儒之是否，學者願見而不可得，前政邵君出家藏本刻板郡齋，其嘉惠後進也博矣。」

晁公武曰：「春秋經社，其學亦出於啖、趙，凡四十餘門，論議頗嚴。」

陳振孫曰：「覺從胡安定游，弟子以千數，别其老成者爲經社，覺年最少，儼然居其閒，衆皆相服，此殆其時所作也。」又曰：「孫覺春秋經解，其自序言：『三家之説，穀梁最爲精深，且以爲本，雜取二傳及諸儒之説，長者從之，其所未安，則以所聞於安定先生者斷之。』楊龜山爲之後序。」

陳造曰：「孫先生春秋解，其於經窮盡該備，幾無遺意。」

張萱曰：「孫覺以三家之説校其當否，而專主穀梁，其是非褒貶雜用三傳①及啖、趙、陸三家，擇其説之最長者，而以胡安定之説斷焉。」

〔補正〕

張萱條内「雜用三傳」，「三」當作「二」。（卷八，頁一）

春秋學纂

宋志：「十二卷。」

佚。

春秋經社要義

宋志：「六卷。」

---

① 「三傳」，備要本同，應依補正、四庫薈要本、文淵閣四庫本作「二傳」。

佚。

黄仲元曰：「孫莘老與一時名勝爲經社，雖不主一人之臆説，其間卓然獨見者誰乎？」

王應麟曰：「經社要義分爲類例、考據、諸傳以解經旨；學纂其説以穀梁爲本，及采左氏、公羊、歷代諸儒所長，間以其師胡瑗之説斷之。」

程子 頤 **春秋傳**

宋志：「一卷。」

存。

程子自序曰：「天之生民，必有出類之才起而君長之，治之而争奪息，道之而生養遂，教之而倫理明，然後人道立，天道成，地道平。二帝而上，聖賢世出，隨時有作，順乎風氣之宜，不先天以開人，各因時而立政。暨乎三王迭興，三重既備，子丑寅之建正，忠質文之更尚，人道備矣，天道①周矣。聖王既不復作，有天下者雖欲倣古之迹，亦私意妄爲而已；事之繆，秦至以建亥爲正；道之悖，漢專以智力持世；豈復知先王之道也？夫子當周之末，以聖人之不復作也，順天應時之治不復有也，於是作春秋，爲百王不易之大法，所謂考諸三王而不謬，建諸天地而不悖，質諸鬼神而無疑，百世以俟聖人而不惑者也。先儒之論曰：『游、夏不能贊一辭。』辭不待贊也，言不能與於斯耳。斯道也，惟顏子嘗聞之矣。

① 「天道」，備要本同，應依補正、四庫諸本作「天運」。

『行夏之時，乘殷之輅，服周之冕，樂則韶舞』，此其準的也。後世以史視春秋，謂褒善貶惡而已，至如經世之大法，則不知也。春秋大義數十，其義雖大，炳如日星，乃易見也。惟其微辭隱義，時措從宜者爲難知也。或抑或縱，或與或奪，或進或退，或微或顯，而得乎義理之安；文質之中，寬猛之宜，是非之公，乃制事之權衡，揆道之模範也。夫觀百物，然後知化工之神；聚衆材，然後知作室之用。於一事一義而欲窺聖人之用心，非上智不能也，故學春秋者，必優游涵泳，默識心通，然後能造其微也。後王知春秋之義，則雖德非禹、湯，尚可以法三代之治；自秦而下，其學不傳。予悼夫聖人之志不得行①於後世也，故作傳以明之，俾後之人通其文而求其義，得其意而法其用，則三代亦可復也。是傳也，雖未能極聖人之藴奥，庶幾學者得其門而入矣。」

〔補正〕

自序内「天道周矣」，「道」當作「運」；「不得行于後世也」，「行」當作「明」。（卷八，頁一）

朱子曰：「伊川春秋傳中，間有難理會處，亦不爲決然之論也。」

陳亮跋曰：「伊川先生之序此書也，蓋年七十有一矣，四年而先生没，今其書之可見者纔二十年，世咸惜其缺也，予以爲不然。先生嘗稱杜預之言曰：『優而柔之，使自求之；饜而飫之，使自趨之；涣然冰釋，怡然理順，然後爲得也。』先生於是二十年之間，其義甚精，其類例博矣。學者苟精考其書，優柔饜飫，自得於言意之外，而達之其餘，則精義之功在我矣；較之終日讀其全書而於我無與者，其得失

①「行」，應依四庫薈要本、文津閣四庫本、補正作「明」。

何如也？」

陳振孫曰：「略舉大義，不盡爲說，襄、昭後尤略。序文崇寧二年作，蓋其晚年也。」

黄淵曰：「伊川初令門人劉質夫作傳，後來卻又親爲之，未知何以窺聖人用心處？」

劉永之曰：「程子之傳，有舍乎襃貶予奪而立言者，非先儒之所及也。」

胡居仁曰：「作春秋傳者不少，惟程子發明得到。」

張子①載**春秋說**

通考：「一卷。」

未見。

晁公武曰：「張子厚爲門人雜說春秋，其書未成。」

蘇氏轍**春秋集解**宋志作「集傳」。

宋志：「十二卷。」

〔校記〕

今本卷與宋志同。（春秋，頁四八）

---

① 「張子」，文淵閣四庫本作「張氏」。

存。

轍自序曰：「予少而治春秋，時人多師孫明復，謂孔子作春秋，略盡一時之事，不復信史，故盡棄三傳，無所復取。予以爲，左邱明，魯史也，孔子本所據依，以作春秋，故事必以邱明爲本；杜預有言：『邱明授①經於仲尼，身爲國史，躬覽載籍，其文緩、其旨遠，將令學者原始要終，尋其枝葉，究其所窮；優而柔之，使自求之；饜而飫之，使自趨之；若江海之浸、膏澤之潤，渙然冰釋，怡然理順。』斯言得之矣。至於孔子之所予奪，則邱明容不明盡，故當參以公、穀、啖、趙諸人，然昔之儒者，各信其學是而非人，是以多窒而不通。老子有言：『學不學，復衆人之所過，以輔萬物之自然而不敢爲。』予竊師此語，故循理而言，言無所係，理之所至，如水之流，東西曲直，勢不可常，要之於通而已。近歲王介甫以宰相解經，行之於世，至春秋漫不能通，則詆以爲斷爛朝報，使天下士不得復學。嗚呼！孔子之遺言而淩滅至此，非獨介甫之妄，亦諸儒講解不明之過也。故予始自熙寧謫居高安，覽諸家之説，而裁之以義，爲集解十二卷，及今十數年矣，每有暇，輒取觀焉，得前説之非，隨亦改之。紹聖之初，遷於南方，至元符元年，凡三易地，最後卜居龍川之白雲橋，杜門無事，凡所改定，亦復非一，覽之，洒然而笑，蓋自謂無憾矣。南荒士人，無可與論説者，顧謂子遜：『「仰之彌高，鑽之彌堅，瞻之在前，忽焉在後」，此孔子之不可及，而顔子之所太息也，而況於予哉？安知後世不復有能規予過者，其於昔之諸儒，或庶幾焉耳。

① 「授」，備要本同，應依補正、四庫諸本作「受」。

汝能傳予説，使後生有聞焉者，千歲之絶學，儻在於是也。』」①

〔補正〕

自序内「邱明授經於仲尼」，「授」當作「受」。（卷八，頁一）

晁公武曰：「子由大意以世人多師孫復，不復信史，故盡棄二傳，全以左氏爲本，至其不能通者，始取二傳、啖、趙。自熙寧謫居高安，至元符初十數年，暇日輒有改定，卜居龍川而書始成。」②

葉夢得曰：「蘇子由專據左氏言經，左氏解經者無幾，其凡例既不盡經，所書亦多違牾，疑自出己意爲之，非有所傳授，不若公、穀之合於經。故蘇氏但以傳之事釋經之文而已，傳事之誤者，不復敢議，則遷經以成其説，亦不盡立凡例於經義，皆以爲求之過。」

朱子曰：「蘇子由解春秋，謂其從赴告，此説亦是。既書鄭伯突，又書鄭世子忽，據史文而書耳。定、哀之時，聖人親見，據實而書。隱、桓之時，世既遠，史册亦有簡略處，夫子據史册寫出耳。」

陳振孫曰：「其書專取左氏，不得已乃取二傳、啖、趙，蓋以一時談經者不復信史，或失事實故也。」

張萱曰：「轍以時人治春秋多師孫明復，盡棄三傳；後王安石解經，至春秋漫不能通，則詆以爲斷爛朝報，致學者不能復明春秋，故著此書，取諸家之説而裁之以義。」

陳弘緒跋曰：「春秋集解十二卷，宋潁濱先生蘇轍撰。是時王介甫以春秋爲斷爛朝報，不列學官，

① 文津閣四庫本脱「之非，隨亦改之」至「儻在於是也」整段文字。

② 文津閣四庫本脱「晁公武曰」整段文字。

故潁濱矯俗而作此書。其説一以左氏爲主，而於公羊、穀梁二傳時多譏①刺，潁濱之言曰：『凡春秋之事當從史，左氏，史也，公羊、穀梁皆意之也。蓋孔子之作春秋亦略②矣，非以爲史也，有待乎史而後足也。以意傳春秋而不信史，失孔子之意矣。』十二卷中，類皆發明此旨。然予謂：『聖人之爲經也，麗於事者，必根柢於道；揆之道而不合，則雖其事之傳於久遠者，要亦未可盡信。左氏紀事，粲然具備，而亦間有悖於道者；政不妨博，採之諸家，以求吾心之所安，子輿氏於武成，亦僅取其二三策而已，況邱明之書乎？公、穀雖以臆度解經，然亦得失互見，如戎伐凡伯於楚邱，穀梁以戎爲衛；齊仲孫來，公、穀皆以爲魯慶父；魯滅項，又皆以爲齊實滅之，顯然與經謬戾，其失固不待言。至如隱四年：「秋，翬帥師會宋公、陳侯、蔡人、衛人伐鄭。」桓十有四年：「秋，八月壬申，御廪災。乙亥嘗。」莊二十有四年：「夏，公如齊逆女。」諸如此類，似公、穀之説妙合聖人精微，而潁濱一槩以深文詆之，可謂因噎廢食，讀者捨其短而取其長焉可也。』」

〔四庫總目〕

朱彝尊經義考載陳宏緒跋曰：「左氏紀事，粲然具備，而亦間有悖於道者。公、穀雖以臆度解經，然亦得失互見，如戎伐凡伯於楚丘，穀梁以戎爲衛；齊仲孫來，公、穀皆以爲魯慶父；魯滅項，又皆以爲齊實滅之，顯然與經謬戾，其失固不待言。至如隱四年：『秋，翬帥師會宋公、陳侯、蔡人、衛人伐

---

① 文津閣四庫本脱「葉夢得曰」至「而於公羊、穀梁二傳時多譏」。

② 文津閣四庫本脱「刺潁濱之言曰」至「蓋孔子之作春秋亦略」等文字。

鄭。』桓十有四年：『秋，八月壬申，御廪災。乙亥，嘗。』莊二十有四年：『夏，公如齊逆女。』諸如此類，似公、穀之説妙合聖人精微，而潁濱一概以深文詆之，因噎廢食，讀者掩其短而取其長可也。」其論是書頗允，此本不載，蓋刻在宏緒前也。宋史藝文志稱是書爲春秋集傳，文獻通考則作集解，與今本合，知宋志爲傳寫誤矣。（卷二六，頁三一——三二，春秋集解十二卷提要）

經義考卷一百八十三

春秋十六

崔氏子方**春秋經解**

宋志：「十二卷。」

佚。

〔校記〕

四庫有輯大典本十二卷。（春秋，頁四八）

春秋本例、例要

宋志：「二十卷。」今本十卷。

存。

〔四庫總目〕

考宋史藝文志載子方春秋經解十二卷，本例、例要二十卷，以本例、例要統爲卷數，知子方所著，原本此書與本例合併爲一矣。朱彝尊經義考稱本例、例要二十卷並存，亦未爲分析。今通志堂所刊之本例，則析目録別爲一卷，以足二十卷數，而例要闕焉，蓋傳寫者佚其例要一卷，後來遂誤以本例目録爲例要，而不知其別有一篇，彝尊所見，當即此本，故誤註爲並存。今考永樂大典，尚多載其原文，雖分析爲數十百條，繫於各字之下，而尋其端緒，尚可相屬，較通志堂本所載目録一字不同灼然。知通志堂本爲不全之帙，謹編綴前後，略依本例次序，排纂成編，以還子方所著三書之舊焉。（卷二七，頁四—五，春秋例要一卷提要）

〔校記〕

四庫本春秋本例二十卷，又輯大典本春秋例要一卷。（春秋，頁四八）

子方自序曰：「春秋之法，以爲天下有中外，侯國有大小，位有尊卑，情有疏戚，不可得而齊也，是故詳中夏而略夷狄①，詳大國而略小國，詳内而略外，詳君而略臣，此春秋之義，而日月之例所從生也。著日以爲詳，著時以爲略，又以詳略之中而著月焉，此例之常也。然而事固有輕重矣，安可不詳所重而略所輕乎？其槩所重者日，其次者月，又其次者時，此亦易明耳；然而以事之輕重錯於大小、尊卑、疏戚之閒，又有變例以爲言者，此日月之例至於參差不齊，而後世之論所以不能合也。今考之春秋之法，

① 「夷狄」，文津閣四庫本改作「蠻貊」。

權事之輕重，而著之爲例，分其類而條次之，可以具見而不疑；若夫事有疑於其例者，則備論焉。且嘗論聖人之書，編年以爲體，舉時以爲名，著日月以爲例，春秋固有例也，而日月之例蓋其本也，故號本例。嗚呼！學者苟通乎此，則於春秋之義斯過半矣。」

陳振孫曰：「涪陵崔子方彦直撰。紹聖中，罷春秋取士，子方三上書乞復之，不報，遂不應進士舉。黄山谷稱曰：『六合有佳士曰崔彦直，其人不遊諸公。』然則賢而有守可知矣。其學辨三傳之是非，而專以日月爲例，則正蹈其失而不悟也。」

玉海：「建炎二年六月，江端友請下湖州取崔子方所著春秋傳藏祕書。紹興六年八月，子方之孫若上之。」

〔四庫總目〕

朱彝尊經義考稱其嘗知滁州，曾子開爲作茶仙亭記，經解諸書皆罷官後所作。考子方宋史無傳，惟李心傳建炎以來繫年要録稱其於紹聖間三上疏，乞置春秋博士，不報，乃隱居真州六合縣，杜門著書者三十餘年；陳振孫書録解題所載大略相同；朱震進書劄子，亦稱爲東川布衣，彝尊之説，不知何據？惟永樂大典引儀真志一條云：「子方與蘇、黄游，嘗爲知滁州曾子開作茶仙亭記，刻石醉翁亭側，黄庭堅稱爲六合佳士。」殆彝尊誤記是事，故云然歟？考子方著是書時，王安石之説方盛行，故不能表見於世，至南渡以後，其書始顯；王應麟玉海載：「建炎二年六月，江端友請下湖州，取崔子方所著春秋傳藏秘書。紹興六年八月，子方之孫若上之。」是時朱震爲翰林學士，亦有劄子上請，當時蓋甚重其書矣。（卷二七，頁一一一二，春秋經解十二卷提要）

任氏伯雨**春秋繹聖新傳**

宋志：「十二卷。」

未見。

晁公武曰：「皇朝任伯雨德翁撰，解經不甚通例。」

玉海：「淳熙十二年二月，任清叟進曾祖伯雨春秋繹聖傳十二卷付祕省。」

晁氏補之**左氏春秋傳雜論**

宋志：「一卷。」

未見。

王應麟曰：「元祐中，晁補之撰左氏雜論一卷，指左傳之失凡四十六條。」

晁氏説之**春秋三傳説**

三篇。

存。

佚。

劉氏弇春秋講義

弇自序曰：「公天下之好惡者，莫大乎好惡之心不存焉；好惡之心不存，於是襃貶可寄，而真好惡見矣。春秋之爲經，非醲好惡者也，非致喜怒者也，非私予奪者也，爲孔子者得尺寸之柄，劾乎當世，則春秋亦無事於作矣。幽、厲既往，滋削之周，如日西薄，奄奄就盡，一變而爲葵邱之會，政在諸侯，可也；再變而爲溴梁之會，政在大夫，猶之可也；卒變而爲黄池之會，則中國之紀綱掃地而盡，尚曰可哉？此春秋之不得不作也。是故有闕之以謹其疑者，如『夏五，郭公』、『甲戌、己丑，陳侯鮑卒』之類是也；有視世久近而爲之者，如『辭顯於隱、桓，微於定、哀』之類是也；有深探其本而加討者，如『天王狩于河陽』、『趙盾、許世子止弒其君』之類是也；有微物而吾無苟焉者，如『五石六鶂』、『星隕如雨』之類是也；此其凡也。有字之者，有名之者，有氏之者；氏以誌其所自出，名以謹其所當據，字則於是乎進之矣。有日之者，有月之者，有時之者；其治是人也，時爲緩，月次焉，日①則於是乎操之爲已蹙矣；此其例也。君臣之義廢，見之於隱、桓之事然也；父子之恩絶，見之於蒯聵出奔然也；兄弟之愛蔑，見之於鄭伯克段者然也；夫婦之别喪，見之於姜氏孫于齊者然也；書尹氏卒，所以譏世卿之尸國爵，書公及邾儀父盟，所以疾盟詛之始兆亂；書公子翬如齊逆女，則親迎之廢有如此者矣；書天王使凡伯來

①「日」，文淵閣四庫本誤作「時」。

聘，則朝覲之廢有如此者矣；書如齊納幣與『四卜郊，不從，乃免牲』，則喪紀祭祀之廢有如此者矣；此其概也。曰：『然則是書也，而謂之春秋何也？』蓋天地之所以舒慘百物，其運在四時，而春秋爲陰陽之中，聖人倣乎陰陽，以信褒貶，此魯人命春秋之意，雖孔子亦莫之能易也。自孔子殁，傳春秋者中閒有五，而鄒氏、夾氏獨泯滅①不傳，左氏、公、穀其大致不必一一盡同；至唐有啖助、趙匡兩人者，其最有功於春秋者乎！學者之於春秋，患在求之太過，拘之太甚。求之太過，則精理失；拘之太甚，則流入於峭刻而不知變。於此有一言而盡者，道而已矣，有兩言而盡者，公與恕而已矣。故曰：『聖人之言如江河，諸儒泝沿，妄入畎澮；聖人之心如日星，諸儒糾紛，雲障霧塞。』此亦學者之大患也。」

楊氏湜**春秋地譜**

通考：「十二卷。」

佚。

晁公武曰：「皇朝楊湜編。十三國地皆釋以今州縣名，并爲圖於其後。蓋常氏已嘗有此書，而湜增廣焉。」

謝氏湜**春秋義**

宋志：「二十四卷。」

① 「泯滅」，文淵閣四庫本作「滅泯」。

佚。

春秋總義

宋志：「三卷。」

佚。

張氏大亨**春秋通訓**

宋志：「十六卷。」

佚。

〔四庫總目〕

朱彝尊經義考云已佚，此本載永樂大典中，十二公各自爲卷，而隱公、莊公、襄公、昭公又自分上、下卷，與十六卷之數合；然每卷篇頁無多，病其繁碎，今併爲六卷，以便省覽，其文則無所佚脱也。（卷三七，頁六，春秋通訓六卷提要）

〔校記〕

四庫有輯大典本六卷。（春秋，頁四八）

張大亨自序曰：「少聞春秋於趙郡和仲先生，某初蓋嘗作例宗，論立例之大要矣，先生曰：『此書自有妙用，學者罕能領會，多求之繩約中，乃近法家者流，苛細繳繞，竟亦何用？惟邱明識其用，然不肯盡談，微見端兆，使學者自得之。』予從事斯語十有餘年，始得其彷彿，通訓之學，所謂去例以求經，略微文而視大體者也。」

陳振孫曰：「直祕閣吴興張大亨嘉父撰。其自序言：『少聞春秋於趙郡和仲先生。』東坡一字和仲，所謂趙郡和仲，其東坡乎？」

按：蘇籀雙溪集載嘉父以春秋義問東坡，東坡答書云：「春秋，儒者本務，然此書有妙用，學者罕能領會，多求之繩約中，乃近法家者流，苛細繳繞，竟亦何用？惟邱明識其用，然①不肯盡談，微見端兆，欲使學者自求之，故僕以爲難，未敢輕論也。」其書今載續集中，嘉父自序稱「少聞春秋於趙郡和仲先生」者，蓋此書也。

五禮例宗

宋志：「十卷。」

存。

〔四庫總目〕

朱彝尊經義考載此書十卷，注曰：「存。」而諸家寫本皆佚其軍禮三卷，然永樂大典凡引此書，皆吉、凶、賓、嘉四禮之文，軍禮絶無一字，則此三卷之佚久矣，彝尊偶未核檢也。（卷二七，頁五—六，春秋

---

① 「然」，四庫薈要本、文津閣四庫本作「終」。

五禮例宗七卷提要）

〔校記〕

四庫本存七卷，佚軍禮三卷，提要謂永樂大典引此書，皆吉、凶、賓、嘉禮之文，而軍禮無一字，知軍禮佚已久矣。（春秋，頁四八—四九）

陳振孫曰：「例宗考究，亦①爲詳洽。」

〔補正〕

陳振孫條内「亦爲詳洽」，「亦」當作「未」。（卷八，頁一）

鄧氏驥**春秋指蹤**

宋志：「二十一卷。」

佚。

程端學曰：「延平鄧驥，字德稱。」

黄氏裳**春秋講義**

佚。

---

①「亦」，應依補正、四庫薈要本、文淵閣四庫本作「未」。

姓譜：「裳，字冕仲，浦城人。元豐五年，對策第一，後官尚書，贈資政殿大學士，謚忠文。」

沈氏括春秋機括

宋志：「二卷。」玉海：「三卷。」

未見。

晁公武曰：「春秋譜也。」

王應麟曰：「元豐中，沈括撰春秋機括三卷。上卷以魯公甲子紀周及十二國年譜，中卷載周及十二國譜系世次，下卷記列國公子諸臣名氏，其無異名者不録。」

春秋左氏紀傳

宋志：「五十卷。」通考：「三十卷。」

佚。

李燾曰：「不著撰人名氏。取邱明所著二書，用司馬遷史記法，君臣各爲紀傳，凡欲觀某國之治亂，某人之臧否，其行事本末，畢陳於前，不復錯見旁出，可省繙閱之勤；或事同而辭異者，皆兩存之，又因以得文章繁簡之度，雖編削附離，尚多不滿人意，然亦可謂有其志矣。獨所序世族譜繫，既與釋例不同，又非史遷所記，質諸世本，亦不合也；疑撰者别據他書，今姑仍其舊，以竢考求。」又曰：「後在陵陽觀沈存中自誌，乃知此書存中所著。存中喜述作，而此書終不滿人意，史法信未易云。」

陸氏佃**春秋後傳**

宋志：「二十卷。」

未見。

張氏根**春秋指南**

宋志：「十卷。」

佚。

汪藻序曰：「六經惟春秋爲仲尼作，聖人見其所志之書也。學而不明乎是非，何以爲人？治而不明乎賞罰，何以爲國？此書之所以作而爲萬世法也。雖曰以匹夫而行天子事，有所謂婉而成章者，然其襃貶一出乎天下是非之公，豈故爲殊絶甚高之論，使後人有不可及之歎哉？不知班固何所授之，立爲『弟子退而異言』之説，開後世諸儒相詬病之端。使當時誠有異同，不應復云『游、夏之徒不能贊一辭』也。孟子去孔子百餘年，於書武成、詩雲漢莫不疑之，至春秋則曰『詩亡然後春秋作』、『孔子成春秋，而亂臣賊子懼』、『知我者春秋，罪我者春秋』而已，未嘗片言致疑於其間也。彼亂臣賊子者，豈曉然知道理之人哉？一見春秋而知懼焉，非懼聖人之書也，懼天下是非之公也。自三傳出，而聖人之經始不勝其繁，好異者曰：『聖人之言窅然幽深，必有不可以近情常理度者，當冥思而力探之。』於是枝葉蕃滋，無所不至，人人務其己説之勝，而莫知求至當之歸；乃至子而以父學爲非，弟子而以師説爲愚，況其他哉？則春秋不明，三傳亂之也。本朝自熙寧以來，學者廢春秋不用，數十年間，篤學而好之者，蓋不爲無人；然一時章分句析之學勝，故雖春秋，亦穿鑿破碎，而不見聖人之渾全。政和間①，余過山陽，吴園先生張公在焉。先生謂余曰：『學春秋而不編年，無以學爲也。余嘗以諸國縱横例而類見之，聖人之意了然矣，當令子見吾書。』余未及受而先生亡。未幾，先生之書盛行於士大夫間，因得伏而讀之，曰：『嗟乎！聖人之意豈遠人哉？曲學蔽之耳。先生閉户讀書二十餘年，其見於世者，固已碩大光明，而所出裁一二而已，則求聖人之心而得之者，豈獨此書乎哉？』雖然，以此書考之，先生之志亦可以概見矣。②」

〔補正〕

汪藻序末當補云：「紹興十年七月，門人汪藻序。」（卷八，頁一）

案：汪藻張公行狀：「公諱根，字知常，唐宰相文瓘之後，今爲饒州德興人。元豐五年擢進士第，年二十有一，歷官朝散大夫、知龍圖閣，宣和二年六月十七日卒，年六十。（卷八，頁一——二）

晁公武曰：「吴園先生張根知常撰，以征伐會盟年經而國緯。」

陳振孫曰：「專以編年旁通該括諸國之事，如指掌③；又爲解例，亦用旁通法，其他辨疑、雜論諸篇

---

① 「間」，文淵閣四庫本誤作「門」。

② 「矣」下，應依補正補入「紹興十年七月，門人汪藻序」。

③ 「指掌」，備要本同，應依補正、四庫薈要本、文淵閣四庫本作「指諸掌」。

略，要義多所發明。」

〔補正〕

陳振孫條内「如指掌」，「指」下脱「諸」字。（卷八，頁二）

林氏之奇春秋通解

佚。

黄澤曰：「林少穎春秋説大抵不純，其書時月日篇曰：『或曰：「經之書月書日，豈都無意乎？」曰：「此史例也，非經意也。何以言之？夫史以編年爲書，故必書日月以次事之先後，若事無巨細，概書月書日，則事紊而無條矣。勢必先爲之法，何等事則時而已，何等事則月之，何等事則月而又日之，所以分事之輕重緩急也。故事之緩者，則書時或月；事之急者，則書日焉。所謂緩者何？人事則朝聘、會遇、侵地、伐國、逆女、乞師，災異則螟、水旱、無冰、星孛之類，皆非一日之事，故或時或月焉；所謂急者何？祭祀、盟戰、外諸侯内大夫卒、災異、日食、地震、星隕、火災之類，皆一日之事，故日之也；間有當日而不日者，史闕文也。且日食當日者也，莊公之世有不日者二；内大夫卒亦當日者，自隱至宣時有不日者，蓋世遠而簡編有不完者也；又有例皆不日而日者，如經書葬諸侯幾百處，書日者數處而已，蓋諸侯之葬雖有以我往而書，然亦須彼來告而我方往也，故告以日則書日焉，然則葬多不以日告者，不可必其日也。以魯國猶有雨不克葬者二，況他國乎？或曰：『葬而來告，豈有據乎？』曰：『成公十年五月，晉侯獳卒，七月，公如晉，明年三月始還自晉；晉侯書卒而不書葬者，以公在其國而不來告也。』夫事或時而不月，或月而不日，或時月而又日之，舊史之文也；二百年後，而孔子修春秋，使直欲書日以謹惡，而史或闕之，則何以補之哉？孟子曰：『其文則史，其義則丘竊取焉。』則以知尊王律諸侯、誅叛黜僭，此出於聖人修經之法也。若夫編年以著代，書時日月以別事之同異，皆循舊史而無所增損焉。」』林氏書時月日凡兩篇，此篇最當理。」

葉氏夢得春秋傳

宋志：「二十卷。」

存。

夢得自序曰：「春秋爲魯而作乎？爲周而作乎？爲當時諸侯而作乎？爲天下後世而作乎？曰：『爲魯而作春秋，非魯之史也。』曰：『爲周作春秋，非周之史也。』曰：『爲當時諸侯作春秋，非當時諸侯之史也。』夫以一天下之大，必有與立者矣；可施之一時，不可施之萬世，天下終不可立也。然則爲天下作歟？爲後世作歟？故即魯史而爲之經，求之天理，則君臣也、父子也、兄弟也、朋友也、夫婦也，無不在也；求之人事，則治也、教也、禮也、政也、刑也、事也，無不備也。以上則日星、雷電、雨雹、霜雪之見於天者，皆著也；以下則山崩、地震、水旱、無冰之見於地者，皆列也；泛求之萬物，則螽、螟、蝝、蜚、麋、蜮、鸜鵒之於鳥獸，麥、苗、李、梅、雨、冰、殺菽之於草木者，亦無一而或遺也。而吾以一王之法，筆削於其間，穹然如天之在上，未嘗容其心，而可與可奪，可是可非，可生可殺，秋毫莫之逃焉。迎之不見其始，要之不見其終；是以其書斷取十有二公，以法天之大數；備四時以爲年，而正其行事；號之曰春秋，以自比於天；由是可以爲帝，由是可以爲王，由是霸者無所用其力，由是亂臣賊子無所竄其身。前乎此聖人者作，固有堯、舜、禹、湯、文、武、周公焉，而莫能外也；後乎此聖人者作，復有堯、舜、禹、湯、文、武、周公焉，而莫能加也。是以當孔子時，雖游、夏之徒不能贊一辭，自孔子没而三家作，吾不知於孔子親聞之歟？傳聞之歟？至於今千有餘歲，天下之言春秋者，惟三而已。孟子不云乎：『其事則齊桓、晉文，其文則史。』而子之自言，則曰：『其義則丘竊取之矣。』夫春秋者，史也，所以作春秋者，經也，故可與通天下曰事，不可與通天下曰義。左氏傳事不傳義，是以詳於史而事未必實，以不知經故也；公羊、穀梁傳義不傳事，是以詳於經而義未必當，以不知史故也。由乎百世之後，而出乎百世之上，孰能覈事之實而察義之當歟？惟知春秋之所以作，爲天下也，爲後世也；其所自比者，天也；其所同者，堯、舜、禹、湯、文、武、周公也。不得於事則考於義，不得於義則考於事，事義更相發明，猶天之在上，有目所可共覩，則其爲與爲奪、爲是爲非、爲生爲殺者，庶幾或得而窺之矣。『天之既喪斯文也，後死者不得與於斯文也；天之未喪斯文也，後世必有作者焉。』乃酌三家，求史與經，試嘗爲之言，以俟後之君子而擇其中，其亦有當爾乎？其亦無當爾乎？作春秋傳二十篇。」

春秋考

宋志：「三十卷。」

佚。

〔四庫總目〕

自明以來，藏書家皆不著録，故朱彝尊經義考注曰：「已佚。」惟永樂大典頗載其文，以次檢校，尚可得十之八九，今排比綴輯，復勒成書。（卷二十七，頁八，春秋考十六卷提要）

〔校記〕

四庫有輯大典本十六卷。（春秋，頁四九）

春秋讞

宋志：「三十卷。」

佚。

〔校記〕

四庫有輯大典本二十二卷。（春秋，頁四九）

真德秀曰①：「春秋讞②、考、傳三書，石林先生葉公之所作也。自熙寧用事之臣倡爲『新經』之説，既天下學士大夫以談春秋爲諱有年矣。是書作於絶學之餘，所以闢邪説，黜異端，章明天理，遏止人欲，其有補於世教爲不淺也。公之聞③孫來守延平，出是書鋟木而傳之，蓋有意於淑斯人如此，學者其

---

① 「真德秀曰」，應依補正作「真德秀跋曰」。

② 「春秋讞」上，應依補正補「右」字。

③ 「聞」，備要本同，應依補正、四庫薈要本、文淵閣四庫本作「文」。

勉旃。」

〔補正〕

「真德秀曰」，「曰」上脱「跋」字，下脱「右」字；「公之聞孫」，「聞」當作「文」。（卷八，頁二）

按：西山此跋在春秋傳後，末云：「開禧乙丑九月一日，祕閣校勘文林郎南劍州軍事判官真德秀備書。」蓋此三書，開禧中，葉石林孫筠刻于南劍州也。石林春秋考自序云：「自其讞推之，知吾所正爲不妄，而後可以觀吾考；自其考推之，知吾所擇爲不誣，而後可以觀吾傳。」蓋先成讞，次成考，而後作傳也。自序又云：「吾讀周官，至五等諸侯封國之數、大國次國小國之軍制與夫諸侯之邦交世相朝者，喟然知其出於僭亂者之所爲，而上下數千餘載之間卒未有辨者，乃復論次其求古而得之可信不疑者，作攷三十卷，紹興八年正月旦。」（卷八，頁二）

陳振孫曰：「夢得傳、考、讞三書各有序，其序讞曰：『以春秋爲用法之君而已，聽之有不盡其辭則欺民，有不盡其法則欺君，凡啖、趙論三家之失爲辨疑，劉氏廣啖、趙之遺爲權衡，合二書，正其差誤而補其疏略，目之曰讞。』其序考曰：『君子不難於攻人之失，而難於正己之是。必有得也，乃可知其失；必有是也，乃可斥其非。自其讞推之，知吾之所正爲不妄也，而後可以觀吾考；自其考推之，知吾之所擇爲不誣也，而後可以觀吾傳。』其序傳曰：『左氏傳事不傳義，是以詳於史，而事未必實，以其不知經也；公、穀傳義不傳事，是以詳於經，而義未必當，以其不知史也。乃酌三家，求史與經，不得於事則考於義，不得於義則考於事，更相發明以作傳。』其爲書，辨訂考究，無不精詳，然其取何休之説，以十二公爲法天之大數，則所未可曉也。」

葉筠曰：「先祖左丞著春秋讞、考、傳三書，各爲之序，併刊於南劍郡齋。」

春秋指要總例

宋志：「二卷。」

佚。

南窗紀談：「葉石林爲春秋書，其別有四，解釋音義曰傳，訂證事實曰考，掊擊三傳曰讞，編排凡例曰例。嘗語徐惇濟曰：『吾之爲此名，前古所未有也。』惇濟曰：『吴程秉著書三萬餘言，曰周易摘、尚書駁、論語弼，得毋近是乎？』石林大喜。」

石林春秋

宋志：「八卷。」

佚。

經義考卷一百八十四

春秋十七

劉氏絢**春秋**

通考：「十二卷。」玉海：「五卷。」佚。

晁公武曰：「皇朝劉絢質夫撰。絢學於二程，伯淳嘗語人曰：『他人之學，敏則有之，未易保也，斯人之至，吾無疑焉。』正叔亦曰：『游吾門者亦多矣，而信之篤，得之多，行之果，守之固，若子者幾希？』有李參序。」

陳振孫曰：「所解明正簡切。」

中興國史志：「絢傳説多出於頤書，而頤以爲不盡本意，更爲之，未及竟，故莊公以後解釋多殘闕。」

楊氏時春秋說

一卷。

未見。

蕭氏楚春秋經辨

宋志：「十卷。」

佚。

〔校記〕

四庫有輯大典本春秋辨疑四卷。（春秋，頁四九）

胡銓序曰：「左朝散郎試兵部尚書諸路軍事都督府參謀軍事呂祉奏：『禮部牒檢尚書省黄牒三省同奉手詔：「朕以寡昧，御艱難之統，明不能燭，德不能綏，思聞讜言，以輔不逮，乃稽舊章，設賢良方正之科，而未有應令，豈朕菲德，不足以來四方之賢歟？抑搜揚之道有未至也？朕既遭家不造，煢煢在疚，而天成①朕躬，太陽有異，氛氣四合，朕甚懼焉。中外侍從之臣，其遵俞後詔書，各舉能直言極諫之士一人，朕將詳延於廷，諏以過失，次第施用，承天意者。」臣伏覩左承直郎新改差判湖南路提點刑獄司

①「成」，應依四庫諸本、備要本作「戒」。

幹辨①公事胡銓，性行恬粹，器識宏遠，自少年登甲科，屏居田里，不願出仕，日從鄉人蕭楚學春秋，明易象，博極群書，歷考前代治亂，多識前賢②往行，十餘年間，所蓄頗富，試而用之，必有可觀。伏望朝廷更賜審察，使候勑旨。』五月二十八日，三省同奉聖旨劄與呂祉依紹興元年九月十一日已降指揮具官胡某③詞業繳進，右劄付胡某④，蓋七年六月一日也。其⑤既進詞業，即其日除樞密院編修官，於是先生殁已數年，其學始大行於世。時宰相張忠獻公浚參知政事，張公守、陳公與義聞先生名，皆願見其書而不可得，後忠獻公得先生所著戰辨，喟然嘆謂：『某⑥是可謂切中時病矣。』明年於⑦，某⑧以妄言不可與金虜⑨和議，觸宰相秦檜嗔，罷編修官，削爵竄嶺表；凡八年，而新州守張棣觀望朝廷意旨，奏徙某⑩朱崖島上；又八年而内徙合江。險阻艱難，食有併日，衣無禦冬，而先生之書，未嘗一日去手，暇則教子，且訓生徒，各授一經，朝夕肄業，所得綴集成易、禮記、春秋傳，又覃思詩、書、周官，凡十有七年而未能卒

① 「辨」，應依四庫諸本作「辦」。
② 「賢」，應依補正、四庫諸本作「言」。
③④ 「胡某」，應依補正、文淵閣四庫本作「胡銓」。
⑤ 「其」，文津閣四庫本作「某」，應依補正、四庫薈要本、文淵閣四庫本作「銓」。
⑥⑧⑩ 「某」，應依四庫薈要本、文淵閣四庫本作「銓」。
⑦ 「於」，應依補正、四庫諸本作「冬」。
⑨ 「金虜」，文津閣四庫本作「金人」。

業；然彭費①之説、飢骹之文，皆先生緒餘也。某②自癸未夏迄辛卯秋，凡四入經筵，咫天顔，備顧問，或及經學，則謹對曰：『先生實臣之師。』頃得旨進群經傳，玉旨③丁寧，有『速寫進來』之喻，儻遂一經天目，則先生之學皭然愈光，豈特某①得以□④思遺老而已哉？羅氏兄弟泳、泌，博學君子也，欲鋟板以傳，且乞某⑤叙，所以固辭不可，於是乎書。乾道壬辰。」

〔四庫總目〕

朱彝尊經義考謂其已佚，僅摭録胡銓之序，此本所載銓序，與經義考合，惟題曰春秋辨疑爲小異，或後來更定，史弗及詳歟？（卷二六，頁三二，春秋辨疑四卷提要）

〔補正〕

胡銓序内「多識前賢往行」，「賢」當作「言」；「右劄付胡某」，「某」當作「銓」；「其既進」，「其」當作「銓」；「明年於」，「於」當作「冬」；「然彭費之説」，「彭費」當作「冗贅」；「以□思遺老」，「思」上一字是「糾」。（卷八，頁三）

陳振孫曰：「廬陵蕭楚子荆撰。紹聖中，貢禮部，不第。蔡京用事，與其徒馮澥書言：『蔡將爲宋王莽，誓不復仕。』死建炎中，自號三顧隱客，門人謚爲清節先生。胡邦衡師事之，以春秋登甲科，歸拜

---

① 「彭費」，應依補正、四庫諸本作「冗贅」。

②⑤ 「某」，應依四庫薈要本、文淵閣四庫本作「銓」。

③ 「旨」，四庫諸本作「音」。

④ 「□」，應依補正、四庫諸本作「糾」。

牀下，楚告之曰：『學者非但拾一第，身可殺，學不可辱，毋禍我春秋乃佳。』邦衡志其墓。」

江西通志：「蕭楚，泰和人。自漢、唐以來，春秋專門，槪癖於傳，楚獨以經授，著經辨四十九篇。」

黃氏 潁 **春秋左氏事類**

佚。

周氏 武仲 **春秋左傳編類**

三十卷。

佚。

楊時作墓志曰：「公常病春秋左氏傳叙事隔涉年月，學者不得其統，於是創新，銓次其事，各列於諸國，俾易覽焉。」

閩書：「周武仲，字憲之，浦城人。歷官吏部尚書，以朝請大夫致仕。」

羅氏 棐恭 **春秋指蹤**

佚。

春秋盟會圖
佚。
胡銓志墓曰：「棐恭，字欽若，廬陵人，武岡軍太守。增廣左氏指蹤、春秋盟會圖二書，有詩文三十卷，號不欺先生集。」

曾氏元忠春秋曆法
佚。

江氏琦春秋經解
三十卷，辨疑一篇①。
佚。
胡銓志墓曰：「琦，字全叔，建陽縣人。宣和三年，賜進士出身、左宣教郎。生平無他嗜好，獨研究春秋之旨，裒古今傳注，參校取舍，雖祁寒盛暑不少輟者十年。嘗述其所見數條，就正於楊公時，楊公撫書歎曰：『百世之絕學，留心者幾希，吾老矣，之子勉旃，後進有望焉。』著春秋經解三十卷、辨疑一

①「一篇」，文淵閣四庫本誤作「一卷」。

篇，以紹興十二年卒。」

佚。

羅氏從彦**春秋指歸**

從彦自序曰：「余聞伊川先生有緒言曰：『三王之法，各是一王之法；春秋之法，乃百王不易之通法也。聖人以謂三王不可復回，且慮後世聖人之不作也，故作此一書以遺惠後人，使後之作者不必德若湯、武，亦足以啓三代之治也。』大略如此。春秋誠百王之通法邪？先儒之説春秋不然，先儒紛紛不足道，孟子於聖門，蓋得其傳者也，曰：『王者之迹熄而詩亡，詩亡，然後春秋作。』又曰：『春秋，其事則桓、文。』『孔子成春秋，而亂臣賊子懼。』此孟子之説春秋者也，然未嘗以春秋爲百王之通法也，伊川何從而得之哉？已而反求諸其心，不立一毫，不失不曠，一以其言徵之，豁若夢覺，曰：『春秋之爲春秋也，尚矣，乃今知之。自周室板蕩，宣王撥亂反正，其詩美之，小有吉日、鴻雁，大有崧高、烝民，不幸繼以幽王，而驪山之禍作焉；然而文、武之澤未殄也，故平王東遷，人猶望其興復也；及其久也，政益衰，法益壞，黍離變爲國風，陵遲極矣。方是時也，去文王已五百餘歲矣，天生聖人，又不見用，春秋於此時儻不復作，天下不胥爲禽獸者，吾不敢信也。故夫子因魯史一十二公，始隱終麟，以二百四十年之事，創爲一代之典；善善而惡惡，是是而非非，寬不慢，猛不殘，文不華，實不陋，久而彌光，可謂垂後世，傳無窮，真後王之懿範也。所謂考諸三王而不謬，百世以俟聖人而不惑者，其此書之謂乎！』或者曰：『春秋其事則桓、文；孔子成春秋，而亂臣賊子懼。其信然乎？』曰：『春秋自隱公以來，征伐四出，盟會紛然，迨莊歷僖，楚人大爲中國患，於時尊天子、攘夷狄①，使天下不遂左衽②者，桓、文二公之力也；故伐楚之役，齊桓稱爵，城濮之戰，文公以霸。自後世言之，二公之功烈莫盛焉，自三王之時言之，不免爲罪也，首止之會，河陽之狩是也；夫子因其事以辭之，以明王道，故曰：「春秋其事則桓、文。」古之聖人，能以天下爲一家，中國爲一人者，非有甚高難行之行、卓異之術也，君君、臣臣、父父、子子，而天下治矣。書曰：「天敍有典，勑我五典五惇哉！天秩有禮，自我五禮有庸哉！」蓋典也、禮也，皆天也，堯、舜之治天下，不越乎君臣父子之間，而禮以文之者也，故春秋誅一世子止而天下之爲人子者莫敢不孝，戮一大夫盾而天下之爲人臣者莫敢不忠，故曰：「孔子成春秋，而亂臣賊子懼。」孟氏之言，抑有由也。』或曰：『孔子刪詩、書，定禮、樂，贊易道，三王之道盡於此矣，而又作春秋，何也？』曰：『五經論其理，春秋見之行事。春秋，聖人之用也。龜山嘗告人曰：「春秋其事之終與！學者先明五經，然後學春秋，則其用利矣。」亦以此也。』久矣哉！春秋之擯於傳注也，猶鑑擯於塵，不有人刮垢摩光，以還其明，則是後之學者將終不覩聖人之心，天下生靈將終不見三代之治，而夫子生平之志將終不行；理必無是也，此伊川之所以有春秋傳也。近世說春秋者多矣，政和歲在丁酉，余從龜山先生於毘陵，授③學有年，盡裒得其書以歸，惟春秋傳未之或覩也。宣和之初，自輦下趨郟鄏，門人尹焞出以授予，退而考

① 「夷狄」，文津閣四庫本改作「荆舒」。
② 「不遂左衽」，文津閣四庫本改作「尚知禮法」。
③ 「授」，備要本作「受」。

合於經，驗之獲①心，而參之以古今之學，蓋其所得者十五六，於春秋大義，譬如日月經天，河海帶地，莫不昭然；微詞妙旨，譬如璣衡之察，時有所見，用是掇其至當者，作指歸；又因前人纂集之功，分別條章，裁成義例者，作釋例；未知中否？要須雍容自盡於燕閑静一之中，遲之以歲月，積之以力久，優而游之，使自求之，饜而飫之，使自趨之，則於春秋之學，其庶幾乎！」

陸氏宰**春秋後傳補遺**

宋志：「一卷。」

未見。

陳振孫曰：「陸佃撰春秋後傳，補遺者，其子宰所作也。宰，字元鈞，游之父。」

税氏安禮**春秋列國圖説**

一卷。

存。

安禮自序曰：「傳稱武王克商，光有天下，兄弟之國②，十有五人，姬姓之國③，四十人，爵五品而土

① 「獲」，備要本作「予」。
②③ 「國」下脱「者」字，應依補正、四庫薈要本、文淵閣四庫本補。

三等，公侯百里，伯七十里，子男五十里，不滿爲附庸，蓋千八百國。周室既衰，轉相吞滅，數百年間，列國耗盡，春秋之世，見於經、傳者，總一百二十四國。若夫二百四十二年之中，朝會盟聘圍①滅入，孔子筆之於經，邱明②發明於傳，至今想見其處，今掇其著者附次之。」

〔補正〕

自序内「兄弟之國，十有五人，姬姓之國，四十人」，「國」下俱脱「者」字；「圍滅入」，「圍」下脱「伐」字。（卷八，頁三）

陸元輔曰：「世所傳春秋列國指掌圖説刊本，以爲蘇軾撰，誤也，蓋税安禮作。」

王氏居正**春秋本義**

十二卷。

佚。

吕氏本中**春秋集解**

宋志：「十二卷。」又吕祖謙集解三十卷。

① 「圍」下脱「伐」字，應依補正、四庫薈要本、文淵閣四庫本補。

② 四庫諸本、備要本「邱明」下有「公穀」二字。

存。

趙希弁曰：「春秋集解三十卷，東萊先生所著也，長沙陳邕和父爲之序。」

陳振孫曰：「春秋集解十二卷，呂本中撰。自三傳而下，集諸家之説，各記其名氏，然不過陸氏及兩孫氏、兩劉氏、蘇氏、程氏、許崧老、胡文定數家而已，大略如杜諤會議①，而所擇頗精，卻無自己議論。」

〔補正〕

陳振孫條内「杜諤會議」，「議」當作「義」。（卷八，頁三）

朱子曰：「呂居仁春秋亦甚明白，正如某詩傳相似。」

宋史：「呂本中，字居仁，元祐宰相公著之曾孫，好問之子。從楊時、游酢、尹焞遊。紹興六年，賜進士出身，擢起居舍人，兼權中書舍人；八年，遷中書舍人，兼侍講，權直學士院。學者稱爲東萊先生，卒謚文清。」

按：趙氏讀書附志以春秋集解爲東萊先生所著，而不書其名。蓋呂氏自右丞、好問徙金華，成公述家傳，稱爲東萊公，而居仁爲右丞子，學山谷爲詩，作西江宗派圖，學者亦稱爲東萊先生。然則呂氏三世皆以東萊爲目，成公特最著者耳。陳氏書録解題撮居仁集解大旨，謂自三傳而下，集諸儒之説，不過陸氏、兩孫氏、兩劉氏、蘇氏、程氏、許氏、胡氏數家，合之今書，良然；而宋史藝文志於春秋集解

① 「會議」，備要本同，應依補正、四庫薈要本、文淵閣四庫本作「會義」。

三十卷直書成公姓名，世遂因之。考成公年譜，凡有著述必書，獨春秋集解不書，疑世所傳三十卷即居仁所撰，惟卷帙多寡未合，而陳和父之序無存，此學者之疑猶未能釋也。

〔四庫總目〕

宋吕本中撰，舊刻題曰吕祖謙，誤也。本中，字居仁，好問之子。……學者稱爲東萊先生，故趙希弁讀書附志稱是書爲東萊先生撰。後人因祖謙與朱子遊，其名最著，故亦稱爲東萊先生；而本中以詩擅名，詩家多稱吕紫微，東萊之號稍隱，遂移是書於祖謙，不知陳振孫書録解題載是書固明云本中撰也。朱彝尊經義考嘗辨正之，惟以宋志作「十二卷」爲疑。然卷帙分合，古今每異，不獨此書爲然；況振孫言是書自三傳而下，集諸儒之説，不過陸氏、兩孫氏、兩劉氏、蘇氏、程氏、許氏、胡氏數家，而採擇頗精，全無自己議論，以此本考之亦合，知舊刻誤題審矣。惟宋志此書之外，别出祖謙春秋集解三十卷，稍爲牴牾，疑宋末刻本已析其原卷，改題祖謙，故相沿訛異，史亦因之重出耳。祖謙年譜備載所著諸書，具有年月，而春秋集解獨不載，固其確證，不必更以他説疑也。（卷二七，頁十一——十一，春秋集解三十卷提要）

〔補正〕

竹垞按：趙氏讀書附志以春秋集解爲東萊先生所著，而不書其名。蓋吕氏自右丞、好問徙金華，成公述家傳，稱爲東萊公，而居仁爲右丞子，學山谷爲詩，作西江宗派圖，學者亦稱爲東萊先生。然則吕氏三世皆以東萊爲目，成公特最著者耳。傑按：新唐書藝文志有東萊吕氏家譜一卷，據此，則東萊之號遠自唐時，非始右丞也。（卷八，頁三）

〔校記〕

四庫本三十卷，提要謂：「舊題吕祖謙撰，誤。宋史於吕本中此書外，别載吕祖謙春秋集解三十卷，乃致誤之由。」（春秋，頁四九）

謝氏逸**春秋廣微**

佚。

姓譜：「逸，字無逸，臨川人。舉進士不第，以詩文自娱，學者稱爲谿堂先生。」

徐氏俯**春秋解義**

佚。

中興聖政録：「紹興三年二月，右諫議徐俯進春秋解義，至『天王使宰渠伯糾來聘』，用左氏説『父在故名』，上謂俯曰：『魯威公篡立，天王當致討，既四年不問，乃使其宰往聘，失政刑矣，故書名以貶之。』俯乞編之記注。」

陳氏禾**春秋傳**

宋志：「十二卷。」

佚。

春秋統論

宋志：「一卷。」

佚。

張氏浚**春秋解**

六卷。

佚。

李氏光**左氏説**

十卷。

佚。

許氏翰**襄陵春秋集傳**

佚。

李綱後序曰：「孔子道大，天下莫能用，因魯史，作春秋，以俟後世君子。雖其義難知，然大旨不過尊王、黜霸、褒善、貶惡、内諸夏、外夷狄①、志天道、謹人事而已。春秋經世，其言簡而法；三傳緯經，其説博而詳。簡而法者，必待夫博而詳者載事實、釋義例，然後聖人之志因以不泯，而後世得以知之，猶天之垂象，昭回森布，推步占驗，非得甘石之書，則何以仰觀？此三傳之於聖人，所以不爲無功也。然三家者所聞、見異辭，所傳異辭，各有所長，而時有異同不合之説，則學春秋者，宜精思深考，揆之以道，索之以理，取其是而去其非，則聖人經世之志得矣。或者舍經而信傳，則是得枝葉而忘本也；棄傳而觀經，則是去甘石之書而窺天也。二者胥失，余患此久矣。襄陽許崧老作春秋集傳，取三家之説不悖於聖人者著之篇，删去其所不然，又斷以自得之意；有發於三傳之所不能言者，得而讀之，豁然如披雲霧而覩天日之清明，燦然如汰沙石而見金玉之精粹，然後知三傳果有功於春秋，而集傳又有功於三傳。至於斷以自得之意，則與三家者齊驅而並駕也，其於學者豈小補哉？噫！孔子作春秋，而亂臣賊子懼，蓋筆削之餘，游、夏不能措一辭，使得其時而道可行於天下，則誅賞廢置宜何如哉？雖不見行事，而垂之空言，猶足以使後世知君臣、父子之道，故太史公曰：『有國者不知春秋，守經事而不知其宜，遭變事而不知其權；爲人君父者不通春秋之義，必蒙首惡之名；爲人臣子者不通春秋之義，必陷誅絶之罪。』其實皆以善爲之而不知其義，被之空言不敢辭，然則學者其可不盡心乎？欲盡心焉，當自此書始。」

王禕曰：「泰山孫氏專以書法論褒貶，襄陵許氏、永嘉陳氏專以書法論世變。」

①「夷狄」，文津閣四庫本改作「荆楚」。

胡氏銓**春秋集善**

宋志：「十三卷。」

〔補正〕

按：郡齋讀書附志、直齋書録解題、文獻通考並作「十一卷。」（卷八，頁三—四）

佚。

陳振孫曰：「端明殿學士廬陵胡銓邦衡撰。銓既事蕭楚爲春秋學，復學於胡文定公安國，南遷後作此書，張魏公爲之序。」

洪氏皓**春秋紀詠**

宋志：「三十卷。」

佚。

程端學曰：「鄱陽洪皓元弼撰。」

宇文氏虚中**春秋紀詠**

宋志：「三十卷。」

佚。

辛氏次膺**春秋屬辭比事**

宋志：「五卷。」

佚。

王氏葆**東宮春秋講義**

宋志：「三卷。」

佚。

春秋備論

二卷。

佚。

春秋集傳

宋志：「十五卷。」

佚。

周必大作墓志曰：「葆，字彦光，吴郡崑山人。宣和六年進士，權國子司業，拜監察御史，兼崇政殿說書，出爲浙東提點刑獄積官左朝請大夫，留意經學，尤邃於春秋。嘗讀孟子『彼善於此』之句，悟聖人作經本旨，以爲當時名卿有功而賢者，莫如管仲、子産、晏子，而三人者姓名略不概見，其他可類推矣。又云：『聖經如化工造物，有自然法象。』蓋昔人所未嘗及者。用心三十年，乃成集傳十五卷，去取是非，不措一毫私意於其間。書成，歎：『吾精力盡於此，後當有知我者。』嗚呼！庶幾無愧古之儒者矣。」

陳振孫曰：「監察御史王葆彦光撰，朱新仲爲作序。葆，周益公之婦翁也，其説多用胡氏。」

龔明之曰：「彦光最長於春秋，有集解十五卷、備論五卷。」

蔡氏幼學**春秋解**

佚。

經義考卷一百八十五

春秋十八

胡氏安國**春秋傳**

宋志：「三十卷。」

存。

安國自序曰：「古者列國各有史官，掌記時事。春秋，魯史爾，仲尼就加筆削，乃史外傳心之要典也；而孟氏①發明宗旨，目爲天子之事者。周道衰微，乾綱解紐，亂臣賊子，接迹當世，人欲肆而天理滅矣。仲尼，天理之所在，不以爲己任而誰可？五典弗惇，己所當敘；五禮弗庸，己所當秩；五服弗章，己所當命；五刑弗用，己所當討。故曰：『文王既没，文不在兹乎？天之將喪斯文也，後死者不得與於

① 「孟氏」，備要本作「孟子」。

斯文也，天之未喪斯文也，匡人其如予何？』聖人以天自處，斯文之興喪在己，而由人乎哉？故曰：『我欲載之空言，不如見諸行事之深切著明也。』空言獨能載其理，行事然後見其用，是故假魯史以寓王法，撥亂世，反之正，敘先後之倫，而典自此可惇；秩上下之分，而禮自此可庸；有德者必褒，而善自此可勸；有罪者必貶，而惡自此可懲。其志存乎經世，其功配乎抑洪水、膺戎狄、放龍蛇、驅虎豹，其大要則皆天子之事也，故曰：『知我者，其惟春秋乎！罪我者，其惟春秋乎！』知孔子者，謂此書之作，遏人欲於横流，存天理於既滅，爲後世慮至深遠也；罪孔子者，謂無其位而託二百四十二年南面之權，使亂臣賊子禁其欲而不得肆，則戚矣。是故春秋見諸行事，非空言比也。公好惡，則發乎詩之情；酌古今，則貫乎書之事；興常典，則體乎禮之經；本忠恕，則導乎樂之和；著權制，則盡乎易之變。百王之法度，萬世之準繩，皆在此書，故君子以謂：五經之有春秋，猶法律之有斷例也。學是經者，信窮理之要矣；不學是經而處大事、決大疑能不惑者，鮮矣。自先聖門人以文學名科，如游夏尚不能贊一辭，蓋立義之精如此。去聖既遠，欲因遺經窺測聖人之用，豈易能乎？然世有先後，人心之所同然一爾，苟得其所同然者，雖越宇宙，若見聖人親炙之也，而春秋之權度在我矣。近世推隆王氏新説，按爲國是，獨於春秋，貢舉不以取士，庠序不以設官，經筵不以進讀，斷國論者無所折衷，天下不知所適，人欲日長，天理日消，其效使夷狄亂華①，莫之遏也。噫！至此極矣。仲尼親手筆削，撥亂反正之書，亦可以行矣。天縱聖學，崇信是經，乃於斯時，奉承詔旨，輒不自揆，謹述所聞，爲之説以獻，雖微辭奥義或未貫通，然尊君

① 「夷狄亂華」，文津閣四庫本作「人民塗炭」。

父、討亂賊、闢邪説、正人心、用夏變夷，大法略具，庶幾聖王經世之志小有補云。」

張九成曰：「近世春秋之學，伊川開其端，劉質夫廣其意，至胡文定而其説大明。」

晁公武曰：「皇朝胡安國被旨撰。安國師程頤，其傳春秋，事按左氏，義取公穀之精者，采孟子、莊周、董仲舒、王通、邵堯夫、程明道、張横渠、程正叔之説以潤色之。」

〔補正〕

晁公武曰：「安國師程頤。」杰按：宋史儒林傳：「安國所與游者：游定夫、謝顯道、楊中立。」不及事程正叔也，晁語未知所據。（卷八，頁四）

朱子曰：「胡氏春秋傳有牽強處，然議論有開闔精神。」又曰：「春秋是魯史，合作時王之月。」又曰：「夫子，周之臣子，不改周正朔。」

中興國史志：「安國書與孫覺合者十六七。」

陳振孫曰：「紹興中，經筵所進，大綱本孟子，而微旨多以程氏之説爲據，近世學春秋者皆宗之。通旨者，所與其徒問答及其他議論條例，凡二百餘章，其子寧輯爲一書。」

黄仲炎曰：「孔子雖因顔淵之問有取於夏時，不應修春秋而遽有所改定也。胡安國氏謂春秋以夏時冠月，而朱熹氏非之，當矣。孔子之於春秋，述舊禮者也，如惡諸侯之強而尊天子、疾大夫之偪而存諸侯、憤吴楚之横而貴中國，此皆臣子所得爲者，孔子不敢辭焉。若夫更革當代之王制，如所謂夏時冠周月，竊用天子之賞罰，決非孔子意也。夫孔子修春秋，方將以律當世之僭，其可自爲僭哉？」又曰：「説元年曰：『體元』，所謂體元者，春秋以一爲元，示大始而欲正本也。王者即位，必體元以立極，使如其説，則春秋果黜周而王魯矣。」

黄震曰：「文定説春秋，以春爲夏正之春，建寅而非建子可也；以月爲周之月，則時與月異，又存疑而未決也。故晦庵先生以爲：若如胡氏學，則月與時事常差兩月，恐聖人作經，不若是之紛更也。」

黄淵曰：「胡文定潛心三十年而傳始成，然夏時冠周月之論，至今可疑。」

〔補正〕

宋鑑：「紹興四年①夏四月，新除徽猷閣待制知永州胡安國乞以本官奉祠，詔：安國經筵舊臣，以疾辭郡，重憫勞之，可從其請，提舉江州太平觀，令纂修春秋傳，俟書成進入，以稱朕崇儒重道之意。」

玉海：「紹興五年四月，詔徽猷閣待制胡安國經筵舊臣，令以所著春秋傳纂述成書進入，十年三月書成，上之，詔奬諭除寶文直學士，賜銀幣，傳凡三十卷十萬餘言，載孟氏而下七家，發明綱領之辭於首，傳外復有總貫條例與證據史傳及學徒問答二百餘章，子寧集録，名曰通旨一卷。」

宋鑑條内「紹興四年夏四月，新除徽猷閣待制知永州胡安國乞以本官奉祠」，杰按：玉海作「五年」，考宋史儒林傳亦作「五年。」（卷八，頁四）

熊朋來曰：「孔子所謂『行夏之時』，見於答顔淵問爲邦者然也，至於因魯史作春秋，乃當時諸侯奉時王正朔，以爲國史所書之月爲周正，所書之時亦周正，經傳日月自可互證，而儒者猶欲執夏時之説以棄之，譬如孔子言車，豈必止言殷輅哉？」

---

① 「四年」，依補正或作「五年」。

陳櫟曰：「月數於周而改，春隨正而易，證以春秋、左傳、孟子、後漢書陳寵傳極爲明著。成十年『六月丙午，晉侯使甸人獻麥』，六月乃夏四月也。僖五年『十二月丙子，朔，晉滅虢』，先是卜偃言克虢之期其九月十月之交乎，丙子朔必是時也，偃以夏正言，而春秋以周正書，可見十二月丙子爲夏十月也。僖五年『春王正月辛亥朔，日南至』，王正月冬至，豈非夏十一月乎？經有只書時者，僖十年『冬，大雨雪』，蓋以酉戌爲冬也，使夏時之冬而大雪，何足以爲異而記之？襄二十八年『春，無冰』，蓋以子丑月爲春也，使夏時之春而無冰，何足以爲異而記之？春秋祥瑞不録，災異乃載，惟夏時八九月而大雪，不當嚴寒而嚴寒；夏時十一月十二月而無冰，當嚴寒而不嚴寒，故異而書之耳。春蒐、夏苗、秋獮、冬狩，四時田獵定名也。桓四年『春正月，公狩于郎』，杜氏註曰：『冬獵曰狩。周之春，夏之冬也。』魯雖按夏時之冬而於子月行冬田之狩，夫子即書曰『春狩于郎』，此所謂春，非周之春而何？哀十四年『春，西狩獲麟』亦然。定十三年『夏，大蒐于比蒲』，魯雖按夏時之春於卯辰之月行春田之蒐，夫子只書曰『夏，蒐于比蒲』，此所謂夏，非周之夏而何？以次年又書『五月，蒐于比蒲』亦然也。陳寵傳尤明白，曰：『天以爲正，周以爲春。』註曰：『今十一月也。』『地以爲正，殷以爲春。』註云：『今十二月也。』『人以爲正，夏以爲春。』註云：『今正月也。』孟子：『七八月之間旱』等，不待多言而明，是三代之正，子丑寅三陽月，皆可以春言也。胡氏春秋傳不敢謂王正月爲非子月，而於春王正月之春字謂以夏時冠周月，皆考之不審，安有隔兩月而以夏時冠周月之理？」

盛如梓曰：「『春王正月』，胡文定謂以夏時冠月，以周正紀事，晦庵以爲不如此，然宗之者衆。」

黃澤曰：「諸家説春秋，於經不合，則屈傳以伸經；於傳不合，亦屈經以伸傳。屈經伸傳者，杜預輩是也；屈傳伸經者，胡文定諸公是也。如謂夫子用夏時冠周月，其爲聖經之害者，莫此爲甚。」又曰：「春秋遵用周正，理明義正，無可疑者。胡文定公始有夏時冠周月之説，蔡氏雖自謂晦庵門人，而其書傳乃直主不改月之説，亦引商秦爲證，是不改月之説開端於文定，而遂成於蔡氏。按胡氏云：『以夏時冠月，垂法後世；以周正紀事，示無其位，不敢自專。』據此，所謂以夏時冠周月最害大義，於聖經之累不小。據所引商秦不改月爲證，是周亦未嘗改月；據夏時冠周月，是孔子始改時，又云仲尼無其位而改正朔，則是正月亦皆孔子所改，其舛誤最①甚。蓋由所見實未明，而欲含糊兩端，故雖主周正，而又疑於時之不可改；既主夏時，而亦疑於建子之非春，是以徒費心思而進退無據，其誤在於兼取用夏從周，是欲兩可，而不知理實不通，古人註釋縱謬，卻不至此。晦庵先生曰：『某親見文定家説，文定春秋説：夫子以夏時冠周月，以周正紀事，謂如公即位依舊是十一月，只是孔子改正作春正月。某便不敢信，恁地時二百四十二年，夫子只證得箇行夏之時四箇字。據今周禮有正月、有正歲，則周實是元改作春正月，夫子所謂行夏之時，只是爲他不順欲改從建寅，如孟子説「七八月之間旱」，這斷然是五六月，十一月徒杠成、十二月輿梁成，這分明是九月十月。』晦庵之説明白如此，而不能救學者之惑，可勝歎哉！」又曰：「『春王正月』，此不過周之時、周之正月，而據文定，則春字是夫子特筆，故曰『以夏時冠周月』；又謂：孔子有聖德無其位，而改正朔，如此則正月亦是夫子所改；蔡九峰則謂周未嘗改月，引史記冬十月爲證，如此則時或是夫子所移易，以此説夫子，豈不誤哉？澤之愚見，只是依據三傳及漢

①「最」，文淵閣四庫本作「益」。

儒之説，定以夫子春秋，是奉王者正朔，以建子爲正，此是尊王第一義，決無改易，其答顔子行夏之時乃是爲萬世通行之法，非遂以之作春秋也。」

蔣悌生曰：「近世明經取士，專用胡氏傳，蓋取其議論正大，若曰一一合乎筆削之初意，則未敢必其然也。」

梁寅曰：「信公穀之過，求褒貶之詳，未免蹈先儒之謬，此胡康侯之失也。」

劉永之曰：「胡康侯之學術正矣，其論議辨而嚴矣，其失則承乎前儒而甚之者也。朱子嘗曰：『有程子之易可自爲一書。』謂其言理之精而非經之本旨也，若胡氏之春秋自爲一書焉可也。」

何喬新曰：「宋之論春秋而有成書者，無如胡文定公，文定之傳，精白而博贍，忼慨而精切，然所失者，信公穀太過，求褒貶太詳，多非本旨。」

彭時曰：「先生平生著述皆有關名教，而發明春秋之功爲尤大。蓋春秋，孔子之親筆，聖人經世之志在焉，非若他經可以訓詁通。自左、公、穀以來，傳注之行無慮百家，文舛辭煩，卒無定説，聖人之宏綱大旨往往鬱而不明，致使王安石詆以爲斷爛朝報，直廢棄之，不列於學官，庸非聖經以衆説晦，而安石無獨見之明故邪？先生自壯年即服膺是經，心領神悟，獨得聖人之精微，當宋南渡時，執經進講，深見獎重，及承詔作傳，乃參考百家，一折衷之以至理，推闡微辭，發明奥義，其於扶三綱、敍九法、抑邪説、正人心，與夫尊王内夏之意尤惓惓焉，自是春秋之大義復明矣。於戲！周東遷而春秋作，宋南渡而傳義明，先聖後賢，千古一心，豈斯文之興固自有其時與？向使安石幸而生先生之後，得聞其説，將崇信是經之不暇，而何詆棄之邪？惟其不幸出於先生之前，不能超衆説以有見，是以得罪於聖人，取譏於後世也。然則先生之於是經，誠可謂繼往聖於既絶，開來學於無窮，其衛道息邪之功於是爲大矣。」

胡居仁曰：「胡氏春秋傳多穿鑿，文定既學於謝顯道，不應不取程子傳而自作傳，雖有祖程子者，又不當不表程子而以爲己説也。」

〔補正〕

李蓘曰：「宋儒病漢儒好言災異，而胡康侯傳春秋往往引用其説，如文公十四年『有星孛於北斗』①，昭公十七年『有星孛於大辰』，康侯之傳何嘗不全用董仲舒、劉向之説邪？然又不明言也。」

李蓘條内「有星孛於北斗」，「於」當作「于」，上脱「入」字。（卷八，頁四）

卓爾康曰：「胡文定當南渡時，發憤著書，志固有在。中間詞旨激揚，或有所過，而昭大義，明大法，炳如日星，不可磨滅也。」

羅喻義曰：「胡氏誤認天子之事爲春秋賞人②黜人，作許大舉措，及問所黜，則滕杞而已，此豈天子事邪？」

尤侗曰：「胡傳專以復讎爲義，割經義以從己説，此宋之春秋，非魯之春秋也。」

俞汝言曰：「胡氏之傳，借經以抒己志，非仲尼之本旨。」

---

① 「有星孛於北斗」，依補正應作「有星孛入于北斗」。四庫薈要本、文淵閣四庫本俱作「有星孛入於北斗」。

② 「人」，備要本誤作「入」。

何其偉曰：「春秋晉荀吾①帥師伐陸渾之戎，書以大之也。胡氏乃曰：『舉其名氏，非褒辭也，猶廑廑以戒窮兵於遠者。』夫胡氏當建炎間以春秋入侍，此何時也，而猶廑廑焉以戒窮兵於遠者？金人之起海角也，遠者也，宋未嘗窮兵也，胡爲而徽欽北？胡爲而康王南，尋則奔明州，走温州？胡氏以春秋進而輒戒窮兵，其君復詡詡曰：『安國所講春秋，吾率二十四日讀一遍。』嗟夫！惟熟於胡氏之春秋而戒窮兵，戒窮兵而厭兵，厭兵而後和議決矣。吾不知所謂因事而進規者，其義安在？」

〔補正〕

何其偉條内「晉荀吾」，「吾」當作「吴」。（卷八，頁四）

毛奇齡曰：「胡氏傳解經之中，畔經尤甚；胡氏傳出，而孔子之道熄矣。」又曰：「三正紀云：正朔三而改。此三代以前皆改正也，且改正必改月，改月必改時，亦無可擬，議者，而胡氏曰：『前乎周者，以丑爲正，其書始即位曰「惟元祀十有二月乙丑」，則知月不易也；後乎周者，以亥爲正，其書始建國曰「元年冬十月」，則知時不易也。』不知商亦改月。左傳昭十七年，冬，有星孛于大辰。梓慎曰：『火出于夏爲三月，于商爲四月，于周爲五月。』是明言夏、殷、周之盡改月也，陳寵曰：『十二月，地以爲正，殷以爲春。』是商亦改時也。漢律歷志引書序及古伊訓篇文，云『惟太甲元年，十有二月朔，伊尹祀于先王，誕資有牧方明』，而班固隨解之曰：『言雖有成湯、太丁、外丙之服，以冬至越茀祀先王于方明，以配上帝。』蓋是年值月朔冬至，故云。則是十二月者，乃夏之十一月，正冬至郊祀之時，故因祀方明，奉先

---

① 「荀吾」，依補正、四庫薈要本、文淵閣四庫本應作「荀吴」。

王以配上帝，並非新君即位改元之始月也。若夫春秋之改時月可指數者，莊七年『秋，大水，無麥苗』，夫秋當有麥苗乎？桓八年『冬十月，雨雪』，此八月雪也，若十月則小雪矣，而何書也？隱九年『三月，震電』，此正月雷也，若三月則啓蟄久矣，而何足怪也？桓十四年『春正月，無冰』，成元年『春二月，無冰』，此非春也，冬也，若果春，則冰泮矣。又若僖五年傳：『春王正月，日南至。』天下無寅月而冬至者。昭二十年傳：『二月，日南至。』夫二月春將分矣，而日始南至，無是理也。乃胡氏不知何據，逞其武斷，謂以夏時冠周月，致有明數百年盡爲所惑。夫子月稱正冬、月稱春，經傳顯然，而云春秋用夏時，不可解也。至隱公不書即位，胡氏自造一例曰：上不稟命於天子，内不承國於先君，大夫扳已立而即立之，則不書即位，隱之不書，是仲尼削之也。則春秋二百四十餘年，凡列國立君，或争或篡，或出或入，何嘗一稟命天子，至不承先君，則桓不承隱，宣不承文，定不承昭，而三君偏得書即位，何也？據曰『隱之不書，仲尼削之』，則桓之得書，將必仲尼褒之矣。夫亂賊其可褒乎？乃自知難通，於桓即位，傳則曰：『美惡不嫌同辭。』於宣即位，傳則曰：『一美一惡，不嫌相同。』夫美惡可同，是善惡混也。亂莫大於善惡混，乃以夫子作春秋而使善惡混，則或褒或貶，何所分别？吾不意胡氏之學一開卷間，即辭窮理屈如此。」

春秋通例

宋志：「一卷。」

存。

胡氏寧**春秋通旨**

宋志：「二卷。」

未見。

吴萊後序曰：「自宋季德安之潰，有趙先生者北至燕，燕趙之間，學徒從者殆百人，嘗手出一二經傳及春秋胡氏傳，故今胡氏之説特盛行。胡氏正傳三十卷，傳外又有總貫條例、證據史傳之文二百餘章，子寧集之，名曰春秋通旨，輔傳而行。當胡氏傳春秋時，光堯南渡，父讎未報，國步日蹙，將相大臣去戰主和，寖忘東京宫闕、西京陵寢而不有①者，是故特假春秋之説進之經筵，且見内夏外夷②若是之嚴，主辱臣死若是之酷③，冀一悟主聽，則長淮不至於自畫，江左不可以偏安，此固非後世學春秋之通論也。然而胡氏傳文大概本諸程氏，程氏門人李參所集程説頗相出入，胡氏蓋多取之，欲觀正傳，又必先求之通旨，故曰：史文如畫筆，經文如化工。若一以例觀，則化工與畫筆何異？惟其隨事而變化，則史外傳心之要典，聖人時中之大權也。世之讀春秋者，自能知之，固不可以昔者歆向之學而異論矣。趙先生者，諱復，字仁甫，國初南伐攻德安，潰之，仁甫遭擄，遇姚文獻公軍中，文獻與言，信奇士，仁甫方

① 「不有」，文津閣四庫本作「不顧」。
② 「内夏外夷」，文津閣四庫本作「内外之防」。
③ 「主辱臣死若是之酷」，文津閣四庫本作「君臣之際若是其謹」。

以國破家殘不欲北，且蘄死，會夜月出，即逃，乃亟被鞍躍馬號積尸間，見其解髮脱屨，仰天呼泣，蓋欲求至水裔而未溺也。文獻曉以徒死無益，乃還，然後盡出程朱性理等書及諸經傳，故今文獻與許文正公遂爲當代儒宗，仁甫爲有以發之也。先正有云：世之去聖日遠，故學者惟傳經最難。仁甫當天下擾攘之際，乃能盡發先儒傳疏而傳之，不亦難乎？上在潛邸嘗召見，曰：『我欲取宋，卿可導之乎？』對曰：『宋，父母國也，未有引他人之兵以伐父母者。』故仁甫雖在燕久，常有江漢之思，誠若是，則吾仁甫亦無媿乎胡傳之學矣。」

陸元輔曰：「胡寧，字和仲，崇安人，安國季子，用蔭補官，召試館職，除敕令所删定，官遷太常寺丞祠部郎，出爲夔州路安撫司參議官，除知澧州，不赴，奉祠歸。安國之傳春秋也，編纂檢討多出寧手，又著春秋通旨以羽翼之，世稱茅堂先生。」

經義考卷一百八十六

春秋十九

鄭氏樵**夾漈春秋傳**

宋志：「十二卷。」

未見。

春秋考

宋志：「十二卷。」

未見。

春秋地名譜

宋志：「十卷。」

未見。

樵自述曰：「按春秋之經則魯史記也，初無同異之文，亦無彼此之説，良由三家所傳之書有異同，故是非從此起。臣作春秋考，所以是正經文，以凡有異同者皆是訛謬。古者簡編艱繁，學者希見親書，惟以口相授，左氏世爲楚史，親見官書，其訛差少，然有所訛從文起；公穀，漢之經生，惟是口傳，其訛差多，然有所訛從音起。以此辨之，了無滯礙。又有春秋傳十二卷，以明經之旨備見周之憲章。」

陳振孫曰：「其學大抵工於考究，而義理多迂僻。」

石氏公孺春秋類例

宋志：「十二卷。」

佚。

中興聖政録：「紹興初，詔鄉貢進士石公孺、李郁並令赴都堂審察。公孺，臨海人，長於春秋傳，不事科舉。郁，光澤人，父深，元祐黨人，母，陳瓘兄弟也，郁早從楊時學，時以女妻之。」

程端學曰：「會稽石氏公孺。」

姓譜：「字長孺，高隱不仕，高宗詔求遺逸，召對稱旨，命之官，固辭，高宗曰：『卿當爲朕勉受一官。』乃授迪功郎。進其所作春秋類例，命藏祕閣。」

李氏棠**春秋時論**

宋志：「一卷。」

佚。

程端學曰：「蜀李氏棠子思。」

王應麟曰：「建炎中，李棠專采時議爲論，一十八篇。」

任氏續**春秋五始五禮論**

五卷。

佚。

高氏閌**息齋春秋集注**

〔補正〕

案：宋史儒林傳作集傳，與此異。（卷八，頁四）

通考：「十四卷。」

未見。

〔校記〕

四庫有輯大典本四十卷。（春秋，頁四九）

陳振孫曰：「禮部侍郎鄞高閌抑崇撰。其學專本程氏，序文可見。」

程珌曰：「公之學，蓋欲沿伊川之書以求聖人之心者，如言平王在位日久，恬於頹靡，無復振起之略，諸侯專肆，變法壞紀，亂臣賊子接迹海内，平王不可望矣，故託始於隱公；及二百四十年之後，齊晉又衰，政出大夫，吴楚横行中國，不復知有周矣，故終於越入吴。其志慮可謂深長，而規模可謂正大。惜乎排擯沮抑，不使其身獲安於朝廷之上，書雖不廢於當時，而道則不行於天下，愚是以讀公之書，悲公之志，然猶幸其書之存也。」

樓鑰序曰：「吾鄉四明，慶曆皇祐間，杜、楊、二王及我高祖正議號五先生，俱以文學行誼表率於鄉，杜先生又繼之講明經術，名公輩起，儒風益振。其後伊洛二程先生之門得其傳以歸者，惟故禮部侍郎高公，公天資純粹，濟以勤敏，師友淵源，學問精詣，入上庠，登舍選，已有盛名，諸公貴人争欲壻之，拂衣而歸。建炎二年，陞補上舍；紹興改元德音，免殿試，賜進士出身；十三年，高宗初建太學，遴擇名儒爲四方所推服者爲少司成，公實應選，士子雲集，凡學之規則，皆所裁定；明年三月，車駕幸學，講易泰卦於上前，擢貳卿，將嚮用矣，以直道忤時，卒一斥不復，家居數年，中壽而殁。頃端明汪公登從班，奏言學行出處之詳，始詔復次對官諸子，而公之名愈顯矣。自頃王荆公廢春秋之學，公獨耽玩遺經，專以程氏爲本，又博采諸儒之説爲之集注，其説粹然，一出於正，然猶未行於世也。仲子得全知黄州，始取遺稿刻之，而屬某以序。某生長外家汪氏，于公有連，雖生晚不及承教，而猶記拜公牀下。竊聞之，公既投閑①，杜門屏居，略不以事物自攖，日有定課，風雨弗②渝，此書之所以成也。嗚呼！泰山孫公明復著尊王發微，深欲明夫子褒貶之旨；伊川先生則謂後世以史觀春秋，謂褒善貶惡而已，至於經世之大法則不知也。自有春秋以來，未有發此祕者。公亦曰：『仲尼懼先王經世之法墜地莫傳，欲立爲中制，俾萬世可以通行，故假周以立王法，而託始於隱公，以文武之道期後王，以周公之事望魯之子孫也。以此推之，春秋固非一王之法，乃萬世通行之法也。』其推明伊川之意類如此。昔曾子每誦夫子之言，則必曰『吾聞諸夫子』，子夏使西河之民疑女於夫子，曾子罪之，說者曰：『言其不稱師也。』觀公之序，直引伊川之序，不更一詞，可謂稱師而知③其所本矣。伊川有序而傳未成，公之書成而未有序，此當屬之深於春秋者。某何人而敢與此？黄州言之再四，竊幸得託名於不腐，乃勿敢辭。公諱閎，字抑崇，子孫能守家法，其興未有艾也。」

張萱曰：「宋紹興間禮部侍郎廣陵高閎著其說，專以程傳爲本，又博采諸儒之論而集爲注。大旨謂仲尼懼先王經世之法莫傳，立爲中制，俾萬世可通行，故假周以立法，而託始於隱公，皆推明伊川之意也。」

浙江通志：「高閎，字抑崇，鄞縣人，紹興元年進士。」

① 「閑」，文淵閣四庫本、文津閣四庫本俱作「閒」。
② 「弗」，文津閣四庫本作「不」。
③ 「知」，文淵閣四庫本作「得」。

鄭氏剛中**左氏九六編**

三卷。

佚。

剛中自序曰：「左氏載春秋卜筮頗詳，筮之遇周易者之卦，一十三變爲二十六，无變者三；論卦體以明事，而不由筮得者八，總三十有七卦，蠱凡兩書。予志欲集爲一書，久而未暇，近乃成之。凡卦之見於左氏者，各畫其所得象，具載事本與筮史之論，其有疑渾可加臆説，或近世推占之説似相契驗者，輒附會其後，仍以八宫分卦并逐卦之變體先之，共三卷，通號曰左氏九六篇，庶簡而易求也，所集成，偶讀元凱書：太康元年，自江陵還襄①，會汲縣民有發其界内舊冢者，大得古書，皆科斗文字，藏入祕府，元凱晚得見之，書多雜碎奇怪，惟周易及紀年最爲分了，又别一卷，純集左氏傳卜筮事，上下次第及其文義皆與左氏同，名曰師春，『師春』似是抄集人名。異哉！予今所作，是乃師春之意乎？其人其書，茫然千古之上，疏集同異，不可得而知矣。紹興庚午正月。」

〔補正〕

自序内「自江陵還襄」，下脱「陽」字。（卷八，頁四）

① 「襄」，依補正、四庫薈要本、文淵閣四庫本、文津閣四庫本應作「襄陽」。

韓氏璜**春秋人表**

宋志：「一卷。」

佚。

王應麟曰：「紹興中作。」

程端學曰：「璜，字叔夏，潁川人。」

環氏中**左氏二十國年表**

宋志：「一卷。」

佚。

春秋列國臣子表

宋志：「十卷。」

佚。

程端學曰：「環中，字應仲，淮陽人。」

中興聖政録：「紹興四年六月玉海作「五年五月」，祕書丞環中知臨江軍中，嘗進春秋年表，沈與求奏不當先魯而後周，上曰：『士大夫著述，謬舛容有之，中爲人臣，乃不知尊王之義，豈可置之三館？』」

鄧氏名世**春秋四譜**

宋志：「六卷。」

佚。

宋鑑：「紹興四年三月，詔草澤鄧名世引見上殿，名世初以劉大中薦召赴行在，獻所著春秋四譜，上命爲迪功郎。」

玉海：「鄧名世上春秋四譜六卷，以經、傳、國語參合援據，爲國譜、年譜、地譜、人譜。三月引見，九月賜出身，充史館校勘。」

姓譜：「鄧名世，字元亞，臨川人。先是議臣禁學春秋，名世獨嗜之，試有司，屢以援春秋見黜，乃益研究經旨，考三傳同異，往往發諸儒所未及。御史劉大中宣諭江南，録其書以進，遂以布衣上殿賜出身，除敕令所删修，官兼史館校勘，又有春秋論説、春秋類史、春秋公子譜、列國諸臣圖、左氏韻語。」

辨論譜説

宋志：「一卷。」

佚。

王應麟曰：「辨論譜説十篇一卷，辨先儒言經傳之失，考訂明切。」

朱氏震**春秋左氏講義**

三卷。

佚。

玉海：「紹興五年三月，詔侍講朱震、范沖專講左氏傳，震進講義三卷。」

范氏沖**春秋左氏講義**

宋志：「四卷。」

佚。

玉海：「紹興中，侍講范沖進左氏講義四卷。」

李氏蘗**春秋至當集**

佚。

春秋機關

佚。

春秋集解

佚。

魏了翁誌曰：「公字清叔，蜀人。紹興十八年進士，倉部員外郎，總領四川財賦、軍馬、錢糧，郎中太府少卿①，自號桃溪先生。公講學臨篇，皆探源尋流，取法前古，有春秋至當集、春秋機闗、春秋集解、經語提要。」

〔補正〕

魏了翁誌内「郎中太府少卿」，「郎」上脱「升」字，「太府」上脱「擢守」二字。（卷八，頁四）

黄氏顔瑩**春秋説**

佚。

陳氏長方**春秋傳**

佚。

張衵曰：「長方字齊之，其先長樂人，居吴中步里，紹興間以進士終江陰軍教授，所著有春秋、禮

① 「郎中太府少卿」，依補正、四庫薈要本作「升郎中擢守太府少卿」。

記、尚書傳。」

吴氏曾**春秋考異**

宋志：「四卷。」

佚。

按：春秋考異，陳氏書録解題云：「不著名氏，録三傳經文之異者，而宋藝文志題作吴曾，今從之。」

左氏發揮

宋志：「六卷。」

佚。

陳振孫曰：「臨川吴曾虎臣撰。取左氏所載時事①爲之論，若史評之類。」

〔補正〕

陳振孫條内「所載時事」，當作「事時」。（卷八，頁五）

宋鑑：「紹興十一年六月壬午，布衣吴曾特補右迪郎②，曾獻所著春秋發揮而宜有是命。」

---

① 「所載時事」，依補正、四庫薈要本、文淵閣四庫本應作「所載事時」。

② 「右迪郎」，依補正、四庫薈要本、文淵閣四庫本、備要本應作「右迪功郎」。

〔補正〕

宋鑑條内「特補右迪郎」，「迪」下脱「功」字。（卷八，頁五）

夏氏沐**春秋素志**

宋志：「三百一十五卷。」

佚。

春秋麟臺獨講

宋志：「十一卷。」

佚。

王應麟曰：「夏沐撰春秋素志三百十五卷①，凡三百萬言，謂出於元聖素王之志，名曰素志，又略其文而約説之，爲麟臺獨講十一卷。」

句龍氏傳**春秋三傳分國紀事本末**

佚。

---

① 「三百十五卷」，文淵閣四庫本誤作「二百十五卷」。

馬端臨曰：「夾江句龍傳明甫撰。」

劉光祖序略曰：「傳，字明甫，精於春秋三傳，博習詳考，又分國而紀之，自東周而下，大國、次國特書，小國、滅國附見，不獨紀其事與其文，而兼著其義，凡采其説者數十家，蓋嗜古尊經之士，確乎其能自信者也。」

黃氏叔敖**春秋講義**

宋志：「五卷。」

佚。

程氏迥**春秋傳**

宋志：「二十卷。」

佚。

朱子曰：「沙隨春秋解説滕子來朝最好。隱十一年方書滕侯、薛侯來朝如何，桓三年①便書滕子來朝，或以爲時王所黜，不知是時時王已不能行黜陟之典，或以爲春秋惡其朝桓，特削而書子，自此之後，滕皆書子，豈惡其朝桓而并後代子孫削之乎？或以爲當喪未君前，又不見滕侯卒，皆不通之論，沙隨謂

① 「三年」，依補正、四庫薈要本、文淵閣四庫本、文津閣四庫本應作「二年」。

此見得春秋時小國事大國，其朝聘貢賦之多寡，隨其爵之崇卑。滕子之事魯以侯禮見，則所供者多，故自貶降而以子禮見，庶得貢賦省，少易供。此説卻是，何故緣後面鄭朝晉云：『鄭伯，男也，而使從公侯之賦。』見得鄭本是男爵，後襲用侯伯之禮以交於大國，初焉不覺其貢賦之難辦，後來益困，非獨是鄭伯，當時小國多是如此。」

〔補正〕

朱子條内「桓三年」當作「二年」。（卷八，頁五）

春秋顯微例目

宋志：「一卷。」

佚。

方氏淑**春秋直音**

宋志：「三卷。」

佚。

陳振孫曰：「德清丞方淑智善撰，劉給事一止爲作序。以學者多不通音切，故於每字切脚之下直著其音，蓋古文未有反切爲音訓者皆如此，服虔、如淳、文穎輩，於漢書音義可見。」

畢氏良史**春秋正辭**

宋志：「二十卷。」

佚。

春秋通例

十五卷。

佚。

玉海：「紹興十三年正月，畢良史獻春秋正辭二十卷，詔諫議羅汝楫、司業高閌看詳來，上特改京官。」

陳振孫曰：「知盱眙軍東平畢良史撰。良史爲東平①留守屬官，東京再陷，留金三年，著此書，已而得歸，表上之。」

〔補正〕

陳振孫條内「爲東平留守」，「平」當作「京」。（卷八，頁五）

北盟會編：「畢良史，字少董，蔡州人。」

---

① 「東平」，依補正、四庫薈要本、文淵閣四庫本、文津閣四庫本應作「東京」。

陳氏知柔**春秋義例**

十二卷。

佚。

吴氏仁傑**春秋論**

未見。

洪氏邁**春秋左氏傳法語**

宋志：「六卷。」

未見。

徐氏端卿**麟經淵源論**

十篇。

佚。

魏了翁志曰：「武義徐君，諱端卿，字子長，紹興十一年進士，教授鎮江，嘗著麟經淵源論十篇。」

董氏自任**春秋總鑑**

宋志：「十二卷。」

佚。

玉海：「紹興十二年十二月，詔董自任上春秋總鑑可采宜處，以太學録之，職其書祕省，録進凡十二卷，類集本末而爲解義。」

程端學曰：「廬陵人。」

劉氏本**春秋中論**

宋志：「三十卷。」

佚。

王應麟曰：「紹興中著。」

程端學曰：「長樂人。」

洪氏興祖**春秋本旨**

通考：「二十卷。」

未見。

陳振孫曰：「知饒州丹陽洪興祖慶善撰。其序言三代各立一王之法，其末皆有弊，春秋，經世之大法，通萬世而無弊。又言春秋本無例，學者因行事之迹以爲例，猶天本無度，歷者①即周天之數以爲度。又言屬辭比事，春秋教也，學者獨求於義，則其失迂而鑿；獨求於例，則其失拘而淺。若此類，多先儒所未發，其解經義，精而通矣。興祖嘗爲程瑀作論語解序，忤秦檜，貶昭州以死。」

黄震曰：「浮溪序春秋本旨，直謂仲尼復生不能易，而末乃歸之興祖可草辟雍封禪之儀則。文人之妄意談經，其舛甚矣。」

晁氏公武**春秋故訓傳**

宋志：「三十卷。」

佚。

〔補正〕

續館閣書目：「淳熙中，晁公武進春秋訓傳②三十卷。」

續館閣書目條内「晁公武進春秋訓傳三十卷」，「訓」上脱「故」字。（卷八，頁五）

---

① 「歷者」，文淵閣四庫本作「治歷者」。

② 「春秋訓傳」，依補正、四庫薈要本、文淵閣四庫本應作「春秋故訓傳」。

張氏九成**春秋講義**

一卷。

存。

按：張氏春秋講義載横浦集，邇英殿進講凡三篇：一曹伯來朝；一齊人歸公孫敖之喪；一六月辛丑朔，日有食之，鼓用牲于社。海昌縣庠所講二篇，一發題；一隱公元年春王正月。又日新録，載單帥師一篇。

王氏彦休**春秋解**

佚。

王庭珪序曰：「王澤竭於不競之晚周，然後春秋作。然六經俱焚於秦，自漢以來，采取古文①逸篇，往往出於菑川、濟南，齊魯諸生之所掇拾，惟春秋出聖人之筆，時有斷闕，要非後之儒者所能竄一詞也。世之爲春秋學者，其説鋒起，解詁論釋至數十百家，類以詞氣相擊排，黨枯竹，護朽骨，徒爲異論以相訾也。孔子曰：『吾猶及史之闕文也。』彼去聖人千百年之後，取其焚餘殘脱之篇，益鑿其説，以出新意，失其旨矣。余崇寧中始遊廬陵郡學，是時朝廷方以經術訓士，薄海内外悉用三舍法，獨春秋不置博士，

---

① 「古文」，文淵閣四庫本誤作「古人」。

故鼓篋升堂無問春秋者，惟王彦休以宿學老儒時能誦説，而學者終不暇習。彼年復詔天下立學，以是經天子之事，首尊用之，於是彦休之學久湮没而近乃出焉。若彦休者，可謂能守其所學，窮年而不易，特未見有入室操戈而伐之者耳。惜其老矣，不能以是發策决科，編次其書，丐余文以冠之。」

羊氏永德**春秋發微**

佚。

括蒼彙紀：「羊永德，縉雲人，紹興中進士，官奉議郎、徽州通判，師事吕成公。」

桂氏績**類左傳**寰宇志作「桂續」。

十六卷。

佚。

廣信府志：「桂績，字彦成，紹興乙丑進士，終浙西運辨。」

黄氏開**春秋妙旨**、**麟經總論**

佚。

徐氏人傑**春秋發微**

佚。

朱氏悛**春秋群疑辨**

二卷。

佚。

晏穆曰："浦陽朱悛師黄山薛大觀，大觀善於説春秋，能紹述平陽孫公復遺旨，登其門者亡慮千餘人，惟悛實得其要領。"

柳貫曰："浦陽朱悛撰，後有石陵倪朴跋語。觀其所述，大概本尊王發微。"

王氏十朋**春秋解**

佚。

周氏聿**春秋大義**

佚。

張氏震**春秋奥論**

佚。

右見章俊卿群書考索載一篇。

鄭氏綺**穀梁合經論**

佚。

晏穆志墓曰：「處士諱綺，字宗文，傳家學，以春秋爲宗，其所篤好獨在穀梁氏，撰穀梁合經論三萬言，乾道中賜號曰沖素處士。」

揭傒斯曰：「處士穀梁合經論多發摘微辭。」

金華府志：「浦江義門鄭氏起宋建炎，迄明正統，歷三百餘年，五十四世，合居聚食自綺始也。」

經義考卷一百八十七

春秋二十

薛氏季宣**春秋經解、指要**

佚。

通考：「共十四卷。」

季宣自序指要曰：「春秋，魯史之名也，史何以名春秋？魯歷之所爲更也。何更爾？變周也。何言乎變周？周正建子，以建寅爲正歲，夏時得天，猶用夏也，春秋之序魯，變之也，加春於建子，而爲王正月，建卯之月，而爲夏四月，魯史之作也。故凡春秋之序，皆舍周之舊也。何始於隱公，疾始變常也。昉於此乎？前此矣。前此則曷爲始於此？魯春秋之始也。魯春秋之始作於隱公也。先王之制，諸侯無史，天子有外史，掌四方之志，而識①於周之太史；隱之時也，始更魯歷而爲魯史，諸侯之有史，其周

①「識」，依補正、四庫薈要本、文淵閣四庫本應作「職」。

之衰乎？晉乘始於殤叔，秦史作於文公，王室之微，諸侯之力政焉爾。然則春秋何取於魯？因也。其因何？因魯之史以爲春秋，仲尼之志也。春秋何以爲仲尼之志？善揚其善，惡書其惡，直筆以書其事，不爲褒貶抑揚而亂是非之正也。褒貶非仲尼之意也，三家者託褒貶以爲傳，舍褒貶則無以爲傳矣，此不知春秋者也。仲尼修春秋，將以反經之正而還於舊也，是故直言以明得失謂之辭，正辭以別是非謂之事，屬辭比事莫善於春秋。春秋之道，治亂之法也，可行於當世，可示於四方，小人憚焉，君子達焉，亂臣賊子云：誰之不懼。撥亂世而反之正，春秋之用也。指要之謂，辭達而已。君子苟春秋之爲好，不以棄傳爲過而反求之，春秋之義也。」

〔補正〕

自序内「而識于周之太史」，「識」當作「職」。（卷八，頁五）

陳傅良作行狀曰：「右奉議郎新權發遣常州借紫薛公季宣，字士龍，永嘉人，有春秋經若干卷，指要一卷。」

朱子曰：「薛常州解春秋，不知如何率意若此，只是幾日，成此文字，如何說諸侯無史，内則尚有閭史；又如趙盾、崔杼事，皆史臣所書。」

陳振孫曰：「知常州永嘉薛季宣士龍撰指要，列譜例於前。季宣博學通儒，不事科舉，陳止齋師事之。季宣死當乾道九年，年四十，其爲此書實紹興三十二年，蓋甫二十歲云。」

〔補正〕

陳振孫條内「其爲此書實紹興三十二年」。杰按：「三十二年」疑當作「二十二年」，然書録解題及通

考皆作「三十二年」，姑仍之。（卷八，頁五）

陳氏傅良左氏章指

宋志：「三十卷。」

未見。

〔四庫總目〕

傅良别有左氏章旨三十卷，樓鑰所序，蓋兼二書言之，朱彝尊經義考注曰「未見」，今永樂大典中，尚存梗概，然已殘闕不能成帙，故不復裒録焉。（卷二七，頁十六，春秋後傳十二卷提要）

春秋後傳

宋志：「十二卷。」

存。

樓鑰序曰：「春秋後傳、左氏章指二書，故中書舍人止齋陳公傅良之所著也。春秋之學不明久矣，啖趙之後，至於本朝而後有泰山孫先生復尊王之説，公是劉先生敞權衡、意林等書，伊川程先生頤雖無全書，而一序所該，聖人之大法備矣。自王荆公安石之説盛行，此道幾廢。建炎、紹興之初，高宗皇帝復振斯文，胡文定安國承伊洛之餘，推明師道，勸講經筵，然後其學復傳，學者以爲標準，可謂大全矣。東萊吕公祖謙又有集解行於世，春秋之義殆無餘藴。止齋生於東嘉，天資絶人，誦書屬文，一旦迥出諸老先生上，斂然布衣，聲名四出，六經之説流行萬里之外，而其學尤深於春秋。鑰非深於此者，嘗涉獵諸公之書，非不明白，然亦不過隨文辨釋，間有前後相爲發明者，亦不見體統所在。鑰從止齋遊，雖不得執經其門，嘗深叩之。同在西掖時，始以隱公後傳數篇相示，因爲道春秋之所以作，左氏之所以有功於經者，其説卓然。且曰：『自余之有得於此而欲著書，於諸生中擇其能熟誦三傳者，首得蔡君幼學，蔡既壯，又得二人焉，曰胡宗、曰周勉，游宦必以一人自隨，遇有所問，其應如響，而此書未易成也。』既不未幾去國，而鑰亦歸。朋友之來，必以此書爲問，雖親炙之者，跪以請，則曰：『此某身後之書也。』既不幸卒於嘉泰三年，而此書始出於笥中，其壻林子燕最得其傳，又四年而後，長子師轍與其徒汪龍友以二書來。鑰老矣，屏去他書，窮晝夜讀之，始盡得其大意。嗚呼！盛哉！蓋未有此書也。先儒以例言春秋者切切然，以爲一言不差，有不同者則曰變例，竊以爲未安。公之書不然，深究經旨，詳閱世變，蓋有所謂隱、桓、莊、閔之春秋，有所謂僖、文、宣、成之春秋，有所謂襄、昭、定、哀之春秋。始焉猶知有天子之命，王室猶甚威重，自霸者之令行，諸侯不復知有王矣。桓公之後，齊不競而晉霸；文公既亡，晉不競而楚霸；悼公再霸而又衰，楚興而復微；吴出而盟諸侯，於越入吴而春秋終矣。自杜征南以來，謂平王東周之始王，隱公遜國之賢君，其説甚詳；而公以爲不爲平王，亦不爲隱公，而爲威王①，其説爲有據依。又其大節目，如諸侯改元，前所未有，齊魯諸大國比數世間有世而無年，至記②厲王奔彘，始有

① 「威王」，四庫薈要本誤作「桓王」。
② 「記」，文淵閣四庫本作「紀」。

紀年。古者諸侯無私史，乘與檮杌、春秋，皆東遷之史也。書齊鄭盟于石門，以志諸侯之合；書盟于鹹，以志諸侯之散，是春秋之終始也。隱、桓、莊之際，惟鄭多特筆；襄、昭、定、哀之際，惟齊多特筆。諸侯專征，而後千乘之國有弑其君者矣；大夫專將，而後百乘之家有弑其君者矣。宋、魯、衛、陳、蔡爲一黨，齊鄭爲一黨，公會齊鄭①於中邱，而後諸侯之師衡行於天下，罪莫甚於鄭莊，宋、魯、齊、衛②次之，而父子兄弟之禍亦莫甚於五國，是可爲不臣者之戒矣。齊桓公卒，鄭遂朝楚，夏之變夷③，鄭爲亂階；侵蔡遂伐楚，以志齊桓之霸；侵陳遂侵宋，以志楚莊之霸，足以見夷夏之盛衰矣④。書公孫茲帥師、書公孫敖帥師、書公子季友卒，習見三家之所從。始首止之盟，鄭伯逃歸不盟則書，以其背夏盟也；厲之役，鄭伯逃歸不書，蓋逃楚也，夷夏之辨⑤嚴矣。自隱而下，春秋治在諸侯；自文而下，治在大夫。有天下之辭，有一國之辭，有一人之辭，於干戈無不貶，於玉帛之使則從其爵，勸懲著矣。文十年而狄秦，又三十年而狄鄭，又五十餘年而狄晉；鄭猶可也，狄晉甚矣，貶不於甚，則於事端餘實録而已矣。此皆先儒所未發。至僖之三十一年，『四卜郊，不從，乃免牲，猶三望』，極言魯之用天子禮樂，以明堂位之言爲

①「齊鄭」，文淵閣四庫本作「齊侯」。
②「齊、衛」，文淵閣四庫本作「齊侯」。
③「夏之變夷」，文津閣四庫本作「是楚之横」。
④「夷夏之盛衰矣」，文津閣四庫本作「盛衰之有自矣」。
⑤「夷夏之辨」，文津閣四庫本作「筆削之義」。

不然。惠公始乞郊而不當用，僖公始作頌，所以郊爲夸，引祝鮀之言爲證，此猶①爲前所未聞也。若左氏或以爲非爲經而作，惟公以爲著其不書以見春秋之所書者，皆左氏之力，章指一書，首尾專發此意。昔人以杜征南爲邱明忠臣，然多曲從其説，非忠也。公之章指謂『君子曰者』，蓋博採善言禮也者，蓋據史舊聞，非必皆合於春秋，或曰後人增益之，或曰後人依倣之，或以凡例義淺而不取，或以例非左氏之意，蓋愛而知其惡者，乃所以爲忠也。又言莊公元年至七年，及十九年以後訖終篇，多無傳，疑有佚墜，公之求於傳者詳矣。嗚呼！與止齋遊，前後三十年，不得卒業於其門，既興殄瘁之悲，而後得二書，其間尚有欲質疑而不可得，此所以撫卷三歎而不能自已也。②」

〔補正〕

樓鑰序内「此猶爲前所未聞也」，「猶」當作「尤」；序末當補云：「開禧三年冬至日」。（卷八，頁五）

周勉跋曰：「先生爲後傳，將脱稿而病，期歲而病革。學者有欲速得其書，俾傭書傳寫，其已削者，或留其帖於編；增入是正者，或揭去弗存也。勉宦江陵還，始得朋友訂正之，然已削者可刊帖於編，而增入是正者不可復求矣。惜哉！勉從先生於桂陽、於衡、於潭，日受經焉；及後傳且就，先生每語友朋將面授勉，使盡質所疑而後出，已而睽隔，函丈不果。質今訂正，猶先生之志云。」

蔡幼學作行狀曰：「公深於春秋，其發明獨至，又以左氏最有功，於經能存其所不書以實其所書，

---

① 「猶」，依補正應作「尤」。

② 「也」下，依補正應補「開禧三年冬至日」七字。

故作章指以明筆削之義。」

陳振孫曰：「陳傅良撰，樓參政鑰爲之序。大略謂左氏存其所不書以實其所書，公羊、穀梁以其所書推見其所不書，而左氏實録矣，此章指之所以作也。若其他發明多新説，序文略見之。」

黄淵曰：「陳止齋欲著後傳，於諸生中擇能誦者一人自隨，似不草草，然謂書王存周，未免又落窠臼。」

何喬新曰：「陳氏論世變，以爲有隱、桓、莊、閔之春秋，有僖、文、宣、成之春秋，有襄、昭、定、哀之春秋；然其於褒貶以傳之所書而論經之所不書，則傳事又豈一一皆實乎？」

張萱曰：「止齋取左傳，每段以數語括其大指，間有評駁。」

趙希弁曰：「春秋左氏後傳十二卷、左氏章指十七卷，止齋陳傅良所著也。四明樓忠簡公鑰序其前，清海崔清獻公與之識其後，而刻①之維揚郡庠。」

吕氏祖謙**春秋集解**

〔補正〕

案：此書今刻於通志堂經解，而納蘭容若序疑其或是吕本中所作，其卷内則書吕伯恭。又按：此書竹坨兩載於此卷内，一以爲吕本中，一以爲吕祖謙，蓋誤複耳。（卷八，頁六）

---

① 「刻」，文淵閣四庫本作「列」。

宋志：「三十卷。」

未見。

張萱曰：「吕祖謙博考三傳以來至宋儒諸説，摭其合於經者，撮要編之。」

左傳類編

宋志：「六卷。」

佚。

陳振孫曰：「分類内外傳、事實、制度、論議，凡十九門，首有綱領數則，兼采他書。」

張萱曰：「中分十九則：曰周，曰齊，曰晉，曰楚，曰吴越，曰戎狄，曰附庸，皆列國行事；曰諸侯制度，曰風俗，曰禮，曰氏族，曰官制，曰財用，曰刑，曰兵制，曰地理，曰春秋前事，自唐虞以來左氏所引典故，曰論議，則左氏傳中論議之文也。」

左氏博議

宋志：「二十卷。」

〔校記〕

四庫本二十五卷。（春秋，頁四九）

存。

祖謙自序曰：「左氏博議者，爲諸生課試之作也。始予屏處東陽之武川，仰林俯壑，出户而望，因盡無來人，居半歲，里中稍稍披蓬藋從予遊，譚餘語隙，波及課試之文，予思有以佐其筆端，乃取左氏書理亂得失之蹟，疏其説於下。旬儲月積，寖就編帙，諸生歲時休沐，必抄置褚中，解其歸裝無虚者，並舍姍黨，復從而廣之，曼衍四方，漫不可收。客或咎予之易其言，予徐①應之曰：『子亦聞鄉鄰之求醫者乎？深痼隱疾，人所羞道而諱稱者，揭之大塗，惟恐行者不閲，閲者不播，彼豈靦然忘②世哉？恥③欲蓄而病欲彰也。予離群而索居有年矣，過而莫予輔也，跌而莫予挽也，心術之差、見聞之誤而莫予正也，幸因是書而胸中所存、所操、所識、所習，毫忽髮謬，隨筆呈露，舉無留藏；又幸而假課試以爲媒，借逢掖以爲郵，徧致於諸公長者之側，或矜而鐫，或愠而讁④，或悔而譙，一語聞則一病瘳，其獲不既豐矣乎？傳愈博而病愈白，益愈衆，於予也奚裨？遂次第其語，以諗觀者。』凡春秋經旨概不敢僭論，而枝辭贅喻，則舉子所以資課試者也。」

〔補正〕

自序内「恥欲蓄」，「恥」當作「德」。（卷八，頁六）

陳振孫曰：「伯恭授徒時所作。」

---

① 「徐」，文津閣四庫本脱漏。

② 「忘」，四庫薈要本作「忌」。

③ 「恥」，依補正、四庫薈要本、文淵閣四庫本、文津閣四庫本應作「德」。

④ 「讁」，文淵閣四庫本作「謫」。

陳櫟曰："「呂成公博議乃初年之作，不過以教後生作時文爲議論而已，其議左氏多巧説，未得盡爲正論。」

楊士奇曰："「考東萊先生年譜，乾道戊子成此書，吾家所有十五卷，題曰精選，則知其所著非止乎此也。」

黄虞稷曰："「世所行東萊博議皆删節，惟正德中刊本二十五卷獨全。」

左氏説

通考："「三十卷。」今本二十卷。

〔校記〕

四庫本左氏傳説廿卷，又輯大典本續説十二卷，提要謂書録解題謂此書三十卷，乃兼續説十卷計之。（春秋，頁四九）

存。

朱子曰："「伯恭論説左氏之書極爲詳博，然遣辭命意亦頗傷巧。」

張萱曰："「今内閣藏本，傳説四册，續説四册。」

陳振孫曰："「呂祖謙於左氏一書多有發明①，而不爲文，似一時講説，門人所抄②。」

---

① 「多有發明」，依補正、四庫薈要本、文淵閣四庫本應作「多所發明」。

② 「門人所抄」，依補正、四庫薈要本、文淵閣四庫本應作「門人所鈔録者」。

〔補正〕

陳振孫條内「多有發明」，「有」當作「所」；「門人所抄」下當補「録者」二字。（卷八，頁六）

左氏博議綱目

宋志：「一卷。」

未見。

宋志：「祖謙門人張成招標注。」

春秋講義

一卷。

存。

黄震曰：「成公春秋講義亦少年之作，但不至如博議之太刻耳。」

左傳手記

一卷。

存。

黄震曰：「手記視講義稍不衍文。」

陸氏九淵太學春秋講義

一卷。

存。

右陸氏講義凡二十二條。

陳氏藻春秋問

一卷。

存。

王氏炎春秋衍義

佚。

經義考卷一百八十八

春秋二十一

楊氏簡**春秋解**

宋志：「十卷。」

未見。

簡自序曰：「易、詩、書、禮、樂、春秋，一也，天下無二道，六經安得有二旨？以屬辭比事爲春秋者，國俗之所教習也，非孔子之旨也，故孔子曰：『屬辭比事而不亂』，則深於春秋者矣。不亂者，不睹其紛紛，一以貫之也。春秋之不亂，即詩之不愚，即書之不誣，即樂之不奢，易之不賊，禮之不煩也，一也。孔子繼曰：『天有四時，春秋冬夏，風雨霜露，無非教也；地載神氣，神氣風霆，風霆流形，庶物露生，無非教也。清明在躬，志氣如神，嗜欲將至，有開必先，天降時雨，山川出雲。』見諸孔子家語，而小戴所記，乃脱簡於孔子閒居之後。閒居之旨已明，繼此章爲贅。此言詩之不愚、書之不誣、樂之不奢、易之不賊、禮之不煩、春秋之不亂，旨猶未白，不可無此章以發揮也。聖言至矣，不可以思慮得也，不可以言語索也，孔子不得已而有言曰：『吾志在春秋。』於二百四十二年擾擾顛倒錯亂中，而或因或作，是是非非，靡不曲當，所是是道，所非非道，如四時之錯行，如日月之代明，皆所以彰明大道。古諸侯無私史，周官小史掌邦國之志，費誓，周書；漢汝、江沱之詩，編諸二南；自晉之乘、楚之檮杌、魯之春秋，三史①作而諸侯有私史矣，孔子因之，道之變也。」

林氏栗**春秋經傳集解**

宋志：「三十三卷。」

未見。

玉海：「淳熙十年六月，知潭州林栗著春秋經傳集解三十三卷，乞投進，十一年十二月上之，付祕省。」

陳振孫曰：「其學專主左氏而黜二傳，故爲左氏傳解表上之。」

王氏日休**春秋明例**宋志作名義。

宋志：「一卷。」

---

① 「三史」，備要本誤作「二史」。

佚。

春秋孫復解三傳辨失

宋志：「四卷。」

佚。

中興書目：「春秋明例一卷，紹興中舒州布衣王日休撰，凡十篇，通謂之明例，又冠以例要、例釋、例意，又有孫復解三傳辨失四卷。」

左氏正鑑

佚。

葛立方曰：「虛中治春秋學，爲四傳辨失、左氏正鑑。紹興初，嘗抱其書質於先人文康公，文康深許之，濡削遺之曰：『遠類康成，發公羊之墨守；下卑元凱，爲左氏之忠臣。』」

趙氏敦臨春秋解

佚。

周氏孚春秋講義

一卷。

存。

按：周氏講義止及隱公，凡一十六條，附載盡齋鉛刀編。

胡氏元質左氏摘奇

通考：「十二卷。」

佚。

陳振孫曰：「給事中吳郡胡元質長文撰。」

盧熊蘇州府志：「胡元質，字長文，長洲人。紹興中，進士高第；淳熙中，四川制置使，知成都。卒贈少師，謚獻惠。」

按：宋志有左氏摘奇十二卷，不著撰人姓氏，當即是書。

余氏嘉春秋地例增釋紀年續編

佚。

謝氏諤春秋左氏講義

三卷。

佚。

陳氏持**左氏國類**

二十卷。

佚。

按：持，字守之，金華人，官迪功郎、筠州高安縣主簿，吕伯恭爲作墓志。

唐氏閱**左史傳**

五十一卷。

佚。

紹興府志：「唐閱，字進道，山陰人，舉進士，歷都官員外郎，乾道間爲浙東檢察，嘗以左氏春秋倣遷固史例，以周爲紀，列國爲傳，又爲表、志、贊，合五十一卷，號左史傳行於世。」

石氏朝英**左傳約説**

宋志：「一卷。」

佚。

左傳百論

宋志：「一卷。」

佚。

陳振孫曰：「奉議郎新昌石朝英撰，又有王道辨一書，未板行，僅存其書於此篇①之末，其爲說平平，無甚高論。」

〔補正〕

陳振孫條内「于此篇之末」，「篇」當作「編」。（卷八，頁六）

李氏燾**春秋學**程氏本義作集注考。

宋志：「十卷。」

佚。

何氏涉**春秋本旨**

佚。

---

① 「篇」，依補正、四庫薈要本、文淵閣四庫本應作「編」。

程端學曰：「涉，字濟川。」

章氏沖春秋左傳類事始末①

存。

宋志：「五卷。」

〔補正〕

案：「類事」當作「事類」。（卷八，頁六）

沖自序曰：「始沖少時，侍石林葉先生爲學，先生作春秋讞、考、傳，使沖執左氏之書，從旁備檢閱。左氏傳事不傳義，每載一事，必先經以發其端，或後經以終其旨。有越二三君數十年而後備，近者亦或十數年；有一人而數事所關，有一事而先後若異，君臣之名字，有數語之間而稱謂不同，間見錯出，常病其不屬，如遊群玉之府，雖珩璜圭璧，璀璨可愛，然不以彙聚，驟焉觀之，莫名其物。沖竊謂：左氏之爲邱明與受經於仲尼，其是否固有能辨之者，若夫文章富艷，廣記備言之工，學者掇其英精，會其離析，各備其事之本末，則所當盡心焉者。古今人用力於是書亦云多矣，而爲之事類者，未之見也。沖因先生日閱以熟，乃得原始要終，攟摭推遷，各從其類。有當省文，頗多裁損，亦有裂句摘字聯累而成文者，二百四十二年之間，小大之事，靡不采取，約而不煩，一覽盡見，又總記其災異、力役之數，時君之政，戰

① 「春秋左傳類事始末」，依補正應作「春秋左傳事類始末」。

陣之法，與夫器物之名，併繫於後，讀之者不煩參考而畢陳於目前。惜乎先生已没，不及見類書之成。久欲鋟板，勉卒前功而慮有闕遺，載加訂證，未敢自以爲無恨也。姑廣其傳，以便童蒙，則庶幾焉。淳熙乙巳歲，沖假守山陽，嘗刊之郡庠，適會卧疾，繼有易地之命，卒卒讎校，其間多有字畫謬誤、題空差失者。朅來天台，簿領之暇，遂加是正，復刊之郡庠，尚冀有可教者。」①

〔補正〕

自序末當補云：「淳熙丁未十月。」（卷八，頁六）

謝諤序曰：「諤幼年於諸書，愛左氏之序事，因一事必窮其本末，或繙一二葉，或數葉，或展一二卷，或數卷，惟求指南於張本，至其甚詳則張本所不能盡，往往一事或連日累旬不得要領，況掣肘於他書他事，則力有不專，自長至老，應桑蓬於四方，辨此者爲誰氏。近收天台使君章沖茂深書，且以左氏事類本末爲寄，於是恍然，見所未見。蓋春秋之法，年爲主而事繫之；使君之法，事爲主而年繫之。以事繫年而事爲之碎，以年繫事而事爲之全，二者不可一廢。紀年也，故以事繫而年全；紀事也，故以年繫而事全。事繫年而年全者，史法也；年繫事而事全者，考史法也。乃相爲表裏歟？初，使君由山陽移天台，諤久知其政之宜乎民，今又知其書之明乎古。書之明古，所以爲政之宜民，又豈有二道耶？使君欲諤題數字，遂以喜於見所未見者報之。」②

---

① 句末依補正應補「淳熙丁未十月」六字。
② 句末依補正應補「淳熙十五年十二月」八字。

〔補正〕

謝諤序末當補云：「淳熙十五年十二月。」（卷八，頁六）

陳振孫曰：「朝請大夫吳興章沖茂深撰。子厚之曾孫，葉少藴之壻。」

陳耆卿曰：「沖，霅川人，淳熙十四年以奉直大夫守台州。」

李氏孟傳**左氏説**

宋志：「十卷。」

佚。

宋史：「李孟傳，字文授，學士光之子也。浙東提點刑獄加直祕閣進直寶謨閣致仕。」

李氏心傳**春秋考義**

宋志：「十三卷。」

佚。

胡氏箕**春秋三傳會例**

三十卷。

佚。

周必大曰：「箕，字斗南，廬陵人，迪功郎，監潭州南岳廟。」

吉安府志：「箕，忠簡公從子。」

沈氏棐春秋比事

宋志：「二十卷。」

佚。

〔四庫總目〕

本名春秋總論，亮爲更此名。元至正中，嘗刊於金華，其版久燬，世罕傳本，故經義考注曰已佚。此本前有中興路儒學教授王顯仁序，蓋猶從元刻傳録者也。（卷二七，頁二十一—二二，春秋比事二十卷提要）

陳亮序曰：「春秋繼四代而作者也。聖人經世之志寓於屬辭比事之間，而讀書者每患其難通，其善讀則曰：以傳考經之事迹，以經考傳之真僞。如此則經果不可以無傳矣，游夏之徒胡爲而不能措一辭也？余嘗欲即經以類次其事之始末，考其事以論其時，庶幾抱遺經以見聖人之志。客有遺余以春秋總論者，曰：『是習春秋者之祕書也。』余讀之，灑然有當於予心，雖其論未能一一中的，而即經類事以見其始末，使聖人之志可以捨傳而獨考，此其爲志亦大矣。惜其爲此書之勤而卒不見其名也，或曰是沈文伯之所爲也。文伯名棐，湖州人，嘗爲婺之校官，以文字稱而不聞以經傳也。使其非文伯也，此書可不傳乎？使其果文伯也，人固不可以淺料也。因爲易其名，曰春秋比事，鋟諸木以與同志者共之。」

吴師道曰：「棐，衢人，字文約，陳亮序以爲湖州人，陳振孫謂湖有沈文約名長卿，不名棐，知亮誤也。」

都穆曰：「春秋比事二十卷，舊名春秋總論，宋陳龍川謂湖州沈棐文伯撰，爲更其名曰比事，序而刻之。嘉定辛未，廬陵譚卿月序則以爲著於莆陽劉朔，非文伯也，蓋譚親見劉氏家本，故云。」

張萱曰：「宋淳熙間，婺州校官沈棐注。前以諸國爲類，後以朝聘、盟會、侵伐等類，凡事之相同者，各爲之説。」

李氏起渭**春秋集解**

佚。

劉氏夙**春秋講義**

一卷。

佚。

真德秀後序曰：「昌黎公寄玉川子詩有『春秋三傳束高閣』之語，學者疑之，謂未有舍傳而可求經者。今觀著作劉公講義，一以聖筆爲據依，其論秦穆公以人從死者、晉文之召王、宋襄之用人于社，皆以經證傳之失，所謂偉然者也。昔歐陽子患僞説之亂經，著爲論辨，自謂時雖莫同，千歲之後，必有予同；曾未二百年，而劉公之論春秋蓋與之合，公而有知，當不恨後世之無子雲矣。所講纔十有二條，麟經大指，略盡於此。其言曰：『吾聞法吏以一字輕重矣，未聞聖人以一字輕重春秋也。』旨哉言乎！足以破世儒之陋學者，其深味之。」

葉適志墓曰：「隆興、乾道中，天下稱莆之賢曰二：劉公著作諱夙，字賓之，弟正字諱朔，字復之。二公治春秋於三家凡例外，自出新義，爾雅獨至，無能及者。著作釋褐，調吉州司户、臨安府教授，召試館職，除祕書省正字減員，移樞密院編修官兼史院編修官，除著作佐郎，出知衢州。」

周氏淳中**春秋說約**

六卷。

佚。

葉適志墓曰：「淳中字仲古，温州瑞安縣人。及進士第，乞監潭州南岳廟，教授全州，以心喪去；又教授廣德軍，改知台州寧海縣，主管淮西安撫司機宜文字，授茶陵軍使，乞主管台州崇道觀、成都府玉局觀，授淮東安撫司參議官，乞主管建寧府武夷山沖佑觀，淳熙十六年卒，著文集十卷、春秋說約六卷。」

馬氏之純**春秋左傳紀事**

佚。

佚。

徐氏得之春秋左氏國紀

宋志：「二十卷。」

陳傅良序曰：「自荀悦、袁宏以兩漢事編年爲書，謂之左氏體，蓋不知左氏於是始矣。昔夫子作春秋，博極天下之史矣，諸不在撥亂世、反之正之科，則不録也。左氏獨有見於經，故采史記次第之，某國事若干，某事書，某事不書，以發明聖人筆削之旨云爾，非直編年爲一書也。古者事言各有史，凡朝廷號令與其君臣相告語爲一書，今書是已；被之絃歌謂之樂章爲一書，今詩是已；有司藏焉；而官府、都鄙、邦國習行之爲一書，今儀禮若周官之六典是已；自天子至大夫士氏族傳序爲一書，若所謂帝繫、世本是已；而他星卜、醫祝皆各爲書，至編年則必序事，如春秋三代而上，僅可見者周譜，他往往見野史，竹書、穆天子傳之類。自夫子始以編年作經，其筆削嚴矣；左氏亦始合事言，二史與諸書之體，依經以作傳，附著年月下，苟不可以發明筆削之旨，則亦不録也。蓋其辭足以傳遠而無與於經義，則别爲國語；至夫子所見書，左氏有不盡見，又闕不敢爲傳，唯謹如此，後作者顧以爲一家史體，而讀左氏者浸失其意見，謂不釋經，是書之存亡幾無損益於春秋，故曰袁荀二子爲之也。由是言之，徐子所爲左氏國紀曷可少哉？余讀國紀，周、平、桓之際，王室嘗有事於四方，其大若置曲沃伯爲侯，詩人美焉，而經不著師，行非一役，亦與王風刺詩合，而特書伐鄭一事，王子頹之禍，視帶爲甚；襄書而惠不書也。學者誠得國紀，伏而讀之，因其類居而稽之經，某國事若干，某事書，某事不書，較然明矣。於是致疑，疑而思，思則有得矣。徐子殆有功於左氏者也。余苦不多見書，然嘗見唐閲左氏史與國紀略同，而無所論斷；今國紀有所論斷矣，余故不復贊而道其有功於左氏者，爲之序。」

趙希弁曰：「右清江徐得之所編也，自周而下，各繫以國，又因事而爲之論斷。」

江西通志：「徐得之，字思叔，清江人，夢莘之弟。淳熙中登進士，歷任州縣，以朝請郎致仕，時號西園先生。」

謝氏疇春秋古經

十二篇。

未見。

李燾序曰：「漢藝文志有春秋古經一十二篇，經十一卷，隋唐志同。古經十二篇十一卷者，本公羊、穀梁兩家所傳，吴士燮①始爲之注，隋志載焉；又有賈逵春秋三家經訓古②十二卷、宋三家經一卷、唐志又有李鉉春秋二傳異同十一卷③、李氏三傳異同例十三卷、馮伉三傳異同三卷，元和國子監修定春秋加減一卷。士燮、賈逵、宋及李、馮、元和諸書，今皆不存，獨抱遺經者，莫適爲正。蓋公羊得立學

① 「吴士燮」，文淵閣四庫本作「吴士爕」，下同。

② 「春秋三家經訓古」，依補正、四庫薈要本、文淵閣四庫本應作「春秋三家經本訓詁」。

③ 「十一卷」，依補正、四庫薈要本、文淵閣四庫本應作「十二卷」。

官最先，穀梁次之，左氏最後，故士燮但注二家，不及左氏；賈逵既立左氏，始通三家。逵燮并宋以下異同，加減文字悉已亡佚，莫知其舉厝，何也？隋末唐初左學特盛，二家浸微，自杜預集解左氏，合經傳爲一；正①觀十六年，孔穎達承詔修疏；永徽四年，長孫無忌等重上正義，邱明傳學愈益盛矣，而仲尼遺經無復單行。學者或從杜解抄出，獨存左氏，擯落二家，幸陸德明與穎達同時，於太學自落音義，兼存二家，本書仍各注左氏，別字顧亦無決擇；惟正②元末，陸淳纂例列三傳經文差繆凡二百四十一條，自言考校從其有義理者，然往往亦言未知孰是，兼恐差繆不止二百四十一條，惜啖趙集傳今俱失墜，無從審覆耳。余患苦此久矣，嘗欲即三家所傳，純取遺經，心以爲是者則大書之，仍細書其不然者於其下，數十年間游走東西，志弗獲就。會潼川謝疇元錫來從余遊，其治春秋極有功，因付以斯事，居三月而書成，旁蒐遠引，不一而足，反説以約，厥功彌著。余撫其書，喜甚，亟刻板與學者共之。昔司馬遷言『春秋文成數萬』，張晏曰：『春秋才萬八千字，遷誤也。』今細數之，更闕一千四百二十八字，數最易見者尚爾錯誤，何況聖人筆削之旨乎？余向所謂心以爲是者，衆未必以爲是也，亦獨纂例考校從其有義理者云耳。既心以爲是，則於證據操舍必具成説，其説自當別出。兹第刻春秋純經，庶學者相與盡心焉，仍用漢志舊名，題曰春秋古經，十二公各爲一篇，不復分爲十一卷，蓋卷第於經義初無當也。」

---

① 「正」，備要本俱作「貞」。
② 「正」，備要本俱作「貞」。

〔補正〕

李燾序内「又有賈逵春秋三家經訓古十二卷」，「經」下脱「本」字，「古」當作「詁」；「又有李鉉春秋二傳異同十一卷」，當作「十二卷」。序又云：「蓋公羊得立學官最先，穀梁次之，左氏最後，故士燮但注二家，不及左氏。」杰按：三國志士燮傳：「燮事潁川劉子奇，治左氏春秋，陳國袁徽與尚書荀彧書曰：『交阯士府君春秋左氏傳簡練精微，今欲條左氏長義上之。』」據此，則燮注左傳不及二家，李燾語與之相反，恐是誤記也。（卷八，頁六—七）

陸元輔曰：「謝疇，字元錫，潼川人。」

徐氏定潮州春秋解

通考：「十二卷。」

佚。

葉適序曰：「昔余爲潮州銘，言其學博而要，文約而費，諸子又自列銘旁曰：春秋解十二卷、書社問答二卷、禮經疑難一卷、詩文崇孝同参録，並藏於家，余頗疑之而未克見。後二十六年，始見所謂春秋解者，良悔前銘稱美未極①，且恠諸子不早示余也。蓋箋傳之學，惟春秋爲難工。經，理也；史，事也；春秋名經而實史也，專於經，則理虚而無證；專於史，則事礙而不通，所以難也。年時、閏朔、禘

① 「極」，文淵閣四庫本作「免」。

郊、廟制，理之綱條，不專於史也，濟西、河曲、邱甲、田賦，事之枝葉，不專於經也；薛伯卒，經無預，然杞、滕、邾、莒之興廢固明也；詭諸卒，史無預，然戊寅、甲子之先後固察也。觀潮州此類，皆卓然信明而篤矣。至於授霸者之權，彼與此奪；録夷狄①之變，先略後詳，諸侯群誅，大夫衆貶，凡春秋始終，統紀所繫，自公穀以來，畫爲義例，名分字別，族貴人微，其能本末相顧、隱顯協中如潮州，殆鮮焉。然則理之熟，故經而非虛；事之類，故史而非礙歟？古人以教其國而使人知其深於是書者歟？雖然，詩、書、禮所以紀堯舜三代之盛，而春秋衰世之竭澤也，示不泯絶而已。或者遂謂一事一義皆聖人之用，則予未敢從也。孔子曰：『桓公九合諸侯，不以兵車，管仲之力也。』又曰：『管仲之器小哉！』夫有齊桓，無晉文，夷吾爲小，是春秋不命霸也。又曰：『齊景公有馬千駟，死之日，民無得而稱焉；伯夷、叔齊餓于首陽之下，民到于今稱之。』蓋其節目疏遠如此，則苛文密例而辨人之榮辱於毫釐者非歟？余恨不及潮州而正也，因私附於後。」

又墓志曰：「定，字德操，泉州晉江人，解褐授秀州崇德縣尉，歷處州、台州教授，知邵武縣，判太平州，知潮州。」②

① 「夷狄」，文津閣四庫本作「吴楚」。
② 「余恨不及潮州而正也」至「判大平州，知潮州」五十四字、「蘇權春秋解」，文津閣四庫本俱脱漏。

蘇氏權**春秋解**

三卷。

佚。

閩書：「權，字元中，仙遊人，從張南軒，登淳熙第，調梧州推官，終辰州守。」

陳氏震**春秋解**

佚。

閩書：「震，字省仲，晉江人，淳熙進士，累官太府丞。」

湯氏璹**春秋要論**

佚。

盧熊曰：「湯璹，字君寶①，潭州瀏陽人。淳熙十四年進士，歷樞密、國子兩院編修，除祕書丞，兼權禮部郎官，忤韓侂胄，謫居贛州；寶慶初，以中大夫直徽猷閣致仕。」

---

① 「君寶」，四庫薈要本作「君實」。

李氏浹春秋廣誨蒙①

〔補正〕

當作左氏廣誨蒙。（卷八，頁七）

宋志：「一卷。」

未見。

鄭元慶曰：「李浹，字謙善，德清人，丞相彦穎子，以胄監授承務郎監淮西惠民局，復鎖廳試禮部，詞致瓌特，有司异之，曰：『此執政子也。』嫌弗敢上，親友交唁之。浹曰：『吾既仕矣，學有大於此者，科目何爲？』遂不復求試。博覽群書，尤好左氏，著有廣誨蒙，曰：『衆寶所藏也，獵而有之在我矣。』寧宗朝，歷提舉浙東常平，至太府少卿，建言忤韓侂胄，出爲福建運判，二年召還，卒。」

按：廣誨蒙一卷，西亭宗正聚樂堂藝文志有之。

---

① 「春秋廣誨蒙」，依補正應作「左氏廣誨蒙」。

經義考卷一百八十九

春秋二十二

張氏洽**春秋集傳**

二十六卷。

佚。

〔校記〕

阮氏進呈元延祐臨江路學本十七卷，缺十八至二十、又二十三至二十六卷。（春秋，頁五十）

春秋歷代郡縣地里沿革表

二十七卷，又目録二卷。

佚。

春秋集注

十一卷，又綱領一卷。

存。

洽進書狀曰：「竊以爲：春秋一書，聖筆所刊，皆因時君之行事，斷以是非之公，示之萬世，而生人之大倫，致治之大法，所賴以不泯者也。嘗從師友傳習講論，凡二百四十二年之行事，與漢唐以來諸儒之議論，莫不考覈研究，會其異同而參其中否，積年既久，似有得於毫髮之益，過不自度，取其足以發明聖人之意者，附於每事之左以爲之傳，名曰春秋集傳。既又因此書之麤備，復倣先師文公語孟之書，會其精意，詮次其説以爲集注，而間有一得之愚，則亦竊自附於諸賢之説之後。雖生平心思萃在此書，然智識昏耗，學殖弗深，豈敢自謂盡得聖人筆削之大指？至於地理一書，則以封域分合之參差，古今名號之因革，此同彼異，驟改忽更，散在①群書，莫能統會，蓋自誦習之初已病其然，乃博稽載籍，重加參究，竊規司馬遷十表之模範，述爲一編，以今之郡縣爲經，而緯以上下數千年異同之故，庶幾案圖而考，百世可知。然而私家文籍所有幾何，郡邑圖志未閲千一，雖綱條麤立，而其間遺闕尚多有之，故凡後來之升降，諸書之所未載，聞見之所未詳，大抵皆仍其舊而已，牴牾舛謬，不敢自保。始蓋期於餘力休暇之時，尚求它書增而備之，而自登仕版，心志專於所職，不復能有所是正，間當甲申待次、庚寅奉

① 「在」，文淵閣四庫本作「此」。

祠以來，僅能整次集注之書，釐成編次，猶冀未遂，首邱之日，凡有一聞一見，悉皆刊定，使就條理，未嘗敢以爲成書也。載惟草野愚儒，章句末學，豈應妄有著述？所以犯是不韙者，不過以前賢已成之説，略加編剟，統會群言，掊擊僞辨，以私便覽觀而已。敢圖公朝，俯加訪問，稱其有補治道，給札取將，且欲以上備乙夜之覽，殊命下臨，不勝驚懼。然在疏遠賤士，匿不以聞，秪益爲罪，但惟此書實未得爲全備，故自聞命之後，雖復益加修潤，而自顧蕪陋，何所取材，踧踖累月，不敢以進；而終以方命爲懼，是以卒忘其冒昧，而徑以上陳其春秋集傳二十六卷、春秋集注一十一卷，并綱領一卷、歷代郡縣地理沿革表二十七卷、并目録二卷，已送臨江軍繕寫裝褙了畢。敢因申發之次，具此申控情悰，欲望朝廷先賜看詳，如其書無所發明，迂闊於事，即乞免行奏御，塵瀆睿覽；若猶採其葑菲，遂以投進，伏乞敷奏前件所陳，冀逃有隱之誅。洽無任惶懼，俟命之至。端平元年九月日，朝奉郎直祕閣主管建康府崇禧觀賜緋張洽狀。」

曾孫庭堅後序曰：「曾大父文憲公所著春秋集傳、集注、地理沿革表三書，宋端平甲午宣進於朝，付祕閣。後集注刊郡庠，景定庚申燬焉。皇元大德庚子，雪崖黄先生慨是書之不傳，而願見者衆，欲鋟梓而未集。辛丑歲，文臺二提舉張思敬、滕斌亦求助好事者，僅成三卷，瑞教虞汲留洪上其事於文臺，轉申憲司，時魯齋副使臧公移文本路總府下學，刊刻集傳、沿革二書，集傳雖成，而主司任事不得其人，遂致章卷倒亂，文字差訛不可讀，屏廢久之，而沿革一書亦無復舉行。迨皇慶癸丑冬，江南諸道行御史臺行移各路，春秋用張主一傳，延祐庚寅①詔②興科目，而遠方士友購求傳注者頗多，時李廣文萬畝主教此邦，俾庭堅赴學校正補刊，於是集傳始爲全書，流行四方；而庭堅所刊集注，拘於授徒，竟弗克就。延祐庚申冬，訓導郡庠，與學正涂鼎語及集注、沿革之未成，遂以其事上申總府，適際提舉學校官趙文炳爲賢德君子，即出學帑以成集注，不三月而訖工，庭堅識其事於卷尾。」

〔補正〕

曾孫庭堅後序内「延祐庚寅」，當作「甲寅」。（卷八，頁七）

江西通志：「張洽字元德，清江人，嘉定初進士，歷官著作佐郎，卒謚文憲。」

納蘭成德序曰：「清江張元德遊朱子之門，爲白鹿書院長，終著作佐郎，追除直寶章閣，而元德已歿矣。其於春秋有集傳、集注、地理沿革表三書，端平中進於朝，宣付祕閣。朱子常報元德書矣：『春秋某所未學，不敢強爲之説，而於尚書，則謂老師宿儒所未曉者。』夫學至朱子，智足以知聖人矣，而於尚書、春秋無傳，非不暇爲，亦慎之至也。明洪武初，頒五經四子書於學官，傳注多宗朱子，惟易則兼用程朱傳義，春秋則胡氏傳、張氏注並存。久之，習易者舍程傳而專宗朱子，習春秋者，胡傳單行而集注流傳日鮮矣。余誦其書，集諸家之長，而折衷歸於至當，無胡氏牽合之弊，允宜頒之學官者也。昔明太

①「延祐庚寅」，依補正、四庫薈要本、文津閣四庫本應作「延祐甲寅」。

②「詔」，文淵閣四庫本作「紹」。

祖不主蔡仲默七政左旋之説，乃命學士劉三吾率儒臣二十六①人更定書傳，曰書傳會選，今其書漸廢而仍行蔡傳。顧元德是書，昔之所頒行者，反不得與蔡氏並書之，取舍興廢，蓋亦有幸不幸焉，可感也已。」

〔補正〕

納蘭成德序内「率儒臣二十六人」，「六」當作「七」。（卷八，頁七）

陸元輔曰：「春秋集注十一卷，清江張洽元德撰。朱子門人也。洪武中，命士子習胡氏，兼用洽注。自永樂中集大全，專以胡氏爲主，采其與胡氏相發明者，去其與胡氏相剌戾者，自此學者不復知有洽書矣。然即『春王正月』解觀之，本朱子之説，而以改月改時爲正，勝於康侯夏時冠周月之義多矣。舉一可以例其餘，知此書之不可不讀也。」

按：張氏集注釋「春王正月」云：「此所謂春乃建子月，冬至，陽氣萌生在三統：曰天統，蓋天統以氣爲主，故月之，建子即以爲春。」其説與胡氏夏時冠周月之義别，一開卷便枘鑿不相入，宜士子棄之惟恐不遠矣。今春秋大全專襲環谷汪氏纂疏，汪氏既主胡傳，故張氏之注不復見録。若纂修大全諸公，張氏集注并未寓目，非以其與胡氏剌戾去之也。

---

① 「六」，依補正應作「七」。

范氏士衡**春秋本末、尊經傳**

佚。

南昌府志：「士衡，字正平，豐城人，馬平主簿，謂：『春秋一經，其說漫衍，皆傳注害之』，作尊經傳及春秋本末。晚師朱晦菴，晦菴稱爲老友，其書謝艮齋諤爲編次而序之。」

鄭氏可學**春秋博議**

十卷。

佚。

閩書：「可學，字子上，莆田人，受業朱文公，晚以特科授惠州文學，補衡州司户。」

廖氏德明**春秋會要**

佚。

閩書：「廖德明，字子晦，延平人，受業朱文公，舉進士，累知廣州，遷吏部左選郎官奉祠。」

王氏介**春秋臆說**

十卷。

佚。

真德秀志墓曰：「介，字元石，世家於吳，徙金華，受學於呂成公，紹興庚戌進士，三人及第，歷官國子監祭酒，以右文殿修撰知嘉興府，改知慶元，兼沿海制置。」

繆泳曰：「金華王介，朱文公弟子，嘗知嘉興府事，卒謚忠簡。」

鄭氏文遹**春秋集解**

佚。

鄒氏補之**春秋注**

佚。

孫氏調**左氏春秋事類**

二十卷。

佚。

蔡氏沆**春秋五論**

五卷。

存。

閩書：「沆，字復之，元定三子，使淵紹易學，沈紹書學，而以發明春秋屬沆，所著春秋五論行世，人稱復齋先生。」

沆自序曰：「慶元丁巳春，先君謫舂陵，以易授兄淵，以皇極命弟沈，著沆承乎春秋。竊惟麟經一書，乃先聖孔夫子之親筆，聖人體道，經世之志存焉。雖假託二百四十二年南面之權，使亂臣賊子禁制之而不得肆其欲，然褒貶公平，是非的實，善惡暴白，而萬世之名分於是乎定，非若他經可以訓詁通也。自左氏、公、穀以來，傳注者無慮百家，往往辭舛意詭，訖無定説，聖人之宏綱大旨鬱而不彰，致使荆公目之爲斷爛朝報，經筵不以進講，考官不以取士，謂非聖經，以衆謬所晦而安石無獨見之明耶？故武夷胡先生研窮編輯，著爲成書，正以扶三綱，叙九法，尊王賤霸，内夏外夷，而聖人精微之旨已闡揚於當世矣，豈沆淺見薄識所能彷彿其萬一哉？但其中於賵仲子、納郜鼎，皆爲私欲所勝有以致之；又如彼此一事，彼以爲是，此以爲非，前後一人，前以爲褒，後以爲貶；或以爵號，或以日月，或書侯、書子、書名、書字、書人、書州、書國，前氏後名，是非褒貶，殆有不同，紛紜聚散，各立一偏之見，若此者不得不推求大端，研究其的實，作此五論以辨正之，使後世學者之讀麟經，曉然知春秋大義所在，而是非曲直有不可掩者，以繼先人之緒耳，豈敢妄有所議，以取僭踰之罪云。」

熊禾序曰：「春秋者，聖人史外傳心之要典，萬世人主善惡之龜鑑也。筆削之精微，義理之浩瀚，使無武夷胡先生諸儒以發明之，則人心貿貿焉莫知所之，人欲肆而天理滅矣，安能俾世之復治也耶？予嘗讀是書，麤知其中之大意，而精詣之旨尚未能明。咸淳甲戌試春闈，幸官寧武州，而竊有志焉；蓋竭精力者九年，而稿本燼於丙子之厄。太母、少帝、三宫俱已屈膝，乙卯①，皇綱弗振，無策匡救保全，是乃天地間一罪人也，因與胡君廷芳②、劉君省軒相與講切，僂指蓋十有七年矣。一日，蔡君希聖挈書一帙示予，拜而言曰：『此書乃吾曾祖復齋公承高大父西山公之屬，所作春秋五論也。』予聞之斂容，避席披視，誠道德仁義之言，經綸康濟之學，而其發明天命人心之懿，敷揚聖經賢傳之旨，闡筆削之謹嚴，辨褒貶之攸當，義利之明，書變之論，其要悉備於此，誠爲學者之指南。復齋先生之功大矣。先生諱沆，字復之，師事文公朱先生，及受家庭父兄之教，隱於西山前湖，書室聚徒，談道相樂，自號一菴居士。復齋先生，其學者之所尊云。餘詳徐君所作先生之墓銘，無容予之重贅。」

蘇天爵後序曰：「予前總政中書，弼直左右，爲聖天子之股肱耳目，無暇及於詩書，今者奉敕來鎮南服，藩屏無事，留情諸子百家之學，博詢春秋名家，得復齋蔡先生所作春秋五論，與南陽山長張義秉燭讀之終篇，見其辭嚴義正，句語警切，使何休諸儒復生，亦心服而效法之，相與起先生於九原而講明焉。不但□□③也。若先生可謂有功於春秋，有補於後學者也。重加校定，正其訛舛，使聖經賢傳復明於世，後之有志於聖賢之學者，卓然有守，將尊信於經之不暇，而不惑於是非曲直之途矣。其項氏易翫辭、占家記已行，惟蔡氏春秋五論罕有知者，世鮮克傳。予官鄂省，始屬山長張義梓行，以惠天下，四方

---

① 「乙卯」，四庫薈要本、文淵閣四庫本俱作「己卯」。
② 「廷芳」，依補正、四庫薈要本、文淵閣四庫本應作「庭芳」。
③ 「□□」，文津閣四庫本作「嘉惠」。

學者當珍重之爲拱璧云。」

蔡有鵾曰：「予族祖復齋先生作春秋五論，府縣諸志載之甚詳，況熊勿軒先生序之，真西山先生跋之，其刻於文集已明矣；即舊志世家云：文節公嘗語二子曰：『淵紹吾易學，沈演吾皇極數，而春秋則屬知方焉。』知方即復齋更名。此鑿鑿可據者。今熊氏以五論爲勿軒著，則非矣；故援考諸書所載以正之，即勿軒文集與行狀皆云：勿軒著有春秋通解；而勿軒送胡廷芳①後序曰：『早歲成春秋通解一書，又厄於火。』云云。奈何以五論而爲通解耶？此熊氏子孫不察之過也。」

〔補正〕

蔡有鵾條内「胡廷芳」，「廷」當作「庭」。（卷八，頁七）

余用賓跋曰：「春秋五論，復齋蔡先生諱沆，字復之者所作也。文學精，義學博，而要本之以天命，叙之以民彝，達之以時中，斷之以通誼，真得聖人作經之大旨，顧學者疎陋，未有深究其説者。吕氏則有或問五卷，實與此書相爲經緯。然五論，綱領也；或問，條目也，欲觀或問，必自五論始。三山學宫舊刊或問，而此書罕有知者，予故正其亥豕，使並傳於世，爲君臣父子而欲通春秋之義者，可由此門而入，以得其旨意之大略矣。」

---

① 「胡廷芳」，依補正、四庫薈要本、文淵閣四庫本應作「胡庭芳」。

虞氏知方春秋大義

二十二卷。

佚。

春秋衍義

三卷。

佚。

真德秀序曰：「右春秋大義二十二卷、衍義三卷，建陽虞君知方復之所著也。初西山蔡先生以道學名，當世有子三人焉，長伯静，次復之，又其次仲默。復之雖出後虞氏，而其學固蔡氏之學也。先生於經亡不通，而未及論著，顧嘗語三子曰：『淵，女宜紹吾易學。』曰：『沈，女宜演吾皇極數，而春秋則屬知方焉。』既而易、皇極二書成，獨春秋未得要領。居一日，讀易豁然有悟，曰：『夫易之一卦一爻，爲義各異，而謂春秋以一例該衆事可乎？學者以義求經，而不以例求經，庶幾得聖人之意矣。』久之，讀書又豁然有悟，曰：『道心者，義理之正也；人心者，血氣之私也。正者易晦，而私者易流，大舜所以有危微之戒也。春秋二百四十餘年間，諸侯、大夫行事，其發於道心者亡幾，而凡毁彜倫、基禍亂者，皆人心之爲也；故經於賵仲子、納郜鼎，皆據大義以止私欲之流，一書綱領大率在此，吾聖人之心即舜之心也。夫易書之與春秋，其爲教亦不同，而君於是得春秋之指焉。』蓋天下之理無二致，故聖人之經亦無異指，昧者析之而通者一之也。西山於是乎得所託哉！君又將爲王綱霸統一書，明王道所由廢與霸權所自起，使萬世人主知履霜堅冰之戒，尤有功於世教云。」

陳氏宓**春秋三傳抄**

佚。

宋史：「陳宓，字師復，莆田人，丞相俊卿之子，少嘗及登朱熹之門，長從黄幹遊，以蔭補官，歷提點廣東刑獄、直祕閣贈直龍圖閣。」

陳氏思謙**春秋三傳會同**

四十卷。

未見。一齋書目有。

閩書：「陳思謙，字退之，龍溪人。」

陸元輔曰：「思謙嘗魁鄉薦，見知於朱子，語門人李唐咨以女妻焉。」

黄氏東**春秋大旨**

佚。

戴詵曰：「東，字仁卿，幹之兄。」

時氏灝**左氏春秋講義**

宋志：「一卷。①」

佚。

趙氏彥秬**春秋左氏發微**

十卷。

佚。

兩浙名賢録：「趙彥秬，字周錫，東陽人，師事吕祖謙，擢取應科，授右選，精春秋左氏傳，作發微一百篇以進，上嘉之，旋借和州觀察使，充接伴副使。隆興元年，登進士，擢宣義郎，終眉州通判。」

劉氏伯証**左氏本末、三傳制度辨**

俱佚。

徽州府志：「伯証，字正甫，歙縣人。」

---

①「一卷」，四庫薈要本、備要本俱作「十卷」。

趙氏崇度**左氏常談**

佚。

真德秀志墓曰：「崇度，字履節，丞相忠定公子也。爲右曹郎中，提舉湖南常平，改江西，以朝散大夫致仕。」

賀氏升卿**春秋會正論**

一卷。

佚。

周必大曰：「永新賀升卿著春秋會正論。」

林氏拱辰**春秋傳**

宋志：「三十卷。」

佚。

温州府志：「林拱辰，字巖起，平陽人。淳熙戊戌武舉，換文登第，歷工部尚書、廣東經略安撫使，有春秋傳刊於婺州。」

王氏文貫**春秋傳**

佚。

程端學曰：「字貫道，四明人。」

潘氏好古**春秋說**

佚。

胡氏維寧**春秋類例**

佚。

左氏類編

佚。

余氏克濟**春秋通解**

十五卷。

佚。

閩書：「克濟，字叔濟，安溪人。慶元五年登第，爲浙西常平幹官，終梅州知州，其學邃於春秋，著通解十五卷。」

丁氏鈠**春秋要解**

佚。

葉氏儀鳳**左氏聯璧**

八卷。

佚。

趙希弁曰：「右三山葉儀鳳子儀撰，乃對偶之書也。」

楊氏泰之**春秋列國事目**

十五卷。

佚。

公羊穀梁傳類

五卷。

佚。

林氏萬頃**春秋解**

佚。

陳氏琰**春秋傳解**

十卷。

佚。

左氏世系本末

四十卷。

佚。

金華府志：「琰，字中叔①，嘉定十六年擢武舉，以閤門舍人出知辰州。」

---

① 「中叔」，文淵閣四庫本作「仲叔」。

經義考卷一百九十

春秋二十三

魏氏了翁**春秋要義**

宋志：「六十卷。」

未見。

〔四庫總目〕

原本六十卷，朱彝尊經義考注曰「未見」。此本僅存三十一卷，末有萬曆戊申中秋後三日龍池山樵彭年手跋一篇，稱當時鏤帙不全，後世無原本可傳，甘泉先生有此書三十一卷，藏之懷古閣中，出以相示，因識數言於後，則亦難覯之本矣。然甘泉爲湛若水之號，若水登宏治乙丑進士，至萬曆戊申，凡一百四年，不應尚在。彭年與文徵明爲姻家，王世貞序其詩集，稱年死之後，家人鬻其遺稿，則萬曆末亦不復存；且九經要義皆删節注疏，而跋稱其訂定精密，爲先儒所未論及，尤不相合，疑殘本偶

存，好事者僞爲此跋，而未核其年月也。（卷二七，頁二一一—二一二，春秋左傳要義三一卷提要）

〔校記〕

四庫著録本存三十一卷。（春秋，頁五十）

高氏元之**春秋義宗**

宋志：「一百五十卷。」

未見。一齋書目有。

樓鑰志墓曰：「端叔少讀襄陵許公翰書，及從沙隨程公迥，故尤邃於春秋，博採諸儒所集，搜抉無遺，聞人有書，不憚裹糧徒步而求之。前後凡三百餘家，訂其指歸，删其不合者，會萃爲一書，間出己意，號義宗。蓋十餘年而後成，晚多所更定，吾鄉及旁郡之爲春秋者，多出君之門，或其門人之弟子也。」

李鄴嗣曰：「先生集春秋説三百餘家，號義宗，悉本經旨，究其指歸。」

王氏綽**春秋傳紀**

三卷。

佚。

温州府志：「字誠叟，永嘉人。趙汝談在史館，奏充編校，不就，有春秋傳紀，門人尤焴、薛蒙守建與括皆爲刊於學。」

林氏維屏**春秋論**

佚。

程氏公説**春秋分記**

宋志：「九十卷。」

未見。

〔四庫總目〕

明以來其書罕傳，故朱彝尊經義考注曰「未見」，顧棟高作春秋大事表，體例多與公説相同，棟高非剽竊著書之人，知其亦未見也。此本出揚州馬曰璐家，與通考所載卷數相合，内宋諱猶皆闕筆，蓋從宋刻影鈔著，劉光祖作公説墓誌，稱所作尚有左氏始終三十六卷、通例二十卷、比事十卷，蓋刻意於左氏之學者。（卷二七，頁二一三，春秋分紀九十卷提要）

〔校記〕

四庫著録春秋分記九十卷。（春秋，頁五十）

陳振孫曰：「邛州教授眉山程公説伯剛撰，以春秋經、傳倣司馬遷書，爲年表、世譜歷、天文、五行、地理、禮樂、征伐、官制諸書，自周魯而下及諸小國皆彙次之，時有所論，發明成一家之學。公説積學苦志，早年登科，值逆曦亂，憂憤以死，年纔三十七。兄弟三人皆以科第進，中書舍人公許其季也。」

趙希弁曰：「右克齋程公説伯剛所編也，其弟公許守宜春，刻於郡齋，游丞相侶爲之序。」

王應麟曰：「春秋分記九十卷，推春秋旨義，即左氏傳分而記焉，又旁採公穀諸子之説附其下，又爲年表、世譜、世本及天文、疆域、禮樂、諸書、次國、小國、著録。」

張萱曰：「宋淳祐間，克齋程公説編。以聖經爲本，而事則按左氏，間取公穀及先儒論辨以證其誣，至於論述大綱悉本孟子，而微辭多取之程胡二氏，復以己意爲新注，又倣司馬遷史記爲年表九卷、世譜七卷、名譜二卷、書二十有六卷、周天王紀二卷、魯及列國世家二十六卷，附庸諸小國及四裔十有三卷，凡九十卷。」

〔補正〕

案：程氏著有左氏始終三十六卷、通例二十卷、比事十卷，竹垞未採，應補入。（卷八，頁七）

全祖望序補録於此：南軒先生講學湘中，蜀人多從之，而范文叔、宇文正甫最著，眉人程克齋兄弟竝游於宇文之門，而克齋春秋之學最醇，所著春秋分記九十卷、左氏始終三十六卷、通例二十卷、比事十卷，又纂輯諸儒説爲春秋精義，未成而卒，别有詩古文詞二十卷、語録二卷、士訓一卷、程氏大宗譜十二卷，弗盡傳也。獨分記則其弟滄洲閣學曾上之祕府，而又開雕於宜春，故行於世。予初求分記不得見，及讀草廬先生纂言多引其説，蓋求之踰二十年，而仁和趙兄谷林得之，蓋故明文淵閣藏本，其後入於蘭谿趙少師書庫者也。其爲例仿太史公史記，有年表、有譜、有書、有世本，間附以諸儒之説，用功既核，取材又博。克齋官邛州教授，方爲此書，未卒業，聞吴曦以蜀叛，毁車馬，棄衣冠，抱經逃歸；奉其父入山時，其次弟仲遜亦掌教益昌，誓不屈賊，而克齋悒悒尤甚，遂病，病中急就其所著，幸得成編而卒，年尚未四十。嗚呼！其可悲也。予讀宋史至吴曦時，蜀中士大夫忠義甚多，顧獨失克齋不載，蓋其漏也。是書游忠公之子毅堂及滄洲皆爲之序，卷首云「大德十有一年，中書劄付行省下浙江提舉印上國子監修書籍者」，其後列官吏等名，因歎元時中書尚能留心搜訪如此，今是書在世間絶少矣，幸谷林父子百計購得之，安得有力者重雕之？（卷八，頁七—九）

趙氏善湘**春秋三傳通議**

三十卷。

佚。

戴氏溪**春秋講義**

宋志：「四卷。」王瓚温州志作「三卷」。

佚。

〔四庫總目〕

朱彝尊經義考注曰「已佚」，今外間絶無傳本，惟永樂大典所采尚散見經文各條之下，今謹爲裒輯校正：自僖公十四年秋至三十三年、襄公十六年三月至三十一年，永樂大典所闕，則取黄震日鈔所引補之，仍從宋史釐爲四卷，而每卷又各分上下，其所釋經文，多從左氏，故其間從公穀者，並附案語於

下方焉。（卷二七，頁二五，春秋講義四卷提要）

〔補正〕

案：黄氏日抄多採此書之説。（卷八，頁九）

〔校記〕

四庫輯大典本四卷。（春秋，頁五十）

盛如梓曰：「或謂春秋以夏正紀事，近世戴岷隱頗似此説。」

柴氏元祐**春秋解**

佚。

王氏鎡**春秋門例通解**「鎡」，宋志作「炫」。

宋志：「十卷。」

佚。

李氏明復**春秋集義**

宋志：「五十卷，綱領二卷。」

存。

魏了翁序曰：「天地之運，盪摩屈伸爲五行四時，感遇聚結爲風雨霜露，所以接人耳目，切人體膚，告曉於人者，真不啻口訓而面命矣，人蓋有由之而弗察者。夫子之政布春秋，正邪善惡，有目皆睹，其爲五行四時、風雨霜露，不已多乎？學士大夫生乎百世之後，有能尚論古人，考求義例，參訂事實，則以爲是通經已耳；於己之所存，反而思之，以求其合，或鮮能焉。孟子曰：『孔子懼，作春秋。』又曰：『孔子成春秋而亂臣賊子懼。』春秋由懼而作，書成而亂賊懼，亂賊蓋陷溺之深者，而猶懼焉，則人性固不相遠也。學士大夫習讀是書，而己之所存則未嘗切近求之，異端所怵，利祿所誘，所以陷溺其良心者，固不減於亂賊矣，而莫之知懼焉。余爲之懼，又以自懼。嘗覽諸儒之傳，至本朝先正，始謂此爲經世之大法，爲傳心之要典。又曰：『非理明義精，殆未可乎？然則使人切己近思，以求爲遷善遠罪之歸，非以考義例訂事實爲足也。』余聞其說而懼益深，乃裒萃以附於經，將以反諸身而益求其所可懼者；尚慮觀書未廣，擇理不精；又慮開卷瞭然，秖以資耳目之聞見，故未敢輕出也。合陽李君明復乃亦先我心之所懼而爲是書，且諗予爲序。嗚呼！予安能知春秋亦庶幾知懼焉者耳。」

張萱曰：「宋嘉定間，太學生李俞編進。俞舊名明復，字伯勇，取周、程、張三子，或著書以明春秋，或講他經以及春秋，或其說有合於春秋者，皆廣收之，定其後先，審其精麤，各附於本章之次，有魏鶴山序。」

按：宋史藝文志載李明復春秋集義五十卷，又載王夢應春秋集義五十卷，予嘗見宋季舊刻，即李氏原本，而王氏刊行之，非王氏别有集義也。宋史兩存之，誤矣。

〔四庫總目〕

朱彝尊經義考云……。此本乃無錫鄒儀蕉緑草堂藏本，核其題名，與彝尊所見本相合，知經義考所說有據而宋志誤分爲二也。張萱内閣書目稱其採周、程、張三子，……然所採如楊時、謝湜、胡安國、朱子、吕祖謙之説，不一而足，謝湜尤多，蓋萱考之未審耳。經義考載此書前有綱領二卷，又有魏了翁序，此本乃皆不載，蓋傳寫佚之。然「春王正月」條下，自注曰「餘見綱領上、中二卷」，則綱領當有三卷，故有上、中、下之分，經義考作二卷，亦小誤矣。今檢永樂大典，明復所著綱領尚存，謹録而備之，仍釐爲三卷，以還其舊焉。（卷二七，頁二六，春秋集義五十卷綱領三卷提要）

〔校記〕

四庫載春秋集義五十卷，又輯大典本綱領三卷，提要引李氏自注：「餘見綱領上、中二卷」，則綱領原本三卷，作二卷者誤也。（春秋，頁五十）

錢氏時**春秋大旨**

佚。

楊氏景隆**春秋解**閩書「隆」作「陸」。

佚。

姓譜：「字伯淳，晉江人，開禧進士，建寧司户參軍。」

時氏少章**春秋志表日記**

佚。

吳師道曰：「時子春秋四志、八表、日記二十餘册。」

郭氏正子**春秋傳語**

十卷。

佚。

王圻曰：「郭正子，紹定中進士，教授廬州，著春秋傳語十卷。」

林氏希逸**春秋三傳正附論**

宋志：「十三卷。」

〔補正〕

按：宋志作：「陳藻、林希逸春秋三傳正附論十三卷」，似是二人同撰。（卷八，頁九）

未見。

龍氏焱**春秋傳**

佚。

李鳴復端平三年奏舉狀曰：「伏見吉州布衣龍淼會萃經傳，科列其條，治亂興衰，本末該貫，評以己見，多所發揮，如謂魯僭紀元，獨承正朔，其於名分，所補良多。」

章氏樵補注春秋繁露

十八卷。

未見。

姓譜：「樵字桐麓，昌化人，嘉定進士，朝散郎知處州事。」

〔補正〕

姓譜：「樵字桐麓。」考章樵，古文苑序：「字升道。」（卷八，頁九）

趙氏涯春秋集説

佚。①

撫州府志：「趙涯，字伯泳，臨川人，嘉定七年進士，歷右正言、起居舍人、權工部侍郎，知泉州，再知寧國府。」

① 「佚」，文淵閣四庫本脱漏。

劉氏克莊**春秋揆**

一卷。

存。

黃氏仲炎**春秋通說**

宋志：「十三卷。」

存。

仲炎自序曰：「春秋者，聖人教戒天下之書，非褒貶之書也。何謂教？所書之法是也。何謂戒？所書之事是也。法，聖人所定也，故謂之教；事，衰亂之迹也，爲戒而已矣。彼三傳者，不知其紀事皆以爲戒也，而曰有褒貶焉：凡春秋書人書名，或去氏、或去族者，貶惡也，其書爵書字，或稱族、或稱氏者，褒善也，甚者如日月地名之或書、或不書，則皆指曰是褒貶所繫也。質諸此而彼礙，證諸前而後違，或事同而爵異書，或罪大而族氏不削，於是褒貶之例窮矣，例窮而無以通之，則曲爲之解焉。專門師授，襲陋仍訛，由漢以來，見謂明經者不勝衆多，然大抵争辨於褒貶之異，究詰於類例之疑，滓重煙深，莫之澄掃，而春秋之大義隱矣。自大義既隱，而或者厭焉，不知歸咎於傳業之失，而曰聖人固爾也，故劉知幾有虚美隱惡之謗，王安石有斷爛朝報①之毁，遂使聖人修經之志更千數百載而弗獲伸於世，豈不悲哉？故曰：春秋者，聖人教戒天下之書，非褒貶之書也。昔之善論春秋者，惟孟軻氏、莊周氏爲近之，軻之説曰：『孔子作春秋而亂臣賊子懼。』是以戒言也。周之説曰：『春秋以道名分。』是以教言也。斯二者，庶幾孔子之志也。夫人之所以異於禽獸者，以其有道也，如是而君臣，如是而父子，如是而長幼、男女、親疎、内外之差等不齊也，叙此者爲禮，順此者爲樂，理此者爲政，防此者爲刑，堯舜三王之治皆是物也。時乎衰周，王政不行，物情放肆，於是紊其叙②，乖其順，廢其理，決其防，而天下蕩然矣。孔子有憂之，而無位以行其志，不得已而即吾父母國之史以明之，陳覆轍所以懼後車也，遏人變所以返天常也。霸圖之盛，王迹之熄也；盟會之繁，忠信之薄也，雖有彼善於此者，卒非治世之事也。聖人何褒焉，至於夷狄③之陵中國，臣子之奸君父，鬬干戈以濟貪忿之志，悖天理以傷天地之和者，亦何待貶而後見爲惡也？若夫筆削有法而訓教存焉，崇王而黜霸，尊君而抑臣，貴華而賤夷④，辨禮之非，防亂之始，畏天戒，重民生，爲萬世立治準焉。嗚呼！使後之爲君父、爲臣子、爲夫婦、爲兄弟、爲黨友、爲中國御夷狄⑤者，由其法，戒其事，則彝倫正而禍亂息矣。余由童至壯，研思是經，嘗眩於舊説，如手棼絲、目暗

① 「朝報」，備要本誤作「通報」。
② 「叙」，文淵閣四庫本作「序」。
③ 「夷狄」，文津閣四庫本作「荆楚」。
④ 「貴華而賤夷」，文津閣四庫本作「重内而輕外」。
⑤ 「夷狄」，文津閣四庫本作「四海」。

室，難於解辨，蓋久而後能破之，旁稽記載，互參始末，爲書十有三卷，名曰春秋通説。通説者，去褒貶之茅塞，而通諸教戒之正途也。夫春秋固有以隻字垂法者矣，如加王於正、削吳楚僭號而從其本爵之類是也，而非字字有義也，亦固有所謂例者矣，如書其君歿曰薨、外諸侯曰卒、内大夫書卒、外大夫不書卒之類是也，此皆通例也。先儒謂左氏非左邱明，邱明乃孔子前輩，故孔子云：『左邱明恥之，丘亦恥之。』先邱明而後己，尊之也。楚左史倚相能讀三墳、五典、八索、九邱，蓋今左氏傳即楚左史也。古者史世其官，則傳是書者，倚相之後也，故左傳載楚事比他國爲特詳，是得其實。公穀亦莫明其所自來，或云子夏門人，要皆非親受經於聖人者，故於説經首失其義，而其間亦或有得者，穀梁氏耳。若夫具載事實，則左氏尚可考，故當據事以觀經；事或牴牾，難於盡從，則以經爲斷，上以伸仲尼之志，雖以立異取譏於世而不辭也。」

李鳴復奏舉狀曰：「伏見温州布衣黄仲炎折衷是非，事爲之説，證以後代，鑒戒昭然，言古驗今，切於治道，如謂經有教戒，不爲褒貶，只杜擬僭，尤爲潛心。」

陳振孫曰：「永嘉黄仲炎若晦撰。端平中，嘗進之於朝。」

繆氏烈**春秋講義**

佚。

閩書：「烈字允成，福安人。嘉熙二年進士，添差福州教授，遷正字，授撫漕侍郎。」

徐氏梅龜**春秋指掌圖**

佚。

嚴州府志：「徐梅龜，字臞叟，壽昌人，霍邱縣尉，嘉熙間，蒙古兵至①，父子力戰死，贈宣教郎霍邱知縣。」

傅氏實之**春秋幼學記**

佚。

江西通志：「傅實之，字莊父，清江人，登寶慶第，調袁州分宜簿。淳祐中，授承事郎，學者稱南齋先生。」

洪氏咨夔**春秋說**

三卷。

佚。

咨夔自序曰：「帝王誥命訖於平王，國風變於黍離，聖人傷王者之不作，因魯史修春秋以奉天命而

① 「蒙古兵至」，文津閣四庫本作「猝遇兵至」。

立人極。夫天命流行於人極之中，無一息間斷，人惟不知吾心有天而外求天，謂吉凶禍福，天未嘗定，終必有時而定，天者定則人者屈，此人極之所由立也。此春秋成，亂臣賊子所以懼也。彼亂臣賊子惟利是計，豈懼夫空言之貶、身後之辱哉？懼夫天者定而人者屈，失其所以爲利也。故凡犯天下之清議，冒天下之大罪，能逭諸一時，不能逭諸異日；能逭諸其身，不能逭諸其子若孫。人誰無愛身愛子孫之念，知天定有不可逭，則欲動於惡將有所懼而戢，此撥亂反正之筆所以有功於人極也。且易、春秋在魯，皆所以司天人之契，人欲窮而天理滅，其卦爲剥，春秋二百四十二年，純乎剥者也。以齊威①霸天下始末求之，每四十年當一爻，陰愈進則亂愈盛：盟宋之後，晉以天下之權授之楚，而大夫專盟，諸侯皆廩廩乎贅斿之危，五陰之剥成矣；其末又以天下之權授之吴，吴楚與越參立而交横，大夫各朵頤其國，禍亂極矣，而獲麟於西狩，亂極必治，安知無王者作，此碩果不食剥，所以不終於剥也。春秋以傷王者不作而始，以幸王者復作而終，以魯聖賢之澤未泯，一變可至道而託之，以詔萬世，天地至教，聖人至德，備見於行事，斷斷乎循之則治，違之則亂，得之則生，失之則死，信人極非春秋不立也。余自考功罷歸，杜門深省，有感於聖人以天治人之意，作春秋説。」

吴任臣曰：「洪咨夔，字舜俞，於潛人。泰嘉②二年進士，累官翰林學士，知制誥，兼侍讀修國史，以端明殿學士領内祠，有春秋説三卷。」

---

① 「齊威」，四庫薈要本作「齊恒」。

② 「泰嘉」，依補正、四庫薈要本、文淵閣四庫本、文津閣四庫本應作「嘉定」。

〔四庫總目〕

朱彝尊經義考引吴任臣之言，云只三卷，而永樂大典載吴潛所作咨夔行狀，則謂春秋説實三十卷。今考是書篇帙繁重，斷非三卷所能盡，潛與咨夔同官相契，當親見其手定之本，任臣所言，蓋後來傳聞之誤耳。（卷二七，頁三一，春秋説三十卷提要）

〔補正〕

案：此書今從永樂大典内抄輯，分爲三十卷，僖公内有闕文；吴任臣謂三卷者，恐是脱「十」字耳，此書非三卷所能該也。吴任臣條内「泰嘉二年」，當作「嘉定」。（卷八，頁九）

〔校記〕

四庫輯大典本三十卷，提要稱永樂大典載吴潛所作咨夔行狀，載春秋説實三十卷，朱氏引吴任臣言止三卷者，誤也。（春秋，頁五十）

經義考卷一百九十一

春秋二十四

李氏琪春秋王霸列國世紀編

三卷。

存。

琪自序曰：「春秋一書，事變至繁，經文至約，接王政之末流，則可稽世道之升降；備霸事之終始，則具見中夏之盛衰；詳列國之離合，則足究人心之聚散。夫以二百四十二年之記，一百二十四國之行事；國各有史，晉乘、楚杌，故典舊章，册書浩博，是非紛糾，而春秋以萬八千言該之，國無不記之事，事無不著之實，自學者捨經求傳，事始繁而晦矣。蓋始讀經者，睹本末之宏闊，而考之於訓辭簡嚴之中，錯陳迭見，未究前後，不知據經以覈傳，固有按傳以疑經，是不能比其事而觀之也。琪少竊妄意，叙東周十有四王之統合，齊晉十有三霸之目，舉諸侯數十大國之系，皆世爲之紀，不失全經之文，略備各代之實；每紀之後，序其事變之由，得失之異，參諸傳之紀載，以明經之所書，雖若詳而不遺於事，豈能精而有合於理？初學問津，或有取焉。若夫春秋微旨奧義則不在是，深於經者固自知之也。此編作於辛亥之冬，列國諸紀翾括未竟，懼其條目①破碎，援筆輒止。諸老先生每索此書，無以復命，猶子韶爲之補，續其未成，猥加整比，越二十年甫爲全書，非敢以示學經者，姑存其稿於家塾云。②」

〔補正〕

自序末應補云：「嘉定辛未七月。」（卷八，頁九）

周自得序曰：「夫子約史記而修春秋，繩以文武之法度，筆削之間，微辭精義雖游夏弗與於斯，自隱迄哀凡二百四十二年，其行事筆於春秋者，一千九百二十有四，該萬有八千言，天道、人事、朝聘、會盟、侵伐、圍入、崩薨、卒葬、王霸、華夷③，間④見錯出，轇轕紛糾，學者欲睹世變始終之會，治亂得失之由，非融會經傳，該貫首尾，默識心通，則未足以知春秋之要領也。余童習是經，初得竹湖李氏所著王霸列國世紀讀之，不無拆裂經文之疑；既觀其分王霸之行事，具世系之本末於治亂興衰之際，復序而論之，讀者一日而洞徹原委，則極歎前輩之讀書不苟如此，間手抄以示同志。今廬陵羅中行以家藏善本梓而傳之，斯文必盛行於世，學者由是而會經傳之大全，以探筆削之深意，則未必非通經之一助云。」

① 「條目」，文淵閣四庫本誤作「修目」。
② 句末依補正應補「嘉定辛未七月」六字。
③ 「華夷」，文津閣四庫本作「興衰」。
④ 「間」，文津閣四庫本作「疊」。

黄虞稷曰："琪，字孟開，吴郡人，仕國子司業，書成於嘉定辛未，每國紀後有序論，至正中，渝川周自得序而行之。"

趙氏鵬飛**春秋經筌**

十六卷。

存。

鵬飛自序曰："木訥子作經筌，自叙其首曰：『魚可以筌求，而經不可以筌求。聖人之道寓於經，如二儀三光之不可以肖象，筌何足以囿之？蓋吾之所謂筌，心也，求魚之所謂筌，器也。道不可以器囿，而可以心求，求經當求聖人之心，此吾經筌之所以作也。然聖人作經之心安在哉？曰：聖人馭天下之柄，威福而已。二帝三王之道行，則所謂威福者，爲賞、爲罰、爲黜陟，吾夫子之道否，則所謂威福者，爲褒、爲貶、爲勸懲。自其賞罰而觀之，則賢不肖判然玉石矣。故雖識一丁字者，亦知黜四罪、舉十六相，誅二叔、興十亂，爲二帝三王之威福也；若夫仲尼，則以是柄寓之空言，褒而伸忠魄，貶而誅奸魂，其文見於片言隻字之間，而威福與二帝三王同其用，則深辭隱義詎可億①而度哉？故五經鮮異論，而春秋多異説。麟筆一絶而三家鼎峙，董之繁露、劉之調人，紛然雜出，幾成訟矣，後學何所依從邪？及何休、杜預之註興，則又各護所師而不知經，如季氏之陪臣，知有季氏而不知有魯，非所謂忠於師者。

① "億"，依文淵閣四庫本應作"臆"。

彼所學者，則有太官墨守之喻；所不學者，則興賣餅之譏。各懷私意，以護①私學，交持矛盾，以角單言片論之勝，於聖經何有哉？故善學春秋者，當先平吾心，以經明經，而無惑乎異端，則褒貶自見。然世之説者，例以爲非傳則經不可曉，嗚呼！聖人作經之初，豈意後世有三家者爲之傳邪？若三傳不作，則經遂不可明邪？聖人寓王道以示萬世，豈故爲是不可曉之義以罔後世哉？顧學者不沈潛其意，而務於速得，得其一家之學，已爲有餘，而經之明不明不問也。愚嘗謂：學者當以無傳明春秋，不可以有傳求春秋，謂春秋無傳之前，其旨安在？當默與心會矣。三傳固無足據，然公吾心而評之，亦時有得聖意者，若何休癖護其學，吾未嘗觀焉。惟范甯爲近公，至於論三家，則均舉其失，曰『失之誣②』、『失之俗』、『失之短』，不私其所學也。其師之失，亦從而箴之，故穀梁子之傳，實賴甯爲多。如經書『乾時之戰，我師敗績』，赤曰：『不諱敗，惡内也。』甯知其妄，正之曰：『讎無時而可通，惡内之言，傳失之。』經書『作三軍』，赤曰：『古者諸侯一軍，作三軍，非也③。』甯知其疏，正之曰：『總言諸侯一軍，又非制也。』若是者蓋多有之，故愚以爲甯之學近乎公，而王通亦曰：『范甯有志於春秋焉。』愚學春秋，每尚甯之志，固願視經爲的，以身爲弓，而心爲矢，平心而射之，期必中於的。鴈鶩翔於前，不眴也，三傳紛紜之論，庸能亂吾心哉？庶有得於經而無負聖人之志。蓋春秋公天下之書，學者當以公天下之心求之，作經筌。」

---

① 「護」，備要本誤作「獲」。
② 「誣」，依補正、四庫薈要本應作「巫」。
③ 「非也」，依補正、四庫薈要本、文淵閣四庫本應作「非正也」。

〔補正〕

自序内「失之誣」，「誣」當作「巫」；「作三軍，非也」，「非」下脱「正」字。（卷八，頁十）

青陽夢炎序曰：「蜀在天一方，士當盛時，安於山林，惟窮經是務，皓首不輟，故其著述往往深得經意，然不輕於自衒，而人莫之知書之藏於家者；又以狄難而燬，良可慨歎。麟經在蜀，尤有傳授，蓋濂溪先生仕於合，伊川先生謫於涪，金堂謝持正先生親受教於伊川，以發明筆削之旨，老師宿儒持其平素之所討論，傳諸其徒，雖前有斷爛朝報之毁，後有僞學之禁，而守之不變，故薰陶漸漬，所被者廣，如馮公輔、朱萬里、張習之、劉光遠諸先生，皆一時所宗。吾鄉木訥趙先生，獨抱遺經，窮探冥索，實爲之倡，所著詩故、經筌二書，有功於聖經甚大；詩故湮没不傳，惟經筌獨存，其爲説不外乎濂洛之學，而善於原情，不爲傳注所拘，至於推見至隱，使二百四十二年事瞭如在目，其所參訂，率有依據。經生學子竊其緒言以梯科第者，踵相接也。噫！先生著書①以淑後學，豈爲是哉？先民謂：春秋，孔子之刑書，傳爲案，經爲斷，其説尚矣。然至當無二，而三傳殊説，猶未免於致其疑，有能卓然不惑於好惡是非之私，不徇夫牽合傅會之失，先原情以爲之裁準，得其情則案可斷、刑可用矣。孔子作春秋，必質諸人情，孰謂探索於千有餘年之後，而不知原情以蔽事哉？此予所以深有味於是書也。予與先生居同里，且受經於先生之高弟，每患此書未能散見於四方，謹刊諸家塾，與同志共之。讀經者儻能主濂、洛、胡文定之説，以求夫大經大法之要，又以此書原當世之人情，而歸於至理，廣而充之，舉而措之，以正誼明道爲

---

① 「書」，文津閣四庫本作「學」。

心，以撥亂反正爲事，使吾夫子賞罰之公不徒載之空言，尚先生明經之明□□①。」

張萱曰：「木訥先生因説經者拘泥三傳，多非聖人本意，乃自據經解經，故曰經筌。」

納蘭成德序曰：「春秋之傳五，鄒氏無師，夾氏未有書，列於學官者三焉。漢志二十三家，隋志九十七部，唐志六十六家，未有舍三傳而别自爲傳者。自啖助、趙匡稍有去取折衷，至宋諸儒，各自爲傳，或不取傳注，專以經解經；或以傳爲案，以經爲斷；或以傳有乖謬，則棄而信經，往往用意太過，不能得是非之公。嗚呼！聖人之志不明於後世久矣。蓋嘗讀黄氏日抄，見所采木訥趙氏之説恆有契於心焉，既得經筌足本②，乃鏤板傳之。善哉！木訥子之言乎：『善學春秋者，當先平吾心，以經明經，而無惑於異端，則褒貶自見。』『蓋春秋，公天下之書，學者當以公天下之心求之。』信斯言也，庶幾得是非之公，而聖人之志可以勿晦也已。」

林氏堯叟春秋左傳句解

四十卷。

存。

鄭玥曰：「堯叟，字唐翁，崇禎中，杭州書坊取其書，合杜注行之。」

---

① 「□□」，文津閣四庫本脱漏。

② 「足本」，文淵閣四庫本誤作「是本」。

熊氏慶冑**春秋約說**

佚。

萬氏鎮**左傳十辨**

一卷。

佚。

姓譜：「鎮，字子静，平江人。登淳祐庚戌第，授豐州司户參軍。」

陸氏震發**春秋叢志**

一卷。

佚。

嚴州府志：「陸震發，字德甫，淳安人。淳祐中，薦授儒學教諭。」

饒氏魯**春秋節傳**

佚。

舒氏津**春秋集注**

佚。

胡氏康**春秋誅意讜告**

一百卷。

佚。

徽州府志：「康，婺源人，進春秋誅意讜告百卷於朝，理宗覽而嘉之，特旨與召試，調鎮江司户參軍。」

朱氏申**春秋左傳節解**或作詳節。

三十五卷。

存。

王鏊序曰：「春秋左傳詳節三十五卷，宋魯齋朱申周翰注釋，今董南畿學政、黄侍御希武翻刻以示後學者也。侍御以近世學者莫不爲文，而未知文之有法，故刻示之。予叙之曰：『文非道之所貴也，而聖賢有不廢，故冉牛、閔子、顏淵善言德行，子游、子夏以文學名，孔子亦曰『言之無文，行而不遠』，而善鄭國之爲詞命也，則文豈可少哉？學者不爲文則已，如爲文而無法，法而不取諸古，殊未可也。左氏疏春秋，於聖人之旨殊未得也，而載二百四十二年列國諸侯征伐、會盟、朝聘、宴饗、名卿大夫往來詞命則具焉，其文蓋爛然矣。於時若臧僖伯、哀伯、晏子、子産、叔向、叔孫豹之流，尤所謂能言而可法者；下是雖疆場之人，亦善言焉，有若展喜、瑕吕、飴甥、賓媚人、解揚是已；方伎之賤亦善言焉，有若史蘇、梓慎、裨竈、蔡墨、醫和緩、祝鮀、師曠是已；屬國之遠亦善言焉，有若郯子、支駒①、季札、聲子、沈無戌②、薳啓疆是已；閨門之懿亦善言焉，有若鄧曼、穆姜、定姜、僖負羈之妻、叔向之母是已。於戲！其猶有先王之風乎？其辭婉而暢，直而不肆，深而不晦，鍊而不煩，繩削後之以文名家者，孰能遺之。而爲史者尤多法焉；而世每病其誣，蓋神怪、妖祥、夢卜、讖兆，誠有類於誣者，其亦沿舊史之失乎？雖然古今不相及，又安知其古盡無也？然予以獲麟而後，文頗不類，若非左氏之筆焉，豈後人續之邪？未可知也。若是者，今多從削，蓋幾於醇且粹矣。學者因是而求之爲文之法，盡在是矣。若夫究聖人筆削之旨，以寓一王之法，自當求其全以進於經。」

〔補正〕

王鏊序内「沈無戌」，「無」當作「尹」。（卷八，頁十）

王稺登曰：「周翰輯是書，無裨左氏，裨夫學左氏者耳。」

---

①「支駒」，文津閣四庫本誤作「駒支」。

②「沈無戌」，依補正、四庫薈要本、文淵閣四庫本、文津閣四庫本應作「沈尹戌」。

牟氏子才春秋輪輻

佚。

右子才未成之書，見墓志銘。

趙氏孟何春秋法度編

佚。

程端學曰：「字浚南，四明人。」

戴表元序曰：「咸淳中，余備員太學博士弟子，見學官月講必以春秋，竊怪而問諸人，曰：『是自渡江以爲復讎之書，不敢廢也。』夫復讎之説，初非春秋本旨，中興初，胡康侯諸公痛數千年聖經遭王臨川禁錮，乘其新敗，洗雪而彰明之，使爲亂臣賊子者增懼，使用夏變夷者加勸，儒者之功用，所爲與天地並，如是而可耳。場屋腐生，山林曲士，因而掎摭微文，破碎大道，爲可憫歎。及其久也，春秋之編未終，讎不得復而鼎遷科廢，學者不待申臨川之禁而絶口不復道矣。雖以余之困而願學，求欲如昔年從博士後時意氣，詎可得邪，鄉郡趙君漢弼與余爲同年生，精力趨尚、記誦討論，視余略不衰惰；其先人清敏公嘗以春秋經傳集解奏之經筵，刻之琬琰者若干言。經火燬滅，漢弼追憶而補存之，摘其出於先公自著者，定爲若干言，又評攷二百四十二年行事合於詩、書、六典，名曰春秋法度之編者若干言，無近世掎摭破碎之嫌，而於儒者之功用有所發。於乎！何其能哉！蓋漢弼之爲人，吾知之：生於紛華之窟而能勤，長於功名之途而能静，老於艱危之境而能泰，故其於是書，亦不以世故炎涼盛衰而奪，抑交游之期於漢弼，何有紀極。漢弼年未甚高，予戊戌春過之，見其蕭然一室，几硯在左，杵臼居右，畦蔬汲井，無一毛①於②世之色，其於春秋法度未可量也。」

王氏應麟**春秋三傳會考**

宋志：「三十六卷。」

佚。

謝氏鑰**春秋衍義**

十卷。

佚。

左氏辨證

六卷。

---

① 「毛」，文淵閣四庫本作「毫」。

② 「於」，文淵閣四庫本誤作「干」。

佚。

方鳳曰：「謝君皋羽，其父鑰，以春秋學爲婦翁繆正字烈所器重，嘗著春秋衍義十卷、左氏辨證六卷，藏於家。」

陳氏友沅**春秋集傳**

佚。

江西通志：「陳友沅，字直翁，豐城人，景定中鄉舉。」

黃氏震**讀春秋日抄**

七卷。

存。

震自序曰：「孔子曰：『吾志在春秋。』孟子曰：『春秋，天子之事。孔子成春秋而亂臣賊子懼。』蓋方是時，王綱解紐，篡奪相尋，孔子不得其位以行其權，於是約史記而修春秋，隨事直書，亂臣賊子無所逃其罪，而一王之法以明，所謂撥亂世而反之正，此其爲志，此其爲天子之事，故春秋無出於夫子之所自道及孟子所以論春秋者矣。自褒貶凡例之説興，讀春秋者往往穿鑿聖經以求合，其所謂凡例，又變移凡例以遷就其所謂褒貶；如國各有稱號，書之所以別也，今必曰『以某事也，故國以罪之』，及有不合，則又遁其辭；人必有姓氏，書之所以別也，今必曰『以某事也，故名以誅之』，及有不合，則又遁其辭；事必有月日，至必有地所，此記事之常，否則闕文也，今必曰『以某事也，故致以危之，故不月以外之，故不日以略之』，及有不合，則又爲之遁其辭。是則非以義理求聖經，反以聖經釋凡例也。聖人豈先有凡例而後作經乎？何乃一一以經而求合凡例耶？春秋正次王，王次春，以天子上承天而下統諸侯，弒君、弒父者書，殺世子、殺大夫者書，以其邑叛、以其邑來奔者書，明白洞達，一一皆天子之事而天之爲①也；今必謂其陰寓褒貶，使人測度而自知，如優戲之所謂隱者，已大不可，況又於褒貶生凡例耶？理無定形，隨萬變而不齊，後世法吏深刻，始於敕律之外立所謂例，士君子尚羞用之，果誰爲春秋先立例，而聖人必以是書之，而後世以是求之耶？以例求春秋，動皆逆詐億不信之心，愚故私摭先儒，凡外褒貶凡例而説春秋者，集録之，使子孫考焉，非敢爲他人發也。」

〔補正〕

案：内多引用戴岷隱、趙木訥之説，全經皆録，與其讀他經之摘文者不同。（卷八，頁十）

讀三傳日抄

一卷。

存。

---

① 「之爲」，依文淵閣四庫本應作「爲之」。

王氏柏左氏正傳

宋志：「十卷。」

未見。

讀春秋記

八卷。

未見。

呂氏大圭春秋或問

二十卷。

存。

何夢申跋曰：「傳春秋幾百家，其説大抵以褒貶賞罰爲主，蓋三傳倡之而諸儒和之也。惟朱文公以爲不然，今其載於門人之所紀録者，略見一二，獨恨未及成書耳。廣文呂先生加惠潮士，諸士有以春秋請問者，先生出五論示之，咸駭未聞，因併求全稿，先生又出集傳、或問二書，蓋本文公之説而發明之。有五論以開其端，有集説以詳其義，又有或問以極其辨難之指歸，而春秋之旨明白矣，噫！夫子之心至文公而明，文公之論至先生而備，先生亦有功於世教矣。夢申預聞指教，不敢私祕，與朋友謀而鋟諸梓，庶幾廣其傳。①」

〔補正〕

何夢申跋末當補云：「寶祐甲寅。」（卷八，頁十）

春秋五論

一卷。

存。

袁桷曰：「春秋家劉歆尊左氏，杜預説行，公、穀廢不講；啖、趙出，聖人之旨微見，劉敞、葉夢得、呂大圭其最有功者也。」

程端學曰：「呂樸鄉五論正大明白，而於明分義、正名分、著幾微三條之下，所引春秋事，時或與經意不合。」

納蘭成德序曰：「春秋論五篇，共一卷，一曰論夫子作春秋、二曰辨日月褒貶之例、三曰特筆、四曰論三傳所長所短、五曰世變，宋吏部侍郎知興化軍武榮呂大圭圭叔所著也。五論閎肆而嚴正，春秋大旨具是矣。圭叔登淳祐七年進士，授潮州教授，改贛州提舉司幹官，秩滿調袁州、福州通判，陞朝散大夫，行尚書吏部員外郎，兼國子編修實録檢討官，兼崇政殿説書，出知興化軍，常以俸錢代中下户輸税，德祐初元

---

① 句末，依補正應補「寶祐甲寅」四字。

轉知漳州軍、節制左翼屯戍軍馬，未行，屬元兵至沿海，都制置蒲壽庚舉全州降，令圭叔署降箋，圭叔不肯，將殺之，會圭叔門弟子有爲管軍總管者掖之出，圭叔變服遁島上，壽庚將逼以官，遣追之，問其姓名，不答，被害。先是圭叔緘其著書於一室，至是燬焉。五論與讀易管見、論語、孟子解以傳在學者得存，然管見諸書皆不可見，見者又僅此而已，惜哉！圭叔少嗜學，師事鄉先生潛軒王昭，昭爲北溪陳淳弟子，淳受業晦庵，稱高足，淵源之來，人稱温陵截派。嗚呼！當時詆訕道學者，往往謂其迂疏無濟，然宗社既屋，人争北向，圭叔獨不爲詭隨，甘走海島，不憚以身膏斧鉞，大節何凜凜也。以是觀之，道學亦何負於人國乎？良可歎也矣！武榮即今泉郡之南安縣，唐嗣聖中嘗以縣爲武榮州，故名。圭叔居縣之樸兜鄉大豐山下，學者因號爲樸鄉先生。」

翁氏夢得**春秋指南**　一卷。

佚。

春秋摭實　二卷。

佚。

春秋要論

十卷。

佚。

春秋記要

十卷。

佚。

壽昌縣志：「翁夢得，字景説，端平、咸淳間，兩中詞科，尋隱居教授。」

周氏敬孫**春秋類例**

佚。

謝鐸曰：「春秋類例，周敬孫著，今亡。」

家氏鉉翁**春秋詳説**

三十卷。

存。

鉉翁自序曰：「春秋非史也，謂春秋爲史者，後儒淺見，不明乎春秋者也。昔夫子因魯史修春秋，垂王法以示後世；魯史，史也；春秋則一王法也，而豈史之謂哉？陋儒曲學以史而觀春秋，謂其間或書、或不書，或書之詳、或書之略，或小事得書、大事缺書，遂以此疑春秋，其尤無忌憚者，至目春秋爲斷爛朝報，以此誤天下後世，有不可勝誅之罪，由其不明聖人作經之意，妄以春秋爲一時記事之書也。或曰：『春秋與晉乘、楚檮杌並傳，皆史也，子何以知其非史而爲是言乎？』曰：『史者備記當時事者也，春秋主乎垂法，不主乎記事。如僖公二十八年，晉文始霸，是歲所書者皆晉事；莊九年，齊桓公入，是歲所書者皆齊事；隱四年，衛州吁弑君，是歲所書者皆衛事；昭八年，楚滅陳，是歲所書者皆陳事；有自春徂秋止書一事者，自今年秋冬迄明年春夏，閲三時之久而僅書二三事者；或一事而累數十年，或一事而屢書特書，或著其首不及其末，或有其義而無其辭，大率皆予奪抑揚之所繫，而宏綱奥旨絶出語言文字之外，皆聖人心法之所寓，夫豈史之謂哉？蓋晉乘、楚檮杌、魯春秋，史也，聖人修之則爲經，昧者以史而求經，妄加擬議，如蚓蝸伏乎塊壤，烏知宇宙之大、江海之深？是蓋可憫，不足深責也。』鉉翁早讀春秋，惟前輩訓釋是從，不能自有所見，中年以後，閲習既久，粗若有得，乃棄去舊説，益求其所未至，明夏時以著春秋奉天時之意，本之夫子之告顔淵；原託始以昭春秋誅亂賊之心，本之孟子之告公都子，不敢苟同諸説之已，言不敢苟異先儒之成訓，三傳之是者取焉，否則參稽衆説而求其是，衆説或尚有疑，夫然後以某鄙陋所聞，具列於下，如是再紀，猶不敢輕出示人，將俟晚暮輯而成編，從四方友舊更加訂證。會國有大難，奉命起家，無補於時，坐荒舊學，既遂北行，平生片文幅書無一在者，憂患困躓之久，覃思舊聞，十失五六；已而自燕來瀛，又爲暴客所剽，然以地近中原，士大夫知貴經籍，始得盡見春秋文字，因答問以述己意，卒舊業焉。書成，撮爲綱領，揭之篇端，一原春秋所以託始，二推明夫子行夏時之意，三辨五始，四評三傳，五明霸，六以經正例，凡十篇，俾觀者先有考於此，庶知區區積年用意之所在。若夫僭躐之罪，則無所逃。」

龔璛跋曰：「至元丙子，宋亡，以則堂先生歸置諸瀛者十年，率成此書，書成，自①瀛寄宣，託於其友肅齋潘公從大藏之，蓋久而綱目十篇學士大夫已盛傳於世矣。泰定乙丑，宣學以稾士之贏刊大學疏義等書，取諸潘氏，鋟梓於學，凡三十卷，其曰春秋集傳詳說。蓋俟夫說約者得經旨焉，此先生著述意也。先生之祖大酉，以成都府教授列於朱文公學黨之籍，其淵源有自云。」

宋史：「家鉉翁，眉州人，以蔭補官，賜進士出身，官至端明殿學士簽書樞密院事。元兵次近郊，爲祈請使留館中，聞宋亡，旦夕哭泣，不食飲者數月。其學邃於春秋，自號則堂。改館河間，乃以春秋教授弟子，成宗放還，賜號處士。」

黄虞稷曰：「鉉翁北遷時，居河間所作，因答問以述己意，綱領凡十篇。」

謝氏翱**春秋左傳續辨**

佚。

方鳳狀曰：「君諱翱，字皋羽，姓謝氏，福之長溪人，後徙建之浦城，試有司不第，落魄漳泉，間會丞相信公開府，署諮事參軍。」

① 「自」，文淵閣四庫本誤作「於」。

吴氏思齊**左傳闕疑**

未見。

金華府志：「吴思齊，字子善，永康人，用父遂蔭，攝嘉興丞，宋亡，隱浦陽，自號全歸子，與方鳳、謝翺放遊山水間。」

許氏瑾**春秋經傳**

十卷。

佚。

紹興府志：「許瑾，字子瑜，世居剡之東林。宋運既改，徵辟不就，學者稱高山先生。」

徐氏文鳳**春秋捷徑**

十卷。

佚。

嚴州府志：「徐文鳳，字伯恭，壽昌人。從吴興陳存受春秋；咸淳間釋褐，權知象山縣，至元革命，隱居教授，著春秋捷徑十卷。」

曾氏元生**春秋凡例**

佚。

王逢曰："礴峰曾元生，江西人，宋末屏居教授，有春秋凡例、大學演正藏於家。"

邱氏葵**春秋通義**

未見。

陳氏深**清全齋讀春秋編**

十二卷。

存。

熊氏禾**春秋通解**

佚。

按：退齋與胡庭芳書有云："早歲成春秋通解一書，又厄於火。"又云："兵難之餘，學徒解散，文集燬亡，徒抱苦心，力實不逮。"則是書燬後，不果續也。

經義考卷一百九十二

春秋二十五

任氏公輔**春秋明辨**程氏本義作：「集解。」

宋志：「十一卷。」

佚。

黎氏良能**左氏釋疑**

宋志：「一卷。」

佚。

左氏譜學

宋志：「一卷。」

佚。

趙氏震撰**春秋類論**

宋志：「四十卷。」

佚。

按：王氏困學記聞①載趙氏類論一條曰：「左氏之害義，未有甚於記女寬之論萇弘也。自昔聖賢未有以天廢人，殷既錯天命，王子則曰『自靖自獻』；周天命不乂②，大夫則曰『黽勉從事』。治亂安危，天之天也；危持顛扶，人之天也；以忠臣孝子爲違天，則亂臣賊子爲順天矣而可哉？」

〔補正〕

竹垞案内「困學記聞」，「記」當作「紀」。（卷八，頁十）

鄧氏埏**春秋類對**

佚。

---

① 「困學記聞」，依補正、四庫薈要本、文淵閣四庫本應作「困學紀聞」。

② 「乂」，文淵閣四庫本誤作「又」。

張氏冒德春秋傳類音

宋志：「十卷。」

佚。

韓氏台春秋左氏傳口音

宋志：「三卷。」

佚。

陳氏德寧公羊新例

宋志：「十四卷。」

佚。

穀梁新例

宋志：「六卷。」

佚。

張氏幹①**春秋排門顯義**

〔補正〕

案：宋志「幹」一作「翰」。（卷八，頁十）

宋志：「十卷。」

佚。

袁氏希政②**春秋要類**

〔補正〕

案：宋志「希政」一作「孝政」。（卷八，頁十）

宋志：「五卷。」

佚。

張氏德昌**春秋傳類**

宋志：「十卷。」

---

① 「幹」，依補正或作「翰」。

② 「希政」，依補正或作「孝政」。

佚。

沈氏緯**春秋諫類**

宋志：「二卷。」

佚。

王氏仲孚**春秋類聚**

宋志：「五卷。」

佚。

黄氏彬**春秋叙鑑**

宋志：「三卷。」

佚。

洪氏勳**春秋圖鑑**

宋志：「五卷。」

佚。

王氏（叡）**春秋守鑑**

宋志：「一卷。」

佚。

塗氏（昭良）**春秋科義雄覽**

宋志：「十卷。」

佚。

春秋應判

宋志：「三十卷。」

佚。

丁氏（裔昌）**春秋解問**

宋志：「一卷。」

佚。

邵氏川春秋括義

宋志：「三卷。」

佚。

劉氏英春秋列國圖

宋志：「一卷。」

佚。

春秋十二國年歷

宋志：「一卷。」

佚。

謝氏璧春秋綴英

宋志：「二卷。」

佚。

周氏彥熠**春秋名義**程氏本義作明義。

宋志：「二卷。」

佚。

程端學曰：「廣信人。」

毛氏邦彥**春秋正義**

宋志：「十二卷。」

佚。

程端學曰：「三衢人。」

胡氏定**春秋解**

宋志：「十二卷。」

佚。

王氏汝猷**春秋外傳**

宋志：「十五卷。」

佚。

程端學曰：「不用三傳。」

章氏元崇**春秋大旨**

佚。

毛氏友**左傳類對賦**

宋志：「六卷。」

佚。

蕭氏之美**春秋三傳合璧要覽**

宋志：「二卷。」

佚。

宋氏宜春**春秋新義**

佚。

張氏應霖**春秋纂説**①

佚。

朱氏由義**春秋解**

佚。

趙氏與權**春秋奏議**

佚。

程端學曰：「字説道，號存畊，四明人。」

方氏九思**春秋或問**

佚。

田氏君右**春秋管見**

佚。

---

① 「春秋纂説」，文淵閣四庫本作「春秋纂記」。

戴氏銓**春秋微**

佚。

程端學曰：「字少胡，四明人。」

戴氏培父**春秋志**

佚。

程端學曰：「四明人。」

延陵先生春秋講義

宋志：「二卷。」

佚。

房氏春秋說

佚。

范仲淹序曰：「聖人之爲春秋也，因東魯之文，追西周之制，褒貶大舉，賞罰盡在，謹聖帝明王之法，峻亂臣賊子之防，其間華衮遺榮，蕭斧示辱，一字之下，百王不刊；游夏既無補於前，公、穀蓋有失於後，雖邱明之傳頗多冰釋，而素王之言尚或天遠，不講不議，其無津涯。今褒博者流，咸志於道，以天命之正性，修王佐之異材，不深春秋，吾未信也。三傳房君有元凱之癖，兼仲舒之學，丈席之際，精義入神，吾輩方扣聖門，宜循師道，率屬辭比事之教，洞尊王黜霸之經，由此登泰山而知高，入宗廟而見美，升堂覩①奥，必有人焉。君子哉無廢！」

莆田陳氏春秋説

佚。

東海徐氏春秋經旨

佚。

莆田方氏春秋集解

佚。

三山林氏春秋類考

佚。

---

①「覩」，四庫薈要本作「觀」。

神童江氏春秋説

佚。

楊氏春秋辨要

佚。

孔氏春秋書法

佚。

范氏春秋斷例

佚。

王氏春秋直解

佚。

陳氏春秋解義

佚。

鄒氏春秋筆記宋志作總例。

宋志：「一卷。」

佚。

陳氏春秋世家

佚。

張氏春秋列傳

佚。

亡名氏春秋扶懸

宋志：「三卷。」

佚。

春秋策問

宋志：「三十卷。」

佚。

春秋夾氏

宋志：「三十卷。」

佚。

春秋釋疑

宋志：「二十卷。」

佚。

春秋考異

宋志：「四卷。」

佚。

春秋直指

宋志：「三卷。」佚。

春秋類

宋志：「六卷。」佚。

春秋例

宋志：「六卷。」佚。

春秋表記

宋志：「一卷。」佚。

春秋王侯世系本義作世家。

宋志：「一卷。」佚。

春秋左氏傳鑑

通志：「三卷。」佚。

春秋機要

通志：「一卷。」佚。

春秋國君名例

通志：「一卷。」佚。

魯史春秋卦名

通志：「一卷。」

佚。

春秋蒙求

三卷。

佚。

晁公武曰：「皇朝王舜俞序，不知何人所作。」

王應麟曰：「蒙求，王舜俞序之。」

左傳類要

宋志：「五卷。」

佚。

春秋義例

通志：「十卷。」

佚。

春秋氏族名諡譜

通志：「五卷。」

佚。

春秋括甲子

佚。

春秋地名譜

佚。

春秋災異應録

佚。

春秋三傳分門事類

宋志：「十二卷。」

佚。

趙希弁曰：「莫詳誰氏所編，以類相從而分其門也。」

釋贊寧**駁春秋繁露**

二篇。

佚。

吴處厚曰：「近世釋子多務吟詠，惟國初贊寧獨以著書立言、尊崇儒術爲事，極爲王禹偁所激賞，與之書曰：『使聖人之道無傷於明夷，儒家者流不至於迷復。』」

經義考卷一百九十三

春秋二十六

馬氏定國**春秋傳**

佚。

杜氏瑛**春秋地里原委**

十卷。

佚。

馬祖常作碑曰：「公諱瑛，字文玉，其先霸州人。金將亡，避地河南緱氏山中，世祖徵爲大名、彰德、懷孟等路提舉學校官，不就。杜門謝客，著書窮學，於世之貴富賤貧，一無所動，其心以優游厭飫於道藝，以終其身，所著有春秋地里原委十卷、語孟旁通八卷、皇極引用八卷、皇極疑事四卷、極學十卷、律呂禮樂雜説三十卷。天歷己巳，以孫秉彝貴，贈官翰林學士，階資德大夫，勛上護軍，爵魏國公，謚文獻。」

敬氏鉉**春秋備忘**

三十卷。

佚。

明三傳例

八卷。

佚。

吴澂序曰：「春秋，魯史記也，聖人從而修之，筆則筆，削則削，游夏不能贊一辭。修之者，約其文，有所損，無所益也。其有違於典禮者筆之，其無關於訓戒者削之。何以不能贊一辭？謂雖游夏之文學，亦莫能知聖人修經之意爲何如也。蓋自周轍東，王迹息，禮樂征伐之柄下移，諸侯國自爲政，以霸而間王，以夷狄①而猾夏，天經紊，人理乖，災見於上，禍作於下，耳聞目見，一一皆亂世之事，王法之所不容，聖人傷之，有德無位，欲正之而不能，於是筆之於經，以俟後聖，故曰：『春秋，天

① 「夷狄」，文淵閣四庫本作「荆蠻」。

子之事也。』又曰：『春秋，孔子之刑書也。』又曰：『春秋正王道，明大法，孔子爲後世王者而修也。』然此意也，當時及門之高第弟子有不能知，而況於遠者乎？然則三傳釋經，詎能悉合聖人之意哉？澂嘗學是經，初讀左氏，見其與經異者，惑焉；繼讀公穀，見其與左氏異者，惑滋甚。及觀范氏傳序，喜其是非之公；觀朱子語録，識其優劣之平；觀啖趙纂例、辨疑，服其取舍之當；然亦有未盡也。偏觀宋代諸儒之書，始於孫劉，終於趙吕，其間各有所長，然而不能一也。比客京華，北方學者言春秋專門，亟稱敬先生鼎臣，澂惜其人之亡，而不知其書之存也。先生之從孫儼參知江西行省政事，因是獲覩先生所著春秋備忘三十卷、明三傳例八卷，稽其用功次第，見於自序。弱冠受讀，學之三十年而始著書，年幾七十而修改猶未已，前後凡五易稿，總數十家之説而去取之。其援據之博，采覽之詳，編纂之勤，決擇之審，至謹至重，惴惴然不偶易，可謂篤志窮經者矣，非淺見謏聞所能窺測也。參政屬予序其端，竊惟春秋一經，自三傳以來，諸家異同，殆如聚訟，今於衆言淆亂之中，折衷以歸於一，是誠有補於後學。澂之庸下，有志於斯者，亦得因先生之所同以自信，又得因先生之所異以自考，遂不讓而爲之序。先生諱鉉，易水人，金朝參知政事之孫。興定四年登進士第，主郟城簿，改白水令；值中州多虞，北渡隱處。國朝訪求前代遺逸，宣授中都提舉學校官。舊讀書大寧山下，人號爲大寧先生云。」

黄溍曰：「金之鉅儒大寧敬先生有春秋備忘，久未及行於世，暨入國朝，先生之諸孫公儼以憲節來涖於婺，槀其稿，請張樞子長爲校讎，乃因近臣以聞而刻焉。」

續屏山杜氏春秋遺説

八卷。

佚。

張萱曰：「敬氏續杜屏山遺説，從孫儼編。内曲折辨論，扶持左氏，罔敢訂砭，爲左設也。」

郝氏經春秋外傳

八十一卷。

佚。

經自序曰：「天之於人有所窮，而後有所不窮。窮者，其時也；不窮者，其道也。是以聖人於易，每申明窮之理，而輒繫之不窮：於乾則繫之以坤，於泰則繫之以否，於剥則繫之以復，於既濟則繫之以未濟，復爲之言曰：『易窮則變，變則通，通則久。』則道之所以不窮者，皆自夫窮而得之也。昔者文王、周公、孔子、孟軻嘗窮矣，拘而演易，變而制禮，老不用而修六經，尼不行而著七篇，一時之窮，萬世之不窮也。故張籍嘗遺韓文公書，勸令著書如孟軻、揚雄以傳後；文公謂：『古之人得其時、行其道，則無所爲書；書者，皆所①不行乎今而行乎後世者也。』及貶斥去位，始爲原道等以左右六經；則古之聖賢之

① 「皆所」依補正、四庫薈要本、文淵閣四庫本應作「皆所爲」。

爲書，皆自夫憂患困阨，窮而無所爲，而後爲不窮之事業，以自見於後也。金源氏之亡，朔南搆兵幾三十年，上即位之元年，始下武昌之詔，詔經持節使宋，諭以弭兵息民意，而姦宄樂禍，誣爲款兵，拘於儀真之揚子院。經之始入，三十有八年矣，歲在庚申，至於甲子，猶不見釋，經之窮則固同夫古之聖賢矣，而不德瞢昧以自速戾，其敢望於古之聖賢乎？然而宋人以一國窮於天，不以道窮於予也。豈可以人窮之而并天之不窮者，而棄之以自絶哉？河陽茍宗道嘗受業於予，時以書狀官從行，於是五年之間，講肄不輟。甲子春，宗道請傳春秋之學，且志其説，而無書以爲據，乃以故所記憶者爲春秋外傳，蓋自三傳之外而爲，是不敢自同於三傳也。以春秋正經多不同，乃爲論次，作章句音義八卷。求聖人之意者，必探其本以爲綱，乃作制作本原三十一篇，十卷。春秋一書，義在於事，必比事而觀，其義可見，乃爲比類條目一百三十篇，十二卷。三傳之説不同，故聖經之旨不一，乃爲三傳折衷，俾經之大義定於一，凡五十卷，卷首又著三傳序論、列國序論一卷。嗚呼！窮於人而不敢自窮於天，是以爲是，非敢妄意於古之聖賢之窮，而亦爲之書也。其間訛缺謬戾者甚衆，俟變通之日，取諸書以考實之，度幾①有成，而見素患難之意云。既具，草以授宗道，復爲書此以冠篇首。②

〔補正〕

自序内「皆所不行乎今」，「所」下脱「爲」字。（卷八，頁十）

① 「度幾」，依四庫薈要本、文淵閣四庫本、文津閣四庫本應作「庶幾」。
② 「篇首」，文淵閣四庫本作「首篇」。

又自序春秋制作本原曰：「春秋以一字爲義，一句爲法，雜於數十國之衆，綿歷數百年之遠，而其所書雖加筆削，不離乎史氏紀事之策，而無他辭説，是以聖人制作之意難爲究竟，學者往往以私意觀聖人，因其所書而爲之説，其説愈肆，其意愈遠，其例愈繁，其法愈亂，卒使大經大典昧没而不明，蓋不求其本原①，而徒用力於支流也。夫大匠之作室，必先定規模，量其高卑、廣厚、間架、棟宇，有成室於胸中，而後基構則不愆於素；聖人制作一經，垂訓萬世，又非一室之比，豈無素定之規模乎？夫其經天緯地，彰往察來，始終先後，本末原委，有一定不易之經，然後有一定不易之法。自隱公至獲麟，年雖遠，國雖衆，事雖多，則若網在綱，有條不紊，所謂吾道一以貫之者，在夫是也。學者乃於條目之外，事迹之下，求聖人之旨，難矣哉！故必挈其綱，持其要，探其本原，觀其規模，遡洄從之，然後順流而下，則浩乎其沛然矣。今自聖經之外，求聖人所以制作之本原，各從其類而爲之説，始於心法，制作次之，言聖人制作之意不在於史氏之迹，皆斷自聖心也。其次言託始寓終之意，其次言爲經立名之意，其次言即用魯史之意；春秋之義以王道行王權，以王權正名分也，故又次之。其法則變周制，上以尊王室，内以正魯國，外以治諸侯，故又次之。春秋之中，其事則五霸，五霸桓公爲盛，故以桓公爲首，晉文次之，秦穆、楚莊、宋襄又次之；晉楚更霸而陳鄭叛服爲中國之輕重，故陳鄭又次之；中國之衰，吴越遂霸，故吴越又次之；中國之所以微，由夷狄②之横也，吴越則進於中國，而夷狄③則終於夷狄④，故夷狄⑤又次

---

① 「原」，文淵閣四庫本作「源」。
②③④⑤ 「夷狄」，文津閣四庫本俱作「外邦」。

吴越也；諸侯之衰，政在大夫，而春秋終矣，故大夫又次之，而後舉其要義，正其名號，別其爵命，辨其倫類，定其次叙而謹其始，聖人始以心法變文制作，至是則王法成矣，故終之以王法，共三十一篇，始爲升天之階、望道之門耳。或曰：『聖人制經，無一字之辭説，但一章一句，纔萬餘言而已，吾子之説，未嘗一説聖經，而直於其外爲數萬餘言，不亦滋蔓乎哉？』曰：『説於聖經之外，不敢與經並，乃所以尊經也。夫聖人不爲辭説，欲後人之説之也。説者不探其原，是以語焉而不詳；今探其原而爲之説，惟恐其不足而其義不備也，夫豈多乎哉？八卦之後，重而爲六十四，而爲之辭，分而爲三百八十四爻，又從而爲之辭，其後聖人又以爲未足，又從而爲彖、象、文言、繫辭、説卦等書，於聖人之心，猶以爲未足也。以聖人之言説聖人之經猶若是，矧於千載之下求之乎？末流餘裔雖欲爲之滋蔓，而不能滋蔓也。故今之説，每援易、書、詩、禮，以經明經，庶幾見聖人制作之意云耳，亦未敢謂之詳也。』」

又自序春秋三傳折衷曰：「聖人之道大，春秋之旨微，由一世之事業著萬世之事業，非研覆究竟、精粗並舉、本末具見，未易學也。在戹處危以來，爲春秋作外傳，以聖人之微意求聖人之大道，不敢躐等，循序而進，乃自近者始，故先定章句音義，次爲制作本原、比類條目等，一本諸經而不及傳，尊經也，然傳爲經作，經以傳著，雖曰尊經，傳亦不可廢也。春秋以口授而寖失其傳，雖大典大法、公道正義具於書法之中，各有所見而不没其實，原遠末分，説者不一，而羊亡於多岐，則亦昧夫真是之歸矣。六經自絶於秦，復於漢，易、書、詩、周禮、禮記僅得其本文，獨春秋有傳，其傳皆出於聖人而不同，非總萃鉤校，備爲剖決，徵諸大典大法，以求夫真是之歸而定於一，則聖人之經終不能明矣。夫傳之不同，自夫傳平聲之不同也，必推本傳之所自，而後傳可一也。仲尼於魯哀公十一年冬自衛反魯，刪詩、定書、繫周易，而十四年春西狩獲麟，乃作春秋，十六年夏四月卒，則其書之成，歲月無幾，當是之時，聖門高弟從聖人在外，遷徙往來，多歷年所，分仕他國，札瘥天昏①，漸以凋落，蓋口授之際，在夫曾參氏而已，何者？曾參少孔子四十六歲，於諸弟子年最富而其賢亞於顔氏，故獨得一貫之傳，而子貢、冉求終不聞性與天道，夢奠之年、一王之義必屬之曾子矣。故曾子之學獨爲正大，以致知、格物、誠意、正心爲學之本，則春王正月之義也，一貫之道，大一統之旨也，推而爲忠恕，則予奪之法、絜矩之道也，以是傳之子思，子思傳之孟軻，孟軻氏以其師説，遂言制作之本，曰：『春秋，天子之事。』『春秋無義戰。』『詩亡，然後春秋作。』『孔子成春秋而亂臣賊子懼。』『其事則齊桓、晉文，其文則史，其義則丘竊取之。』以是數語發明春秋之大綱，後之言春秋者皆莫出乎此，其説有所自而然也，惜孟軻氏凡而不目，不著其傳而爲之傳，而使後之學者紛紛也。自孟軻氏發明大綱，傳春秋者三家：左氏、公羊氏、穀梁氏，其書皆出於西漢，而皆不著其傳。爲左氏學者，謂爲左邱明與聖同恥，親授經於仲尼，爲經作傳；邱明雖見稱於仲尼，而顔曾諸弟子問答之際，一不及焉，而不廁於不及門十人者之列，豈大經大法不授之顔曾之徒而獨授之邱明乎？且其傳載易文言、詩三頌及孝經等，皆仲尼晚年所作，而經終孔丘卒，傳終悼公十四年韓、趙、魏滅智伯事，在春秋後二十有七年，其作傳則又在於滅智伯後數年，必不甫滅智伯而書之也，如是，則傳之成在仲尼没後四五十年之間耳。大率以七十年計之，則邱明見稱之日年甫十六七，聖人與之並稱名，以爲同恥，則賢於顔曾遠甚，賢於顔曾而稱顔曾者屢，顔曾問答之際相稱道又屢，而不復一

① 「天昏」，四庫薈要本、文淵閣四庫本俱作「夭昏」。

及邱明，諸弟子記注之書如論語、曲禮、檀弓等，及孟軻、荀況諸子之論説，亦不一及焉。按太史公十二諸侯年表謂：『孔子之作春秋，七十子之徒口授①其傳指，魯君子左邱明具論其語，成左氏春秋。』則口授②其傳指者七十子，論其説而成書者邱明也，則邱明論七十子所傳之語耳，非親授經於仲尼也。先儒謂邱明殆先賢老彭之流，故聖人尊之，如此是已。藝文志謂：『左邱明，魯史也。』杜預序謂：『邱明身爲國史，躬覽載籍。』亦是已。蓋左氏，魯左史，世掌策書，故以左爲氏，如漢倉氏、庫氏之類。仲尼没，傳其經於諸弟子之間，而在七十子之列，以其史策爲經作傳，故事見始末而多得其實焉。劉向别録謂：邱明授曾申，申授吴起。此必有所自，然亦可見曾子之傳爲不易也。申，曾子之子；起，曾子之門弟子也，夫論語、曲禮、檀弓、曾子問、大學、中庸等，皆出於曾子之門人，樂正子春、曾元、曾申之徒爲之記録，而子思、孟軻傳之也。豈大經大法不傳之於曾子，而傳之於邱明乎？劉向所録，蓋邱明上有曾子字而失之矣。春秋所譏，多父子、夫婦淫逆之事，故不能親授之子，使邱明輩轉相傳之。申，曾子之子，而受春秋於邱明，曾子於諸弟子年最少，則邱明又少於曾子，其學出於曾子無疑也。嚴氏春秋又引觀周篇云：『孔子將修春秋，與左邱明乘如周，觀書於周史，歸而修春秋之經，邱明爲之傳，共爲表裏。』此尤妄焉者也。聖人修經不敢公傳道之口授弟子，豈與其徒公然如京師探天子之史而觀之，以譏貶當世，必不然矣。聖人修經，高弟如曾閔，文學如游夏而皆不與，豈獨與邱明共之乎？親授傳旨猶不敢與，又況與聖人同時並修，分爲經傳乎？故此爲尤妄焉者也。爲公穀之學者，以孝經説云：『春秋屬

①② 「口授」，依補正、四庫薈要本應作「口受」。

商，孝經屬參。』閔因序云：『孔子受端門之命，制春秋之義，使子夏等十四人求周史記，得百二十國寶書。』遂謂公羊高、穀梁淑受經於子夏。彼皆漢興以來讖緯曲説，豈可以爲按？夫聖人修經，子夏以文學稱，使之從周太史請求記録，與魯史左驗，卒成其書，事或有之；謂春秋之義授之商，而商傳之公穀二氏，而爲之傳，則未敢以爲然也。而公羊氏於昭公二十五年稱孔子者一，文公四年稱高子者一，莊公三十年稱子司馬子者一，閔公二年①稱子女子者一，隱公二年②、定公元年稱子沈子者二，莊公三年、二十四年③、僖公二十年、二十四年、二十八年稱魯子者五；穀梁氏於桓公三年、十四年、僖公十七年④、成公五年、昭公五年⑤、哀公十三年稱孔子者六，定公元年稱沈子者一，隱公五年、桓公九年稱尸子者二，桓公二年⑥稱子貢者一，僖公二十四年⑦稱蘧伯玉者一。公羊氏終篇非惟不及子夏，但稱孔子者一，而孔門高弟皆不及焉；穀梁氏亦不及子夏，而稱孔子者六，稱子貢者一，而其餘高弟亦皆不及焉。夫加『子』於上者，辟聖人直稱子也。直稱子，尊而師之也，故公羊氏之稱子沈子、子司馬子、子女子與

---

① 「閔公二年」，依補正、四庫薈要本、文淵閣四庫本、文津閣四庫本應作「閔公元年」。
② 「隱公二年」，依補正、四庫薈要本、文淵閣四庫本、文津閣四庫本應作「隱公十一年」。
③ 「二十四年」，依補正、四庫薈要本、文津閣四庫本應作「二十三年」。
④ 「僖公十七年」，依補正、四庫薈要本、文淵閣四庫本、文津閣四庫本應作「僖公十六年」。
⑤ 「昭公五年」，依補正、四庫薈要本、文淵閣四庫本、文津閣四庫本應作「昭公四年」。
⑥ 「桓公二年」，依補正、四庫薈要本、文淵閣四庫本、文津閣四庫本應作「桓公三年」。
⑦ 「僖公二十四年」，依補正、四庫薈要本、文淵閣四庫本、文津閣四庫本應作「襄公二十三年」。

自稱子公羊子，皆其師友也。其稱高子與穀梁氏之尸子、沈子等皆其師也，故尊之與孔子同。穀梁氏於隱公五年自稱曰穀梁子，而上不加『子』，穀梁氏之門人尊稱之也；其蘧伯玉則記孔子之時，賢大夫之言，亦著其師之所授者也。獨公羊氏稱魯子者五，與孔子直稱子同，則著其師之所傳，故推尊之如孔子；亦如孔子既没，門弟子之稱有子，師事而尊稱之也。既尊之，又屢稱之，豈非本其所自而樂道之歟？孔門之高弟一不及焉，語孟傳注無所謂魯子者而屢稱焉，故疑魯爲曾，曾魯之文相近，傳寫之誤，遂以曾子爲魯子。昔人辨古文之差，以魚爲魯，此豈非誤曾爲魯乎？且公羊氏於昭公十九年許世子止弑君之傳，以樂正子春爲説；樂正子春，曾子之弟子，則魯子爲曾子無疑也。左氏則言授之曾申，公羊氏則屢稱曾子，穀梁氏言子貢而不及子夏，蓋左氏、公羊皆出曾子；而穀梁氏受之沈子、尸子之徒，沈子、尸子之徒則受之曾子也，二氏之傳出於曾子，非出於子夏明矣。三傳之傳皆本之曾子，故其傳正。左氏之傳，本自史臣，是以序事精博，麗縟典贍，而約之以制，使聖人筆削之旨有徵而可按，公穀二氏口授其義而爲之傳，故其文約，其辭切，其辨精，反復詰折，使聖人微婉之旨可推而見。由曾子而來轉相授受，其人不能皆如子思，是以不及孟軻氏之醇，而其説亦有戾於聖人者，故春秋之旨由三傳而得者十六七，由三傳而惑者十四五。西漢以來，專門授受，言左氏者黜公穀，言公穀者黜左氏，互爲短長，相與訐擊，至於師弟異而父子不同，文辭枝葉，户牖穿鑿，末流散殊，涇渭淆混，始則一經而三經，末乃三傳而百傳，左氏之學至晉杜預始爲集傳①，而一以左氏義例典禮爲本，不雜乎他，以遏衆説；公羊氏之學

---

① 「集傳」，依補正、四庫薈要本、文淵閣四庫本應作「集解」。

最盛於漢董仲舒，發明大旨，至東漢何休爲之注，以明所得，雖遠探力窮，而推演圖讖，反有累夫傳者；穀梁之學亦盛於漢，至宋①范甯爲集解，並采何杜，且列諸家，取其所長以釋經傳，亦不敢專，三傳之學始定著，而紛更之流少殺矣。唐興，孔穎達等爲六經作疏，乃取三家之注以疏三傳，而穎達爲左氏經傳作疏而不取公穀氏，其同僚楊士勛疏之，遂行於世，然其學終莫能通，而聖人之意散，一王之統分，真是之旨，終惑而莫能解。雖然，由三傳以學春秋，如岷山導江雖别爲沱、爲九、爲東、爲中北，支流餘裔汎入洞庭、彭蠡，要之發源注海而朝宗者不外焉；三傳之説雖不同，要之出於聖人之門而學有所自，終不外聖人之書法。自王通爲三傳作而春秋散之言，而盧仝輩遂謂三傳當束高閣而獨抱遺經；陸淳、啖助、趙匡等因之，遂創爲之傳，自是春秋之學不專於三傳矣。宋興以來，諸儒疊出，各爲作傳以明聖人之旨，莫不自以爲孟軻復出，而其義例殆皆不能外乎三傳，而每以三傳爲非。夫聖人不欺天下後世，作爲六經，確然如乾，隤然如坤，易簡示人而天下之理得，故本之②易以求其理，本諸書以求其辭，本諸詩以求其情，本諸禮以求其制，本諸語孟以求其説，本諸大學、中庸以求其心，本諸左氏以求其跡，本諸聖人之經以求其斷，則春秋不我欺也，不我蔽也。聖人之意可見，而三傳之傳之自之本之差得矣。今於聖經下各具三家之説，以左氏爲按，故先之，且變其錯經之體各類於本經下，使即經以見傳，以公穀二氏爲斷，故公羊氏次之，而穀梁氏又次之，其傳故各附經後，因之而不革。杜、何、范之注，則或去或取，

① 「宋」，依補正、四庫薈要本、文淵閣四庫本應作「晉」。

② 「之」，四庫薈要本、文淵閣四庫本俱作「諸」。

各見於本傳下，從而爲之説，先辨經之不同者，而次及於傳，三家之説同於真是，則同真是之，皆失其義，則皆是正之，一得而二失，則一得而二失之，二得而一失，則二得而一失之，不純任傳而一以經爲據，使不相矛盾而脗合於經，庶幾聖人之意因三傳以傳，三傳之學不爲諸儒所亂，而學者知所從，不茫然惑惶以自亂，名曰春秋三傳折衷。俾三傳而爲一傳，折之以義理之至中，歸之於義理之至當，有萬不同貫而一之，俾萬世之事業不外乎萬六千言之文學者，不復竊三傳以自私名家而復厚誣之也。僭妄之罪固無所逭，爲道受責亦所甘心焉爾。」

〔補正〕

自序春秋三傳折衷内「口授其傳」，「授」當作「受」；「閔公二年」當作「元年」，「隱公二年」當作「十一年」，「莊公三年、二十四年」，「四」當作「三」；「僖公十七年」當作「十六」；「昭公五年」當作「四年」；「桓公二年」當作「三年」；「僖公二十四年」；「僖」當作「襄」、「四」當作「三」。按：公羊傳稱子沈子者三，其一見莊公十年；稱魯子者六，其一見僖公五年，郝氏並漏引，附識於此。又按：穀梁傳稱孔子者七，其一見桓公二年，郝氏漏引，附識於此。又此條内云：「至晉杜預始爲集傳」，「傳」當作「解」；「至宋范甯」，「宋」當作「晉」；「唐興，孔穎達等爲六經作疏」，杰按：唐人義疏自五經正義外，有周禮、儀禮、公羊、穀梁、論語、孝經等疏，此「六經」二字似誤。（卷八，頁十一—十一）

經義考卷一百九十四

春秋二十七

季氏立道**春秋貫串**

佚。

鄧文原志墓曰：「季氏世居處之龍泉，先生諱立道，字成甫，爲湖州歸安尉，推恩擇山水勝地，便禄養祖妣，授臨汝書院山長，未赴而卒。嘗手抄春秋左氏傳，考摭史記、國語諸國名謚同異及論著事變顛末，名曰春秋貫串。」

彭氏絲**春秋辨疑**

未見。

劉氏淵**春秋例義**

佚。

春秋續傳記

佚。

左傳紀事本末①

佚。

胡氏炳文**春秋集解、指掌圖**

俱未見。

陳氏櫟**春秋三傳節注**

未見。

①「左傳紀事本末」，四庫薈要本作「左氏紀事本末」。

熊氏復**春秋會傳**或作「成紀」。

未見。

吴澂序曰：「邵子曰：『聖人之經，渾然無迹，如天道焉；故春秋書實事而善惡形乎中矣。世之學春秋者，率謂聖人有意於褒貶，三傳去聖未遠，已失經意，而況後之注釋者乎？或棄經而任傳，或臆度而巧説，幾若舞文弄法之吏。然觀者見其不背於理，不傷於教，莫之瑕疵，又孰能紬繹屬辭比事之文，而得聖人至公無我之心哉？漢儒不合不公無足道，千載之下，超然獨究聖人之旨，唯唐啖趙二家，宋清江劉氏抑其次也。』澂嘗因三傳研極推廣以通其所未通，而不敢以示人，今豫章熊復庶可所輯會傳，同者已十之七八，諸家注釋未有能精擇審取如此者也。熊君謹厚醇正，篤志務學，其可爲通經之士云。」

南昌府志：「復，字庶可，新建人。以五經教授鄉里，四方來學者常數百人，門人稱之曰西雨先生。」

徐氏安道**左傳事類**

未見。

吴澂序曰：「杜元凱讀左傳法曰：『優而柔之，使自求之；饜而飫之，使自趨之。若江海之浸，膏澤之潤，涣然冰釋，怡然理順，然後爲得。』淵哉乎其言也，豈惟讀左傳宜然，凡讀他書皆然。朱元明以徐安道所輯左傳事類示予，夫作文欲用事而資檢閲，記纂不爲無功也，用心如此，亦勤矣。以此之勤，循元凱之法，俾左氏一書融液貫徹於胸中，儻有所用，隨取隨足，無施而不可，其功猶有出於記纂之外者，安道試就季父半溪翁質之。」

張氏鑑**春秋綱常**

佚。

吴澂序曰：「『春秋以道名分』，此言雖出莊氏，而先儒有取焉，以其二字足以該一經之旨也。古今春秋傳序注家，奚翅百數，或間得其義，而能悉該其義者，蓋未之見。淮西張鑑所述春秋綱常，不自措一辭，但於每行書字有高低而已，觀其序例，大義炳然，正名定分，無以踰此。簡而嚴，嚴而簡，真可羽翼聖經，以垂訓戒於千萬世。旨哉書乎！余故識其篇端。」

程氏直方**春秋諸傳考正**

未見。

春秋會通

未見。

俞氏皐**春秋集傳釋義大成**

十二卷。①

存。

皐自述凡例曰：「自晉杜氏注左傳，始有凡例之說，取經之事同辭同者，計其數凡若干，而不考其義；唐陸氏學於啖趙，作纂例之書，雖分析詳備，然亦未嘗以義言之；逮程子爲傳，分别義例，而學者始得聞焉。愚今遵程子說，以事同義同辭同者，定而爲例十六條，凡書經之事義如此，而其辭例如此者，是所謂例也；其有義不同而辭同、事同而辭不同者，則見各事之下，非可以例拘也。且如殊會，其辭雖同而其義則不同：會王世子而殊會，是尊之而不敢與抗，若曰王世子在是而諸侯往會之，不敢與世子列也；會吳而殊會，是抑之而不使其抗，若曰諸侯自爲會而後會吳，不使與諸侯列也。又如歸、來歸、復歸，歸字雖同而其義則不同：婦人謂嫁曰歸，而書來歸則出也；諸國君大夫出奔而復則書歸，而書復歸則義不當復也；天王使宰咺來歸惠公、仲子之賵，秦人來歸僖公、成風之襚，此譏其過時始至之失也；至於季子來歸、齊人來歸鄆、讙、龜陰之田，此又喜其歸，異其詞以嘉之也，凡此皆辭同而義不同者也。又如國君奔，一也，而內奔書遜；弑君，一也，而內弑書薨；不地殺公子，一也，而內殺公子書刺，凡此皆事同而辭不同者。又如易田書假，城虎牢不繫鄭，戍虎牢曰鄭，因會伐而朝書如，凡此之類，

---

① 「十二卷」，文淵閣四庫本作「二十卷」。

乃程子所謂微辭隱義，時措時宜①者也，是皆不可以例拘也。學者誠能熟玩程子傳，以求其意，至於沈潛反復，一旦豁然貫通，庶乎可窺聖人用心之萬一也，又奚待愚言之贅云？」

〔補正〕

自述凡例内「時措時宜者也」，當作「從宜」。（卷八，頁十一）

吴澂序曰：「古之學者醇厚篤實，不肯背其師説，予觀公羊氏、穀梁氏之徒，既傳其師之説以爲傳，而其間有稱子公羊子、子穀梁子者，又以著其師之所自言也。嗚呼！此其所以爲三代以上之人與？漢儒治經亦謹家法，不以毫髮臆見亂其所聞。唐之陸淳，初師啖氏，啖卒而師啖之友趙氏，遂合二師之説爲纂例、爲辨疑等書，至今啖、趙之學得以存於世者，陸氏之功也。新安俞皐，其學博，其才優，其質美，從其鄉之經師趙君學春秋，恪守所傳，通之於諸家，述集傳釋義，經文之下，融會衆説，擇之精，語之審，粹然無疵，經後備載三傳、胡氏傳，以今日所尚也。玩經下所釋，則四傳之是非不待辨而自明，可謂專門而通者矣。予喜其有醇厚篤實之風，乃爲序其卷首。趙君名良鈞，宋末進士及第，授修職郎、廣德軍教授，宋亡，不復仕。皐，字心遠，居朱子之鄉，與人論經，一則曰趙先生云，二則曰趙先生云，學而能若是者，鮮矣。予是以喜之之深也。」

〔補正〕

吴澂序内「予觀公羊氏、穀梁氏之徒，既傳其師之説以爲傳，而其間有稱子公羊子、子穀梁子者，又以

---

① 「時宜」，依補正、四庫薈要本、文淵閣四庫本、文津閣四庫本應作「從宜」。

著其師之所自言也。」按：穀梁隱五年傳文止稱「穀梁子」，不冠以「子」字，與公羊桓六年、宣五年傳文稱「子公羊子」者不同。（卷八，頁十一）

張萱曰：「元泰定間，新安俞皐述取諸家之説融會之，系以三傳，其大旨宗趙良鈞。」

黄虞稷曰：「皐，字心遠，新安人。泰定間，師事宋進士趙良鈞，良鈞仕宋，爲廣德軍教授，宋亡，不仕，以春秋教授鄉里。皐以所聞於師者，發明經旨，分別三傳是否，而補胡氏之所未及。」

程氏龍**春秋辨疑**

佚。

葉氏正道**左氏窺斑**

佚。

戴表元序曰：「夫子没，遺言之著於世者爲經，學者①爲經學者各爲説以通之，通之不得則反諸經。惟夫學春秋則異是，左氏、公羊、穀梁三家者，與我肩隨而學夫子者也，後世信於其言乃過夫子；三家之中，左氏之徒謂其師逮與夫子同世，信之尤確，而春秋反爲疑經。夫左氏者，豈曰真足以蔽春秋哉？緣其文勝，學者有求於左氏而無求於春秋故耳。余於近世得折衷左氏之書二編，曰晁吏部雜論、曰吕

① 「學者」，四庫薈要本作「後之」。

著作後説，晁約而通，吕博而覈，嘗欲依倣其法，删繁去滯，定爲一書，以達春秋之義，而力未克也。年來倦學，葩葉凋槁，以爲二編之法雖在所舉，而江南研經家自歐陽以來，皆直取春秋爲斷，甚者尚疑今之春秋出於魯史本文者，不可盡攷，無問左氏；因知學廣者疑固多，如登千仞之峰，舉足愈高而見愈雜，如遊四通八達之途，奇珍異貨，目眩而不即定，要其定而不雜，久然後自得之耳。葉君正道以左氏窺斑示予，予讀之猶愛晁吕時也，問書之所由成，則方諸儒汲汲科舉之年，君以①脱稿久矣。嗟夫！此豈若予年少退惰不自力者比邪？君名某，台州寧海人。」

吴氏化龍左氏蒙求

佚。

戴表元序曰：「吴伯秀爲鄉校諸生時，予與之寒同枕、饑同竈，比試於有司，亦同業也。然予性遲，每得有司命題，輒勉強營度，至移晷刻不能辨；回視伯秀，引筆書卷，滔滔十已成五六矣。又當是時，學徒如林，問疑請益者八面而坐，人人得所欲，越幾日，榜出，伯秀嵬然占居上游，諸問疑請益者班班選中，余甚慚而慕之，以爲爲儒不當如是邪？别十年，予自太學成進士，伯秀亦階鄉舉，收禮官之科，各相慰勞滿意，年齒亦皆壯強，自度非碌碌，必將有所著見於時。既而皆失官家居，流落顛頓積二十年，顔

① 「以」，依四庫薈要本應作「已」。

蒼髮枯，皆欲成老翁。於是予始悔其舊業，謀以筋力之勞，辨治衣食，尋計□①種樹書、陶公養魚法之類而習之，顧此事亦非旦暮可就，徒失之而已；而伯秀學益堅，識益深，風節益峻，乃方闔門下帷，躬少年書生之事，取數千年興亡之説，賢否之迹，皆細②理纂緝成一家言。惟左氏傳自其少時即已精熟，蓋嘗取義類對偶之相洽者，韻爲蒙求，以便學③。余讀之，如斲泥之斤，鳴鏑之射，百發百返而不少差。嘻乎！異哉！夫人之材力相去果若是遠乎？伯秀蒙求成於左氏傳，又有筆記通纂於毛氏詩，又有集義等書，次第皆且脱稿，余雖坐前累，不可望有所進，抑攘臂於勇夫之旁，垂涎於飽人之餘，意氣固未已也。伯秀名化龍，今又字漢翔云。」

〔補正〕

戴表元序内「計□種樹書」當作「計然」；「爲蒙求，以便學」下脱「者」字。（卷八，頁十一—十二）

俞氏漢**春秋傳**

三十卷。

佚。

---

①「計□」，依補正、四庫薈要本、文津閣四庫本應作「計然」，文淵閣四庫本誤作「計取」。

②「細」，文淵閣四庫本作「紬」。

③「學」，依補正、四庫薈要本、文淵閣四庫本應作「學者」。

紹興府志：「俞漢，字仲雲，諸暨人。撰春秋三十卷進呈，書付禮部刊行，辟爲儒學官，不就。卒，友人私謚曰文惠。」

黄虞稷曰：「字仲雲，諸暨人。所纂書，元時命禮部下江浙儒學刊板，授書院山長，不赴。」

單氏庚金**春秋三傳集説分紀**

五十卷。

佚。

春秋傳説集略

十二卷。

佚。

戴表元作志曰：「剡源有爲明經之學者，單氏諱庚金，字君範，不得志於貢舉，隱晦溪山中者三十年，日夜取古聖賢經傳遺言洗濯磨治。其書已脱稿，有春秋三傳集説分紀五十卷，用吕氏、程氏所纂；自左氏、公羊傳、穀梁傳以來，諸家之異同定於一書，後學得以依據；又解春秋正經，題爲春秋傳説集略者十二卷；又讀論語，去取諸儒，本題爲增集論語説約者若干卷。」

劉氏莊孫**春秋本義**

二十卷。

佚。

袁桷曰：「劉隱君論春秋爲魯史之舊，是則發先儒之遺旨。」

陳氏則通**鐵山先生春秋提綱**

十卷。

存。

胡光世序曰：「春秋一經，説者亡慮數十百家，其皆繪天地而圖日月，似則似矣，於化工之妙、容光之照，則亡也。愚讀是經，茫無津涯，及見此編櫽括諸傳，包舉無遺，頗於聖人之意若滄海之有畔，可以濟其闊而極其際，伏讀之餘，因思儒者之行，聞善以相告也，見善以相示也，不敢自祕，願與同學是經者共之，故用鋟梓以廣其傳。至於編中之所本者，則有諸傳在，熟讀諸傳以求經之旨，而於此編以發經之蘊，信所謂提綱者矣。」

〔四庫總目〕

舊本題鐵山先生陳則通撰，不著爵里，亦不著時代，其始末未詳。朱彝尊經義考列之劉莊孫後、王申子前，然則元人也。（卷二八，頁三，春秋提綱十卷提要）

王氏申子**春秋類傳**

未見。

吴澂曰：「巽卿春秋類傳極佳，雖有一二處與鄙説不同，然大綱領皆精當。」

田澤曰：「春秋一經，後儒之説但祖三傳，如釋例、長歷、集解、調人、繁露、義函之類，聞於世者不啻百餘家，不爲不多；然元年春王正月之義，終無確論，雖胡氏有夏時冠周月之説，陽氏有改正之論，而學者質以古今之正義，終不能無疑，是皆守三傳之失，昧作經之旨故也。蜀儒王申子所解春秋類傳則曰：『有貶無褒，乃夫子一部法書，出乎周公之禮則，入乎夫子之法，撥亂反正，無罪不書。其志封疆者，所以著侵奪之罪也；其志世次者，所以著篡弑之罪也；志禮樂、志正朔者，著僭竊無王之罪也；志官職、志兵刑者，著違制害民之罪也。謂侯國不合自稱元年，故書元年；謂魯不合以子月爲春，故書春；謂舉世不知有王，故書王；謂子月非正月，故書正。』發此義例，類成一書，皆先賢所未發，深得聖人之本旨。」

吕氏椿**春秋精義**

佚。

閩書：「吕椿，字之壽，晉江人。從邱葵學，隱居教授。」

郭氏陛**春秋傳論**「陛」或作「鏜」。

十卷。

佚。

長樂縣志：「郭陛，字德基，宋紹定進士。至元中，泉山書院山長，遷吴江州教授，再調興化。有春秋傳論十卷，四書、易皆有述，人稱梅西先生。」

吴氏澂**春秋纂言**

十二卷，總例三卷。

〔校記〕

四庫本總例一卷。（春秋，頁五十）

存。

〔四庫總目〕

明嘉靖中，嘉興府知府蔣若愚嘗爲鋟木，湛若水序之，歲久散佚，世罕傳本；王世禎居易録自云：「未見其書。」又云：「朱檢討曾見之吴郡陸醫其清家。」是朱彝尊經義考之注「存」，亦僅一睹。此本爲兩淮所採進，殆即傳寫陸氏本歟？（卷二八，頁二——三，春秋纂言十二卷、總例七卷提要）

澂自序曰：「『屬辭比事，春秋教也。』昔唐啖助、趙匡集春秋傳，門人陸淳又類聚事辭，成纂例十卷，今澂既采摭諸家之言各麗於經，乃分所異，合所同，倣纂例爲總例七篇。初一天道，次二人紀，次三嘉禮，次四賓禮，次五軍禮，次六凶禮，次七吉禮。例之綱七，例之目八十有八，凡春秋之例，禮失者書，出於禮則入於法，故曰刑書也。事實辭文，善惡必①見，聖人何容心哉？蓋渾渾如天道焉。嗚呼！其義微矣，而執謙自謂之竊取，區區末學，詎可得與聞乎？」

〔補正〕

自序内「善惡必見」，「必」當作「畢」。（卷八，頁十二）

黄虞稷曰：「草廬春秋纂言，嘉靖中，嘉興知府蔣若愚刻之郡齋，湛若水爲之序。」

齊氏履謙春秋諸國統紀

六卷。

〔校記〕

四庫本尚有目録一卷。（春秋，頁五十）

存。

履謙自序曰：「孔子曰：『屬辭比事，春秋教也。』所謂春秋者，古者史記之通稱也。何以明之？孟

① 「必」依補正應作「畢」。

子曰：『王者之迹熄而詩亡，詩亡，然後春秋作。』莊子曰：『春秋，先王經世之志①。』墨子曰：『吾見百國春秋。』皆非謂今之春秋也。又嘗考之古文有夏商春秋，又有晉春秋。國語：晉羊舌肸習於春秋，悼公使傅其太子；楚莊王使申叔時傅太子箴②，教之春秋。左傳：韓宣子適魯，見魯春秋。至於後世史學，亦多以『春秋』名其書者，若虞卿春秋、吕氏春秋、陸賈春秋、吴越春秋、漢魏春秋、唐春秋之類，往往有之，故知『春秋』者，古者史記之通稱，而今之春秋一經，聖人以同會異，以一統萬之書也。始魯終吴，合二十國史記而爲之也。然自三傳既分，世之學者類皆務以褒貶爲工，至於諸國分合與夫春秋之所以爲春秋，未聞其有及之者，予竊疑之久矣。暇日輒以所見妄爲叙類，私之巾篋，蓋不惟有以備諸家之闕，庶幾全經之綱領而自此或可以尋究云。」

〔補正〕

自序内「春秋，先王經世之志」，當作「經世先王之志」；「使申叔時傅太子箴，教之春秋」，「箴」當作「葴」。按：國語楚莊王使士亹傅太子，問於申叔時，叔時對以教之春秋云云，此云使叔時傅太子，似誤。（卷八，頁十二）

吴澂序曰：「讀三百五篇之詩，曰：『有美有刺也。』讀二百四十二年之春秋，曰：『有褒有貶也。』蓋夫子既没，而序詩、傳春秋者固已云，然則非秦漢以後之儒創爲是説也。説經而迷於是也千年矣，逮

① 「先王經世之志」，依補正應作「經世先王之志」。

② 「箴」，依補正、四庫薈要本、文淵閣四庫本應作「葴」。

自朱子詩傳出，人始知詩之不爲美刺作，若春秋之不爲褒貶作，則朱子無論著，夫孰從而正之？有惑、有不惑者相半也。邵子曰：『聖人之經，渾然無跡，如天道焉。春秋書實事而善惡形於其中矣。』至①哉言乎！朱子謂據事實②書而善惡自見，其旨一也。唐啖趙，宋孫劉而下，不泥於傳、有功於經者，奚啻數十家？然褒貶之蔽③猶未悉除，必待宋末李呂而後大不惑。夫其所謂褒貶者，以書時書月書日爲詳略其事，以書爵書人書國爲榮辱其君，以書字書氏書名書人爲輕重其臣而已。噫！事之或時或月或日也，君之或爵或人或國也，臣之或字或氏或名或人也，法一定而不易，豈聖人有意於軒輊予奪之哉？魏郡齊履謙伯恆甫之説春秋則異是，不承陋襲故，皆苦思深究而自得，内魯尊周之外，經書其君之卒者十八國，乃分彙諸國之統紀凡二十，己所特見各傳④於經，縷數旁通，務合書法，餘事闕而不録，其義視李則明決多，其辭視呂則簡净勝。予之所可，靡或不同，間有不同，亦其求之太過耳，而非苟爲言也；不具九方皐相馬之眼者，又焉能識之？伯恆父之篤志經學，知之雖久，晚年獲覩其二書之成，寧不快於心與？二書謂何？易、春秋也。」

〔補正〕

吴澂序内「至哉言乎」，元文類「至」作「旨」；「據事實書」，「實」當作「直」；「各傳于經」，此「傳」字疑

---

①「至」，依補正應作「旨」。
②「實」，依補正、四庫薈要本、文津閣四庫本應作「直」。
③「蔽」，文淵閣四庫本作「弊」。
④「傳」，依補正應作「傅」。

是「傳」，檢元文類亦同，姑仍之。（卷八，頁十二）

柳貫跋曰：「説春秋者，知聖人經世之法寓於一筆一削之間，而不知假魯史以著侯國之行事，其盛衰離合之端，其成敗是非之迹，有不可掩。夫子魯人，而魯實周之宗國，幽厲傷之，舍魯奚適？拳拳是心，夫豈得已？然而王必曰天王，正必曰王正，所謂託始於兹，以深示撥亂反正之道。蓋常若文、武、成、康之臨乎前，而典禮命討有其宗，非止於詳内略外而已也。經之所書，有常有變，常者固不可變，而變者則所以爲常。首王人，次封爵，此常也；主會、主兵、謀從、謀逆，則幾於變矣。先後之倫或殊，名號之實不異，以宋、齊、晉、衛而偶秦、楚、吴、越，則柏翳、鬻熊之宗，太伯、仲雍之胤，夏后氏之胤，概之狄道，何少恩哉？道在中國，分義猶存，故能遏亂略於其始，及其既散，則大權下偪，外寇日侵，誓盟征伐，彼得專制，進而序列，抑以志變。聖人一心，皦如天日，造化權輿，見於特書、屢書，將使萬世之遠臨之而懼，謂其班王室於侯邦，薦衣冠於左衽，不知言者也。貫自受讀，竊疑列國之事，豈皆史官承告所載？要之舉實立文，各有其本，而貴賤榮辱，夷考不誣。春秋在天地間，視周猶魯，視魯猶列國，以爲爲魯而作，則始隱終哀；而原於典禮命討者，果爲天下乎？抑私一魯乎？艱難離索，不幸學未成而廢矣。比來京師，常願求之大方，以祛矢①惑見，而沙鹿齊先生之言則曰：『春秋以同會異，以一統萬，蓋始魯終吴，合二十國之史記而爲之者也。間嘗叙類成書，曰：「諸國統紀降周於魯，尊爲内屈也；先齊於晉，以霸易親也；繫荆及吴，懲僭以正也。」其道名分之意，所以經緯乎書法義例之中者，則亦先儒引而

① 「矢」，依四庫薈要本、文淵閣四庫本、文津閣四庫本應作「夫」。

未發之奥云耳，予何言焉？」貫既得而誦繹之，復次其單陋，質之先生以自厲，謂予嘗知春秋幾何，不爲孔門游夏之罪人哉？」

潘氏迪**春秋述解**

佚。

安氏熙**春秋左氏綱目**

佚。

蘇天爵狀曰：「先生深於六經，病近世治春秋者第知讀左氏，不考正經，因節左氏傳文議論叙事始末，依倣通鑑綱目，作小字，分注經文之下，以類相從，凡左氏浮夸乖戾之語悉去之，秦漢以來大儒先生之言，及諸家之説可取者，附注其後，庶觀春秋者可以考傳，讀左氏者亦知有經。其大旨一以朱子爲本，而達於程張，以求聖人之意，絶筆於莊公十二年。」

劉氏彭壽**春秋正經句釋**

佚。

春秋澤存

佚。

歐陽原功志曰：「彭壽，字壽翁，辟衡山縣教諭，樂士習之美，遂留居焉。以春秋登第，賜同進士出身，終淳安縣尹。」

按：壽翁爲象環先生淵之子，其曰春秋澤存者，衍父書而作也。

臧氏夢解**春秋發微**

一卷。

佚。

吴氏迂**左傳義例**

佚。

左傳分記

佚。

李氏應龍**春秋纂例**

佚。

閩書：「李應龍，字玉林，光澤人。至元中薦爲白鹿洞書院山長及漳州路儒學教授，俱不赴。」

尹氏用和**春秋通旨**

佚。

江西通志：「尹用和，安福人，有春秋通旨傳於世。」

黄氏琢**春秋舉要**

佚。

江西通志：「黄琢，字玉潤，吉水人，以春秋教授鄉里。」

蔣氏宗簡**春秋三傳要義**

佚。

許氏謙**春秋温故管闚**

未見。

陸元輔曰：「先生於春秋有温故管闚，又著三傳義例，義例未成。」

佚。

黄氏景昌春秋公穀舉傳

吴萊序曰：「黄子讀春秋者四十年，老而不倦，嘗著春秋舉傳論一編，屏除專門，擿剔傳疏，使之一歸於是然後止。蓋昔者聖人之作春秋也，筆則筆，削則削，咸斷之於聖心，高弟如游夏，且不能以一辭贊焉。公羊、穀梁乃謂得之子夏，文多瑣碎，語又齟齬，要之二氏皆未成書，特相授受於一時，講師之口説者，謂孔子當定哀世，多微婉其辭，復祕不以教人，故諸弟子言人人殊異。然自孔子後，一廢於戰國、嬴秦之亂，漢初學者，區區收補，意其焚殘亡脱之餘，不藏之屋壁，必載之簡册，非徒出口入耳而已，又況春秋之文數萬，獨以口相授受，庸詎知不有訛謬者乎？濟南伏生治尚書，上使掌故晁錯往受之，僅一女子述其老耄之語，世謂生齊人，齊語多艱澀，故今書文亦難屬讀；然古人之作書者非齊人也，奈何若是？是則公羊齊學、穀梁魯學，非二氏誤也，學二氏者誤也。且孔子又何嘗當定哀世多微辭哉？苟曰微辭以辟禍，春秋不必作矣，況定哀又孔子所見之世也。自所聞、所傳聞之世，一切褒之、貶之且及其父祖，當世而輒微之，吾恐非聖人意也。聖人豈避嫌者哉？不然。亂臣賊子僅誅其既死，簒弒攘奪無懼於當世，是又豈吾聖人之意哉？必也春秋之作，未始祕不以示人，西狩之二年，孔子卒矣，論語、禮記諸弟子之問答殆無一言以及之，得其義者蓋寡矣。然而左氏約經以作傳，下訖魯悼、知伯之誅，在春秋後，孔子卒已久。或曰：『左氏，魯人也。』或曰：『左氏，楚左史倚相後也。』若其説，晉王接則謂别是一書，意者當西漢末，與公穀二家争立博士，故又雜立凡例，廣采他説以附於經，是豈左氏舊哉？今黄子①舉之，皆是也。昔者晉劉兆嘗以春秋一經而三家殊塗，乃取周官調人之義作春秋調人七萬餘言；夫調人之職掌，司萬民之讐而諧和之，爲春秋者亦欲令三家勿讐，將天下之理不協於克一，而後世之議且容其潛藏隱伏於胸中也。何以調人爲哉？故唐啖助、趙匡，近世劉敞，於傳有所去取，咸自作書；而今黄子又嗣爲之，可謂聞風而興起者矣，非必曰此有所短，彼有所長。去其所短，則見其所長者，固可取也，不然，盡去三家之傳而獨抱聖人之經，且自以爲必得聖人之心者，吾又不信也。此則黄子之意也。」

又曰：「黄隱君，諱景昌，字明遠，世爲婺之浦江人。每言春秋一書，自公穀口説相傳，至漢然後著之竹帛，是故經有脱編、有錯簡，學者上畏聖經，下避賢傳，訛舛誣漏，不敢較也。其春秋公穀舉傳論及三代用正、日夜食之辨，凜凜不可屈，後得巴川陽恪春秋考正一卷，言三代悉用夏時，不改月數，出入經史，無慮數百千言，隱君明其不然，乃作周正如傳考，章分條晰，文極多，此最其善持論者。」

張氏君立**春秋集議**

佚。

許有壬序曰：「春秋由三傳而下，世之存者可考也。范氏探經而爲集解，啖趙考三家短長爲統例，伊川以傳考經之事跡，以經别傳之真僞，皆號精當，而世之讀者無幾，及胡氏傳出，學者翕然宗之。聖

---

① 「黄子」，四庫薈要本作「黄氏」。

朝設科，遂與三傳並用，諸家之說幾無聞焉。向會試以五經發策，至有不知各家名氏者，況有考其短長而折衷爲書者乎？且聖人之意，當時門人有所不知，世傳左氏時代不一，要非親受於聖人者，宜其辭勝而失誣也。公羊、穀梁傳聞逾遠，諸家之說各尊所聞，其能盡合聖人之意乎？朱子謂：『春秋大旨，誅亂臣、討賊子、内中國、外夷狄、貴王賤霸而已，未必如先儒所言字字有義也。』如此則傳注之說可泥於一偏乎？豫章張君立擇諸家之論，或全或略，疏於三傳、胡氏之後，名曰集議，擷衆長萃於一，歷歷精至，觀其自序，蓋欲學者因是以求諸家之全，戒其厭煩務簡而取足於此，則君立所得與夫所以教人者可見矣。欲觀君立之集議，當先觀君立之自序，偏取諸家，優游涵泳，交暢旁通，一旦有得，自知去取，迴觀集議，心目瞭然，與聞人之説襲而取之者異矣。康節云：『春秋，盡性之書也①，傳註而已乎？』」

楊氏如山**春秋旨要**

十卷。

佚。

鎮江府志：「楊如山，字少游，蜀嘉定州人。宋末游江南，四請漕舉；宋亡，不仕。大德間，起爲淮海書院山長，因家京口，著春秋旨要十卷。」

---

① 「也」，文淵閣四庫本脱漏。

經義考卷一百九十五

春秋二十八

程氏端學**春秋本義**

三十卷。

存。

春秋三傳辨疑

二十卷。

存。

春秋或問

十卷。

存。

端學自序本義曰：「孔子何爲修春秋？明禮義，正名分，辨王霸，定夷夏①，防微慎始，斷疑誅意，其書皆天下國家之事，其要使人克己復禮而已。三代盛時，禮義明，名分正，上明下順，内修外附，民志既安，奸僞不作，孔子生於此時，春秋無作也。周綱墮，諸侯縱，大夫專，陪臣竊命，四夷内侵②，人道悖於下，天運錯於上，災異薦臻，民生不遂，孔子既不得出而正之，則定詩書，正禮樂，贊周易，而常道著矣；復修春秋，即事以立教，而其所書皆非常之事，人知其事之非常，則常道有在。夫知非常，則知己之所當克；知常道有在，則知禮之所可復，故春秋不書常事，屬辭比事，使人自見其義而已。孟子曰：『其文則史。』孔子曰：『其義則丘竊取之。』此之謂也。若邵子謂『録實事而善惡形於其中』、朱子謂『直書其事而善惡自見』者，蓋有以識夫筆削之意。若董子謂『正其誼不謀其利，明其道不計其功』者，又此經之大旨也。三傳者之作，固不可謂無補於經也，然而攻其細而捐其大，泥一字而遺一事之義，以日月、爵氏、名字爲褒貶，以抑揚、予奪、誅賞爲大用，執彼以例此，持此以方彼，少不合則輾轉生意，穿鑿附會，何、范、杜氏又從而附益之，聖人經世之志泯矣。後此諸儒雖多訓釋，大抵不出三家之緒，積習生常，同然一辭，使聖人明白正大之經，反若晦昧譎怪之説，可歎也已。幸而啖叔佐、趙伯循、陸伯沖、孫

① 「夷夏」，文津閣四庫本作「上下」。
② 「四夷内侵」，文津閣四庫本作「四國交侵」。

泰山、劉原父、葉石林、陳岳氏者出，而有以辨三傳之非，至其所自爲説，又不免褒貶凡例之敝①，復得吕居仁、鄭夾漈、吕樸鄉②、李秀巖、戴岷隱、趙木訥、黄東發、趙浚南諸儒，傑然欲掃陋習而未暇致詳也，端學之愚，病此久矣。竊嘗採輯諸傳之合於經者，曰本義，而間附己意於其末；復作辨疑，以訂三傳之疑似；作或問，以較諸儒之異同；廿年始就，猶未敢取正於人，蓋以此經之大，積敝之久，非淺見末學所能究也。嘗謂：『讀春秋者但取經文，平易其心，研窮其歸，則二百四十二年之事、之義，小大相維，首尾相應，支離破碎、刻巧變詐之説，自不能惑聖人惻怛之誠，克己復禮之旨，粲然具見，而鑒戒昭矣。』則是編也，雖於經濟心法不敢窺測，然知本君子，或有取焉耳。③」

〔補正〕

自序末應補云：「泰定丁卯四月」。（卷八，頁十二）

張天祐序曰：「四明時叔程先生以春秋一經諸儒議論不一，未有能盡合聖人作經之初意，於是本程朱之論，殫平生心力，輯諸説之合經旨者，爲本義④以發之；訂三傳⑤之不合於經者，爲辨疑以正之；又推本所以，去取諸家之説者，作或問以明之；書成，而先生卒。翰苑諸公欲進於朝，由是移文浙

---

① 「敝」，依四庫薈要本應作「弊」。
② 「吕樸鄉」，備要本作「吕樸卿」。
③ 「耳」下，依補正應補「泰定丁卯四月」。
④ 「本義」，備要本誤作「本意」。
⑤ 「三傳」，備要本誤作「二傳」。

東憲司，俾鋟梓以傳遠，遂牒本道帥府，於概管七路儒學出帑以助之。至正三年夏五月，命工因循，未克就；五年冬十一月，僉憲索公士巖巡歷至郡，久知是書能折衷諸説，辨析精詳，深得聖人之旨，不可緩也，委自監郡與天祐提督刊梓。愚不敏，仰承所託，朝夕視事，不一月而工畢，實是年之十二月甲子也。天祐備員府幕，與先生之兄敬叔父交且久，今又獲見此書之成，故樂而道之也。然此特記其歲月云爾，若夫此書之發揮聖經，嘉惠後學，則亦不待贅述。」

張萱曰：「元至正間，四明程端學本程子之學，折衷百家而爲之説。」

寧波府志：「程端學，字時叔，慶元人。至治元年進士，官國子助教，遷翰林國史院編修官。在國學時，慨春秋在六籍中未有一定之論，乃取前代百三十家，折衷異同，著春秋本義三十卷、三傳辨疑二十卷、或問十卷，用經筵官請命，有司取其書板行天下。」

〔補正〕

寧波府志：「官國子助教，遷翰林國史院編修官。」案：元史儒林傳作「遷太常博士」，與此異。（卷八，頁十二）

黄虞稷曰：「端學慨春秋一經未有歸一之説，徧索前代説春秋凡百三十家，折衷同異，湛思二十餘年，作本義以發聖人之經旨，復作辨疑以訂三傳之疑似，作或問以較諸儒之異同；又綱領一卷，所以著作之意也。」

黃氏清老春秋經旨

未見。

閩書：「黃清老，字子肅，邵武人。累官應奉翰林文字同知制誥國史院編修官，出爲湖廣行省儒學提舉，學者號爲樵水先生。」

蘇天爵作碑曰：「閩有名士黃清老，由進士起家，累遷奉訓大夫、湖廣等處儒學提舉，著春秋經旨若干卷，四書一貫若干卷，學者爭傳習之。」

俞氏師魯春秋說

未見。

徽州府志：「俞師魯，字唯道，婺源人。至治中薦授廣德路學教授，改松江府知事。」

戚氏崇僧春秋纂例原旨

三卷。

未見。

春秋學講

一卷。

未見。

黄溍作墓志曰："君諱崇僧，字仲咸，金華人。從鄉先生許公講道於東陽之八華山，博通經史，旁及諸子百家。吕公汲創義塾，聚族人子弟使就學，委君主教事，扁其室曰朝陽，人稱之曰朝陽先生。"

馮氏翼翁**春秋集解**

佚。

春秋大義

佚。

鄭氏杓**春秋解義**或作"表義"。

〔補正〕

案：莆田志載於藝文，作春秋解義、表義，或恐是二種。（卷八，頁十二）

佚。

閩書："杓，字子經，福州人。泰定中，辟南安儒學教諭。"

〔補正〕

閩書："杓，字子經，福州人。"案：杓，興化縣人，鄭僑之元孫，附載莆田志名臣傳，閩書作"福州人"

恐誤也。（卷八，頁十二—十三）

袁氏桷**春秋說**

佚。

鄧氏淳翁**春秋集傳**

佚。

袁桷序曰：「因褒貶而傳春秋焉，聖人之餘意也；悉貶而遺其褒焉，非聖人之本旨也。粤自周室既遷，史列於諸侯，典策之藏，世莫得見，而紀載之法號稱近古，故凡是非善惡之實、天災時變之著，直書而不隱。逮於戰國，執簡侍史者猶守而未墜，然而攻劫淩摢之侈，相尋而莫之顧，實由夫外史之職不行於邦國，其史之存於國者，又將日幸淪棄而無所傳證，故益得以逞其驕而恣其所行，若是者二百餘年矣，聖人始出，然後因其史之本文而修明之，别爲之書以信於後，善乎孟子之言曰：『孔子成春秋而亂臣賊子懼。』若是則春秋其果爲褒貶哉？三家之傳事與義例，轇轕殽紊，刻者若法吏，博者若辨士，上下二千餘載，各執所嗜，介不相並，而玩獵搜擇，髣其音聲，益遺其形，傳愈疏而經益湮矣。夫因義例以明聖人之意，懼義與例不得而盡廣其記聞，不獨於理則事益無以自附，春秋之道幽而明，無傳而著，論至於是，良有以也。自唐以來，合三傳者始各以其長自見，然而求於外者必謹於内，純明粹精非自外至焉者耳。先王之典禮舊章具於傳記，悉心以推之，闇而日章，墜而復完，則禮者又春秋之標準也。邵武鄧淳翁慨不行於今，特立己任，纂而爲編，復因胡氏七家而增廣之。余嘗謂：『審乎人情，酌乎事變，非春秋其誰準？感而通天下之故，則易之用其與是相並；始於春秋而終於易者，邵子之學也；淳翁學首於是，必有其本，敢因以訂諸。』」

吴氏暾**麟經賦**

一卷。

佚。

嚴州府志：「暾，字朝陽，淳安人。泰定中登第，仕峽州路經歷，方道叡師之。」

林氏泉生**春秋論斷**

佚。

吴海志墓并狀曰：「公諱泉生，字清源，居永福章山，治春秋獨得微旨。天歷庚午，登進士第，授承事郎，同知福清州事，遷永嘉縣尹，調漳府推官，陞奉政大夫，知福州事，擢翰林待制，退居，召入爲翰林直學士。卒，謚文敏公。文辭名海内，選於春秋，爲四方學者所宗，其著述有春秋論斷。」

劉氏聞**春秋通旨**

佚。

江西通志：「劉聞，字文庭，安福人。天歷進士，官太常博士，遷翰林院編修，進修撰，出知汭陽府。」

方氏道釋春秋集釋

十卷。

未見。

浙江通志：「方道睿，字以愚，淳安人，逢辰曾孫。至順二年進士，授翰林編修，調嘉興推官，再調杭州①判官，洪武初，再召，不起。」

李氏昶春秋左氏遺意

二十卷。

佚。

元史類編：「李昶，字士都，東平人，累官吏部尚書。」

黄虞稷曰：「昶父世弼，從外家受孫明復春秋，得其宗旨，昶承家學，進諸家之説而折衷之。」

---

① 「杭州」，文淵閣四庫本誤作「抗州」。

蘇氏壽元**春秋經世**

佚。

春秋大旨

佚。

蔣易曰："北谿先生，字伯鸞，又字仁仲，福安人。弱冠游太學，連魁三館，時太學生至京師者皆授郡博士，先生歸隱於建陽之唐石，以春秋、四書教授學者，著春秋經世、春秋大旨凡數十萬言。"

吾邱氏衍**春秋説**

佚。

王氏惟賢**春秋旨要**

十二卷。

佚。

寧波府志："王惟賢，字思齊，鄞縣人，與弟惟義皆以儒名。"

萬氏思恭**春秋百問**

六卷。

佚。

楊維禎①序曰：「六經皆有疑，而莫疑於春秋，疑而不決而欲得筆削之微者，蓋寡矣，此春秋之經有百問也。予家藏是書凡六卷，嘗授之無錫孟生季成，季成又傳之於華亭曹君繼善之子元樸；以其傳之不廣也，特録諸梓而徵予爲序。是書也，失其首辭久矣，不知爲何人所著，或以爲方孝先，孝先又不知爲何時人，觀其設爲問答者，往往與予補正之意合，實有以釋是經筆削之疑。予令孟生勿祕所授，而未及板行於世，今曹君父子能推所祕於人，不遂吾之初心，而賢於漢儒之私論衡於一己者乎？雖然，道學是講者謂説書不古，慮學者不求諸心而惟口耳之是資。夫百問之書，探聖意之微而欲決諸儒未決之論，非見之卓、思之精者能之乎？謂資口耳之辨，不可也。學者於春秋苟讀而未有疑，疑而未求釋於心，而遽觀是書，又安知百問之不爲學者病，而著是書者之所慮乎？然則是書之廣傳也，爲益爲病，則固存乎其人焉。」

按：春秋百問作於萬思恭，汪氏纂疏嘗采其説。

---

①「楊維禎」，依四庫薈要本、文淵閣四庫本應作「楊維楨」。

佚。

曾氏震春秋五傳

李祁序曰："春秋經世之書，其記約，其志詳，其旨意深以遠。左氏、公、穀各以其所傳聞意見爲傳，不無異同，自是以來，諸儒亦以其說名家，至胡氏傳出，而諸說始略有折衷矣。國朝設科，以胡氏與三傳並用，立法之意至爲精詳，然學者困於繙閱，每歎未有能合爲一書者，廬陵樵南曾君震乃集而加次第焉，始左氏，次公，次穀，次胡氏，而取止齋陳氏之說附於後，蓋陳氏之於春秋多所發明，貫穿乎王霸之盛衰，反覆乎夷夏之消長，又推明左氏不書之旨，以見①春秋之所書，此其必不可遺者，於是使讀者一展卷而諸傳皆得焉，其有便於學者甚大。凡胡氏有所引用，皆分注其下，而又別爲類編以附於卷，其有助於學者甚溥。或者謂此書無所取舍，不能成一家書，予謂使曾君以一己之見取諸說而取舍之，其是非可否未必使人人合意，是亦曾氏之書而已，非天下之書也。今備列五傳，使學者自擇焉，豈非斯文之大全與？書成而鋟梓，乃復得安成劉鼎安力相其成，其有功於斯文又甚溥。予喜是書之有成，而又嘉劉氏之能相之也，故爲記之。若夫擇諸說之長，以求合乎聖人之旨意，則又存諸其人焉。"

---

① "見"，文淵閣四庫本作"觀"。

張氏樞春秋三傳歸一義

三十卷。

佚。

黄溍作墓表曰：「徵士金華張樞子長言，學春秋者必始於三傳，而其義例互有不同。乃辨析其是非，會通其歸趣，參以儒先之説，裁以至當之論，爲三傳歸一義。」

金華府志：「張樞，東陽人。至正初，丞相脱脱①監修宋、遼、金三史，奏辟爲長史，辭；再以翰林修撰同知制誥兼國史院編修官召之，復辭；使者迫之，行至武林驛，仍以病辭，歸，卒。」

汪氏汝懋春秋大義

一百卷。

佚。

戴良作志曰：「汝懋，字以敬，其先歙人，遷睦之青溪，今淳安縣也。以薦授丹陽縣學教諭，陞鄉郡教授，調將仕佐郎浙東帥府都事，未幾，授登仕郎慶元路定海縣尹。」

---

①「脱脱」，四庫薈要本、文津閣四庫本俱作「托克托」。

梅氏致**春秋編類**

二十卷。

未見。

鍾氏伯紀**春秋案斷補遺**

佚。

戴良序曰：「春秋案斷補遺者，大梁鍾伯紀先生之所著也。其意以爲：『學春秋者多惑於傳家褒貶之説，而經旨有不明；其能脱去宿弊，一以經文爲正者，又往往於筆削精義而或昧焉，今故採擇諸家格言之合於經者，附於各條之下，間有未足，則以己意補之，而題以今名，蓋取程叔子傳爲案、經爲斷語也。』予讀之而歎曰：『昔之傳春秋者有五家，而鄒、夾先亡，學春秋者舍左氏、公羊、穀梁三家則無所考徵矣；然左氏熟於事，而或不得其事之實，公穀近於理，而害乎理之正者要不能無。至唐，啖趙師友者出，始知以聖人手筆之書折衷諸家之是非，而傳已亡逸。繼是而後，爲之傳者雖百十餘家，其言雖互有得失，能不傅會三家之説者鮮矣。胡康侯得程子之學，慨然有志於發揮，而其生也當宋人南渡之時，痛千餘年聖經遭王臨川之禁錮，乘其新敗，雪洗而彰明之，使世之爲亂賊者增懼，若夫聖人作經之本意，則未知其如何也。然自當時指爲復讎之書而不敢廢，太學以之課講，經筵以之進讀。至於我朝，設進士科以取人，治春秋者，三家之外，亦獨以胡氏爲主，本則以三綱九法粲然具見於是書，而場屋之腐生、山林之曲士因而掎摭微文，破碎大道，有可憫念者矣。』然則學春秋者亦將何所折衷乎？竊嘗考求之而得其説矣。『吾志在春秋』，夫子之自道也；『春秋，天子之事』、『孔子作春秋而亂臣賊子懼』，孟子之所以論春秋也。蓋方是時，王綱日紊，篡奪相尋，孔子不得其位以行其權，於是約史記而修春秋，使亂臣賊子無所逃其罪，而王法以明，所謂撥亂世而反之正，此其爲夫子之志而天子之事也。是以邵子有曰：『春秋，夫子之刑書。』而天門王氏亦曰：『春秋一經，無罪者不書，惟罪有大小，故刑有輕重耳。』斯言也，蓋有得夫孔孟之遺意也。是則學者之折衷，固無出於夫子之自道與夫孟子之所以論春秋者矣，後之立言，豈有加於此哉？先生之於是書，下既不惑於褒貶之説，上復不失乎筆削之義，外有以采擇諸家之博聞，內有以發乎自得之深意，奇而不鑿，正而不迂，詳而無餘，約而無闕，庶幾善學者焉。然其推傳以達乎經，因賢者之言以盡聖人之志，則得之夫子之自道、孟子之所論者爲多，是可以見其折衷之所在矣。余自幼歲即知讀是經，而山林孤陋之風、科舉利禄之念或不能無，故其所學不過曲士腐生之爲耳，烏覩所謂經之義、聖人之蘊哉？及識先生於浦陽，始聞其説而悦之，至其成書，則未之見焉；近來淞上，亟求是書於所館，先生手録以示，且曰：『使可傳也，幸爲我序之。』嗟乎！學春秋者多矣，求其得乎孔孟之遺意，以折衷諸説於千有餘載之下者，幾何人哉？故讀先生之書，譬諸飫芻豢之旨、病夏畦之苦，而得一勺之清泉甘露，豈不悦哉？則夫是書之傳，固不有待於區區之言矣。若夫述作之大旨與其編次之歲月，則不可以不書，姑書此以爲序，庶有以復先生之命乎！」

佚。

潘氏著**聖筆全經**

貢師泰志墓曰：「君諱著，字澤民，嘉興人。受易於竹岡葉氏，再從吴朝陽氏受春秋，中鄉試備榜，補吴郡甫里書院直學，尋爲廣德學録，改銅陵教諭。以内艱去，服除，調烏程，終湖州路儒學正。有聖筆全經一編，發明春秋微旨甚悉。」

經義考卷一百九十六

春秋二十九

吴氏師道春秋胡氏傳附辨雜説吴淵穎集作「補説」。

十二卷。

未見。

師道自序曰：「讀春秋者必自三傳始，甚矣，三傳之不可盡信也。公穀傳義不傳事，是以詳於經而義未必盡；左氏傳事不傳義，是以詳於史而事未必實。説者謂三子皆口傳授之，學者乃著竹帛而題之以其師之目，本皆不謬，而濫説往往附益其中，其信然歟？前儒固守其説，啖趙氏以來始有所去取折衷，至宋而二孫、二劉、蘇、許、吕氏各稱名家，概不能無異於三傳，至河南程夫子教人讀是書，以傳爲案，經爲斷，推明聖人經世之法，而於大義嘗發其端，中更王氏以私意廢格，咸所憤歎。胡文定公當紹興中專進讀是經，大綱本孟子，微辭祖程氏，根據正矣；自謂事按左氏，義取公穀之精，傳有乖繆則棄而信經；又謂左氏博通諸史，叙事使人見本末，傳説既久，寖失本真，要在詳攷而精擇之，可謂通而不固者也。然自今觀之，信經棄傳者殊少，眩惑於左氏者尚多，未免迂經旨以從紀載之誤，不得已而間採諸家，意雖近厚而不自知其失也。若其憤王氏廢經之害，閔衰世而憂弱主，因説以寓諫諷，故其爲言或勁而微過，激而小不平，其他義之不足以示勸戒者，多闕勿論；大要以尊君父、討亂賊、闢邪説、正人心、用夏變夷①爲主，則不可訾也。故子朱子之論，謂其以義理穿鑿。夫曰穿鑿，則不可謂之義理，蓋義理正而事情未必然，故曰以義理穿鑿耳；且朱子考訂諸經略備，獨春秋一字弗之及，嘗恨不見國史，終莫知聖人筆削之旨。又曰：『己與聖人神交心契，然後可斷其書。』吁！國史豈復可見？聖人如天，天豈易知？蓋有測焉而偶合者矣。朱子雖不滿於胡氏，而終許其大義之正，則談春秋而舍胡氏，未有不失焉者也。方今設科表章，與三傳並學者宗之，宜矣，而議者猶或病之。間嘗反覆誦詠，輒以所未安者疏而辨之，其或事義足相發明者，附以見焉；雖冒昧不韙，而庶幾察於胡之大意，因以識陋存疑，將質之當世通經之士，驗諸他日進學之工，願爲是書忠臣而異於讒賊者，是則區區之志也。」

吴萊序曰：「春秋之學，自近世本②河南程氏，程氏③曾④有春秋傳序而傳未完，武夷胡公安國蓋又特出於程門之後，而私淑艾之，故今胡傳多與程説相爲出入，吾固知胡氏之傳春秋本程氏學也。然

① 「用夏變夷」，文津閣四庫本作「防微杜漸」。
② 「春秋之學，自近世本」，四庫薈要本作「近代春秋之學本」。
③ 「程氏」二字，文津閣四庫本脱漏。
④ 「曾」，四庫薈要本、文淵閣四庫本俱脱漏。

而隱桓之際訓釋頗詳，襄昭以降遺漏甚衆；又況光堯南渡，而胡氏以經筵進講，至於王業偏安、父讎未報，則猶或未免乎矯枉而過正也。宗人正傳間者嘗讀胡傳，乃因傳説之未備從而補之，此仍有益於學者。曩予嘗論春秋之大凡，欲以發明胡傳之一二，而正傳先之，故敢私序其説於正傳所論次之後，曰：『夫春秋者，魯史耳；自魯史而爲春秋，則春秋乃史外傳心之要典，而特爲聖人命德討罪之書矣。然自唐虞以來，典禮教化有人心感發之妙，爵賞刑罰有政事勸懲之嚴，伯夷之降典播刑，皋陶之明刑弼教，何莫而非此道也。惜乎春秋之世，文、武、周公之舊典禮經曾不復赫然振起於天下，而天下公侯五等之國亦莫能考禮、正刑、一德以尊事天子；惟吾聖人蓋有聰明睿知之德而無其位，於是獨持其命德討罪之筆，而欲以定天下之邪正也。正也，吾賞焉，而賞非私與；邪也，吾罰焉，而罰非私怒；此其陽舒陰慘、舉直錯枉之間，先後有倫，衆體有要，是謂經制持循，準的不容少紊；人情之輕重不同，世故之治亂亦異，是謂權義游移，前卻必得其宜。要之，堯、舜、文、武之治未墜於地，而吾聖人所以務盡其祖述憲章之道者至矣，實聖人時中之大法也。夫然，故春秋聖人之法書，世之學者猶議法之吏，惟其知聖人之道揆而宅心忠恕，然後可以通聖人之法守而立説坦夷；雖然，學者徒以其一曲支離淺中狹量之資求之，未易以及此也。或曰：『春秋新王，聖人因之粉飾太平而多褒至治之世，曾無奸暴之俗，而惟以德化者也。』或曰：『春秋衰世，聖人且以爲舉國不可勝誅而多貶始亂之俗，雖以微小之罪，而必舉其法者也。』是故舒之而遂縱者，陵遲廢弛，無法而益亂；操之而愈亟者，煩苛刻戾，得不至於秦人恃法而寖濫乎？嗚呼！二或之論誠非所以識吾聖人時中體道之大權者矣，又將何以窮經而致用哉？自王安石以丞相説經，春秋乃廢詆不用，世之學者往往多自爲説，至於意有穿鑿，巧爲傅會，分裂聖人大體，乖異先儒成説，漫有精義至當之論，一説之外，不知其復有一説也。蓋惟程氏爲能通乎制事之權衡，揆道之模範，又無完書，世之盛行胡傳而已，胡傳本乎程氏之學，程氏之學又信乎聖人時中之大法也。然而猶有所未備者焉，今也正傳乃從而補之，誠是也。正傳其真議法之吏哉！雖然，前王之律昭然甚明，後王之令紛然雜出，宏綱大旨既無其統，微辭碎義蓋浩乎多，若參商矛盾之不相合者，吾益懼焉，卒以待吾正傳而後定也。昔季氏①使陽膚爲士師，問於曾子，曾子曰：『上失其道，民散久矣，如得其情，則哀矜而勿喜。』善哉言乎！學者又當自是而求之，此其必有合於春秋者矣。」

吳氏萊**春秋傳授譜**

一卷。

未見。

萊自序曰：「春秋之道本於一，離爲三家之傳，又析而爲數十百家之學，學日夥，傳日鑿，道益散，天下後世豈或不有全經乎？亦在其人而已矣。自孔子没，七十子言人人殊，公穀自謂本之子夏，最先出；左氏又謂古學宜立，諸老生從史文，傳口説，遞相授受，彼此若矛盾然，自是學一變；主公羊者何休，主穀梁者范甯，主左氏者服虔、杜元凱，或抒己意，或博采衆家，蓋累數十萬言，自是學再變；公穀微，左氏乃孤行不絶，説者曾不求決於傳，遂專意於訓詁，江左則元凱，河洛則虔，自是學三變；間有一

① 「季氏」，四庫薈要本、文淵閣四庫本俱誤作「孟氏」。

二欲考三家之短長，列朱墨之同異，力破前代專門之學，以求復於先聖人義理之極致，咸曰唐啖趙氏，自是學四變。嗚呼！言春秋者至於四變，可以少定矣。予嘗觀漢初傳公羊者先顯自胡毋子都，而下得二十四人；次傳穀梁，自申培公而下得十五人；左氏本於國師劉歆，未立博士，故傳之尚少，而東漢爲盛。東漢以降，學者分散，師説離析，非徒捨經而任傳，甚則背傳而從訓詁，曉曉讙咋，靡然趨下。夫學本非不同，本非不一，而末異乃若是，此其欲抱十二公之遺經，悲千古之絶學，發明三家之傳而去取之者，誰歟？然予悉得而譜是者，四變之極也；四變之極，必有能反其初者，唐啖趙氏蓋嘗有是志矣，繼之者又誰歟？古之人不云乎：『東海、西海有聖人出焉，此心同，此理同也；南海、北海有聖人出焉，此心同，此理同也。』自其此心此理而論之，古之人有與予同者乎？不同者乎？同者然乎？不同者然乎？此其没世而無聞者多矣，顯焉者譜於此也。蓋昔唐韋表微曾著九經師授之譜，且以譏學者之無師。嗚呼！人師難逢，經師易遇，然今經師猶有不可得而遽見者矣，則吾是譜之作，又豈徒①在表微之後乎？」

春秋世變圖

二卷。

未見。

萊自序曰：「古之言春秋者，自漢至今，亡慮數十百家，大道之行，天下爲公，一以理斷之而已，猶

---

① 「徒」，文津閣四庫本脱漏。

未足究當世盛衰離合之變而權之者也。雖然，孔子嘗論之矣，天下有道，禮樂征伐自天子出，天下無道，然後諸侯大夫得以專而用焉。逆理愈甚，則其失之世數愈速，此非通論天下之勢也，春秋之勢也。然而欲論春秋之理者，不外此矣，公羊子蓋深有得於理勢之相須，且曰：『所見異辭、所聞異辭、所傳聞異辭。』而漢之學者特昧昧焉，乃設孔子高、曾、祖父之三世以制所見、所聞、所傳聞之治亂。春秋非孔子家牒也，特以是究當世盛衰離合之變而權之者也。蓋昔陳恆之弑君，孔子請討之，左氏記其言曰：『陳恆弑其君，民之不與者半，以魯之衆加齊之半可克也。』程子非之。蓋謂孔子之志必將正名其罪，上告天子，下告方伯，乃①率與國以討之，至於所以勝齊者，孔子之餘事耳，豈計魯人之衆寡哉？夫以理言，魯爲齊弱久矣，孔子非不知魯之未必勝也，務明君臣之大義，以討天下弑逆之大惡，因是足以正之，周其復興乎？若以勢言，周室衰矣，晉霸微矣，魯又弱國也，陳氏世掌齊政，民私其德，處此人倫之大變，天理之所不容，於是舉吾全魯以繼之，齊之罪人斯得矣。是故弑君之賊，法所必討者，正也；專國之奸，勢亦有所未易討者，然必有以權之者矣。人孰不曰：『事求可，功求成。』是取必於智謀之末也，聖人不如是也。嗚呼！自王政之不綱而後有霸，自霸圖之無統而後無霸，人情事變雖未嘗出於一定，惟理則無有不定，此古之學春秋者所以率論理而不論勢也。自今觀之，天下之勢在是，春秋之理則亦隨其勢之所在者而見之。春秋之初世，去西周未遠，王室猶欲自用焉；不及中世，齊晉二霸相繼而起，則霸主從而託之耳；至其末年，王不王，霸不霸，夷狄弄兵，大夫專政，是戰國之萌也，而世變亦於是乎

① 「乃」，依補正、四庫薈要本應作「而」。

極。公羊子『所見異辭，所聞異辭，所傳聞異辭』，蓋深有得於理勢之相須者此也。漢之學者且曰：『隱桓遠矣，孔子則立乎定哀之間耳。遠者亂，近者治，聖人所以成一王之法也。』此豈求其說不得而強爲此論者哉？又幸因其有是，而後世得以推其當世盛衰離合之變，與夫聖人之權者，先儒蓋曰：『有隱、桓、莊、閔、僖之春秋，有宣、文、成①之春秋，有襄、昭、定、哀之春秋。』此三者，豈非公羊子之遺說哉？然則予之所以圖是者，非私見也，非鑿說也，公羊子意也，孔子意也。」

〔補正〕

自序内「乃率與國」，「乃」當作「而」；「有宣、文」，當作「文、宣」。（卷八，頁十三）

宋濂作碑曰：「先生取春秋傳五十餘家，各隨言而逆其意，一以理折衷之，譬如法家奏讞，傳逮爰書，既得其情，而曲直真僞無所隱；至若繁露、釋例、纂例、辨疑、微旨、折衷、權衡、意林、通旨之類，皆有論著，别如春秋經説、胡氏傳攷誤未完。」

吴氏儀**春秋稗傳**

未見。

春秋類編

未見。

---

① 「宣、文、成」，依補正、四庫薈要本、文淵閣四庫本、文津閣四庫本應作「文、宣、成」。

春秋五傳論辨

未見。

宋濂曰：「金谿吴先生儀明善登鄉先達虞文靖公之門，博極群書。至正丙申，舉於鄉會，海内兵起，無意北上，下帷講授，凡所敷繹，皆五經奥義，不拘泥於箋記，而大旨自暢，晚尤專心於春秋，且謂聖人之經一而諸家異傳，大道榛塞，職此之由，乃著三書，曰稗傳、曰類編、曰五傳論辨，辭義嚴密，多先儒所未言。」

黄虞稷曰：「明善，金谿人，時稱爲東吴先生，伯宗之父也。」

黄氏澤**春秋旨要**

佚。

三傳義例考

佚。

春秋筆削本旨

佚。

春秋諸侯取女立子通考

佚。

〔補正〕

案：此只一篇，即在趙東山師説内。（卷八，頁十三）

趙汸狀曰：「先生於春秋，以事實爲先，以通書法爲主，其大要則在考核三傳，以求向上之工①，而其脈絡則盡在左傳，作三傳義例考。以爲春秋有魯史書法、有聖人書法，而近代乃有夏時冠周月之説，是史法與聖法俱失也，作元年春王正月辨。又以爲説春秋有實義，有虚辭，不舍史以論事，不離傳以求經，不純以褒貶泥聖人，酌時宜以取中，此實義也，貴王賤霸，尊君卑臣，内夏外夷②，皆古今通義，然人自爲學，家自爲書，而春秋訖無定論，故一切斷以虚辭，作筆削本旨。又作諸侯取女立子通考、魯隱不書即位義、殷周諸侯禘祫考、周廟太廟單祭合食説、作邱甲辨，凡如是者十餘通，以明古今禮俗不同；見虚辭説經之無益，嘗曰：『説春秋須先識聖人氣象，則一切刻削煩碎之説，自然退聽矣』；其但以爲實録而已者，則春秋乃一直史可修，亦未爲知聖人也。又以魯史記事之法實有周公遺制，與他國不同，觀韓宣子之言，可見聖人因魯史修春秋，筆則筆，削則削，游夏不能贊一辭，則必有與史法大異者；然曰

① 「工」，依補正、四庫薈要本應作「功」。

② 「内夏外夷」，文津閣四庫本作「正名定分」。

其文則史，是經固不出於史也。今魯史舊文亦不可復見，故子朱子以爲不知孰爲聖人所筆？孰爲聖人所削？而春秋書法亦爲歷世不通之義矣，乃作春秋指要，示人以求端用力之方。』而其全解則未嘗脱稿以示人也。」

〔補正〕

趙汸狀内「以求向上之工」，「工」當作「功」。（卷八，頁十三）

卓爾康曰：「先生以近代理明義精之學，用漢①博物考古之功，其見於師説者，足參聖旨，先得我心，惜乎不覩全書，微旨未暢。」

王氏元杰**春秋讞義**

十二卷。

〔補正〕

案：千頃堂書目作「十卷。」（卷八，頁十三）

存。

〔校記〕

四庫本存九卷，佚後三卷。（春秋，頁五一）

---

① 「漢」，依文淵閣四庫本應作「漢儒」。

干文傳①序曰：「聖人達天德而語王道，春秋爲萬世立王法，敦典庸禮，命德討罪，本原於天，其用則王者之事也。周德既衰，王者弗克若天，人欲横流，綱淪法斁，亂亦極矣。夫子生於斯時，慨聖王之不作，慮斯道之將墜，豈不曰『文王既没，文不在兹乎？』於是假魯史以修春秋，示褒貶以寓王法，其義則總攝萬事，大本始於尊王。蓋尊卑之分明，綱常之道立，然後有以定其是非而不舛春秋者，王道之日月也；曲禮隳，臣下僭，春秋定尊卑而王道明，春秋者，王道之權衡也；刑罰濫，法度差，春秋明貴賤而臣道立，易曰：『天尊地卑，乾坤定矣；高卑以陳，貴賤位矣。』經書元年加王於正，聖人繫易之始辭，作經之大法也。故其詞約而深，其旨微而遠，深有不言之意，微有不形之道，聖人之心見於經，猶元氣之妙賦於物，大而化之之謂也。於一草一木以求化工之神，於一語一言以窺聖人之用，亦云難矣。然聖人行事本於心，事有萬變之不同，理無萬殊之或異，大公至正之道貫萬事於一心，百王異世而同心，萬象異形而同體，聖人贊易以盡事物之變，其理一也。作春秋以行法度之權，著其事也；文王作易於殷世之末，夫子作春秋於周德之衰，有其理則有其事，體用一原也，有其事則有其理，顯微無間也。由辭以達理，因理以見事，天下之變故盡矣。前乎千百世之已往，後乎千百世之未來，此理此心未嘗外於語言文字間也。河洛二程、紫陽朱子續正學於千載之上，易、禮、詩、書俱著訓辭，獨於是經未聞著釋，中吴王元杰子英氏，家世業儒，有志經學，考求易經本義、詩傳訓辭、禮經制度、四書集注、集義、語録，紫陽宗旨，凡釋經引證之言，師友講明之論，其有發明春秋之旨者，具載本經，證以胡氏釋詞，目曰春秋

① 「干文傳」，備要本誤作「千文傳」。

讞義，旁搜取證，竭慮窮思，甫及成書，幾二十載。學者引而伸之，觸類而長之，則知聖經賢傳並行而不悖矣。若夫天人相與之言，古今事物之變，微辭奥義，何敢仰窺聖人之精微？其餘尊君父之大倫，正人心之大義，典章法度之正，是非善惡之公，舉而措之，未必無涓埃之助云爾。」

黄虞稷曰：「元杰，字子英，吴江人。至正間領薦，值兵興，不復仕，教授於鄉。」

經義考卷一百九十七

春秋三十

鄭氏玉春秋經傳闕疑

三十卷。

〔補正〕

今傳鄭玉春秋闕疑四十五卷，此作三十卷，與千頃堂書目同。（卷八，頁十三）

〔校記〕

四庫本四十五卷。（春秋，頁五一）

存。

玉自序曰：「嗚呼！夫子集群聖之大成，春秋見夫子之大用。蓋體天地之道而無遺，具帝王之法而有徵。其於事也，可以因則因，可以革則革；其於人也，可以褒則褒，可以貶則貶；其爲綱也，則尊王①而賤霸，内夏而外夷②；其爲目也，則因講信修睦、救災恤患之事而爲朝覲聘問、會盟侵伐之文；其主意也，則在於誅亂臣、討賊子；其成功也，則遏人欲於横流，存天理於既滅，撥亂世，反之正，損益四代之制，著爲不刊之典也。故曰：『知我者，其惟春秋乎！罪我者，其惟春秋乎！』知之者，知其與天爲一；罪之者，罪其以匹夫而行天子之事。又曰：『我欲託之空言，不如見之行事之深切著明也。』故易、詩、書言其理，春秋載其事，有易、詩、書而無春秋，則皆空言而已矣。是以明之者，堯、舜、禹、湯之治可復；昧之者，桀、紂、幽、厲之禍立至；有天下國家而不知春秋之道，其亦何以爲天下國家也哉？然在當時，游夏已不能贊一辭；至於三家之傳，左氏雖若詳於事，其失也誇；公穀雖或明於理，其失也鄙；及觀其著作之意，則若故爲異同之辭，而非有一定不可易之説。兩漢專門名家之學，則又泥於災祥徵應，而不知經之大用。唐宋諸儒，人自爲説，家自爲書，紛如聚訟，互有得失；程子雖得經之本旨，惜無全書；朱子間論事之是非，又無著述。爲今之計，宜博采諸儒之論，發明聖人之旨；經有殘缺，則考諸傳以補其遺；傳有舛謬，則稽諸經以證其謬，使經之大旨粲然復明於世，昭百王之大法，開萬世之太平，然後足以盡斯經之用。而某也非其人也，間不自揆，嘗因朱子通鑑綱目之例，以經爲綱，大字揭之於上，復以傳爲目，而小字疏之於下，叙事則專於左氏，而附以公穀。合於經者則取之，立論

① 「尊王」，文津閣四庫本作「貴王」。

② 「内夏而外夷」，文津閣四庫本作「尊君而抑臣」。

則先於公穀，而參以歷代諸儒之説；合於理者則取之，其或經有脱誤，無從質證，則寧闕之，以俟知者，而不敢強爲訓解；傳有不同，無所考據，則寧兩存之而不敢妄爲去取；至於誅討之事，尤不敢輕信傳文，曲爲附會，必欲獄得其情、事得其實，則以經之所作由於斯也。其他常事則直書而義自見，大事須變文而義始明；蓋春秋有魯史之舊文，有聖人之特筆，固不可字求其義，如酷吏之刑書，亦不可謂全無其義，如史官之實録也。聖人之經，辭簡義奥，固非淺見臆説所能窺測，所以歲月滋久，殘闕惟多，又豈懸空想像所能補綴？與其強通其所不可通，以取譏於當世，孰若闕其所當闕，以俟知於後人。程子謂：『春秋大義數十，炳如日星。』豈無可明之義？朱子謂：『起頭一句「春王正月」便不可解。』固有當闕之疑。某之爲是書也，折衷二説而爲之義例，所以辭語重複，不避繁蕪者，蓋以常人之心窺測聖人之意，反覆推明，猶懼不得其旨也，況敢吝於言乎？然亦姑以便檢閲、備遺忘而已，非敢謂明經旨、傳後世也。觀者幸恕其僭焉。」

徐尊生曰：「讀春秋集傳闕疑序①，知先生所以著述之意甚公且平，只闕疑二字可見已自過人。世儒説春秋，其病皆在不能闕疑，而欲鑿空杜撰，是以説愈巧而聖人之心愈不可見也。」

〔補正〕

徐尊生條内「讀春秋集傳」，「集」當作「經」。（卷八，頁十三）

裔孫獻文後序曰：「闕疑者，先世祖師山公所集也。公覃思理學，發明經旨，於春秋有闕疑，於易

① 「春秋集傳闕疑序」，依補正、四庫薈要本、文淵閣四庫本應作「春秋經傳闕疑序」。

有附注，從徒數百，教化大行。至正中，徵爲翰林待制，至上都，遇疾而還。時四方大亂，我太祖起兵淮左，自稱吴公；丁酉秋，命鄧愈取徽州；明年，强致先生從政，弗屈。臨卒，以闕疑屬門人王友直播行之，而不克荷；又遭族氏内相搆怨，其書日晦，雖有達者，亦不爲意。嗚呼！豐城之劍，非雷煥不能知；荆山之璞，遇卞和而後爲寶。自公至今二百餘年，始一見之家居，不啻如獲拱璧；然遺亡數卷，搜求半載，偶於宗人笥中得録爲全書。噫！亦難矣。顧以傳寫脱誤，字意舛訛，文也不肖，嘗竊病之，趨庭之暇，參互考正，求合義焉。或難曰：『春秋於宗國率多婉辭，今子先哲纂是書也，將以繼往開來，而是非無隱，得無戾乎？』予曰：『不然。春秋，褒貶之書也。尊王賤霸，歸於中道耳。所以經明大義，傳闡幽微，若夫襲陋承訛，膠於偏見，致經本旨黯然弗彰，其咎滋甚，且伸臆説以害公議，回德以誤後人，爲有識者所詆，又何以揄揚先烈而垂法將來。』難者唯唯而退，於是歷叙此書顯晦之迹，以見繼述之艱云。」

〔補正〕

裔孫獻文後序内：「至正中，徵爲翰林待制，至上都，遇疾而還。」按：元史忠義傳云：「至正十四年，朝廷遣使者浮海徵玉，玉辭疾不起，而爲表以進，家居日以著書爲事。」不言玉曾至上都，與此異。（卷八，頁十三）

陸元輔曰：「春秋闕疑，師山集群儒之説而略參己意爲之，予嘗得抄本於張庶常溥家，凡十四①册，

---

①「十四」，文津閣四庫本作「四十」。

板心有『師山書院』四字，因久客京師，家人移居失去，至今思之，如喪良朋也。」

李氏廉春秋諸傳會通

二十四卷。萬曆書目：「二十卷。」

存。

廉自序曰：「傳春秋者三家，左氏事詳而義疏，公穀義精而事略，有不能相通。兩漢專門，各守師説；至唐，啖趙氏始合三家所長，務以通經爲主，陸氏纂集已爲小成；宋河南程夫子始以廣大精微之學發明奥義，真有以得筆削之心，而深有取於啖趙，良有以也。高宗紹興初，武夷胡氏進講，篤意此經，於是承詔作傳，事案左氏，義取公穀之精，大綱本孟子，主程氏，而集大成矣。方今取士，用三傳及胡氏，誠不易之法也。然四家之外，如陳氏後傳、張氏集注，皆爲全書，學者所當考，而孫氏之發微，劉氏之意林、權衡，吕氏之集解，與其餘諸家之緒論，亦不可以不究，但汗漫紛雜，有非初學所能備閲者。予讀經三十年，竊第南歸，叨録劇司，心勞力耗，舊所記憶，大懼荒落，而又竊觀近來書肆所刊，此經類傳所多，或源委之不備，或去取之莫别，不能無憾。於是不揣譾陋，盡取諸傳，會萃成編：先左氏，事之案也；次公穀，傳經之始也；次杜氏、何氏、范氏三傳，專門也；次疏義，釋所疑也；總之以胡氏，貴乎斷也；陳張並列，擇所長也；而又備采諸儒成説及諸傳記，略加梳剔，於異同、是非、始末之際，每究心焉，謂之春秋諸傳會通。藏之家塾，以備遺忘，訓子弟耳，非敢與學者道也。邇年頗有傳寫者，弗克禁；而豐城揭恭乃取而刻之梓，亟欲止之，則已成功矣。書來求序，拒之弗可，且念其力之勤而費之重也，姑識於篇端，與我同志尚加訂正焉。」

梁寅曰：「安成李君廉行簡舉於鄉，以春秋冠江西之士，及再舉，遂登進士第，授豫章郡録事。」

楊士奇曰：「春秋會通二十四卷，予家所藏者分爲四册，吾郡安福李廉先生所輯。先生字行簡，元至正壬午以是經舉，擢陳祖仁榜第三甲進士，官至贛州路信豐縣尹，後遇寇亂，戰敗守節死，江西行省上其事，屬南北道，梗不能達，故當時旌褒之澤不及。國朝修元史，時先生相知者無在當路，有司又不知采録以聞，故不得列諸史傳，於是世之知先生益少矣。夫士君子所爲，求安於其心而已，豈計其在外者？然先賢後學所取正也，曷可泯而弗著哉？今世所傳先生死事者，見於元江西廉訪使趙凖求贈謚咨文，予近得於翰林庶吉士周忱家，謹録置此書之後，使後之學者知先生於春秋不徒能明之，蓋煒然於科目有光也。」

張萱曰：「元至正間，廬陵李廉編。先左氏，次公穀，次杜氏、何氏、范氏，次疏義，總之以胡氏爲主，而陳氏之後傳、張氏之集傳①皆並列之。」

〔補正〕

張萱條内「張氏之集傳，皆竝列之」，「集傳」當作「集注」。按：宋史道學傳，洽所著書有春秋集注、春秋集傳，洽進書狀云：「春秋集傳二十六卷、春秋集注一十一卷。」集傳已佚，李廉所采者乃集注，非集傳也。（卷八，頁十三——十四）

---

① 「集傳」，依補正、四庫薈要本應作「集注」。

王氏莊春秋釋疑

佚。

朱善序曰：「春秋，聖人經世之書也。其辭嚴，其義精，當時高弟若游夏之徒尚不能贊一辭，況去聖既遠？公、穀、左氏互有得失，專門之學，各尊所聞，而不能以相通，甲是乙非，紛如聚訟，學者莫知適從，非夫博雅君子，卓然遠識者，孰能會衆說而一之哉？惟南昌守王侯莊當昔未仕之時，潛心是書，聖經賢傳，靡不通貫，乃取諸家之說，反覆尋究，參互考訂，設爲問答，以釋群疑、祛衆惑。間嘗出以示予，伏而讀之，若網之在綱，粲然有條而不紊；若珠之在貫，繹乎相屬而無間，可謂明白簡要者矣。侯因請予序諸卷端，予惟昔殷侍御注公羊春秋既成，而以序文屬諸韓子，韓子之學不可謂不博矣，而猶自視歉然，願得先執經以傳所學，然後秉筆以序其注，其不敢苟也如此；若善者孤陋草疏，雖嘗習讀，然於聖人撥亂反正之大法、褒善貶惡之微旨，則茫乎其未有聞也。雖欲挂名卷端，自託不朽，得無犯不韙之罪歟？然近年以來，經學寥寥，學者無所師承，是編若出，使諸生習而通之，豈不足以辨疑解惑，開發聰明？故承侯之命，不復辭，謹識之卷端，俾習是經者得而覽焉，庶亦知趨向取舍之正云。」

曹氏元博左氏本末

未見。

楊維楨序曰：「左邱明受經於仲尼，故作春秋傳以爲聖經之案，後之傳左氏者有鐸椒，嘗作鈔撮八卷，虞卿作鈔撮九卷，是又有功於左氏者也，惜其文無傳矣。至漢張蒼、賈誼復傳左氏，河間王進於武帝；至成帝時，劉歆校祕書，見而好之，始立左氏春秋；和帝時，遂立其學，而左傳大著；又其後，晉杜預復表章之，而傳有注釋。夫左氏爲聖門弟子，又身爲國史，纂記本末，考索惟精，其文或先經以始事，或後經以終義，大抵有以原始而要終也。後之言經者，舍左氏無以爲之統緒，故止齋陳氏謂：『著其所不書，以見經之所書者，皆左氏之功。』此章指之所由作也。雲間曹元博氏復案經以證傳，索傳以合經，爲左氏敘事本末若干卷，類之精，訂之審，以惠學者之觀覽，其用心亦勤矣。論者以左氏作傳爲仲尼素臣，杜征南作注爲左氏順臣，非忠臣；今元博序其本末，抑爲左氏順臣乎？忠臣乎？蓋左氏之失，工於言而拙於理，好以成敗論人，妖祥計事往往駁過於誣；元博既序其本傳，復能權衡其是非，合乎筆削之大義，是又愛而知其惡，謂爲邱明之忠臣也，豈不偉哉？元博尚以吾言勉諸。」

魏氏德剛**春秋左氏傳類編**

未見。

楊維楨序曰：「三傳有功於聖經者，首推左氏，以其所載先經而始事，後經以終義。聖人之經，斷也；左氏之傳，案也。欲觀經之所斷，必求傳之所紀事之本末，而後是非見、褒貶白也。然考經者欲於寸晷之際，會其事之本末，不無繙閲之厭，於是類編者出焉。鉅鹿魏生德剛初授春秋經學於應君之邵，應君殁，又執經於吾，吾於三傳有所考索，必生焉是資，其暇日以左氏所記本末不相貫穿者，每一事各爲始終而類編之，名曰春秋左氏傳類編。昔鐸椒、虞卿輩各作左氏鈔撮，其書蓋約言之編耳，未知求經統要也。生之是編，豈鈔撮可以較小大哉？予念其用功之勤，俾繕寫成帙，傳於同門之士，生且求言以爲序。予於春秋諸家有定是之録凡十有二卷，未敢傳於世也；蓋經有不待傳而明者，有因傳而蔽者，學者通其明，祛其蔽，而後聖人之經如日月之杲杲焉。故協於經者，雖科舉小生之義，在所不遺；而其不協者，雖三家大儒之言亦黜也。生尚以予言有以定，是於傳家，經之如日月者，不患不明矣。生勉之哉！生勉之哉！」

陳氏植**春秋玉鑰匙**

一卷。

存。

黄虞稷曰：「永豐人，元李齊榜進士，官翰林待制。」

陳氏大倫**春秋手鏡**

佚。

紹興府志：「陳大倫，字彦理，諸暨人。學於吴淵穎，絶意仕進，以教授爲業。」

魯氏真**春秋案斷**

佚。

楊氏維楨**春秋定是録**或作「春秋大意」。

未見。

維楨自序曰：「柳子曰：『春秋如日月，不可贊也。』然則高自立論者皆誕也。歐陽子曰：『春秋如日月，然不爲盲者明，而有物蔽之者，亦不得見。』然則將以制盲而祛蔽，則亦不能不假於詞也。經不待傳而明者十七八，因傳而蔽者十五六，明目者祛其蔽而通其明，則其如日月者杲杲矣。予怪三家既有蔽焉，而諸子又於其蔽者析宗而植黨，争角是非，不異訟牒，使求經者必由傳，而求傳者又必由諸子，是非紛紛，莫適所從，經之杲杲者晦矣。世之君子既晦於求經，復於諸子求異其説，是添訟於紛争之中，惡物蔽目，而又自投以翳者也。維楨自幼習春秋，不敢建一新論以立名氏，謹會諸儒之説而輒自去取之，爲定是録。説協於經，雖科舉小生之義，在所不遺；其不協者，雖三家大儒之言，亦黜也。吁！予又何人？敢以一人之見與奪千載之是非？何僭日甚？亦從其杲杲者決之焉耳。後之君子儻以録猶未是，敢改而正諸，豈敢諱乎？」

左氏君子議

未見。

春秋胡傳補正

未見。

王氏相**春秋主意**

十卷。

佚。

劉三吾表墓曰：「相，字吾素，吉水人。元延祐中宋本榜進士，以吴當、余闕薦，官國子助教，尋擢翰林修撰兼國史編修官。」

魯氏淵**春秋節傳**

佚。

浙江通志：「魯淵，字道源，淳安人。至正辛卯舉進士，爲華亭丞。入明，聘，不起，學者稱岐山先生。」

蔡氏深**春秋纂**

十卷。

佚。

黄虞稷曰：「深，字淵仲，江西樂平人。元徽州路學教授，明初，陶安薦其學，以老疾辭不赴。」

佚。

張氏失名春秋經説

張以寧序曰："詩有序乎？古無有也。春秋有傳乎？古無有也。曷爲無有也？詩有序，春秋有傳，則定於一矣。四詩、三傳何其言人人若是殊乎？古者詩以誦不以讀，以聲不以文義，其無序故也。史記曰：『魯哀公十四年，西狩獲麟，孔子作春秋。十六年壬戌，孔子卒。』春秋者，聖人晚年之書乎？定哀之際多微辭，游夏之徒不能贊一詞；當其時，傳宜未之有也，當其時未之有，則傳之者後之人也。春秋者，聖人之心也；聖人，天地之心也。生殺萬物，天地之心無心也，至仁焉耳矣；賞罰萬世，聖人之心無情也，至公焉耳矣。天地也，聖人也，惟聖人能知之、能言之，游夏且不能與，而謂後之人若左氏，若公穀氏能盡知且言之乎？後之學焉者弗據經以説經，顧任傳而疑經，噫！其亦惑矣。由唐宋以來，能不惑乎傳而尊經者，啖、趙、孫、劉、歐陽發其端，河南邵子、徽國朱文公闡其微；至我朝，草廬吴文正之纂言集而大之，今參政大梁張先生之經説翼而備之，而後聖人之心庶其白乎？且聖人之作春秋，豈徒託之空言，將以見諸行事、撥亂世反之正耳。先生難進而易退，其仕也以道，其言於當世，一皆深明治亂之源，欲爲國家建萬世不拔之基，君子以爲深知春秋，善學孔子。以寧忝以是經第有司而用，世實甚迂，恐終湮没而無聞也；讀先生之書，愓然愧以思，惟當棄去微官以相從，畢力於群經，庶其可以附所見而或有傳乎？"

陳氏失名春秋類編傳集

佚。

吴澂序曰：「析輪輿蓋軫而求車，然後有以識完車之體；指棟梁桷宋而求室，然後有以識全室之功。車室非有假於分，而求其所以爲完車全室，不若是其詳不可也。子朱子曰：『析之有以極其精而不亂，然後合之有以盡其大而無餘。』噫！讀春秋者，其亦可以是求之矣。春秋，化工也，化工隨物而賦形；春秋，山嶽也，山嶽徙步而異狀。持一概之説，專一曲之見，惡足與論聖人作經之旨哉？進賢陳君某，示予所著春秋類編，析經以主傳，分傳以屬經，創意廣例，論類①粲然，蓋有得於子朱子之教者也。春秋非有假分合於人也，如是而求之，庶幾有以得其全耳。夫『屬辭比事，春秋教也』，屬辭所以合，比事所以析；不知比事，是舍輪輿蓋軫而言車，離棟梁桷宋而求室也；知比事而不知屬辭，則車與室其亡；矧於化工、山嶽乎何有？陳君其有以識是乎？夫極其精，所以盡其大也；不盡其大，無以得其全體。陳君其有以識是矣。」

費氏春秋歸

佚。

---

① 「論類」，依四庫薈要本、文淵閣四庫本應作「倫類」。

按：貢師泰有題費秀才所著春秋歸詩云：「雲滿青山雪滿頭，一生辛苦著春秋；抱書不向公車獻，遣使須煩謁者求。翁子行年當富貴，虞卿終老豈窮愁？玉杯、繁露應非舊，更請先生爲校讐。」今其書不復可得①，并名字亦無攷矣。

亡名氏春秋通天竅

一卷。

未見。

春秋透天關

二卷。

未見。

按：葉氏菉竹堂目有之。

〔四庫總目〕

舊本題晏兼善撰，不著時代，據其兼及合題，是元人也。（卷三十，頁六，春秋透天關四卷提要）

〔校記〕

四庫輯大典本四卷，提要云：「舊題晏兼善撰。」（春秋，頁五一）

① 「不復可得」，文津閣四庫本作「不可復得」。